KB024813

18대 총선 현장 리포트

18인 정치학자의 참여관찰

18대 총선 현장 리포트

18인 정치학자의 참여관찰

책을 내면서

이 책은 한국정당학회 소속의 정치학자 18인이 2008년 4월 9일에 실시된 제18대 총선의 전 과정을 참여관찰이라는 연구방법을 통해 분석한 책이다. 참여관찰 연구방법에 의한 선거분석은 지난 16대, 17대 총선에도 선보인 바 있으며, 이 책 역시 그 연장선상에서 출간되었다. 이 작업에 참여한 연구자들은 정당 및 선거 분야의 전문가들로서 한국 정당정치와 선거정치의 현상과 본질에 대해 평소 큰 관심을 보여왔고, 이론과 실천의 두 측면에서 전문적인 연구업적과 뜨거운 사명감을 지닌 학자들이다.

참여관찰이라는 연구방법은 선거데이터를 통한 통계분석이나 서고탐색을 통한 문헌분석과는 달리 연구자 자신이 직접 연구의 대상이 되는 현장에 참여하여 관찰을 통해 현장의 특징을 포착하고 이론화해야 하는 작업이다. 따라서 계량화된 데이터가 시사하는 패턴을 찾아내거나 문헌에서 나타나는 의미를 파악하기보다는 참여현장에서의 '분위기' 나 '흐름'을 읽고 이를 개념화해야 하는 나름대로의 어려움이 있다. 여기에 수록된 연구자들의 글은 이와 같이 대부분 선거캠페인 과정에서 직접 선거현장의 유권자나 선거관계자들과의 인터뷰 등을 통해 구체적으로 작성되었다. 한편 선거캠페인 당시 참여관찰을 수행한 연구자들의 참여관찰기 중 일부는 2008년 3월과 4월 선거 직전까지 중앙일보 지면을 통해 시리즈 형식으로 수록되기도 했다.

여기에 실린 글들은 수도권에서의 한나라당 승리, 지역주의의 변화와 지속성, 친박 세력의 득세와 진보의 퇴조, 선거 과정 등의 내용을 포함하고 있는데, 선거에 나타났던 중요한 선거쟁점 및 특징과 관련된 대표적 지역구의 동향과 공천 과정 등을 모두 담으려고 노력했다. 이 책의 제1, 2, 3부에서 개별 연구자들은 자신이 소속된 대학이나 연구기관의 지역적 위치에 따라 배정된 선거구를 중심으로 참여관찰을 수행했고, 제4부에서는 공천 과정, 유권자 평가, 매니페스토 등을 중심으로 선거 과정을 검토했다. 이 책은 한국의 정당정치 및 선거정치에 대한 몇 안 되는 참여관찰의 결과물인데, 그 성과에 대한 판단은 독자에게 맡긴다.

이 책을 펴내는 과정에서 많은 분들의 도움이 있었다. 먼저 이 연구 프로젝트에 대한 후원과 선거캠페인 당시 연구자들의 관찰기 지면을 할애해 준 중앙일보에 감사의 말씀을 드린다. 특히 당시 한국정당학회와 수시로 연락하면서 수고해 준 최훈 정치부장과 박승희 차장에게 사의를 표한다. 그리고 후학들에게 많은 학문적 조언과 격려를 해주신 한국정당학회 회장을 역임한 경남대 심지연 교수, 인하대 김용호 교수, 명지대 정진민 교수, 이화여대 김수진 교수께 깊은 감사를 드린다. 끝으로 열악한 출판 환경 속에서도 출간을 수락해 준 도서출판 푸른길의 김선기 사장에게 감사의 말씀을 전하고자 한다. 아울러 방대한 원고를 꼼꼼히 검토해 준 출판사 임직원에게도 고마운 마음을 전하고 싶다.

2009년 2월

저자들을 대신하여 유재일 · 손병권

차례

서문 18대 총선의 과정과 결과, 그리고 정치적 의미

유재일

1. 머리말

2008년 4월 9일에 실시된 18대 총선은 17대 대선이 실시된 지 4개월이 채 안 되고, 더욱이 신임 대통령이 취임한 지 불과 한 달 반 남짓 후에 실시된 선거였다. 이러한 시점 때문에 18대 총선은 무엇보다도 앞서 실시된 대선 결과와 10년 만의 정권교체로 등장한 이명박 정부에 대한 기대가 큰 영향을 미칠 것으로 예상되었다. 그러나 이러한 예상은 크게 빗나갔다.

지난 대선의 승리로 집권당이 된 한나라당은 153석으로 과반 의석을 차지했지만, 대선 결과나 각종 여론조사의 예상 의석수를 고려한다면 신승에 지나지 않았다. 이러한 결과는 유권자들이 4개월이라는 짧은 기간에 17대 대선과 18대 총선에서 각기 다른 기준에 의해 투표했기 때문이다(강원택, 2008, pp.2~3). 이 점이 이번 총선에서 나타난 가장 큰 특징이라고 할 수 있다. 그런데 한나라당이 대승을 거두지 못했음에도 불구하고, 경쟁 상대였던 진보진영의 통합민주당, 창조한국당,

민주노동당, 진보신당 등 어느 정당도 괄목할 만한 성과를 얻지 못했다. 오히려 한나라당에서 떨어져 나와 급조한 친박연대나 공천에서 탈락한 무소속 후보들, 두 차례나 한나라당 대선 후보였던 이회창이 총재를 맡고 있는 자유선진당이 예상 밖으로 선전했다.

이러한 선거 결과를 살펴볼 때, 이번 총선의 문제영역은 다음과 같이 설정될 수 있다. 우선 지난 대선에서 이명박 후보를 지지했던 유권자 일부가 4개월이라는 짧은 기간 사이에 한나라당에 대한 지지를 철회한 이유는 무엇인가? 다음으로 한나라당의 신승에도 불구하고 그 경쟁 상대인 진보진영의 정당들이 참패한 요인은 무엇인가? 또한 선거용 정당으로 급조한 자유선진당과 친박연대, 그리고 이른바 친박무소속 후보들이 선전한 요인은 무엇인가? 마지막으로 선거 결과로 드러난 정치지형의 재편은 어떤 정치적 함의를 지니고 있는가?

이와 같은 문제영역을 탐색하기 위해서는 18대 총선의 전체 과정을 분석해야 할 뿐만 아니라 역대 총선과의 비교분석도 필요하다. 특히 새로 출범한 이명박 정부에 대한 유권자들의 평가, 각 정당의 공천 과정, 정당들의 이합집산, 선거구도와 선거전략, 선거운동과 선거쟁점, 투표율, 선거여론의 추이 등을 중심으로 분석할 필요가 있다. 이 글에서는 이러한 문제의식을 가지고 18대 총선의 과정과 결과, 그리고 그 의미를 종합적으로 살펴보고자 한다.

참고로 이 연구에서는 참여관찰(participatory observation)이라는 연구방법을 채택했다. 참여관찰은 관찰하려고 하는 사건이나 집단에 참여해 관찰하는 것을 말한다. 실제의 선거 과정과 행위 주체들을 다차원적으로 이해하기 위해서는 선거 과정을 관찰하고 선거의 결과에 영향을 미친 주요 변인들을 찾아내어 이를 경험적으로 분석하는 것이

필요하기 때문이다. 물론 이 연구는 선거 과정에 직접 참여하여 관찰한 것이 아니라 선거 당시의 각종 언론매체 보도를 추적해 분석했기 때문에 제한적인 참여관찰 연구라고 할 수 있다.

2. 선거 결과의 개관

1) 투표율

18대 총선에서 가장 두드러진 특징 가운데 하나는 총선 사상 가장 낮은 46.1%의 투표율이다. 1987년 민주화 이후 역대 총선 투표율은 전반적으로 하락하고 있는데, 13대 총선(1988) 75.8%, 14대 총선(1992) 71.9%, 15대 총선(1996) 63.9%, 16대 총선(2000) 57.2%, 17대 총선(2004) 60.6%였다. 물론 17대 총선 투표율은 노무현 대통령 탄핵 이슈로 반등되기도 했다. 그런데 이번 총선에서 투표율이 지난 총선보다 무려 14.5% 포인트나 급격히 하락했다.

연령대별 투표율은 60세 이상이 65.5%로 가장 높고, 20대 후반이 24.2%로 가장 낮았으며, 20대 후반부터는 연령대가 높을수록 투표율이 높아지는 특징을 보였다. 20대의 경우 20대 후반이 전반보다 낮은 투표율을 보이고 있는데, 이는 20대 전반 군 복무자의 부재자 투표가 영향을 미친 것으로 보인다. 흥미로운 점은 2006년 지방선거부터 선거권이 부여된 19세의 투표율이 33.2%로, 투표율이 가장 낮은 20대 후반보다 9.0% 포인트나 높은 것으로 나타났다는 점이다.

연령대별 투표자 수 비율은 60세 이상이 26.3%, 40대가 23.4%로 상대적으로 높았고, 다음으로 50대 20.4%, 30대 17.2%, 20대 11.5% 순으로 나타났다. 지난 총선과 비교하여 투표율이 가장 많이 감소한 연령대는 30대 전반으로 22.2% 포인트 감소했고, 다음은 30대 후반으로 20.4% 포인트 감소했다. 반면에 60세 이상은 6.0% 포인트만 감소했다.

다음으로 시 · 도별 투표율을 보면, 광역시 이상의 7대 도시 투표율이 44.7%, 9개 도지역의 투표율이 47.3%로 도지역의 투표율이 다소 높았다. 광역시 이상의 7대 도시 중에서는 서울과 울산이 45.8%로 가장 높았고, 광주가 42.4%로 가장 낮았다.

이상과 같은 투표율 현황을 살펴볼 때, 선거 결과에 영향을 미쳤을 것으로 주목되는 두 가지 점은 20~30대의 투표율이 가장 낮은 반면에 60대 이상의 투표율이 가장 높았다는 점과, 서울의 투표율이 울산을 제외한 6대 도시 중에서 가장 높았다는 점이다. 이와 관련하여 한 연구조사에 따르면, 지역구에서 한나라당 후보를 지지한 세대는 20대 20.7%, 30대 26.6%, 40대 31.8%, 50대 41.3%, 60대 이상 39.5%로, 386세대인 경우는 수도권 거주자 40.7%, 비수도권 거주자 25.0%로 추정되고 있다(박명호, 2008, pp.7~10).

2) 정당별 당선인 수

18대 총선 경쟁률은 전체 245개 선거구에 1,113명의 후보가 입후보함으로써 4.5 : 1로 지난 총선과 대동소이했다. 주요 정당의 지역구 후보 현황을 살펴보면, 통합민주당 197명, 한나라당 245명, 자유선진당 94명, 민주노동당 103명, 창조한국당 12명, 친박연대 50명, 진보신당 34명 등이었다. 그리고 무소속은 124명이 입후보했다.

한나라당은 모든 선거구에서 후보를 냈다. 반면에 통합민주당은 부산(전체 18개 선거구) 11명, 대구(12개) 2명, 울산(6개) 1명, 경남(17개) 8명, 경북(15개) 4명, 인천(12개) 11명, 경기(51개) 50명, 충남(10개) 7명, 충북(8개) 7명만 후보를 냄으로써 나머지 48개 선거구를 채우지 못

표 1. 18대 총선 당선인 현황

지역		의원정수	통합민주당	한나라당	자유선진당	민주노동당	창조한국당	친박연대	무소속
총계		299	81	153	18	5	3	14	25
지역구		245	66	131	14	2	1	6	25
비례대표		54	15	22	4	3	2	8	0
수도권	서울	48	7	40	0	0	1	0	0
	인천	12	2	9	0	0	0	0	1
	경기	51	17	32	0	0	0	1	1
	소계	111	26	81	0	0	1	1	2
강원		8	2	3	0	0	0	0	3
충청	대전	6	1	0	5	0	0	0	0
	충북	8	6	1	1	0	0	0	0
	충남	10	1	0	8	0	0	0	1
	소계	24	8	1	14	0	0	0	1
호남	광주	8	7	0	0	0	0	0	1
	전북	11	9	0	0	0	0	0	2
	전남	12	9	0	0	0	0	0	3
	소계	31	25	0	0	0	0	0	6
영남	대구	12	0	8	0	0	0	3	1
	경북	15	0	9	0	0	0	1	5
	부산	18	1	11	0	0	0	1	5
	울산	6	0	5	0	0	0	0	1
	경남	17	1	13	0	2	0	0	1
	소계	68	2	46	0	2	0	5	13
제주		3	3	0	0	0	0	0	0

출처 : 중앙선거관리위원회, 『제18대 국회의원선거 총람』(2008).

했다. 한편 비례대표 후보 현황을 살펴보면, 통합민주당 31명, 한나라당 49명, 자유선진당 20명, 민주노동당 10명, 창조한국당 12명, 친박연대 15명, 진보신당 11명 등이었다.

18대 총선 결과 주요 정당과 무소속의 당선인 현황인 〈표 1〉을 살펴보면, 통합민주당 81명(비례대표 15명), 한나라당 153명(22명), 자유선진당 18명(4명), 민주노동당 5명(3명), 창조한국당 3명(2명), 친박연대 14명(8명), 진보신당 없음, 무소속 25명 등이었다. 지난 17대 총선 결과와 비교하면, 통합민주당(당시 열린우리당 152명, 새천년민주당 9명) 80명 감소, 한나라당 32명 증가, 자유선진당(당시 자유민주연합 4명) 14명 증가, 민주노동당 5명 감소, 무소속 23명 증가로 나타났다.

여성 후보는 비례대표 후보까지 합치면 총 215명으로 전체 후보 비율 중 16.5%에 해당되었고, 지역구에 도전한 여성 후보는 17대 총선 당시 66명인데 132명으로 배로 증가했다. 이러한 증가는 전체 여성 후보의 19.4%를 공천한 평화통일가정당의 기여 때문이기도 했다. 여성 당선인은 전체 299명 당선인 중 41명(13.7%)으로 역대 최다를 기록했다. 이 가운데 지역구 당선인은 14명, 비례대표 당선인은 27명으로 지난 총선에 비해 각각 4명, 2명이 증가했다. 소속정당별로 보면 통합민주당 12명, 한나라당 21명, 자유선진당 2명, 민주노동당 2명, 창조한국당 없음, 친박연대 4명 등이었다. 그리고 지역별로 보면 14명의 지역구 당선자 중 12명이 서울과 경기에 집중되었다.

3) 정당별 득표율

18대 총선 결과 주요 정당과 무소속의 득표율을 살펴보면, 우선 지역구에서 통합민주당 28.9%, 한나라당 43.5%, 자유선진당 5.7%, 민주노동당 3.4%, 창조한국당 0.4%, 친박연대 3.7%, 진보신당 1.3%, 무소속 11.1% 등이었고, 다음으로 비례대표 정당투표에서 통합민주당 25.2%, 한나라당 37.5%, 자유선진당 6.8%, 민주노동당 5.7%, 창조한국당 3.8%, 친박연대 13.2%, 진보신당 2.9% 등이었다.

이러한 득표율을 살펴볼 때, 한나라당은 비례대표 정당투표에서 지역구보다 6.0% 포인트 적게 득표한 반면, 한나라당에서 떨어져 나온 친박연대는 비례대표 정당투표에서 지역구보다 무려 9.5% 포인트나 더 득표했다. 그 결과 친박연대는 14명의 당선인 중 비례대표만 8명을 냈다. 그러나 민주노동당은 17대 총선(8명)에 비해 7.3% 포인트나 적게 득표함으로써 3명의 비례대표만 낼 수밖에 없었다.

주요 정당의 지역구 득표율과 17대 대선 득표율을 비교해 보면, 통합민주당은 2.5% 포인트(당시 정동영 득표율 26.1%) 증가한 반면에 한나라당, 자유선진당, 창조한국당은 각각 5.2% 포인트(이명박 48.7%), 9.4% 포인트(이회창 15.1%), 5.4% 포인트(문국현 5.8%)나 감소했고, 민주노동당은 큰 변화가 없었다(권영길 3.0%). 다음 〈표 2〉에서 주요 정당의 지역별 득표율을 살펴보면, 우선 한나라당은 수도권과 영남 지역에서 압도적으로 득표했으며, 반면에 통합민주당은 호남 지역과 충북에서, 자유선진당은 대전 · 충남에서 압도적으로 득표했다. 그 결과 한나라당은 수도권(전체 111개 선거구)과 영남 지역(68개)에서 각각 81명(73.0%), 46명(67.6%)의 당선인을 냈고, 통합민주당은 호남 지역(31개)과 충북(8개)에서 각각 25명(80.6%), 6명(75.0%)의 당선인을 냈으며, 자유선진당은 대전 · 충남(16개)에서 13명(81.3%)의 당선인을 냈다.

이 밖에도 친박연대는 영남 지역에서 상대적으로 많이 득표했는데,

표 2. 18대 총선 정당별 지역별 득표율

지역		통합민주당	한나라당	자유선진당	민주노동당	창조한국당	친박연대	진보신당	무소속	전체 유효표
유효표수 (득표율)		4,977,508 (28.9)	7,478,776 (43.5)	984,751 (5.7)	583,665 (3.4)	72,803 (0.4)	637,351 (3.7)	229,500 (1.3)	1,907,326 (11.1)	17,212,690 (100%)
수도권	서울	1,330,194 (36.3)	1,834,534 (50.0)	83,339 (2.3)	72,478 (2.0)	55,392 (0.4)	68,861 (1.9)	77,503 (2.1)	101,840 (2.8)	3,668,085
	인천	268,622 (31.6)	407,846 (48.0)	40,791 (4.8)	29,316 (3.5)	3,121 (0.4)	–	9,179 (1.1)	74,088 (8.7)	849,785
	경기	1,331,142 (37.0)	1,734,696 (48.2)	86,620 (2.4)	100,374 (2.8)	4,068 (0.1)	136,810 (3.8)	36,780 (1.0)	104,164 (2.9)	3,594,746
	소계	2,929,958 (36.1)	3,977,076 (49.0)	210,750 (2.6)	202,168 (2.5)	62,581 (0.8)	205,671 (2.5)	123,462 (1.5)	280,092 (3.5)	8,112,616
강원		146,032 (24.6)	266,217 (44.8)	50,013 (8.4)	17,075 (2.9)	1,647 (0.3)	–	2,024 (0.3)	99,950 (16.8)	594,006
충청	대전	118,756 (24.0)	131,830 (26.6)	198,355 (40.0)	4,207 (0.9)	–	21,896 (4.4)	–	15,925 (3.2)	495,725
	충북	198,905 (35.3)	222,457 (39.5)	79,401 (14.1)	12,849 (2.3)	1,770 (0.3)	20,275 (3.6)	1,565 (0.3)	14,674 (2.6)	562,852
	충남	105,250 (14.3)	221,115 (30.0)	341,041 (46.4)	7,855 (1.1)	2,040 (0.3)	11,209 (1.5)	1,617 (0.2)	30,890 (4.2)	735,371
	소계	422,911 (24.0)	575,402 (32.0)	618,797 (34.5)	24,911 (1.4)	3,810 (0.2)	53,380 (3.0)	3,182 (0.2)	61,489 (3.4)	1,793,948
호남	광주	281,182 (64.7)	26,553 (6.1)	621 (0.1)	33,602 (7.7)	–	–	2,182 (0.5)	84,373 (19.4)	434,557
	전북	363,125 (54.7)	47,528 (7.2)	4,402 (0.7)	8,344 (1.3)	–	–	6,600 (1.0)	214,584 (32.3)	663,933
	전남	454,274 (61.8)	44,801 (6.1)	602 (0.1)	35,078 (4.8)	–	–	2,838 (0.4)	171,108 (23.3)	735,151
	소계	1,098,581 (60.0)	118,882 (6.5)	5,625 (0.3)	77,024 (4.2)	–	–	11,620 (0.6)	470,065 (25.6)	1,833,641
영남	대구	6,466 (0.8)	513,667 (61.1)	22,893 (2.7)	15,097 (1.8)	–	132,443 (15.7)	19,697 (2.3)	102,268 (12.2)	841,350

영남	경북	33,928 (3.1)	594,105 (54.3)	22,029 (2.0)	11,735 (1.1)	–	66,577 (6.1)	8,784 (0.8)	327,243 (30.0)	1,094,026
	부산	141,386 (11.8)	568,411 (47.3)	33,102 (2.8)	51,075 (4.3)	–	110,940 (9.2)	11,675 (1.0)	257,389 (21.4)	1,201,183
	울산	8,309 (2.3)	196,218 (53.4)	–	67,185 (18.3)	–	20,347 (5.5)	20,709 (5.6)	46,864 (12.8)	367,268
	경남	98,205 (8.5)	593,399 (51.4)	14,143 (1.2)	105,168 (9.1)	4,765 (0.4)	44,913 (3.9)	28,797 (2.5)	235,255 (20.4)	1,155,147
	소계	288,294 (6.2)	2,465,800 (52.9)	92,230 (2.0)	250,260 (5.4)	4,765 (0.1)	375,220 (8.1)	89,662 (1.9)	969,019 (20.8)	4,658,974
제주		91,732 (41.8)	75,399 (34.4)	7,399 (3.4)	12,227 (5.6)	–	3,080 (1.4)	–	26,711 (12.2)	219,505

출처 : 중앙선거관리위원회, 『제18대 국회의원선거 총람』(2008).

특히 비례대표 정당투표에서 대구 32.7%, 경북 23.6%, 부산 22.6%, 울산 18.7%, 경남 18.0% 순으로 득표했다. 그리고 무소속도 영남 지역에서 상대적으로 많이 득표했는데, 경북 30.0%, 부산 21.4%, 경남 20.4%, 울산 12.8%, 대구 12.2% 순으로 득표했다. 그 결과 무소속은 전체 25명의 당선인 중 영남 지역에서 절반인 13명의 당선인을 냈다. 물론 무소속은 호남 지역에서도 상대적으로 강세였는데, 전북 32.3%, 전남 23.3%, 광주 19.4% 순으로 득표했다.

3. 선거 환경과 선거 과정

1) 선거구도

18대 총선의 선거구도는 다당 경합구도였다. 외형상 선거구도는 한나라당 대 통합민주당 간의 양당 경합이었지만, 실제는 거시적으로 보면 한나라당, 자유선진당, 친박연대 등의 보수진영과 통합민주당, 창조한국당, 민주노동당, 진보신당 등의 진보진영 간의 경합이었고, 미시적으로 보면 7개 정당과 무소속 후보들이 혼전하는 경합이었다. 이러한 경합구도는 1987년 민주화 이후 역대 총선과 비교할 때, 이른바 '극단적 다당체계' 아래의 구도라고 할 수 있다. 참고로 13대 총선(1988)은 4당체계였고, 14대 총선(1992)은 3당체계였으며, 15대 총선(1996)은 3당체계였고, 16대 총선(2000)도 3당체계였으며, 17대 총선(2004)은 한나라당, 열린우리당, 민주당, 자유민주연합, 민주노동당 등 5당체계였다.

이러한 다당 경합구도의 형성은 일차적으로 대선이 실시된 지 불과 4개월이 채 안 된 시점과 밀접한 관련이 있다. 17대 대선에서 대통합민주신당의 정동영, 한나라당의 이명박, 민주노동당의 권영길, 민주당의 이인제, 창조한국당의 문국현, 무소속의 이회창 등 다자간 경합구도를 형성한 바 있다. 이들 중 특히 이회창과 문국현은 대선 자체보다는 다가올 총선을 통해 정치적 재기나 진출을 목표로 대선에 나선 측면이 짙다. 이들은 각각 15.1%, 5.8%를 얻었는데, 기대치보다 높게 나왔다고 판단한 것 같다. 이회창은 대선이 끝나자마자 곧바로 자유선진당 창당발기인대회를 갖고 심대평의 국민중심당과 합당해 총재로 등장했다. 문국현의 창조한국당은 일찍부터 야권통합 논의에서 빠져 독자의 길로 나섰다.

한편 민주노동당은 대선 참패에 따른 책임론과 수습책에 대한 자주파와 평등파 간의 갈등으로 심상정, 노회찬 등이 탈당하여 2008년 3월 2일 진보신당 창당발기인대회를 가짐으로써 분당에 이르게 되었다.

그리고 한나라당 공천에서 탈락한 일부 의원들이 중심이 되어 대선 경선 당시 박근혜 지지를 의미하는 '친박근혜'의 줄임말로 명칭을 사용한 '친박연대'를 발족했다. 이러한 정당들의 이합집산 와중에서 야권 통합 논의가 일부 결실을 맺어 대통합민주신당과 민주당이 2월 17일 통합민주당을 창당했다.

이처럼 18대 총선이 다당 경합구도를 형성한 데에는 총선의 시점뿐만 아니라 새로 출범한 이명박 정부에 대한 평가도 크게 한몫을 했다. 이명박은 대선에서 11,492,389표(48.7%)를 얻어 2위 차점자인 정동영의 6,174,681표(26.1%)보다 무려 5,317,708표나 압도했다. 따라서 이명박 정부에 대한 국민들의 기대는 당연히 높을 수밖에 없었다. 그러나 '영어몰입 교육' 논란이 대표적으로 상징되는 정부인수위원회의 미숙한 운영, '강부자 · 고소영 내각'이라는 비난을 야기한 정부 · 청와대의 인사파동, '한반도 대운하 건설'과 같이 설익은 정책들의 남발과 혼선 등으로 국민들의 기대가 실망으로 나타나면서 정부가 출범하기 전부터 이명박 당선인에 대한 지지가 급감했다.

2008년 2월 19일에 실시한 한 여론조사에 따르면, 이명박 당선인에 대한 직무수행 평가에서 긍정 평가가 56.8%, 부정 평가가 30.4%로 나왔다. 이는 1월 31일에 실시한 한 여론조사에 비해 긍정 평가는 7.5% 포인트 떨어졌고 부정 평가는 5.5% 포인트 늘어난 것이었다. 이러한 평가는 시간이 지나면서 더욱 확산되었다. 3월 18일에 실시한 한 여론조사에 따르면, 이명박 정부에 대한 평가에서 '영어공교육 확대'에 대해 찬성 44.7%, 반대 49.7%, '정부 초기 인사'에 대해 잘했음 39.8%, 잘못했음 55.0%, '한반도 대운하 건설'에 대해 찬성 30.0%, 반대 57.9%로 나왔다(중앙일보, 2008. 2. 21.).

이러한 상황에서 일반적으로 대선과 가까운 시기에 치러진 국회의원 선거에서 대선 승리 정당이 유리할 것이라는 이른바 '대통령 편승효과(Presidential coattail effect)' 는 전망되기가 어려웠을 것이다. 결국 이런 판단 아래 다수의 야당과 무소속 출마자들은 각개약진을 통해 일정 정도의 성과를 얻을 것으로 계산했을 듯하다.

2) 공천 과정

18대 총선의 공천 과정은 대체로 후보 선출이 경선 없이 중앙당에 의해 일방적으로 이루어졌고, 그로 말미암아 공천후유증이 심각하게 나타난 특징을 띠고 있다. 먼저 한나라당의 공천 과정을 살펴보면 이 같은 행태가 단적으로 나타났다.

한나라당은 2008년 1월 24일 공천심사위원회(이하 공심위)를 구성하고, '계파 배제 · 시대정신 부합 · 당선 가능성 · 능력 · 실용성' 이라는 다섯 가지 공천기준을 제시했다. 그런데 한나라당은 공심위가 출범하자마자 분란에 휩싸였다. 논란은 원론적으로 제시된 공천기준이 아니라 이미 「공직후보자추천규정」에 명시된 "뇌물과 불법 정치자금 수수 등 부정부패와 관련한 법 위반으로 최종심에서 형이 확정된 경우, 공직후보자 추천신청의 자격을 불허한다"는 조항 때문이었다. 공심위와 강재섭 대표는 당규대로 공천심사할 것을 내세웠고, 이에 대해 알선수재 혐의로 벌금형을 받은 김무성을 포함한 관련자들이 강력히 반발했다. 결국 벌금형을 받은 경우에 한해서는 공천신청을 허용한다는 타협으로 공천갈등은 일단락되었다.

공천심사 개시 전부터 터져 나온 이러한 분란은 대선 경선 때부터 쌓여온 이명박계와 박근혜계 간 불화의 불가피한 산물이라고 볼 수 있다. 이명박계는 자파 의원의 확대를 통해 당내 주도권을 장악할 필요가 있었으며, 특히 이른바 '물갈이'를 통해 이명박 대통령이 주창한 '탈여의도 정치'를 도모하고자 하는 과욕을 갖고 있었다. 반면에 박근혜계는 비록 대선 경선에서 패배했지만, 대권-당권 분리를 통해 정치적 기약을 모색하려고 했던 것이다.

이러한 두 계파 간의 동상이몽으로 공천 과정은 분당사태에 이를 정도로 거듭 혼란을 겪었다. 공심위는 3월 6일 박근혜계인 경기 지역의 이규택, 한선교 등을 탈락시키고, 이어 3월 13일 영남 지역 현역 의원 62명 중 박희태, 김무성 등 25명을 탈락시킴으로써 44%의 교체율을 보였다. 이러한 공천 결과에 반발한 박근혜계 일부가 친박연대와 친박무소속연대를 결성해 각각 50개, 35개의 선거구에서 후보를 냈다. 선거 결과 친박연대는 비례대표(8명)를 포함해 14명의 당선인을, 친박무소속연대는 17명의 당선인을 낼 정도로 선거 과정 내내 위력을 발휘했다. 이러한 성과의 일등 공신은 박근혜였다. 박근혜는 한나라당의 후보로 나섰지만, "당에 지원 유세를 하지 않겠다"고 밝힘으로써 이들을 고무했다.

한편 통합민주당의 공천 과정도 한나라당과 마찬가지로 여러 우여곡절을 겪었지만 분당사태에 이를 정도는 아니었다. 통합민주당은 2월 19일 공심위를 구성하고, '정체성 · 기여도 · 의정활동 능력 · 도덕성 · 당선 가능성'이라는 공천기준을 제시했다. 이러한 공천기준은 대통합민주신당과 민주당이 합당하여 창당했기 때문에 논란이 되지 않았다. 그러나 통합민주당도 '호남 물갈이'라는 당내외 여론에 직면하여 내분을 겪었다. 그 결과 호남 현역 의원이 38.7%나 교체되었다. 그리고 공천심사 막바지에서 '금고형 이상 부정 · 비리 전력자 배제' 라는 공천기준이 추가되면서 해당자들의 반발이 거세지기도 했다. 물론 이 같은 내분이나 반발은 대선 참패라는 당의 처지 때문에 파장이 그다지 크지는 않았지만, 박지원과 신계륜 등 일부가 탈당하여 무소속으로 출마하는 이탈사태를 가져왔다.

18대 총선의 공천 결과 현역 의원에 대한 교체율은 한나라당의 경우 39.0%, 통합민주당은 29.0%로 나타났다. 이러한 교체에도 불구하고 18대 총선은 이른바 '정치신예' 들이 휩쓸었던 지난 총선과는 달리 기성 정치인들이 두각을 나타냈다. 한나라당은 현역 의원 84명과 원외 67명을, 통합민주당은 현역 의원 95명과 원외 82명을 공천했다.

이 같은 정치인 위주의 공천은 자유선진당, 민주노동당, 창조한국당, 진보신당, 친박연대 등도 마찬가지였다. 참고로 중앙선거관리위원회에 등록한 지역구 후보자 중 기성 정치인은 현역 의원 197명을 포함하여 모두 645명(58.0%)이었는데, 이는 17대 총선(38.6%)에 비해 무려 20% 포인트나 늘어난 것이다. 이러한 현상은 후보선출권을 중앙당이 독점한 데 따른 필연적인 산물이라고 할 수 있다. 대부분의 정당들은 경선의 부작용과 당선 가능성을 이유로 당내 경선제를 폐기했다. 이는 카르텔정당적 특징을 드러내는 것이라고 볼 수 있는데(박경미, 2008, pp.56~57), 정당의 존재 이유를 내세우고 유권자의 관심을 불러일으켜야 하는 야당으로서는 더욱 치명적인 결과를 낳을 수밖에 없었다. 이 같은 공천행태는 비례대표 선정에까지 미쳤는데, 특히 야당들이 이 문제로 선거 기간 내내 질곡에 빠지는 원인 가운데 하나가 되었다. 3월 18일에 실시된 한 여론조사에 따르면, 지지 정당별 공천만족도에서 한나라당 지지자 중 만족 58.5%, 불만족 48,7%인 데 반해, 통합민주당은 만족 34.3%, 불만족 74.5%로 나타난 바 있다(중앙일보, 2008. 3. 22.).

3) 선거운동

18대 총선의 선거구도는 다당 경합구도였지만, 새로 출범한 이명박 정부의 각종 실정과 그에 따른 지지율 하락으로 '이명박 대 반이명박' 대결구도로 펼쳐졌다. 이에 따라 각 정당들은 나름대로 선거전략을 수립하고 본격적인 선거운동에 나섰다.

먼저 한나라당은 경제이슈를 화두로 삼아 '안정론'을 내세웠다. 경제이슈는 지난 대선에서 압승할 수 있었던 원천이었기에 이번 선거에서도 여전히 위력을 발휘할 것으로 간주되었다. 선거 초반 한나라당은 캐치프레이즈로 "견제가 아니라 경제입니다"라고 내세울 정도로 경제이슈에 초점을 맞추었다. 특히 경제살리기와 일자리 창출을 위한 한반도 대운하 건설을 추진하겠다고 밝혔다. 그러나 이에 대한 여론의 반응이 부정적으로 나타나자, 한나라당은 이한구 정책위원장을 통해 "대운하에 대해 오해를 빚거나 불완전한 부분을 잘 다듬어 국민을 설득하는 게 더 중요하다"라는 논리로 선거공약에서 철회했다. 이러한 간판격인 선거공약의 철회는 각종 여론조사에서 '견제론'이 우세로 나오고 친박근혜 의원들이 이탈함에 따라 불가피하게 나온 조치였다.

이에 한나라당은 안정 의석의 확보가 최대 과제로 보고 '안정론'을 호소하고 나섰다. 특히 이명박 대통령이 직접 나서서 "요즘 정치적 안정이 필요하다"라는 야당의 반발이 뻔한 발언을 할 정도였다. 한나라당은 수도권에서의 승패가 선거 결과를 좌우할 것으로 보고 대통합민주신당의 대선 후보였던 정동영을 대응하기 위해 지역구가 울산인 정몽준을 차출하여 서울 동작(을)에 대항마로 내세웠다. 또한 같은 당 소속의 오세훈 서울시장으로 하여금 '뉴타운 건설' 약속을 내놓게 유도하기도 했다. 그리고 친박연대와 무소속으로 취약해진 영남 지역에서는 이른바 '응징론'에 맞서 '철새론'으로 대응하면서 지난 대선과 같은 전폭적인 지지를 호소했다.

한편 통합민주당은 처음부터 거대 여당의 독주를 견제하려면 전통야당에 힘을 실어줘야 한다는 '견제론'을 들고 나왔다. 통합민주당은 대선 참패 후 흐트러진 전열을 가다듬으면서, 이른바 '박재승 쿠데타'로 불릴 정도로 물갈이 공천을 통해 '바람'을 일으키려 했다. 특히 서울에서 바람을 일으키기 위해 종로구에 손학규 대표를, 동작(을)에 정동영 전 대선 후보를 내세웠다. 통합민주당은 공식적인 선거공약으로 '민생우선론'을 내세웠지만 '견제론'이 핵심적인 슬로건이었다. 이에 이명박 정부의 실정을 집중적으로 비판하고 나왔다. 그러나 이러한 비판은 오히려 노무현 정부의 실정을 상기시키는 부메랑으로 나올 수밖에 없었다. 통합민주당은 대운하 반대 명분으로 창조한국당, 민주노동당, 진보신당 등과의 정책연대를 통해 '반이명박 연대'를 추진했지만, 후보단일화라는 선거연대까지는 나아가지 못했다.

자유선진당은 원내교섭단체의 구성이 가능한 의석을 목표로 두고, 한나라당과 통합민주당에서 공천탈락한 현역 의원을 이른바 '이삭 줍기'를 통해 영입하면서 충청 지역을 집중적으로 공략했다. 그리고 지난 대선에서 이회창이 획득한 전적을 살려 비례대표 득표율을 높이기 위해, 충청 지역에 대한 바람몰이에도 벅찬 상황이었지만 그럼에도 불구하고 민주당의 조순형을 선거대책위원장에 영입하여 전국을 순회하는 유세를 펼치기도 했다.

창조한국당은 한반도 대운하 추진의 전도사라고 자칭하는 이명박계의 실세인 이재오에 대항하기 위해 문국현을 은평(을)에 내세워 대운하 반대의 기치를 올렸다. 민주노동당은 평등파의 이탈로 당세가 위축되었지만, 권영길과 강기갑의 대표적 상징인 비정규직 철폐와 한미 FTA 반대를 내걸고 비례대표 득표율을 올리기 위해 총력을 기울였다. 마찬가지로 진보신당도 심상정과 노회찬이라는 '스타 정치인'을 앞세워 비례대표 득표율을 높이기 위해 사력을 다했다. 친박연대는 이명박 정부에 대한 지지율 하락에 힘입어 '배신론' 또는 '응징론'을 내세우면서 각개약진을 시도했다.

18대 총선의 선거운동은 대체로 차분하게 진행되었다. 이는 대선을 치른 지 얼마 되지 않은 데도 원인이 있었지만, 각 정당의 수뇌부가 지역구에 매여 있었기 때문이기도 했다. 선거운동이 상대적으로 치열하지 않았다는 점은 선거법 위반행위 적발 건수가 17대 총선보다 무려 69.6% 포인트나 감소한 1,945건에 지나지 않았다는 사실에서 엿볼 수 있다.

4) 선거여론

18대 총선의 선거운동이 차분했다는 것은 그만큼 유권자들의 반응이 열기가 없었기 때문이었다. 대체로 이러한 반응의 원인은 대선이 끝난 지 얼마 안 된 측면도 있었지만, 이렇다 할 뚜렷한 선거쟁점이 부각되지 않은 데도 있었다. 이명박 대통령의 지지도를 지속적으로 떨어뜨린 정부 출범 전후의 실정도 이미 지난 사안이기 때문에 유권자에게 실망이 되었을망정 주요 선거쟁점은 아니었다. 물론 유권자들의 관심을 끄는 사안이나 사건이 전혀 없었던 것은 아니었다.

대운하 건설 문제를 둘러싸고 한나라당과 야당들 간에 치열한 논란이 빚어지자 한때 이 문제가 핵심적인 쟁점으로 부각되기도 했다. 그러나 이 쟁점은 한나라당이 선거공약에 넣지 않겠다고 밝힘에 따라 시간이 지나면서 효력이 상실되었다. 18대 총선에서 유권자들의 가장 큰 관심을 끈 점은 역대 총선과 마찬가지로 현역 의원 교체였다. 영남 지역 현역 의원 44%를 교체한 한나라당의 '물갈이'와 호남 지역 현역 의원 38.7%를 교체한 통합민주당의 '박재승 쿠데타'는 유권자들의 흥미를 끌기에 충분했다. 그러나 이러한 관심사도 탈락한 의원들의 추태, 특정 정치인의 이름을 딴 사당의 출현, 비례대표의 '계파 나눠먹기' 등에 의해 이내 실망과 냉소로 바뀌었다. 물론 후보등록 시점에서 각 정당의 유력자들의 선거구가 확정됨에 따라 이른바 '빅매치'에 대한 관심이 잠시 고조되기도 했다. 예를 들면 정몽준과 정동영이 경합한 동작(을), 이재오와 문국현이 경합한 은평(을), 그리고 손학규가 출마한 종로구 등이 유권자들의 관심을 끌기도 했다.

18대 총선 과정에서 실시한 각종 여론조사에서 가장 특이한 점은 이명박 정부에 대한 유권자의 실망이 컸음에도 불구하고, 한나라당 후보에 대한 지지가 그에 비례해서 결코 낮지 않았다는 점일 것이다. 3월 18일에 실시한 한 여론조사에 따르면, 안정론(34.6%)보다 견제론(40.0%)이 높게 나온 바 있다. 그런데 한나라당 후보에 대한 지지율이 39.8%인 데 반해, 통합민주당 후보는 18.3%로 나왔다. 이는 한 달 전에 실시한 여론조사에 비해 각각 4.8% 포인트 하락, 4.1% 포인트 상승을 보여준 것이다. 이러한 양당의 격차는 선거 기간 내내 나타났는데, 이는 예상 의석수에 대한 일련의 여론조사들에서도 확인된다. 즉 2월

9일(D-60) 여론조사에서는 한나라당 200석 대 통합민주당 60석, 3월 10일(D-30)에는 175석 대 80석, 3월 28일(D-12)에는 167석 대 91석, 4월 2일(D-7)에는 177석 대 85석으로 한나라당이 월등히 우세한 것으로 조사되었다(중앙일보, 2008. 3. 22.; 한겨레신문, 2008. 4. 2.).

이러한 여론조사는 이명박 정부에 대한 실망과 그에 따른 견제심리에 비춰본다면 의아스러운 것이 분명하다. 그러나 실제 선거여론을 면밀히 살펴보면, 각종 여론조사들이 나름대로 신뢰도를 지니고 있었음을 유추할 수 있다. 우선 한나라당은 45~49%에 이르는 충성심이 강한 지지층을 지니고 있었다는 점이다. 이 지지층은 이명박 정부에 대한 지지가 하락할수록 더욱 안정적인 지지기반을 형성했던 것이다. 다음으로 이명박 정부에 대한 실망과 견제심리를 받아줄 마땅한 대안이 없었다는 점이다. 견제심리로 통합민주당 후보를 지지하겠다고 한 유권자는 불과 35.1%에 지나지 않았던 것이다. 마지막으로 이명박 정부에 대한 실망에도 불구하고 여전히 기대감을 나타내고 있었다는 점이다. 전반적으로 기대가 줄어들었지만, 경제살리기와 일자리 창출 등에 대해서는 강한 기대감을 갖고 있었던 것이다(중앙일보, 2008. 3. 22.).

4. 선거 결과의 정치적 의미

18대 총선 결과 당초 압승하리라고 예상되었던 한나라당은 과반 의석을 겨우 넘은 것으로, 진보진영의 통합민주당, 창조한국당, 민주노동당, 진보신당 등은 한나라당의 신승에도 불구하고 참패한 것으로, 반면에 선거용 정당으로 급조된 자유선진당과 친박연대, 그리고 공천에서 탈락한 무소속 후보들은 선전한 것으로 나타났다. 이러한 결과는 집권당인 한나라당이 압승하지 않았기 때문에 외견상 여야 간의 세력 균형을 이룬 것으로 보일 수 있다. 그러나 정치지형의 차원에서 보면 보수진영의 완승이라는 성격을 띠고 있다. 보수진영인 한나라당, 자유선진당, 친박연대 등의 당선자들을 합치면 185명에 이르며, 여기에 영남 지역의 무소속 당선자와 호남 지역을 제외한 여타 지역의 보수적인

표 3. 17대 대선 및 18대 총선 정당투표의 득표율

단위 : %

	17대 대통령 선거				18대 국회의원 선거(정당투표)				
	이명박	정동영	이회창	권영길	한나라당	통합 민주당	자유 선진당	친박 연대	민노당 +진보신당
서울	53.2	24.5	11.8	2.3	40.2	28.3	4.8	10.4	7.8 (3.8+4.0)
경기	51.9	23.6	13.4	2.9	40.9	26.4	4.7	11.4	8.1 (4.8+3.3)
인천	49.2	23.8	15.2	3.5	39.7	24.6	6.1	10.9	9.0 (5.8+3.2)
강원	52.0	18.9	17.6	3.9	45.5	18.6	6.3	12.3	8.2 (5.9+2.3)
충북	41.6	23.8	23.4	3.6	34.0	23.9	13.7	12.3	7.7 (5.7+2.0)
충남	34.3	21.1	33.2	3.5	27.1	13.5	37.8	7.2	6.4 (4.7+1.7)
대전	36.3	23.6	28.9	2.5	24.8	18.6	34.3	8.7	5.9 (3.9+2.0)
전북	9.0	81.6	3.6	1.9	9.3	64.3	1.6	2.3	9.8 (7.4+2.4)
전남	9.2	78.7	3.6	2.4	6.4	66.9	1.1	1.8	11.7(10.1+1.6)
광주	8.6	79.8	3.4	2.1	5.9	70.4	0.9	1.3	12.0 (9.4+2.6)
경북	72.6	6.8	13.7	2.8	53.5	5.6	2.9	5.6	5.9 (4.1+1.8)
대구	69.4	6.0	18.1	2.0	46.6	4.9	4.0	32.7	5.5 (3.2+2.3)
경남	55.0	12.4	12.5	5.4	45.0	10.5	4.2	18.0	13.6(10.6+3.0)
울산	54.0	13.6	17.5	8.4	42.9	9.3	3.4	18.7	18.7(14.2+4.5)
부산	57.9	13.5	19.7	2.8	43.5	12.7	5.2	22.6	8.1 (5.3+2.8)
제주	48.7	26.1	15.1	4.4	32.4	30.2	4.2	12.3	12.3(10.0+2.3)
평균	48.7	26.1	15.1	3.0	37.5	25.2	6.9	13.2	8.6 (5.7+2.9)
(계)	(11,492,389)	(6,174,681)	(3,559,963)	(712,121)	(6,421,727)	(4,313,645)	(1,173,463)	(2,258,750)	(1,477,911)

출처 : 중앙선거관리위원회, 『제17대 대통령선거 총람』(2008); 『제18대 국회의원선거 총람』(2008).

무소속 당선자들(충남의 이인제, 경기의 한선교, 인천의 이경재)까지 합치면 무려 201명에 이르고 있다. 이 수치는 '개헌 정족수'인 200석을 넘는 것이다. 이 같은 보수진영의 완승은 정당투표 득표율 측면에서 살펴보아도 확인된다. 보수진영 정당들의 전체 득표율은 57.6%로, 진보진영 정당들보다 20% 포인트나 상회하고 있다.

18대 총선 직전의 정치지형은 이미 지난 대선 결과로 보수적으로 전환되었음에도 불구하고, 새로 출범한 이명박 정부의 실정과 그에 따른 민심이반으로 유동적인 것으로 여겨졌다. 그런데 18대 총선은 이러한 보수적 정치지형을 좀 더 공고히 하는 결과를 가져왔다. 이 점에서 18대 총선은 정치지형의 재편을 가져온 선거로서 이른바 '중대선거(critical election)'라고 불릴 만하다. 물론 18대 총선이 보수적 정치지형의 공고화라는 결과를 낳았지만, 집권당인 한나라당에 압도적인 승리를 가져다 주지는 않았다는 점이 주목된다. 더군다나 대선과 가까운 시기에 치러진 총선에서 흔히 나타나는 대선 승리 정당의 프리미엄이 있음에도 불구하고 한나라당은 신승하는 데 그쳤던 것이다. 이러한 현상은 새로 출범한 이명박 정부와 한나라당에 대한 유권자들의 견제적 투표성향이 결정적으로 영향을 미친 데 따른 것이었다고 볼 수 있다. 앞서 살펴보았듯이 이명박 정부의 각종 실정과 한나라당의 공천파행으로 선거 막바지까지 견제론이 위력을 발휘했다. 그 결과 한나라당은 단점정부를 구성하는 데는 성공했지만, 보수적 정치지형을 주도하는 헤게모니적 정치세력으로 등장하는 데는 실패했던 것이다.

〈표 3〉에서 보이는 바와 같이 17대 대선에서 이명박 후보의 득표율은 48.7%였고, 18대 총선에서 한나라당의 지역득표율은 43.5%였는데 정당투표 득표율은 37.5%에 지나지 않았다. 이러한 득표율의 변화를

살펴볼 때, 지난 대선에서 이명박 후보를 지지한 상당수의 유권자들이 여전히 한나라당을 지지하고 있었음에도 불구하고, 일부 유권자들은 정당투표를 통해 한나라당을 견제하고 있었음을 유추할 수 있다. 대체로 한나라당 이탈표는 친박연대와 보수적인 무소속 후보들에 대한 지지로 전환된 것으로 파악된다(황아란, 2008, pp.102~105). 물론 지난 대선에서 이회창 후보를 지지했던 충청 지역 이외의 유권자들도 이들을 지지한 것으로 나타난다. 이러한 점으로 미루어보면 선거 과정에서 한때 쟁점이 된 '견제론'은 보수진영에 대한 진보진영의 견제가 아닌, 보수진영 내에서 이명박 대통령에 대한 견제가 실체였던 것에 지나지 않는다고 볼 수 있다. 이는 견제론에도 불구하고 진보진영이 선전할 수 없었던 이유를 말해 준다. 진보진영의 참패는 지난 정부에 대한 유권자들의 냉혹한 심판에 따른 필연적인 결과이다. 물론 선거 환경이 참패할 수밖에 없는 상황이었지만, 이것만이 참패의 모든 원인이라고 단정짓기는 어렵다. 통합민주당과 창조한국당의 통합 무산, 민주노동당과 진보신당으로의 분열과 같은 선거구도는 처음부터 불리한 선거 환경에 놓인 진보진영을 더욱 어렵게 했던 것이다.

이처럼 18대 총선은 정당과 유권자가 분리되는 이른바 '정당해체'라고 불릴 정도의 선거구도에서 치러졌다. 이러한 선거구도는 일차적으로 유동적인 유권자의 이념성에 대한 정당들의 반응에 기인한다고 볼 수 있다. 지난 대선은 외견상 보수진영과 진보진영의 대결구도임에도 불구하고, 지난 정부에 대한 심판의지와 경제살리기에 대한 맹목적인 기대심리가 정당들 간의 이념적 · 정책적 대립구도를 압도한 상태에서 치러졌다. 이는 구집권당의 이른바 '친노' 탈색을 위한 이합집산과 당명 변경, 구친여세력 일부에 의한 창조한국당의 출현, 보수진영의 분열이라고 할 수 있는 이회창의 무소속 출마와 같은 비정상적이고 상궤를 벗어나는 정치행태의 원인이기도 했다. 이처럼 지난 대선이 상대적으로 탈이념적인 선거구도로 치러진 상황(이준한, 2008, pp.13~14)에서 18대 총선을 맞이한 정당들이 탈이념적인 선거전략에 의존한 것은 일견 합리적 선택이었다고 볼 수 있다. 그러나 정당들이 탈이념적인 것을 넘어서 탈정책적인 선거운동을 구사한 것은 이미 약화된 유권자의 이념성을 더욱 약화시키는 현상을 낳을 수밖에 없었다.

그 결과 18대 총선은 몇 가지 이슈를 제외하고는 정책경쟁이 전혀 이루어지지 않은 반면에, 견제론이나 인물론과 같은 감정이나 정서에 호소하는 선거운동이 주종을 이루었다. 물론 18대 총선 역시 지역주의가 위세를 떨친 선거였다. 한나라당은 영남 지역에서 외견상 친박연대와 친박무소속의 다수 당선으로 독식했다고는 볼 수 없더라도 67.6%의 당선율을 보였으며, 이들까지 포함한다면 94.1%에나 이른다. 마찬가지로 통합민주당도 호남 지역에서 무소속 6명을 제외하고 80.6%의 당선율을 보였다. 그리고 자유선진당은 충북에서는 8개 선거구 중 1개 선거구만 차지했지만, 대전 · 충남에서는 16개 선거구 중 13개 선거구를 차지했다. 이처럼 18대 총선은 17대 총선에서 다소 완화되는 경향을 나타냈던 지역주의 투표행태가 좀 더 강화된 것으로 나타났다. 물론 수도권의 투표행태를 정서적 지역주의가 아니더라도 실리적 지역주의에 기반을 둔 것으로 간주한다면, 지역주의 투표행태는 전국에 걸쳐 더욱 심화되었다고 할 수 있다. 선거 막바지에 서울에서 최대 쟁점이 되었던 한나라당의 '뉴타운 건설' 공약은 박빙의 선거판세에 결정적인 영향을 미친 것으로 추정되는데, 한나라당은 48개 선거구 중 40개 선거구나 차지할 정도였다. 이러한 '지역주의 불러내기' 는 처음부터 이념적 · 정책적 경쟁성이 취약하여 유권자의 열기와 관심을 끌어내지 못한 선거를 더욱 무관심과 냉소주의에 빠지게 했던 것이다.

이와 관련하여 18대 총선에서 특히 주목해야 할 부분은 극히 저조한 투표율이다. 앞서 살펴보았듯이, 이번 총선 투표율은 지난 총선보다 무려 14.5% 포인트나 낮은 46.1%였다. 이는 대선을 치른 지 얼마 되지 않은 관계로 대형 이슈가 없었던 까닭도 있겠지만, 정당들의 잦은 이합집산, 분당, 창당 등 정당해체적 현상에 따른 정치 불신과 무관심이 팽배한 데도 원인이 있었다고 할 수 있다.

5. 맺음말

18대 총선은 한국 정치에 많은 문제점과 과제를 남긴 선거였다. 선거 결과의 핵심은 한국 정치지형이 보수로 회귀되었다는 것이다. 이는 달리 말하면 '신보수 시대' 의 개막을 알리는 상징적 의미를 지니고 있다고 할 수 있다. 18대 총선은 외견상 집권당인 한나라당의 신승, 야당인 통합민주당과 민주노동당의 참패에도 불구하고 보수원조를 표방한 자유선진당과 특정 정치인의 친위대라고 할 수 있는 친박연대 및 친박무소속 후보들의 선전으로 여야의 균형이 이루어진 선거로 보인다. 그러나 정치현상의 본질적 측면에서 보면 보수진영이 완승한 선거였다고 할 수 있다. 이 점에서 18대 총선은 정치지형의 재편을 가져온 '중대선거' 임에 틀림이 없다.

그런데 18대 총선은 정치지형의 재편을 가져왔지만 정당체계의 재정렬(realignment)까지는 나아가지 못했다. 18대 총선 직전부터 이념적으로나 조직적으로 다양한 정당들이 출현한 바 있다. 이러한 현상은 유권자의 이념성이 약화된 환경에서는 정당 재정렬보다는 정당 해체로 귀결될 공산이 큰데, 우려한 바대로 나타났다. 결국 이념성이 약화된 정당들은 변화된 유권자의 요구를 제대로 수용하지 못하고 관성과 타성으로 선거를 치렀다. 정당들은 공천 과정에서부터 정당민주주의와 책임정당정치를 무력화시켰다. 그 결과 계파 간 나눠먹기식 공천이 비일비재했고, 공천에 탈락한 낙천자들이 사당을 급조해 출마하기도 했다. 그리고 선거운동은 정책경쟁보다는 '박근혜 살리기', '이회창 살리기'와 같은 특정 인물 편승, 인기몰이, 상대 비방, 지역주의 불러내기 등과 같은 구태로 점철되었다. 이러한 상황에서 투표율이 극히 저조한 것은 당연한 것일 수밖에 없다.

결론적으로 18대 총선을 한마디로 평가한다면 '한국 민주주의의 후퇴'라고 요약할 수 있다. 이러한 사태를 야기하고 초래한 근원은 복합적이고 중층적인 것이지만, 일차적으로 이번 선거의 주요 행위주체인 정당에게 돌아갈 수밖에 없다. 18대 총선 과정을 돌이켜보면, 그것은 정당정치 파행의 연속이었다고 할 수 있다. 일반적으로 정당은 선거를 통해 국민들의 다양한 이익을 표출시키고 집약하여 이를 공적인 정책결정 과정으로 연결하는 대표기능을 수행할 뿐만 아니라, 정책수행 실적에 기초하여 국민의 심판을 받음으로써 정치권력이 국민에게 책임지는 권력의 책임성을 실현한다. 이 같은 정당의 기능과 역할이 제대로 이루어지는 것을 '책임정당정치'라고 한다면, 18대 총선은 바로 이러한 과제를 남긴 선거였다고 결론을 대신하여 말할 수 있겠다.

참고 문헌

강원택, 2008, "2007년 대선과 2008년 총선에서의 지지 변화", 『한국과 국제정치』 제24권 제3호, pp.1~28, 경남대학교 극동문제연구소.

김용호 외, 2004, 『17대 총선 현장 리포트』, 서울 : 푸른길.

박경미, 2008, "18대 총선의 공천과 정당조직", 『한국정당학회보』 제17권 제2호, pp.41~63.

박명호, 2008, "2008 총선에서 세대와 투표행태", 한국선거학회 학술회의 발표논문(2008. 6. 27.), pp.1~12.

이준한, 2008, "이념과 투표행태", 한국선거학회 학술회의 발표논문(2008. 6. 27.), pp.1~15.

중앙선거관리위원회, 2004, 『제17대 국회의원선거 총람』.

중앙선거관리위원회, 2008, 『제17대 대통령선거 총람』.

중앙선거관리위원회, 2008, 『제18대 국회의원선거 총람』.

한국정당정치연구소, 2000, 『4 · 13총선』, 서울 : 문형.

한국정당학회, 2008, 『제18대 총선 평가와 정당정치의 과제』, 하계학술회의 발표논문집(2008. 6. 20.).

황아란, 2008, "선거환경 변화가 당선경쟁과 투표율에 미친 영향", 『한국정당학회보』 제17권 제2호, pp.83~109.

연합뉴스(http://www.yonhapnews.co.kr), 2008년 2월 1일~2008년 4월 15일.

『중앙일보』, 2008년 2월 1일~2008년 4월 15일.

『한겨레신문』, 2008년 2월 1일~2008년 4월 15일.

수도권: 한나라당 압승과 저항의 에피소드

I

1. 대선 모멘텀 연장선상의 총선: 서울 동작(을)
2. 한국 선거의 바로미터: 서울 종로
3. 정당 간 전략공천 대결: 서울 중구
4. 역동적인 수도권 민심의 표출: 서울 은평(을)
5. 신구정권 핵심 인물 간 대립: 경기 일산 동구

II

III

IV

1 대선 모멘텀 연장선상의 총선 : 서울 동작(을)

손병권

1. 머리말

2008년 4 · 9 총선에서 한나라당이 승리를 거두면서 국내 정치에 많은 변화가 예상되고 있다. 2007년 말 이명박 행정부의 등장과 함께 국회마저 보수정당이 장악함에 따라서 한국 정치는 이른바 '잃어버린 10년'을 회복하겠다는 취지의 보수개혁을 서두를 것으로 예상된다. 총선 이후 쇠고기 수입 재개 파동으로 광화문 촛불집회가 시작되면서 이러한 급속한 개혁에는 제동이 걸린 듯하지만, 촛불집회의 여파에서 벗어나고 10월의 금융위기가 진정되면서 2008년 11월 이후 본격적인 보수 어젠다의 입법화 노력이 시작될 것으로 전망된다. 민주당이 급격한 보수선회에는 적극적으로 반대하고 있지만, 원내에서 수적인 열세를 어떻게 만회할 수 있을지 궁금하다. 4 · 9 총선으로 인한 한나라당의 국회 장악이 가져올 효과는 이제 민영화 및 금융개혁 등 본격적인 보수개혁의 성패 여부에서 드러날 것으로 보인다.

보수세력의 명실상부한 재집권을 완성한 제18대 총선은 1987년 민주화 이후 1990년 노태우 정부 아래에서의 3당 합당과 민주자유당 출발, 그리고 2004년 노무현 대통령 탄핵 및 4·15 총선 이후 열린우리당의 국회 장악에 이어서 세번째로 단점정부의 출발을 알리는 계기가 된 총선으로 통한다. 그러나 이전 두 번의 사례와 달리 2008년 4·9 총선은 2007년 12월의 대선과 연이어 실시되었기 때문에 사실상 대선과 총선이 하나의 패키지로 후보자에게 제시되어 단점정부가 탄생한 선거로 기록될 것이다. 여전히 유권자들의 마음속에 잔영처럼 남아 있던 노무현 대통령 및 구(舊)열린우리당에 대한 실망에 편승하여 공천과정의 잡음에도 불구하고 한나라당은 무리 없이 선거전을 승리로 이끌 수 있었다. 다음 〈표 1〉에서 알 수 있듯이 선거 결과 한나라당이 전체 의석수의 반 이상을 차지하여 국회 다수당이 되었다. '진정한' 보수정치를 표방한 자유선진당, 그리고 공천에 불만을 품고 독립한 친박연대의 의석을 포함하면 이번 선거는 전체적으로 대략 200석 정도를 차지한 보수세력이 압도적으로 승리를 거둔 선거로 기록된다.[1)]

4·9 총선에서 한나라당의 압승은 무엇보다도 서울과 경기도 등 수도권에서 한나라당의 선전에 기인한 바 크다. 서울의 경우만 보면 전

---

1) 선거 결과 보수진영 총 의석은 한나라당 153석, 자유선진당 18석, 친박연대 14석, 친한나라당계 무소속 15석을 합하여 200석 정도로 나타난다. 한편 진보진영 총 의석은 통합민주당 81석, 민노당 5석, 친민주계 무소속 15석을 합하여 101석 정도로 집계된다(참고로 제18대 국회가 개원한 후 국회 의석분포는 총선 직후의 그것과는 좀 다르다. 이는 창조한국당의 문국현 의원이 이회창 총재의 자유선진당과 결합하여 '선진과 창조의 모임'이라는 원내교섭단체를 구성하고, 일부 친박연대 의원들이 한나라당에 복당하였기 때문이다. 그 결과 국회는 10월 1일 현재 한나라당 172명, 민주당 83명, 선진과 창조의 모임 20명과 친박연대 4명, 민노당 5명, 창조한국당 1명, 무소속 10명으로 구성되어 있다). 이는 한나라당과 자민련이 합하여 125석을 얻고 열린우리당과 민노당이 합하여 162석을 얻어 진보세력이 우세했던 17대 총선 결과와 매우 대조적이다. 참고로 선거기간 동안 논란의 중심에 있던 친박근혜 세력은 한나라당 내 32석, 친박연대 14석, 친박근혜계 무소속 12석을 합하면 58석 정도가 된다.

표 1. 2008년 18대 총선 정당별 의석수

정당명	지역구 의석수	비례대표 의석수	전체 의석수	비고
한나라당	131	22	153	보수
통합민주당	66	15	81	진보
민주노동당	2	3	5	진보
자유선진당	14	4	18	보수
친박연대	6	8	14	보수
창조한국당	1	2	3	진보
진보신당	0	0	0	진보
무소속	25	0	25	혼합
총 의석수	245	54		299

출처 : 경향신문 홈페이지, 2008년 4월 10일자 보도를 토대로 작성함.

체 48개 선거구 가운데 40개의 선거구에서 한나라당이 승리하였다. 이러한 결과는 2004년 4 · 15 총선 이후 무려 32개의 선거구를 장악한 구(舊)열린우리당, 즉 현(現) 민주당의 몰락을 의미한다. 이번 4 · 9 총선을 통해 자기 선거구에서 다시 출마한 민주당 현역 의원 21명 가운데 단 3명만이 당선될 수 있었다. 그 결과 서울 지역에서 민주당 소속 의원의 전체 숫자는 이들 3명을 합하여 단 7명에 불과한 지경에 이르렀다.

이와 같은 한나라당의 압승은 일찌감치 여론조사 등을 통해 예견된 것이어서 선거에 대한 유권자들의 흥미를 반감시켰다. 결국 이번 총선은 20대 유권자들의 대거 불참 및 선거쟁점의 부재 등으로 말미암아 유권자의 투표율이 역대 최저인 선거로 기록되었다. 이와 아울러 4 · 9 총선은 향후 한국 선거정치, 정당정치에 여러 가지 해결해야 할 과제를 안겨준 선거로 기억될 것이다. 이번 선거는 선거자금 관련 부정의 혹의 출현, 공천 과정의 잡음, 낮은 투표율 등으로 인해 한국의 선거정치와 정당정치의 발전과 변화를 위해서 여전히 많은 과제가 있음을 확실히 보여주었다. 보는 각도에 따라서는 선거운동이나 선거정치가 퇴보한 사례에 해당될 수 있으며, 공천 과정에서 한나라당은 새로운 파벌정치의 양상을 드러내기도 하였다. 그러나 선거를 전후해서 나타난 보수의 분열에도 불구하고 서울을 포함한 수도권에서 한나라당의 선전은 뉴타운 건설 및 경제회복 등 실생활과 관련된 이슈에서 한나라당이 상대적으로 유리한 위치에 있었음을 확인시켜 주었고, 이번 총선이 2007년 말 대선의 연장선상에서 진행되었음을 강하게 시사해 주고 있다.

유권자의 관심을 끌지 못하고 무미건조하게 진행된 지난 4·9 총선은 그럼에도 불구하고 몇몇 선거구에서 언론과 여론의 집중적인 관심의 대상이 되기도 하였다. 이러한 선거구 가운데 일부는 인기 추락 중인 통합민주당의 거물급 인사나 의원이 출마한 지역구였다. 이들 선거구가 여론과 언론의 관심의 대상이 된 이유는 국민의 불신과 실망을 넘어서서 이들 구열린우리당 계열의 유력 인사들이 자신들의 비중과 지명도만으로 통합민주당의 후보로서 다시 당선될 수 있을지 여부가 흥미를 끌었기 때문이다. 이런 이유로 한명숙 전(前) 국무총리, 김근태 전 당의장 등 통합민주당 소속 거물급 의원들이 출마한 선거구 등은 주목의 대상이 되었다.

또한 여야의 거물급 간판스타들이 경합을 벌인 선거구 역시 그 귀추가 주목되었는데, 그 가운데에서도 서울의 종로와 동작(을) 선거구가 단연 국민의 관심을 끌기에 충분했다. 종로의 경우 3선에 도전하는 박진 의원과 경기도지사를 지낸 후 대통합민주신당의 대선 후보 선발에 참여했고 이후 통합민주당의 대표가 된 손학규 후보가 서로 맞붙게 되었다. 한편 동작(을) 선거구의 경우 2007년 대통합민주신당 대선 후보였던 정동영 후보가 이계안 후보의 불출마 선언 이후 지역구를 물려받아 통합민주당 후보로 출마를 선언한 데 이어, 한나라당의 경우 13대 이후 국회의원 5선 관록의 정몽준 후보가 선거전에 뛰어들어 유권자의 관심의 대상이 되었다.

정동영, 정몽준 두 사람은 각각 원래 지역구인 전주와 울산을 뒤로하고 서울에서 정치생명을 건 일합(一合)을 겨루게 되었다. 정동영 후보의 출마는 종로에서 손학규 당대표가 출마하는 것과 함께 대선 패배 이후 침체된 당내 분위기를 쇄신하고 유권자들의 관심도를 높이기 위해서 당이 기획한 것으로 보도되었다. 강북에 출마한 손학규 대표와 함께 한강 이남의 동작구에서 출마함으로써 서울 남북벨트를 연결하는 총선의 축을 형성하여 유권자의 지지율을 최대한 끌어올린다는 것이 정동영 후보와 통합민주당의 의도였다. 전반적으로 호남 지방이 원적인 유권자들이 다수 분포되어 있고, 전통적으로 과거 김대중 후보를 지지한 새정치국민회의나 민주당 계열의 정당이 강세를 보였던 지역에서 정동영 후보는 적어도 정몽준 후보가 출마를 선언하기 이전에는 동작(을) 선거구에서 충분히 승산이 있다는 판단 아래 출마를 결정하였다.

한편 정몽준 후보는 차기 대권에 대한 포부를 숨기지 않은 채, 이러한 목표를 향해 나아가는 단계의 하나로서 한나라당 내의 교두보 확보가 절실하였다. 정동영-손학규 바람을 차단해야 한다는 한나라당 지도부의 전략적 고려와 정치권의 중심으로 부상하기 위해서는 서울로 진입해야 한다는 정몽준 후보 개인의 야심이 맞아떨어지면서 정몽준 의원의 동작(을) 선거구 출마가 결정되기에 이르렀다. 결국 정동영, 정몽준 두 후보는 각각 정치적 부활과 정치적 비약을 꿈꾸면서 피할 수 없는 한판 대결을 펼치게 되었다. 이 글은 이러한 상황을 배경으로 제

18大 총선 당시 동작(을) 선거구의 상황과 선거 결과 등을 재조명해 보고자 작성되었다. 이와 관련하여 필요한 곳에는 직접 현장을 다니면서 느낀 소감을 함께 적어서 최대한 참여관찰기적 성격도 살려보고자 했다. 이러한 목적에 따라서 다음과 같은 순서로 이 글을 진행하고자 한다.

먼저 2절에서는 동작(을) 선거구의 인구사회학적 특성과 정치적 성향을 간단히 기술할 것이다. 다음으로 3절에서는 두 후보의 동작(을) 선거구 출마에 대한 유권자의 반응을 필자가 실시한 인터뷰 결과를 토대로 살펴보고자 한다. 또한 동작(을) 선거구의 주요 현안문제를 두 후보가 내건 공약사항과 연결하여 지역개발과 교육문제라는 두 가지 차원으로 압축하고, 두 후보가 제시한 선거공약을 차별화해서 살펴보기로 한다. 마지막으로 4절에서는 2008년 3월 16일자 조선일보 여론조사를 토대로 각 후보를 지지한 유권자들의 성향을 파악하는 것으로 결론을 대신하고자 한다.

이 글을 작성하는 과정에서 필자는 참여관찰적 요소를 살리기 위해 동작(을) 선거구 관내 유권자 및 정동영, 정몽준 후보 진영 홍보 담당자와 인터뷰를 실시하였다. 이러한 인터뷰 내용은 3절에 집중적으로 서술되어 있다. 이 밖에도 지역구의 특징을 설명하기 위해서 서울시가 실시한 서베이 조사 등의 결과와 다양한 통계자료를 원용하였다. 그리고 4절에 제시된 동작(을) 선거구민 대상 여론조사 결과는 사전 조사 결과로서 조선일보가 선거 약 3주 전인 3월 16일에 실시한 것이다. 여론조사 결과와 양대 후보의 득표율이 대체로 비슷하고 조사 내용이 상식적인 수준에서 알고 있는 바와 일치하는 방향으로 나타나는 것으로 보여 이 조사 내용을 사용하기로 했다.[2)]

2. 지역의 인구사회학적 특성 및 역대 선거 결과

서울시 동작구청 홈페이지의 기록에 따르면 동작구는 "국립현충원, 사육신 묘지공원이 위치한 호국충절의 고장"이며, "서울의 동서남북을 연결해 주고 있는 교통의 요충지" 그리고 "체계적인 종합 개발로 비약적인 발전을 하고 있는 지역"이다. 이번 동작구 선거에서는 "체계적인 종합 개발"과 관련된 흑석동 뉴타운 개발, 사당동 재개발 등이 주요 이슈로 등장하였고, 이러한 이슈는 '개발'이라는 화두와 이미지가 잘 겹쳐지는 정몽준 후보에게 어느 정도 유리하게 작용하기도 하였다.

동작(을) 선거구가 속해 있는 서울 동작구는 전체 면적이 16.35km^2로서 서울시의 2.7%를 차지하고 있다. 이 가운데 주거 지역이 13.781km^2(84.3%)로 가장 넓고, 상업 지역이 0.378km^2(2.3%)이며, 기타 녹지 지

그림 1. 동작구 행정구역

2) 제18대 총선 결과 정몽준 후보와 정동영 후보는 각각 47,521표(54.41%)와 36,251표(41.51%)를 얻었다. 조선일보 여론조사 결과는 정몽준 후보가 49.3%의 지지율을, 정동영 후보가 37.4%의 지지율을 얻는 것을 보여주고 있다.

역이 2.191km²(13.4%)를 차지하고 있다. 전반적으로 상업화된 지역이라기보다는 대부분의 면적이 주택으로 구성되어 있는 지역으로 분류된다. 한편 동작구의 인구는 163,600세대, 총 405,967명(남 200,891, 여 205,076)으로 집계되어 있으며, 상도1동, 흑석동, 동작동, 사당1~5동으로 구성되는 동작(을) 선거구(7.19km²)에는 동작구 전체 인구의 절반에 미치지 못하는 150,055명이 거주하고 있다.[3)]

거주형태별로 보면 주택 91,519호 가운데 단독주택, 다가구주택, 아파트, 연립주택, 다세대주택이 각각 11,656호(10.5%), 10,261호(9.60%), 41,133호(48.22%), 6,127호(6.69%), 18,374호(20.08%)를 차지하고 있다. 동일한 거주형태별로 각각 3.04%, 3.69%, 76.76%, 3.54%, 11.69%의 비율을 보이는 서울 강남구와 비교해 볼 때 동작구 지역은 아파트 비율이 상대적으로 떨어지고 다세대주택 비율이 월등히 높은 지역으로 분류된다(『2007 서울통계연보』 2006년 기준, p.268). 주거환경만으로 평가할 수는 없겠으나 전반적으로 서울 '진짜' 강남 지역과 비교해 아파트의 비율이 매우 낮고 다세대주택의 비중이 높은 것으로 보아 소득수준이 대체로 낮고 주거환경이 상당히 열악한 지역이라고 여겨진다. 이 지역의 전반적인 생활수준이 어렵고 따라서 주민들의 전반적인 만족도가 떨어진다는 사실은 다음의 〈표 2〉에서도 잘 나타나고 있다.[4)]

〈표 2〉를 보면 동작구의 전반적인 월평균 소득수준(268.1만 원)은

---

3) 참고로 동작(갑) 선거구는 노량진동, 상도동(상도1동 제외), 본동, 대방동, 신대방동 등으로 구성되어 있다.

4) 〈표 2〉와 〈표 3〉의 경우 지면상의 제약으로 도표에서 보이는 바와 같이 서울시 25개 구 가운데 10개의 구만 선별하여 작성하였다.

표 2. 서울시 구(區)별 월평균 소득

단위 : 만원, %

2005	월평균 수입	100만 원 미만	100만 원~200만 원 미만	200만 원~300만 원 미만	300만 원~400만 원 미만	400만 원~500만 원 미만	500만 원 이상
서울	279.6	6.6	18.9	27.7	23.5	10.5	11.2
종로	253.9	7.5	24.4	26.0	23.7	9.0	7.3
성동	252.0	10.2	21.5	24.8	22.7	6.6	9.1
동대문	260.5	4.5	17.6	39.0	24.2	9.6	5.1
성북	234.1	9.9	30.6	24.6	15.9	7.3	7.3
서대문	265.2	8.2	24.1	23.3	21.6	10.2	9.0
마포	258.0	10.1	19.7	27.0	21.7	11.0	9.1
금천	259.3	7.2	19.9	29.0	22.4	12.2	6.0
동작	268.1	9.2	20.3	26.4	22.2	10.4	10.9
서초	381.1	4.0	12.2	18.6	20.7	14.3	28.8
강남	355.5	4.0	8.3	20.8	24.0	16.5	22.7

출처 : 통계청, 『도시가계연보』(2006).

서울시 평균 수준(279.6만 원)에 못 미치는 것으로 나타나고 있다. 서초구나 강남구에 비해 소득수준이 훨씬 떨어지고 있어 길 하나 건너 있는 방배동 지역 너머의 발전양상과 비교해 볼 때 상대적 박탈감이 큰 곳이 동작구 지역이다. 전반적인 소득수준은 강북의 종로구나 동대문 지역보다 높지만, 100만 원 미만의 소득가구가 9.2%를 차지하고 있어 서울시 전체 구 가운데 다섯번째로 높은 수준이므로 상대적으로 최하 빈곤층이 많은 편이다.

한편 〈표 3〉의 행복지수를 보면 동작구의 평균적 행복지수(6.35) 역시 서울시 전체의 평균적 행복지수(6.42)에 약간 못 미치는 것으로 나타나고 있고, 기타 강남 지역과 비교해 볼 때 상당히 낮은 것을 볼 수 있다. 전체적인 평균으로 보면 서울시 25개 구 가운데 15위를 기록하

표 3. 서울시 구별 행복지수

서울서베이 (가구조사)	총 행복지수 평균값	세부 항목별 행복지수				
		건강상태	재정상태	주위 친지, 친구와의 관계	가정생활	사회생활
서울(2006)	6.42	6.61	5.27	6.76	6.91	6.56
종로	6.55	6.84	5.52	6.64	7.17	6.61
성동	6.08	6.29	4.72	6.49	6.70	6.19
동대문	6.61	7.04	5.70	6.76	6.85	6.70
성북	6.01	6.18	4.76	6.47	6.48	6.16
서대문	6.37	6.49	5.17	6.68	7.00	6.52
마포	6.27	6.34	4.82	6.66	7.01	6.53
금천	6.05	6.22	4.32	6.67	6.77	6.27
동작	6.35	6.32	5.23	6.71	6.93	6.54
서초	6.58	6.66	5.69	6.85	7.06	6.62
강남	6.58	6.75	5.74	6.74	6.94	6.71

출처 : 서울특별시청, 「2006 서울서베이」, p.301.

는 만큼 동작구 주민들의 삶에 대한 만족도는 낮은 편에 속하는 것으로 평가된다. 구체적으로 볼 때 건강상태, 재정상태, 주변관계, 가정생활, 사회생활에서의 행복지수 역시 25개 구 가운데 각각 내림차순으로 17위, 14위, 13위, 14위, 14위를 기록하고 있어 전반적으로 평균 근처 혹은 중하위권에 머무르고 있는 편이다. 특히 강남권과의 현저한 차이가 있어서 〈표 2〉의 통계와 함께 보면 주변 강남권 지역과의 괴리감이나 상대적 박탈감이 클 것으로 쉽게 짐작해 볼 수 있다. 이러한 배경에서 볼 때 동작(을) 선거구 주민들이 흑석동 뉴타운 개발 등을 포함한 지역사회의 개발과 발전에 대한 기대감이 높고 교육시설 유치의 열망이 강했던 것은 쉽게 이해가 된다.

한편 동작(을) 선거구는 원적지 기준으로 호남 지역 출신 유권자들

표 4. 역대 총선 결과

역대 선거	개별 정보					
13대 (1988)	소속정당 후보 득표수 득표율(%)	민정당 유용태 23,560 15.8	**평민당** **박실** 37,247 40.8	민주당 양해준 12,017 13.2	공화당 조준호 17,675 19.4	정의당 편영우 756 0.8
14대 (1992)	소속정당 후보 득표수 득표율(%)	민자당 유용태 38,494 37.5	**민주당** **박실** 41,869 40.7	국민당 김한길 22,424 21.8		
15대 (1996)	소속정당 후보 득표수 득표율(%)	**신한국당** **유용태** 42,869 44.9	국민회의 박실 35,031 36.7	민주당 김왕석 8,674 9.1	자민련 김우중 7,823 8.2	무소속 이강언 1,179 1.2
16대 (2000)	소속정당 후보 득표수 득표율(%)	한나라당 김왕석 30,331 37.5	**민주당** **유용태** 38,893 48.1	자민련 최태백 2,781 3.4	민국당 송종섭 5,079 6.3	청년진보당 김용기 3,761 4.7
17대 (2004)	소속정당 후보 득표수 득표율(%)	한나라당 김왕석 35,388 36.5	**열린우리당** **이계안** 48,402 50.0	민주당 유용태 11,873 12.3	자민련 배동식 1,162 1.2	

참고 : 당선자 소속정당과 당선자는 굵은 글씨로 표시함.

이 32%가량 있어서 전통적으로 김대중 전 대통령과 그를 지지하는 정당에 대한 선호도가 높았다. 이러한 정치적 성향은 다음의 〈표 4〉에서 잘 나타내주고 있다.

〈표 4〉에서 알 수 있듯이 동작(을) 선거구는 15대 총선을 제외하고는 모두 김대중 전 대통령을 지지하거나 김대중 전 대통령과 우호적인 관계에 있는 정당을 지지하는 경향을 보여왔다. 김대중 전 대통령의 지지 계층이 호남 지역 유권자나 호남이 원적인 유권자 그리고 사회경제적

측면에서 중하위계층의 소득자임을 고려한다면 이러한 동작(을) 선거구의 투표경향은 쉽게 설명될 수 있다. 그러나 15대 선거 결과나 기타 14대 선거 결과를 보면 1 · 2위 정당, 즉 한나라당 계통의 보수정당과 민주당 혹은 국민회의 계통의 진보정당 간 득표율 차이가 그다지 크지 않은 경우도 있어서 이 지역이 안정적으로 진보성향 정당의 텃밭이라고 단언하기도 어렵다. 그리고 18대 총선에서 정몽준 후보의 승리는 선거 상황과 이슈에 따라서 달라지는 이 지역 표심의 단면을 보여주고 있다.

앞서 적은 총선 결과와는 달리 지난 17대 대선의 결과는 노무현 대통령과 대통합민주신당에 대한 유권자의 불만 그리고 경제회복에 대한 열망이 어우러져 한나라당 이명박 후보가 정동영 후보를 압도적 표차로 제압한 것을 보여주고 있다. 17대 대선 당시 한나라당의 이명박 후보는 대통합민주신당의 정동영 후보와 무소속 이회창 후보를 50.0% 대 26.4%, 11.9%로 각각 제압하여 압승할 수 있었다. 그리고 동작구 전체로 나타나 있는 광역단체장 및 기초단체장 선거 결과를 보면 역시 한나라당 후보가 통합민주당의 전신인 과거 열린우리당 후보에 압승을 거두고 있음을 잘 보여주고 있다. 2006년 지방선거 결과 한나라당의 오세훈 서울시장 후보는 열린우리당의 강금실 후보를 58.0% 대 29.3%의 격차로 제압하였고, 투표율이 매우 낮았던 동작구청장 선거에서도 한나라당의 김우중 후보가 열린우리당의 서승제 후보를 56.6% 대 26.7%로 제압할 수 있었다. 전반적으로 볼 때 과거 김대중 전 대통령에 대한 지지성향이 약화되면서 최근의 선거에서 김대중 전 대통령과 관련이 없는 한나라당 계열의 정당이 우위를 보이고 있는 추세가 나타나고 있다. 이는 서울 지역 유권자들이 선거 당시의 이슈에 특히 민감하여 원적지 중심의 투표행태가 점점 약화되어 가는 현상을 보여주는 것임과 동시에, 지난 몇 년간 노무현 대통령 및 열린우리당에 대한 실망과 불만이 이 지역의 경우에도 예외 없이 누적되어 있었음을 잘 보여주는 것이다.

3. 후보와 정책 이슈에 대한 유권자의 반응

앞서 논술한 바와 마찬가지로 동작(을) 선거구 지역은 정동영, 정몽준이라는 이방인이 불쑥 나타나 세칭 '거물급 정치인' 간의 대결 양상을 펼치며 선거전이 흥미를 더해 간 것으로 알려지고 있다. 비록 선거운동 기간 동안 정몽준 의원의 일방적인 우세 양상이 고착되면서 예상했던 접전이 벌어지지는 않았지만, 동작(을) 선거구는 종로구와 함께 시종일관 유권자의 관심을 이끌어낸 선거구 중의 하나가 되었다. 이러한 정치적 '거물' 의 등장과 관련하여 과연 이 지역 유권자들은 이들의 출현에 대해 어떠한 반응을 보였나 하는 점이 궁금하지 않을 수 없었다. 이러한 궁금증에 대한 해소는 이 지역 선거운동의 전반적인 특성과도 관련되어 있다고 보인다. 필자는 이들의 출현과 다양한 이슈에 대한 동작(을) 유권자들의 반응을 살펴보기 위해 3월 20일부터 22일에 걸쳐서 동작(을) 지역 유권자 여러 명을 대상으로 의견을 수렴해 보았다. 또한 이 기간 중에 두 후보의 선거사무소를 방문할 기회도 갖게 되었는데, 3월 21일에는 중앙일보사 정치부의 도움을 얻어 정동영 후보 사무소와 정몽준 후보 사무소를 각각 방문할 수 있었다.

과연 이들 정치거물의 등장에 대해서 지역 유권자들은 어떻게 반응하고 있었는가? 필자는 반포동 고속버스터미널에서 흑석동으로 가는 길에 마침 동작동에 거주한다는 택시 기사의 차를 타게 되었다. 그는 우선 두 사람의 출마가 "정치인생이 끝날 수도 있는 싸움"에 뛰어든 것으로 비교하면서 왜 두 사람이 연고도 없는 지역구를 선택해야 했는지 이해할 수 없다는 표정을 지었다. 이 차를 타고 도착한 흑석동에서 들른 복사 가게의 점원도 같은 반응을 보였다. 첫번째 반응은 바로 이 두 사람이 무슨 연고로 왜 이 지역에 출마했는지가 궁금하다는 것이었다. 흑석시장에서 20년 가까이 청국장집을 운영해 온 초로의 아주머니 역시 이들의 출마가 썩 달갑지는 않다고 반응했다. "대통령이 바뀌어도 변하는 것이 없는데 거물급 후보가 경합한다고 해서 별 달라질 것이 있겠어? 재개발이 된다 해도 우린 나가야 돼"라고 말하면서 거물급의 등장에 시큰둥한 반응을 보였다. 지난 수십 년간 흑석동 일대의 개발 답보상태에 대한 불만과 개발 혜택에 대한 의구심이 깊이 묻어 있는 반응이라고 생각되었다. 그러면서도 동시에 자신은 될 만한 사람을 찍을 것이라고 하면서 정동영 후보의 노인 폄하 발언을 생생히 기억한다고 말하기도 했다. 한편 사당1동에서 사진관을 경영하는 40대 초반의 사진사와 그때 사진관에 모여 있던 여러 명의 동네 중년 남성들은 '속이 빤히 보이는 두 사람의 출마'에 대해서 매우 비판적이었다. 사진관 주인은 "국회의원 바뀐다고 지역구 사정 달라지는 것 봤습니까? 남북벨트다 하면서 한 사람 들어오고, 또 그 사람 잡겠다고 들어오고……"라고 말하면서 바람처럼 왔다 사라져가는 철새 정치인들의 성향에 대해 지역 유권자로서의 손상된 자존심을 드러내기도 했다. 도대체 누구 마음대로 "뼈를 묻겠다는 것인가" 하는 반응이었다. 전반적으로 이러한 반응은 이른바 거물급 정치인들이 지역연고도 없이 불쑥 나타나 지역을 위해서 출마하겠다는 점에 불만을 느끼는 것이기도 하지만 누적된 개발 지체에 대한 자조적인 한탄이기도 했다. 그러나 이러한 인터뷰 과정을 통해 여전히 유권자들이 지역개발에 대한 일말의 기대감을 갖고 있다는 점을 확인할 수 있었고, 이 기대감과 지난 대선의 여파를 생각할 때 정몽준 후보 측이 자신감을 가질 수 있는 이유를 알 수 있었다. 이러한 사실은 다음에 소개될 인터뷰에서 확인할 수 있었다.

초등학교 시절부터 흑석동에서 자라 중앙대학교 대학원에 재학 중인 한 여대생의 반응은 특히 정몽준 후보의 출마를 반기는 분위기였다. 이 여학생은 근처에 서울대, 숭실대, 중앙대, 총신대 등 대학교가 네 개인데 강남, 신촌 일대와 견줄 만한 변변한 외국어 학원이 하나 없다고 강한 불만을 드러내면서 정몽준 후보의 등장이 자신의 이러한 불만을 해소해 줄 수 있으리라는 기대감을 드러내기도 했다. 또한 자기 부모님도 상당히 기대감을 가지고 있다는 점을 덧붙이면서 이러한 자신의 주장을 확인하려면 이른 아침에 국립현충원을 찾아가 동네 어른들과 이야기를 나눠보라고 권하기도 하였다.

개발에 대한 기대감이 인터뷰에서 반응의 주종을 이루었는데, 그럼 동작(을) 선거구에서 필요한 주요 이슈는 무엇이었고 여기에 대해 정동영, 정몽준 두 후보 진영은 각각 어떻게 반응을 하고 있었는가? 이 글에서 이미 반복적으로 언급했듯이 이 지역은 개발 지체와 시설 낙후로 인해 상대적 박탈감을 강하게 드러내고 있었고, 특히 학부모 계층은 교육시설의 미비에 대해 상당한 불만을 나타내고 있었다. 흑석동 뉴타운 개발, 사당동 일대 낙후지대 및 재래시장 개발 등 지역개발 이슈와 주변에 있는 고등학교라고는 불과 두 곳(경문고, 동작고)밖에 없다는 사실에서 드러나듯이 교육수요가 강했다. 이러한 열망을 반영하듯이 정동영, 정몽준 후보 진영도 이에 대한 공약을 개발해서 선거전을 치러 나가고 있었다. 필자는 3월 21일 막 선거사무소를 열고 공약을 개발 중인 양대 선거사무소를 방문하여 중앙일보사에서 미리 연락을 취해 준 홍보담당자 혹은 보좌관들과 이러한 공약문제와 관련하여 공식적인 인터뷰를 가질 수 있었다.

가장 먼저 찾아간 곳은 정몽준 후보 선거사무소였다. 3월 21일 오전 10시 12분경에 방문했는데 마침 그날이 선거사무소 개소식이 있는 날이라 무척 어수선했다. 총신대 전철역과 총신대학 사이쯤에 위치한 선거사무소에는 축하 화환들이 즐비했고 곧 있을 개소식을 준비하느라 부산한 분위기였다. 자원봉사자 가운데 한 사람이라고 자신을 소개한 홍보담당 인사는 정몽준 후보 진영이 현장 중심 공약을 개발하기 위해 노력하고 있다면서 흑석동 뉴타운 개발, 도로 확장, 현충원 인근을 중심으로 근린공원을 개발하는 등 살기 좋은 명품 지역구를 만드는 데 노력 중이라고 말했다. 또한 교육문제에서도 외고, 특목고, 자사고 등의 유치를 통해 이 일대를 선진 교육지대로 변모시킨다는 복안을 제시했다. 과거 울산에서 5선의 경력을 거치며 문화 불모지와 공해 지역이었던 울산을 G7국가 수준의 살기 좋은 지역구로 만들었듯이, 20년 만에 한나라당에 입당하여 최초로 출마하는 동작(을) 선거구 지역도 대한민국 최고의 생활환경 지역으로 만들겠다는 강한 자신감을 피력하였다.

정몽준 후보 사무소에서 총신대학 쪽으로 채 10분도 못 가는 곳에 정동영 후보의 선거사무소가 자리해 있었다. 인터뷰는 11시 20분경에 시작되었는데 과거에 국회에서 의원을 보좌한 경험이 있는 인사가 인터뷰에 응해 주었다. 바로 하루 전인 3월 20일 개소식을 열어서 그런지 이곳 역시 정몽준 후보 사무소와 마찬가지로 매우 분주하고 부산한 모습이었다. 인터뷰 도중 지나쳐 가는 정동영 후보의 피곤에 찌든 모습을 보며 지지율에서 뒤지는 후보의 애환과 피곤함도 읽을 수 있었다. 우선 정동영 후보 진영은 주거 지역이 절대다수인 동작(을) 선거구는 수도권의 평균적인 삶을 살아가는 서민 · 중산층의 거주 지역이며 재정자립도가 40%에 못 미치는 지역이라고 소개하면서, 자신들의 지역구 공약이 결국은 서민 · 중산층을 위한 지난 대선 공약의 축소판이 될 것임을 강조하였다. 정동영 후보 측은 동작(을) 선거구의 개발과 교육 문제 등에서 정몽준 후보의 공약과는 상당히 대조적인 공약을 제시하였다. 우선 지역개발 문제에서 정동영 후보는 뉴타운 등의 개발이 실제 수혜자가 동작구민이 될 수 있는 개발이 되어야 한다는 점을 강조하였다. 즉 '강남의 원정지구가 아닌 동작구민을 위한 뉴타운'이 개발되어야 한다고 주장하면서 개발계획에서 임대주택의 비율을 늘려 전 · 월세자가 입주할 수 있게 해야 한다는 점을 강조하였다. 그리고 "국회의원을 뽑아서 팔자 고친 지역이 없다"라고 하면서 정몽준식 공약에 유권자들이 지나친 기대감을 지니는 것에 대해서 경고하기도 하였다.[5] 그리고 교육문제에서도 노원구, 중구 등과 함께 교육특구 프로그램을 개발하여 일대의 대학과 연계한 다양한 교육 프로그램을 구상하고 있다고 밝히면서 공교육 강화에 대한 의지를 피력했다. 이와 동시에 종일학교, 평생교육 등의 개념도 소개하면서 정몽준 후보와는 차별화된 교육정책을 제시하기도 하였다.

두 후보 캠프를 방문한 후 느낀 점은 두 후보 진영 모두 이 지역구가 요구하는 것이 무엇인지를 단기간에 파악했다는 점이며, 이것이 지역

5) 인터뷰 당시 정동영 의원 캠프 측 관계자는 정몽준 한나라당 후보가 출마를 선언하면서 동작(을) 선거구 일대의 아파트 값이 올라서 분개하는 사람도 있다고 이야기해 주었다.

개발과 교육문제로 압축된다고 요약하고 있었다. 그러나 이러한 양대 이슈에 대해서 두 후보가 접근하는 방식은 모두 달랐다. 정동영 후보 측은 실제 수요자 중심의 뉴타운 건설 및 재개발을 주장하였던 반면, 정몽준 후보 측은 그보다는 명품 지역구의 조성에 역점을 두어 강남 개발과 유사한 형태의 동작구 개발을 강조하는 모양새였다. 한편 교육 문제에서 정동영 후보 진영은 공교육 개념을 살리고 교육특구 개념을 들여와 중등교육을 활성화함과 동시에 종일교육, 평생교육 등 사회교육 등에도 상당한 역점을 두는 반면, 정몽준 후보 진영은 우수한 학생을 유치 · 발굴할 수 있는 자사고, 특목고, 외고 형태의 고등학교를 설립한다는 입장을 밝히며 경쟁력 있는 교육, 우수한 대학에 많은 학생을 진학시킬 수 있는 교육에 강조점을 두고 있었다. 어쨌든 두 선거사무소를 방문하여 행한 공약사항에 대한 인터뷰를 통해서 필자는 단기간에 유권자의 정서를 정확히 읽고 이들과의 친밀감을 극대화하기 위해 애쓰는 모습을 양 진영 홍보관계자와의 대화 속에서 역력히 느낄 수 있었다.

4. 맺음말

전 대선 후보인 정동영 후보와 현직 5선 의원인 정몽준 의원의 대결은 결국 후자의 승리로 끝났다. 한나라당의 정몽준 후보는 통합민주당의 정동영 후보를 54.4% 대 41.5%로 가볍게 제치고 승리했다. 정동영 후보는 17대 대선 당시 동작(을) 선거구에서 거의 50%의 득표율을 기록한 이명박 후보와 맞서 26.4%의 득표율을 올렸는데, 이러한 대선 결과에 비하면 상당히 선전한 셈이 된다. 선거운동 기간 내내 여론조사에서 20% 이상의 차이를 보였던 것에 비추어 정동영 후보의 막판 추격전은 성공적이었다고 볼 수 있다. 그러나 전반적으로 수도권을 휩쓴 전체적인 한나라당의 강세를 잠재울 수는 없었다.

결국 서울과 수도권에서 한나라당이 압승한 연장선상에서 정몽준 의원의 승리가 설명될 수 있을 것으로 보인다. 큰 쟁점이 없이 치러진 선거에서 한나라당 내 공천 잡음에도 불구하고 여전히 열린우리당의

표 5. 동작(을) 선거구민 대상 여론조사 결과

단위 : 명, %

	사례수	정동영(통합민주당)	정몽준(한나라당)
전체	512	37.4	49.3
성별			
남자	251	37.7	48.7
여자	261	37.2	49.9
연령별			
19~29세	130	49.5	40.5
30대	128	46.1	39.7
40대	88	34.8	51.3
50세 이상	166	22.7	62.5
교육수준별			
중졸 이하	62	27.2	54.0
고졸	126	34.9	47.9
대재 이상	324	40.4	48.9
직업별			
자영업	45	38.8	45.1
블루칼라	28	49.8	38.3
화이트칼라	173	40.0	45.2
가정주부	148	25.3	59.5
학생	56	51.8	45.4
무직/기타	62	39.8	47.8

원적별			
서울	58	29.1	61.5
인천/경기	36	24.5	56.5
강원	22	65.0	26.1
대전/충청	94	35.3	52.7
광주/전라	146	64.4	24.7
대구/경북	57	7.7	81.6
부산/울산/경남	61	18.2	59.1
제주/이북/기타	39	23.7	59.5
대통령 평가			
잘하고 있다	291	24.1	66.1
잘못하고 있다	132	63.4	20.6
보통이다	19	58.6	29.3
모름/무응답	70	38.4	39.1
대선 투표별			
정동영	58	78.7	12.0
이명박	276	20.2	68.8
권영길	19	56.6	29.0
문국현	40	67.2	18.5
이회창	22	19.8	48.8
기권/투표권 없음	4	100	0

출처 : 조선일보, 18대 총선 여론조사, 2008년 3월 동작(을).

후신인 통합민주당에 대한 유권자들의 불만은 컸으며, 선거전에 대한 관심은 오히려 통합민주당과 한나라당 간의 경쟁양상보다는 친박연대 후보나 친박무소속 후보들이 한나라당 후보와 맞서서 얼마나 선전할 것인가로 모아졌다. 특별한 현안이 없는 상태에서 유권자들은 적절한 수준에서 한나라당에 다수당의 지위를 부여하였다. 이러한 전반적인 상황 속에서 정몽준 후보가 승리할 수 있었으나, 그의 승리는 일정 부분 뉴타운 건설 등에 대한 지역구민의 소망에 편승한 측면도 있었다.

선거 승리에 대한 지역구의 사후 조사자료가 없었기 때문에 2008년 3월 16일자 조선일보의 동작(을) 선거구민 대상 여론조사 결과를 보면 그 내용은 우선 간단히 〈표 5〉와 같이 정리된다.

3월 중반의 여론조사 결과를 보면 전반적으로 정몽준 후보 지지자와 정동영 후보 지지자 간에 성별 차이는 크지 않은 것으로 나타난다. 남녀가 골고루 두 후보를 지지했으며 절대 지지 유권자 인원수에서 정몽준 후보가 앞서 있었다. 연령별로 보면 전체적으로 40대 이상 연령층에서 정몽준 후보가 압도적인 우세를 보이고 있어 30대 이하 연령층에서의 부분적 열세를 만회하는 형세를 나타내고 있었다. 직업별로 볼 때 자영업자, 가정주부, 화이트칼라 계층은 정몽준 후보를 좀 더 지지하고 있고, 블루칼라 계층과 학생들은 상대적으로 정동영 후보를 좀 더 지지하고 있었다. 경제문제에 민감한 자영업자 및 가정주부, 그리고 상대적으로 중류층을 유지할 것으로 예상되는 화이트칼라 계층이 정몽준 후보를 더 지지하는 것으로 나타났다. 원적별로 보면 가장 많은 응답자를 구성하고 있는 호남 원적의 유권자는 대부분 정동영 후보를 지지하는 것으로, 영남 원적 유권자는 대부분 정몽준 후보를 지지하는 것으로 나타났다. 그러나 수도권 원적의 유권자들이 압도적으로 정몽준 후보를 지지함으로써 궁극적으로 정몽준 후보의 승리에 결정적인 기여를 한 것으로 보인다.

전체적으로 볼 때 정몽준 후보는 40대 이상의 유권자층, 자영업자, 가정주부, 화이트칼라 계층에서 상대적으로 우세를 보여 당선될 수 있었다. 그리고 영남 원적의 유권자뿐만 아니라 수도권 원적의 유권자의 압도적 지지도 그의 당선에 상당히 도움이 되었을 것으로 추정된다. 이들 가운데 일부는 전반적으로 경제회복 등의 문제에 상당히 민감한 계층이며, 다른 일부는 동작(을) 선거구가 재개발된다고 할 경우 손실보다는 이익이 클 계층일 수 있을 것으로 판단된다. 영남 원적의 유권자 외에 수도권 원적의 유권자들은 원적의 연결고리가 없는 상태에서 경제적 이슈, 재개발 이슈 등에 민감하게 반응하면서 정몽준 후보를 선택했을 것으로 보인다.

참고 문헌

김용호 외, 2004, 『17대 총선 현장 리포트』, 서울 : 푸른길.

서울특별시청, 2007, 『2007 서울통계연보』.

서울특별시청, 2007, 「2006 서울서베이」 자료(http://www.seoul.go.kr).

어수영 편, 2006, 『한국의 선거 : 제16대 대통령 선거와 제17대 국회의원 선거』, 서울 : 오름.

통계청, 2005, 『2005 인구 · 주택 총 조사』.

통계청, 2006, 『도시가계연보』.

『경향신문』 홈페이지(http://news.khan.co.kr), 2008년 4월 10일자.

『동아일보』, 2008년 4월 4일자, "벼랑끝 손학규 · 정동영, 막판 뒤집기 사투".

『문화일보』, 2008년 3월 17일자, "정몽준, 현충원 방명록에 '선진 대한민국 만들겠다' ".

『조선일보』, 2008년 3월 15일자, "정동영측 '정몽준 올 테면 오라' ".

『조선일보』, 2008년 3월 16일자, "정몽준 '서울 동작을 출마 생각 중' ".

『조선일보』, 2008년 3월 16일자, 여론조사–서울 동작을.

『중앙일보』, 2008년 3월 16일자 "정몽준, '동작을 출마' 공식 선언".

『중앙일보』, 2008년 3월 17일자 "정몽준, '서울 상륙작전' 개시".

『중앙일보』, 2008년 3월 24일자 "정몽준–정동영, '개발소외지역' 서 정치생명 건 대결".

중앙선거관리위원회 홈페이지, 역대선거정보시스템
(http://www.nec.go.kr/sinfo/index.html).
정동영 의원 홈페이지, http://cdy21.tistory.com
정몽준 의원 홈페이지, http://www.mjchung.com

2 한국 선거의 바로미터 : 서울 종로

임성학

1. 머리말

18대 총선에서 박진 한나라당 의원이 3선에 도전하는 서울 종로구에 손학규 통합민주당 대표가 후보로 나서면서 종로구는 '정치 1번지'라는 명성에 걸맞게 전국적인 관심의 대상이 되었다. 종로가 정치 1번지로 불린 이유는 과거 국회, 중앙청사 등이 종로구에 자리 잡았던 역사적 의미 때문이다. 현재 국회는 여의도로 갔고 강남이 도심의 상징으로 바뀌면서 종로의 명성이 과거와는 다르지만 종로구의 인구구성이 전국 평균과 유사해 종로구의 선거가 전체 선거의 바로미터로 상징되기 때문에 항상 주요 관심 선거구가 되어왔다(머니투데이, 2008. 3. 12.).

또한 과거 총선 때마다 최대의 격전지이며 이명박 대통령과 노무현 전 대통령 모두 이곳에서 출마해 대통령이 되었다는 점에서도 한국 정

* 이 글은 『한국정치연구』 제17권 제2호(2008)에 "제18대 총선과 서울 종로구 참여관찰"의 제목으로 게재된 논문을 보완한 글이다.

치 1번지라는 상징적 의미를 갖게 되었다. 이런 상징적 선거구에 야당 바람을 몰고 오기 위해 손학규 대표가 출사표를 던졌고 이명박 대통령의 측근인 박진 현 의원의 공천이 확정되면서 종로구는 두 정치인의 대결을 넘어 여야의 대결을 의미하는 중요한 선거구가 되었다. 손학규 대표는 정치적으로 상징성을 갖고 있는 종로구에 출마해 야당 바람을 일으키려고 노력한 반면, 여당에 있어서 종로구는 이명박 정부의 상징인 청와대가 있는 선거구로 꼭 지켜야 하는 곳이었다. 두 후보의 유사한 학력 또한 많은 사람의 관심 거리였다. 손 대표와 박 의원은 경기고와 서울대를 졸업했으며 영국 옥스퍼드대학에서 정치학으로 박사학위를 받았다.

박 후보는 현직 후보라는 이점을 최대한 살리고 전국적인 보수화 기류에 힘을 얻고 있었다. 손 후보는 대표 야당의 당대표라는 전국적 인지도를 토대로 여당독주 견제론을 펴면서 서민층과 과거 지지층 결집을 위해 노력했다. 선거 초반의 여론조사를 통해 보면 박빙의 승부에서 박진 의원 지지율 상승으로 변하고 있지만 17대 총선에서 1, 2위의 득표차가 0.7%밖에 안 되는 격전지이기 때문에 어느 누구도 안심할 수 없었다. 선거 결과는 박 후보의 승리로 끝났지만 약 4% 정도 우세한 것으로 나타나 매우 치열한 선거였다는 것이 밝혀졌다.

이 연구는 18대 총선 참여관찰을 위해 실시되었다. 중앙일보의 기사 기획과 맞추어 선거 약 2주 전에 종로구를 방문하여 참여관찰을 수행했다. 3월 22일에 종로구 선거관리위원회를 방문하여 기초 자료, 선거 분위기 등을 문의하였고 창신동, 종로5가, 충신동 등의 지역주민과 인터뷰를 하였다. 3월 23일 중앙일보 권호 기자와 함께 손학규 후보 선거사무소와 박진 후보 선거사무소를 방문하여 선거전략, 선거운동 방향 등에 대해 문의하였고 평창동, 사간동 주민과의 인터뷰를 실시하였다. 과거 선거와의 비교를 위해 중앙선거관리위원회가 발간하는 『총선총람』(13대, 14대, 15대, 16대, 17대)의 자료를 활용하였고,[1] 18대의 경우 신문자료와 선거관리위원회에 부탁해 받은 자료를 사용하였다.

이 글은 제한된 자료, 시간, 인터뷰로 인해 학술적 논문이기보다는 작성자의 직관에 기초한 참관기라는 점을 밝힌다. 한국 선거에서 참여관찰에 의한 연구는 매우 부족하다. 2004년 17대 총선 이후 13명의 정치학자가 쓴 『17대 총선 현장 리포트』를 제외한다면 전무하다고 할 수 있다.[2] 또한 수도권에 대한 연구도 매우 부족하다.[3] 물론 참여관찰은 연구자의 주관적 시각이 개입되기 쉽기 때문에 과학적 연구의 어려움도 수반되지만, 현장에서 벌어지는 다양한 흐름이나 사건을 포착할 수 있어 현실적인 연구가 될 수 있다는 장점도 있다.[4] 이 참관기는 참여관찰법에 따라 잘 분석된 유재일(2004)의 논문 「충청 지역주의의 변화 : 대전 중구」의 논문구성 방식을 따라 작성되었다는 점을 밝힌다. 17대 대전 선거구의 특성, 각 후보의 인물 및 공약 분석, 선거운동 과정 분석 및 선거 결과 분석과 평가의 방식을 18대 종로구 총선에 적용하여 분석하였다.[5]

---

1) 중앙선거관리위원회 홈페이지 선거정보센터에서 문헌자료서비스(전자책)를 이용해 자료를 구했다(http://elecinfo.nec.go.kr/ : 2008년 5월 12일~6월 12일 검색).
2) 김용호 외, 2004, 『17대 총선 현장 리포트』(서울 : 푸른길).
3) 가상준(2008)의 '중구', 손병권(2008)의 '동작을' 선거구에 대한 참여관찰 연구가 있다.
4) 참여관찰 방법의 자세한 내용은 다음 문헌을 참고하였다. Spradley, James P., 신재영 역, 2006, 『참여관찰법』(서울 : 시그마프레스).
5) 유재일, 2004, "충청 지역주의의 변화 : 대전 중구", 김용호 외, 『17대 총선 현장 리포트』(서울 : 푸른길).

2. 선거구의 특성 : 정치적 특성

종로구의 정치적 특성은 몇 가지로 나누어볼 수 있다. 먼저 정치 1번지답게 정치적 관심도가 높다는 것이다. 둘째, 종로 내 인구구성이 전국 평균과 비슷하여 전국 선거의 바로미터가 된다는 것이다. 셋째, 종로구 내에서 지역적 특성이 나타난다는 점이다. "평창동, 구기동 지역은 부촌으로 불린다. 지역적으로는 영남 사람들이 많다. 창신동, 숭인동, 이화동 쪽은 반대로 호남 사람들이 많다"(미디어투데이, 2008. 3. 12.). 보수적인 성향을 가진 유권자와 영남 출신이 많이 사는 서부벨트, 진보적인 성향이 강하고 호남 출신이 많이 사는 동부벨트, 그리고 뚜렷한 성향을 보이지 않는 중립지대로 나뉜다.

1) 정치관심도

종로구민과의 인터뷰를 통해 종로구민의 정치적 관심은 매우 높다는 것을 알았다. 대부분의 구민들이 출마한 주요 후보자를 알고 있었으며 투표참여에 적극적이었다. 또한 주요 후보의 핵심 공약에 대해서도 인지하고 있어 정치적 인지도가 매우 높은 선거구로 평가할 수 있었다.

다음 〈그림 1〉은 종로구, 서울, 전국의 총선 투표율을 나타내고 있다. 종로구는 13대와 14대를 제외하고 전국 투표율보다 높았고, 서울의 평균보다는 항상 높았다. 18대의 경우 전국 투표율은 46.1%에 불과하지만 종로구의 투표율은 52.2%를 보여 전반적인 투표율 하락 추세에도 불구하고 상대적으로 높은 정치적 관심도와 참여도를 보이고 있

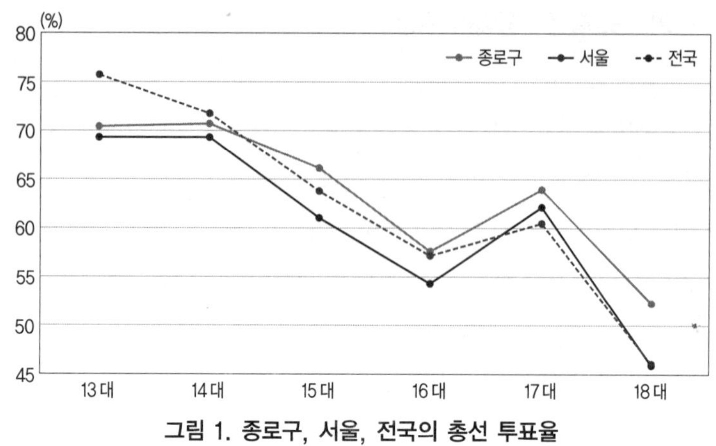

그림 1. 종로구, 서울, 전국의 총선 투표율

다고 평가할 수 있다.

2) 전국 선거의 바로미터

종로 내 인구구성이 전국 평균과 비슷하고 보수와 진보 성향의 유권자가 혼재하여 전국 선거와 비슷한 경향을 보인다. 손 대표가 종로를 선택한 것도 종로구가 "중앙정치의 풍향에 매우 민감하기 때문이다"(연합뉴스, 2008. 3. 12.). 리서치플러스의 임상렬 대표는 "종로구가 기본적으로 보수적인 성향이 있지만 특정 당에 충성도가 높은 편은 아닌 것 같으며, 이 지역 유권자들은 지역의 이익이나 이슈보다는 전국적인 정치판의 흐름에 따라 투표하는 성향이 있어 매우 역동적인 선거구"라고 평가했다(한겨레신문, 2008. 3. 13.).

다음 〈표 1〉에 따르면 종로구의 경우 17대를 제외하고 13대부터 18대까지 전국적으로 다수정당이 된 정당의 후보가 선출되었다. 13대에

표 1. 대선과 전국, 서울, 종로구 총선 결과

당선인 (정당)	노태우 (민정당)	김영삼 (민자당)	김대중 (국민회의)	노무현 (민주당)	이명박 (한나라당)
대선날짜	1987. 12.	1992. 12.	1997. 12.	2002. 12.	2007. 12.

총선날짜	1988. 4.	1992. 4.	1996. 3.	2000. 4.	2004. 4.	2008. 4.
다수정당 (당선자) 득표율(%)	13대	14대	15대	16대	17대	18대*
전국	민정당 33.96	민주자유당 38.5	신한국당 34.52	한나라당 38.96	열린우리당 41.99	한나라당 37.48
서울	민정당 26.04	민주당 36.84	신한국당 35.93	새천년민주당 45.06	열린우리당 42.87	한나라당 40.2
종로구	민정당 (이종찬) 37.63	민주자유당 (이종찬) 35.09	신한국당 (이명박) 40.49	한나라당 (정인봉) 48.74	한나라당 (박진) 42.81	한나라당 (박진) 48.43

참고 : *18대의 경우 전국, 서울 정당 지역별 득표율 자료를 현재는 구할 수 없어 정당 득표율을 사용함.

는 민정당이 다수정당이었고 민정당 출신의 이종찬 후보가 당선되었다. 18대에는 한나라당이 153석을 차지하면서 다수정당이 되었고 한나라당 후보인 박진 의원이 당선되어 3선 의원이 되었다. 종로구의 전국 선거적 측면과 17대가 탄핵총선이었던 점을 감안한다면 박진 후보의 당선은 매우 이례적인 결과라고 할 수 있다. 그러나 김홍신 열린우리당 후보와는 588표라는 매우 근소한 차이로 승리했으며, 민주당의 정흥진 후보가 9,614표를 획득해 진보정당의 표가 분리되지 않았다면 결과는 달라질 수 있었을 것이다.[6]

6) 이번 연구에서 재보선은 자료수집의 어려움으로 제외시켰다. 15대 때는 신한국당 이명박 후보가 당선된 뒤 선거법 위반으로 낙마한 이후 재보선에서 민주당의 노무현 후보가 당선되었다. 16대

3) 종로구 내의 지역적 특성

종로구 내에서 지역적 특성이 나타난다는 점이다(〈그림 2〉 참조).

평창동, 부암동 등의 서북 지역은 소득이 높고 지역적으로는 영남 출신이 많다. 반면 창신동, 숭인동 등의 동남 지역은 소득이 낮고 호남 사람들이 많다. 보수적인 성향을 가진 유권자와 영남 출신이 많이 사는 서북벨트, 진보적인 성향이 강하고 호남 출신이 많이 사는 동남벨트, 그리고 뚜렷한 성향을 보이지 않는 중립지대로 나뉜다. 종로5 · 6가, 이화동 등이 대표적인 중립적 지역이다. 이번 참여관찰에서도 이런 종로구의 지역성을 기준으로 인터뷰 대상을 선정했다.

다음 〈그림 3〉은 2007년 12월 17대 대선의 주요 후보별 종로구 동별 득표수를 나타내는 그림이다.[7] 대통합민주신당 정동영 후보와 한

그림 2. 종로구 지도

때는 한나라당 정인봉 후보가 당선됐으나 선거 무효가 되어 재보선에서 박진 의원이 당선되었다.

7) 서울시 선거관리위원회로부터 17대 대선과 18대 총선 동별 후보자 득표율과 정당 비례대표

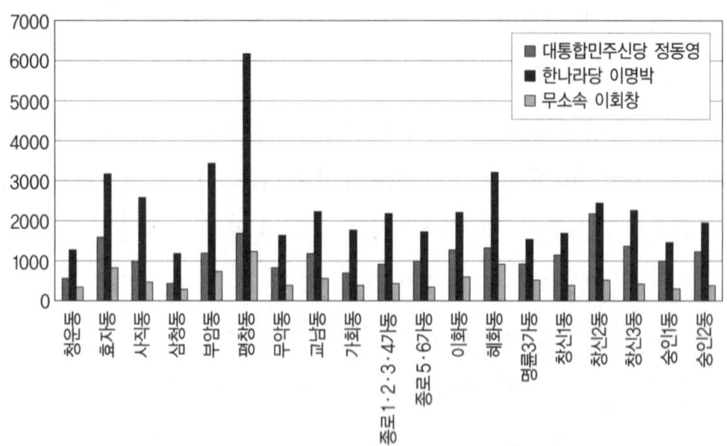

그림 3. 17대 대선 주요 후보별 종로구 동별 득표수

나라당 이명박 후보의 득표차가 커 보이는 동 가운데 이명박 후보가 크게 앞선 동으로는 평창동, 부암동, 사직동, 효자동, 청운동, 삼청동 등 서북 · 서남 벨트뿐만 아니라 혜화동, 종로1 · 2 · 3 · 4가 등 중립 지역에서도 이 후보의 우세는 나타나고 있다. 정동영 후보가 앞선 동

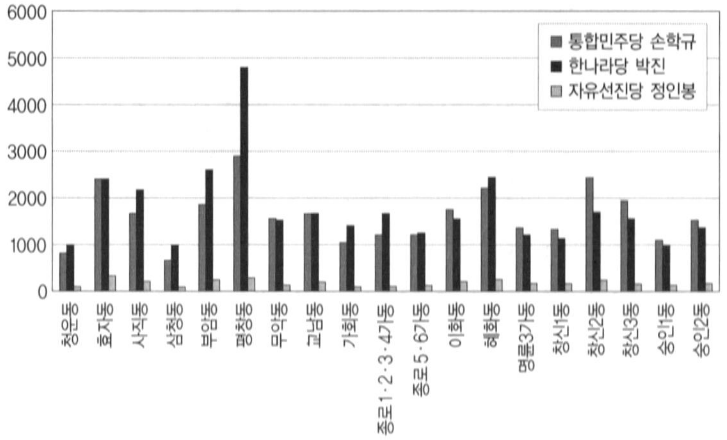

그림 4. 18대 총선 주요 후보별 종로구 동별 득표수

득표율 자료를 받아 분석한 것이다.

은 하나도 없지만 이 후보와의 차이가 적은 동은 진보성향과 호남 출신이 많은 창신동, 숭인동이었다.

〈그림 4〉는 18대 총선 주요 후보별 종로구 동별 득표수를 나타낸 것이다. 한나라당 박진 후보가 우세를 보인 지역은 평창동, 부암동, 사직동, 가회동 등 서북벨트와 부촌 등이고 손학규 후보가 우세를 보인 동은 창신동, 숭인동이었다. 대표적 중립 지역인 종로5 · 6가와 이화동은 손 후보와 박 후보의 득표수가 비슷한 경합 지역이었다.

다음 〈그림 5〉는 18대 총선 주요 정당별 종로구 동별 득표수를 나타낸 것이다. 앞서 살펴본 〈그림 4〉와 매우 비슷한 양상을 보이고 있다. 전통적인 서부벨트는 한나라당을 지지하고, 동부벨트는 통합민주당을 지지하는 것으로 나타났다. 한 가지 특이한 점은 서부벨트의 친박연대에 대한 지지가 다른 소수정당에 비해 상대적으로 높게 나타났다는 점이다.

앞의 17대 대선과 18대 총선의 후보와 정당 득표수에서도 종로구 내

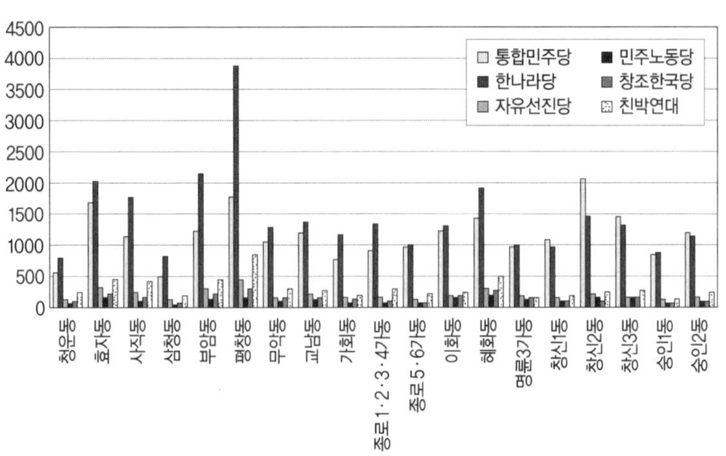

그림 5. 18대 총선 주요 정당별 종로구 동별 득표수

의 지역성이 나타나고 있다.

3. 각 후보와 공약 분석

1) 후보자

2008년 3월 22일 종로구 선거관리위원회를 방문한 당시에는 16명이 예비후보자로 등록하였다. 통합민주당은 손학규 대표를 포함해 4명, 한나라당은 박진 의원을 포함한 3명, 정인봉 후보를 포함한 무소속 4명, 그 밖의 정당 후보가 5명이 있었다. 이 중 선거에 참여한 후보는 5명으로 통합민주당의 손학규, 한나라당의 박진, 무소속에서 자유선진당의 후보가 된 정인봉, 진보신당의 최현숙, 평화통일가정당의 김영동 후보가 출마하였다. 18대 총선 종로구 후보에 대한 기본 정보는 〈표 2〉에 나와 있다.

종로구 후보자의 평균 나이는 53.8세로 비교적 젊고, 5명 중 4명의 직업이 정당인 혹은 정치인으로 정치권 출신이 많았다. 학력은 박사가 3명이고 학사가 2명으로 평균 학력이 매우 높다. 경력을 살펴보면 국회의원을 역임한 후보가 3명이나 되어 정치력이 입증된 후보가 많이 출마했다는 점을 알 수 있다. 〈표 3〉에 따르면 모든 후보의 경우 병역문제, 세금체납, 전과기록에서 깨끗한 것으로 나타났다. 재산상황을 보면 박진 의원의 재산이 가장 많았다.

후보자의 주요 경력을 자세히 살펴보면 다음과 같다. 손학규 후보는 1993년까지 서강대 정치외교학과 교수로 지내다 경기 광명(을) 보궐선

표 2. 18대 총선 종로구 후보에 대한 기본 정보

기호	소속 정당명	성명 (한자)	성별	생년월일 (연령)	주소	직업	학력	경력
1	통합민주당	손학규 (孫鶴圭)	남	1947년 11월 22일 (60세)	종로구 창신동	정당인 (통합 민주당 대표)	영국 옥스퍼드 대학 대학원 정치학 박사	• 경기도지사 • 보건복지부 장관
2	한나라당	박진 (朴振)	남	1956년 9월 16일 (51세)	종로구 혜화동	국회 의원	영국 옥스퍼드 대학 대학원 정치학 박사	• 한나라당 종로구 국회의원(16·17대) • 제17대 대통령직 인수위원회 외교·통일·안보분과 간사
3	자유선진당	정인봉 (鄭寅鳳)	남	1953년 12월 10일 (54세)	종로구 이화동	변호사	서울대 법학과	• (전)판사 • (전)국회의원 (종로)
6	진보신당	최현숙 (崔賢淑)	여	1957년 10월 8일 (50세)	종로구 명륜동 2가	정당인	덕성여대 가정학과	• 천주교장기수 가족후원회 회장 • 민주노동당 성소수자위원장
7	평화통일가정당	김영동 (金永東)	남	1954년 3월 10일 (53세)	종로구 신문로 2가	정당인	경기대 대학원 경영학 박사	• 경기대 강사 • 초종교초국가평화의회(IIPC) 한국본부 사무총장

출처 : 중앙선거관리위원회 홈페이지, 제18대 국회의원선거 선거정보.

거에서 민자당 후보로 출마해 선출되었다. 15대 총선에서는 신한국당 후보로 광명(을)에 출마해 당선되었고, 1996년 보건복지부 장관, 2002년에는 경기도지사가 되었다. 2007년 3월 한나라당 대선 후보 경선에 불만을 제기하여 탈당해 그해 8월 대통합민주신당에 입당한 후 민주

표 3. 후보자 정보 공개자료(재산, 병역, 세금, 전과기록)

		손학규	박진	정인봉	최현숙	김영동
재산상황(천원)		324,644	1,861,518	989,877	374,249	130,155
병역	후보자	육군 병장	해군 중위	육군 대위	해당없음	육군 상병 만기
	직계 비속	해당없음	장남-6급 병역 면제	장남-육군 이병 복무 만료	장남-만기 전역; 차남-복무중	해당없음
세금체납		없음	없음	없음	없음	없음
전과기록		없음	없음	없음	없음	없음

신당 대선 경선 후보로 출마했지만 낙선했다. 2008년 1월 대통합민주신당의 대표가 되었고, 2월 민주당과 합당하면서 박상천과 통합민주당 공동대표가 되었으며 현재까지 공동대표직을 맡고 있다. 박진 의원은 외무고시에 합격하였고 연세대학 국제학대학원 겸임교수를 지냈다. 그후 16대 총선에서 종로구에 출마해 당선되었고 17대에도 종로구에 출마해 2선 의원이 되었다. 17대 대통령 선거 선거대책위원회의 국제관계특별위원회 위원장을 지냈고 17대 대통령직 인수위원회 외교·통일·안보분과 간사를 지내 이명박 대통령과 친분을 보여주고 있다. 정인봉 후보는 서울대학 법학과를 졸업하고 판사를 지냈다. 16대 총선에서 한나라당 후보로 종로구에 출마해 당선되었으며 한나라당 박근혜 후보 법률특보로 활동하였다.[8)]

8) 2000년 16대 총선에서 정인봉 후보가 당선되었지만 선거법 위반으로 2002년 의원직을 상실하고, 2002년 8월 국회의원 재보궐 선거에서 박진 후보가 당선되었다.

표 4. 종로구 후보의 표어 및 주요 공약

	손학규	박진	정인봉	최현숙	김영동
주요 표어	종로의 선택, 대한민국의 미래를 결정합니다!	종로의 자존심! 힘있는 큰 일꾼	아름다운 종로 저로 인해 종로구 시민이 행복해질 수 있도록 열심히 하겠습니다	종로여, 진보와 연애하라!	가정이 행복한 종로! 가정이 바로 서야 나라가 바로 섭니다
후보 설명	확실한 능력	종로의 아들	18년간 종로구 무료법률 항상 그 마음으로	대한민국 최초 커밍아웃한 성소수자	가정과 종로의 수문장
주요 공약	• 견제론 • 경제 중심 • 수도권 교육 명문 • 역사문화 특구 • 삶의 질 1위 시대 • 강북 도심순환형 도시철도망 구축 • 지하철 4호선 이화역 신설	• 국정안정론 • 활발한 지역개발로 주거환경 개선 • 명품교육 기반 마련 • 복지문화시설 확충 • 지역발전을 위한 예산 유치	• 과외 금지 • 유치원 교육 무료 • 종로 교육 바로 세우기 • 동대문 이대병원에 더 좋은 병원 건립 등	• 비정규직 문화노동자 실업급여 도입 • 문화행사 지원 • 전 · 월세 세입자 주거권 보호 • 마을버스 공영화와 무료 셔틀화 • 소수자의 경제활동 지원 등	• 우방국 50여 개의 행정구와 자매결연 • 보석타운 건립 • 청소년 문화센터 건립 및 유해업소 정비 • 친환경 문화거리 조성 • 복지센터 건립
아파트 공약	지역주민을 위한 재개발, 주거환경 개선사업 추진	돈의 뉴타운 지정, 창신 · 숭인 재정비 촉진지구 지정, 신영 제1구역 주택 재개발 사업 지원 등	없음	없음	없음

2) 주요 후보의 공약[9)]

각 후보들은 소속정당의 이념과 정책에 맞는 공약들을 제시하고 있으나 특히 소수정당 후보자들의 경우 구체성이 떨어지고 선언적인 측면이 강조되어 있었다(〈표 4〉 참조). 전국 선거의 바로미터인 종로구이기 때문인지 전국적인 선거이슈가 주요 후보자들 간의 주요 공약에 나타났다. 손학규 후보는 거대여당과 이명박 정부를 견제하기 위해서는 강한 야당이 필요하다고 주장한 반면, 박진 후보는 국정안정을 위해 여당에게 힘을 실어주어야 한다고 주장했다. 손 후보는 "종로구 출마를 통해 이명박 1% 특권층 정부의 독선과 횡포를 막아내는 수도권 대오의 최선봉에 서서 싸우고자 한다"라고 말했다(매일경제, 2008. 3. 13.). SBS와의 인터뷰에서 박 후보는 "지금은 새로운 정부가 일을 제대로 할 수 있도록 국회에서 다수당 여당이 지원할 수 있는 그러한 체제가 이뤄져야 한다고 생각합니다"라고 말했다.[10)]

종로 유권자들이 원하는 것은 각종 개발 제한으로 정체된 구도심 이미지를 벗고, 새로운 발전을 만들어줄 수 있는 후보였다. 박 후보는 역사와 관광 중심의 종로 특별구를 만들겠다는 공약을 발표했고, 손 후보는 강남북 불균형 해소 특별법 제정을 통해 삶의 질을 1위로 높이겠다고 약속했다. 지역개발과 관련해서 선거 이후 논란이 된 '아파트 선거'도 찾아볼 수 있었는데, 박진 후보는 매우 구체적으로 지역 재개발

9) 각 후보의 책자형 선거공보, 포스트 표어, 리플릿 등을 참조하였다. 이 자료는 중앙선거관리위원회 선거정보센터 '홍보인쇄물자료' (http://elecinfo.nec.go.kr//: 2008년 6월 1일 검색)를 참조하였다.

10) SBS 2008년 3월 21일 보도내용.

문제를 선거공약으로 제시하였다. 손학규 후보도 구체적으로 어느 지역을 재개발한다기보다는 추상적으로 주거환경 개선 등의 공약을 내세웠다.

그 밖의 후보자로 정인봉 후보는 주로 교육과 관련된 공약을 제시하였다. 동성애자임을 공개한 최현숙 진보신당 후보는 소수자, 특히 여성 및 문화인에 대한 차별 금지를 강조했다.

4. 선거운동 과정 분석[11)]

18대 총선 과정에서 가장 비판받았던 점 중의 하나인 하향식 공천이

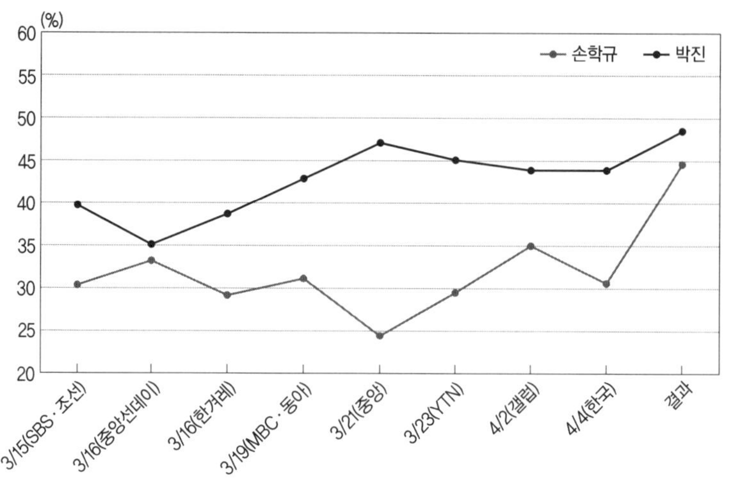

그림 6. 손학규 대표와 박진 의원의 여론조사 지지도

11) 중앙일보(2008. 3. 25.)에 게재된 "종로구 참여관찰기"(임성학)의 내용을 중심으로 작성하였다.

종로구에서도 발생하였다. 통합민주당의 손학규 대표가 3월 12일 당사에서 긴급 기자회견을 갖고 종로 출마를 선언하였다. 한나라당은 "종로가 박진 의원 단독 공천 지역임에도 불구하고 그동안 전략 지역으로 놔두고 보다 비중 있는 정치인이나 외부인사의 영입을 통한 전략공천론도 검토했으나 손 대표의 '종로 출마 선언' 이 있은 지 5시간여 만에 이날 오후 박 의원의 공천을 확정했다"(동아일보, 2008, 3. 12.). 따라서 3월 12일 주요 정당의 후보가 정해지면서 본격적인 선거에 진입했다.

본격적인 선거에 들어서면서 나온 여론조사 결과를 살펴보자. 손 대표와 박 의원의 여론조사 지지도에서 3월 16일의 여론조사를 제외하고 적게는 9.2%, 많게는 15.5%로 손 대표가 뒤지고 있었다(〈그림 6〉 참조). 그러나 선거 결과는 3.7%의 차이에 불과했다.

1) 선거운동

선거운동 방식과 선거전략을 살펴보기 위해 3월 23일 오전 9시30분에 박 의원 선거사무소를, 1시간 후 손 대표 선거사무소를 방문했다. 두 사무소는 분위기부터가 달랐다. 여론조사에서 우위를 점하고 있는 박 의원의 사무소는 조용하고 차분한 데 반해 손 대표의 사무소는 많은 선거운동 관계자들이 부산히 움직이는 다소 어수선한 분위기였다. 손 대표 사무소는 규모 면에서도 박 의원 사무소보다 2~3배가 많아 당 대표의 위상을 알 수 있었다.

가장 중요한 선거이슈인 견제론, 안정론 외에 두 후보 선거전략의 중요한 차이는 박 의원의 지상전과 손 대표의 공중전이었다. 박 의원은 지역구 현역 의원이란 이점과 지역연고를 강조하며 지역구민을 파고드는 지상전에 초점을 두고 있었다. 반면 손 대표는 제1야당 대표라는 전국 인지도의 이점을 살리며 야당살리기를 위한 자기 희생, 민주주의의 견제기능 등을 강조하는 선거전을 전개하고 있었다.

손 대표 선거사무소 측에 지금의 열세를 극복할 수 있는 방안에 대해 문의했다. 현재 당무에 치중하여 지역민과의 접촉 기회가 적기 때문에 당무에서 벗어나 종로구 선거운동에 매진한다면 쉽게 따라잡을 수 있다고 주장했다. 그 근거로 기존의 민주당과 열린우리당 지지자들이 당의 통합으로 결집되어 있어 과거의 지지층만 흡수한다면 승리가 가능하다고 주장했다.

박 의원 선거사무소 측은 박 의원이 여론조사에서 계속 우위를 점하고 있으며 격차가 점점 더 벌어지고 있기 때문에 여유 있는 모습이었다. 그들은 종로구 현직 의원의 이점을 살려 기존의 의정활동에 대한 홍보와 발로 직접 뛰는 선거운동으로 현재의 우위를 굳히겠다는 전략을 밝혔다. 지역 현안을 가장 잘 알고 있어 다른 후보보다 구체적인 정책을 만들어낼 수 있기 때문에 지역주민의 지지를 받을 수 있을 것으로 예상했다.

과열 경쟁에 따른 네거티브 선거전도 예상되었다. 박 의원 측은 손 대표의 한나라당 탈당 전력, 지역연고 부족 등을 제기할 태세였다. 손 대표 측은 박 의원의 지역구 활동 실적 부족과 특권층 이미지를 강조할 가능성을 내보였다.

선거가 중반으로 접어들면서 중앙당의 지지가 한몫을 했다. 한나라당 강재섭 위원장은 박빙의 승부를 벌이고 있는 종로, 동작, 강서 등 서울 지역 12곳에 유세 지원을 집중했다(한겨레신문, 2008. 4. 7.). 특

표 5. 종로구 주요 후보의 선거비용 및 보전액[12)]

단위 : 원

	손학규	박진
선거비용 지출 총액*	174,841,012	165,045,992
선거비용 제한액	187,000,000	187,000,000
보전청구액	155,839,282	152,293,900
공제액	40,096,156	28,725,145
실지급액	115,743,126	123,568,755

참고 : *후보자가 선거관리위원회에 밝힌 선거비용 총액.

히 개혁공천으로 국민들로부터 지지를 받은 박재승 통합민주당 공천 심사위원장이 4월 4일 서울 종로5가에서 손학규 당대표 지원 유세를 했다(한겨레신문, 2008. 4. 4.). 일부 언론에서 손 대표의 선전을 예상하기도 했다. "공식 선거운동 개시 전만 해도 한나라당 후보인 박진 의원이 확실한 우위를 점했지만 10여 일 만에 통합민주당 후보인 손학규 대표가 접전까지 추격하면서 '안개 속 승부' 가 펼쳐지고 있다. … 손 대표 측은 '매일 유세에 나설 때마다 지지율이 오르는 것을 체감할 수 있다. 지난 주말 새 손 대표가 표심을 뒤집어 역전했다' 고 주장했다" (한국일보, 2008. 4. 6.). 그러나 결국 손 대표는 초기의 열세를 극복하지 못하고 선거에 패하게 되었다.

열세를 만회하기 위해 후보자들은 좀 더 적극적인 선거운동을 전개하지만 정치자금의 측면에서 적극적 선거운동은 다소 제한적이다. 과거 천문학적 액수의 불법 정치자금으로 인해 정치권이 불신을 받게 되어 2004년 정치관계법 개정을 통해 정치자금과 선거비용에 대해 엄격히 규제하고 있다. 〈표 5〉는 주요 후보의 선거비용 지출액, 선거비용

12) 중앙선거관리위원회에 정보공개를 요청해 얻은 자료이다. 선거비용 중 본전을 받은 후보에 대한 자료만 제공받아 손학규, 박진 후보만 분석 대상으로 삼았다.

제한액, 보전액 등에 대한 자료이다. 손 후보가 박 후보보다 약 1천만 원의 선거비용을 더 사용했지만 선거비용 제한액이 1억 8,700만 원인 상황에서 1천만 원은 선거 결과에 영향을 줄 수 있는 액수는 아니다.

2) 유권자의 반응

종로는 보수적인 성향의 유권자가 많이 사는 서부벨트, 진보적인 성향이 강한 동부벨트, 그리고 중립지대로 뚜렷이 구분된다. 종로구 유권자들의 반응을 살펴보기 위해 17대 총선 비례대표 정당별 득표에서 한나라당과 열린우리당 간에 가장 많은 차이를 보인 서부벨트의 평창동, 동부벨트의 창신2동 유권자를 만나보았고, 양당의 득표차가 가장 적었던 중립지대인 종로5·6가동의 유권자를 인터뷰했다. 또 충신동, 사간동 주민과 이야기를 나누었다.

정치 1번지답게 모두 정치에 대한 관심이 높았다. 공식 선거운동이 시작되기 전인데도 박 의원과 손 대표의 출마 사실을 모두 알고 있었으며, 자유선진당 정인봉 후보의 출마도 대부분 인지하고 있음을 알 수 있었다. 인터뷰 결과 기존 서부·동부 벨트 유권자들의 성향 차이가 유지되고 있음을 알 수 있었다. 창신2동에서 철물점을 운영하는 50대 남성은 "박 의원이 지역을 위해 별로 한 게 없으며", 이 대통령의 당선으로 "불법을 해도 돈만 벌면 되는 세상이 됐다"고 여권 전체를 비판했다. 반면 서부벨트의 평창동에 거주하는 70대 주부는 "경제살리기가 급선무고, 한나라당의 안정적 국정운영이 필요하다"는 데 공감했다. 충신동에서 세탁소를 경영하는 40대 여성, 종로5가의 은퇴한 70대 남성도 "대통령이 일을 할 수 있도록 도와줘야지" 하면서 안정론에 동의

했다. 사간동의 30대 시민운동가는 진보성향임을 내비치면서도 아직 후보를 정하지 못했다고 했다. 이유는 "여러 세력을 원칙 없이 규합한 민주당은 견제세력으로 적합하지 못하기 때문"이라고 말했다. 유권자들이 다양한 정치적 성향과 관심을 보이고 있다는 점에서 역동적이고 다원적인 종로 선거구의 특징은 18대 총선에서도 유지될 것으로 보였다.

5. 선거 결과 분석과 평가

여론조사 결과에 따른 예상(〈그림 6〉 참조)과 달리 박 의원과 손 대표의 득표는 크게 차이가 나지 않았지만 그렇다고 예상을 뒤집지는 못했다. 손학규 후보는 44.76%를 득표하였고 박진 후보가 48.43%를 득표해 당선되었다. 각 후보와 후보들 정당의 득표를 비교해 보면 손학규, 박진 후보는 정당지지율보다 높은 지지를 획득한 반면 다른 후보들의 득표율은 정당득표율보다 낮았다. 손학규 후보는 통합민주당의

표 6. 종로구 18대 총선 결과

단위 : %

후보자	득표율	정당	득표율
손학규	44.76	통합민주당	32.2
박진	48.43	한나라당	40.7
정인봉	4.66	자유선진당	5.4
최현숙	1.61	민주노동당	2.3
김영동	0.51	창조한국당	3.8
		친박연대	8.1
		진보신당	3.9
		이외 정당	3.6

득표율인 32.2%보다 약 12%를 넘은 44.76%를 획득하였는데, 손 후보의 패배는 손 후보 개인의 문제라기보다는 통합민주당의 인기하락이 원인이 되었다고 볼 수 있다. 박진 후보의 경우에도 한나라당 득표율 40.7%보다 약 7%가 높은 48.43%의 득표율로 승리해 개인 후보에 대한 지지가 더 높았다는 것을 알 수 있다. 특히 보수진영이 자유선진당과 친박연대로 나누어진 상황에서 높은 지지율을 받았다. 종로구는 주요 정당의 대표 주자가 겨루는 상징적인 선거구가 되었고, 따라서 주요 정당의 후보를 중심으로 지지가 결집되고 있다고 할 수 있다. 그리고 소수정당의 모든 후보는 정당득표율보다도 낮은 득표율을 보이고 있는데, 이는 거대정당의 대표 선수가 종로구에서 경쟁하기 때문이라는 해석이 가능하다.

예상과 달리 박진 후보의 근소한 승리의 원인은 크게 두 가지로 살펴볼 수 있다. 먼저 이명박 정부에 대한 견제의 필요성의 공감대가 형성되었다. 17대 대선 이후 강부자 · 고소영 내각 혹은 청와대 논란, 영어몰입 교육 논란, 대운하 논란 등으로 이명박 대통령과 여당에 대한 견제의 필요성을 제기한 야당의 주장이 국민들로부터 지지를 얻기 시작했다. 그러나 지역개발에 대한 지역주민의 관심이 여당 후보를 지지하는 보루가 되었다.[13)]

앞서 후보별 공약 분석에서도 살펴보았지만 박 의원은 좀 더 구체적인 지역개발 사업을 제시하였다. 박 후보는 지역구 활동경험을 토대로 지역 재개발을 여당의 후보로서 안정적으로 추진하겠다고 주장했지만 손 대표는 종로 원주민의 재정착률을 높이는 방식의 재개발 방식을 주

13) 손병권(2008)이 조사한 '동작을'에서도 지역개발과 교육문제가 주요 이슈였다.

장했다. 박 후보 측은 "서울시와 종로구청 등과 이미 정책합의가 많이 된 상태"라며 "종로는 특성상 경복궁 등 과거 문화유산이 많기 때문에 뉴타운과 같은 대단위 개발방식은 쉽지 않고 과거와 현재가 공존하는 '종로특별구'를 만들 것이라고 밝혀"(연합뉴스, 2008. 4. 1.) 당선과 지역개발을 곧바로 연계하는 전략을 사용함으로써 종로구 구민의 지지를 유도했다.

참고 문헌

가상준, 2008, "18대 총선과 수도권 : 서울 중구", 한국정당학회 · 한국지방정치학회, 18대 총선 평가와 정당정치의 과제, 부산.

김용호 외, 2004, 『17대 총선 현장 리포트』, 서울 : 푸른길.

손병권, 2008, "18대 총선과 수도권 : 서울 동작을", 한국정당학회 · 한국지방정치학회, 18대 총선 평가와 정당정치의 과제, 부산.

유재일, 2004, "충청 지역주의의 변화 : 대전 중구", 김용호 외, 『17대 총선 현장 리포트』, 서울 : 푸른길.

중앙선거관리위원회, 1988, 『제13대 국회의원선거 총람』.

중앙선거관리위원회, 1992, 『제14대 국회의원선거 총람』.

중앙선거관리위원회, 1996, 『제15대 국회의원선거 총람』.

중앙선거관리위원회, 2000, 『제16대 국회의원선거 총람』.

중앙선거관리위원회, 2004, 『제17대 국회의원선거 총람』.

중앙선거관리위원회 홈페이지, 선거정보센터(http://elecinfo.nec.go.kr).

중앙선거관리위원회 홈페이지, 제18대 국회의원선거 선거정보 (http://www.nec.go.kr:7070/abextern/index.html).

Spradley, James P., 신재영 역, 2006, 『참여관찰법』, 서울 : 시그마프레스.

『동아일보』, 2008년 3월 12일자(http://www.donga.com/:2008년 6월 2일

검색).
머니투데이, 2008년 3월 12일자(http://www.moneytoday.co.kr/:2008년 5월 29일 검색).
미디어투데이, 2008년 3월 12일자.
SBS(http://news.sbs.co.kr/:2008년 6월 8일 검색).
연합뉴스, 2008년 3월 12일자; 2008년 4월 1일자.
『중앙일보』, 2008년 3월 25일자.
『한겨레신문』, 2008년 3월 13일자; 2008년 4월 4일자; 2008년 4월 7일자(http://www.hani.co.kr/:2008년 6월 10일 검색).
『한국일보』, 2008년 4월 6일자(http://election.hankook.com/:2008년 6월 10일 검색).

3 정당 간 전략공천 대결 : 서울 중구

가상준

1. 머리말

제18대 국회의원 선거 과정에서 나타난 현상들을 과거 17대 국회의원 선거와 비교해 보면 많은 면에서 민주주의의 퇴보라고 할 수 있다. 무엇보다 후보 선출 과정에서 상향식 공천은 찾아볼 수 없었으며, 비례대표 후보 선정에서 정당들은 17대 국회의원 선거에서 지켰던 원칙들보다 정당의 이념과 동질성을 강조하는 방향으로 후보들을 선정하였다(가상준, 2008). 정당의 후보 선정 과정은 투명하지 못하였고 선발기준에 대한 논란으로 말미암아 새로운 정당의 창당과 무소속 후보 양산의 결과를 초래하였다. 특히 17대 대통령 선거 전후로 그리고 18대 국회의원 선거 과정에서 한나라당은 지속적인 계파 간 갈등의 모습을 보여주었고, 통합민주당은 공천심사위원회의 권한 및 공천기준에 대한 불만으로 갈등의 홍역을 치렀다. 이러한 정당의 분열된 모습은 정당에 대한 신뢰 저하로 이어졌고 이로써 정당에 대한 유권자들의 불만은 높은 편이었다. 또한 17대 대통령 선거가 끝난 지 4개월밖에 되지 않은 시점에 제18대 국회의원 선거가 실시됨으로 인해 후보 공천은 어느 때보다 선거에 임박해서 이루어졌다. 이 때문에 유권자들은 후보자들을 검증할 충분한 기회를 갖지 못하였다. 야당이 된 통합민주당은 이명박 정부에 대한 효과적 견제를 위해 적극적인 지지를 호소하였고, 10년 만에 여당으로 복귀한 한나라당은 이명박 정부가 추진하는 사업에 의회의 협조가 필요하다는 점을 역설하면서 지지를 부탁하였다. 특히 통합민주당은 이명박 정부가 추진하는 대운하 사업을 저지하기 위해 그리고 의회 내 건전한 견제세력을 위해 거대야당의 필요성을 강조한 반면, 한나라당은 경제발전을 위해서는 국회의 협조가 필수적이라는 점을 강조하면서 여당에 대한 지지를 호소하였다.

이러한 전반적인 제18대 국회의원 선거의 양상은 대부분의 지역구에서 비슷하게 전개되었으며 서울 중구 선거구에서도 예외는 아니었다. 선거에서 유리한 위치를 선점하기 위한 정당들의 전략적 공천, 대운하 및 전국 이슈를 부각시켜 야당의 지지를 바라는 통합민주당 후보의 모습, 경제발전과 지역경제를 강조하며 여당의 중요성을 주장하는 한나라당 후보의 선거운동 방식은 서울 중구 선거구에서도 그대로 반영되어 나타나고 있었다. 서울 중구 선거구는 종로 선거구의 영향을 받아 후보 간 경쟁이 결정되었고 이들의 경쟁은 얼짱 대결, 입심 대결 등으로 묘사되면서 유권자들의 관심을 불러 모았다. 여기에 전직 국회의원이 통합민주당 후보로 중구에 출사표를 던지면서 다른 지역구와는 달리 삼자 대결 구도의 모습을 띠게 되어 중구를 바라보는 유권자들의 흥미는 더해 갔다고 말할 수 있다.

이 글은 중구 유권자뿐만 아니라 다른 지역 유권자의 관심을 불러 모은 서울 중구 선거구 출마 후보들의 선거전략 및 선거운동 방향 그리고 이에 대한 주민들의 관심 및 반응을 참여관찰을 통해 알아보는 것을 목적으로 쓰여졌다. 또한 이 글에서는 제18대 국회의원 선거에서 나타난 결과와 서울 중구 선거구 결과의 유사점 및 차이점은 무엇인지를 알아보려 한다. 이를 위해 2절에서는 중구의 사회 · 경제적 배경과 최근 선거 결과를 통해 중구 선거구의 특징이 무엇인지 파악해 보았다. 다음 3절에서는 공천 과정과 국회의원 선거 과정에서 나타난 중요한 특징이 무엇인지 알아보았다. 그리고 4절에서는 중구 선거구의 18대 국회의원 선거 결과와 이에 대한 의미를 살펴보았다.

그림 1. 중구 선거구의 위치

출처 : 중구청 홈페이지.

2. 중구 선거구의 특징

1) 중구의 사회 · 경제적 배경

먼저 중구의 사회 · 경제적 배경을 통해 중구 선거구의 특징을 살펴보았다. 〈그림 1〉이 보여주는 바와 같이 중구는 말 그대로 서울 중심에 놓여 있으며 금융 · 상업 지역, 관광 · 위락 지역, 주거 지역이 함께 자리 잡고 있는 곳이다. 중구의 면적은 9.96km^{2}로 다른 자치구에 비해 매우 작은 편이다. 그러나 중구는 서울 교통의 요충지로 중구를 통과하는 많은 유동인구 때문에 항상 역동성을 보이고 있는 곳이다. 중구는 한국 금융업의 중심지로 "중구 관내에는 서울시 전체 금융 · 무역 · 국영기업체 등의 40%가 입지하고 있으며, 특히 남대문로와 그 주변에 한국은행, 외환은행 등 우리나라 은행업 본점의 80%가 중구 관내에 위치하고 있다."[1)]

또한 중구에는 대기업과 주요 정부기관과 언론기관이 위치하고 있다. 남대문 · 중부 · 평화 시장 등 대형 재래시장이 있는가 하면 현대식 쇼핑가, 두산타워, 밀리오레 등 유통시장이 복합적으로 형성되어 있으며 대형 백화점과 고급 관광호텔이 밀집해 있다.[2)]

이러한 지역의 특성을 반영하듯이 중구의 재정자립도는 높은 편이다. 2007년 기준으로 82.98%로 서울 25개 자치구 중 서초구와 강남구 다음으로 높은 재정자립도를 보이고 있다.[3)] 한편 중구는 지역의 기반

---

1) 중구청 홈페이지에서 발췌하였다.

2) 중구청 홈페이지.

3) 2007년을 기준으로 서울 25개 자치구의 재정자립도 평균은 48.68%로 나타나고 있다

그림 2. 중구 행정구역도

출처 : 중구청 홈페이지.

기설이 점점 노후하여 지속적인 정비가 요구되고 있는 곳이며 재래식 가옥이 고층빌딩과 혼재하여 있는 지역으로 서울의 과거와 현재가 같이 숨 쉬고 있는 곳이라고 말할 수 있다.[4)]

중구는 〈그림 2〉가 보여주는 것과 같이 15개의 동으로 구성되어 있는데 소공동, 회현동, 명동, 을지로동은 금융 · 상업 지역이며 신당1 · 2 · 3 · 4 · 5 · 6동과 중림동은 거주 지역이다. 신당동, 중림동, 황학동은 주택재개발이, 신당동과 중림동은 재건축 사업이 추진되었거나 추진 중에 있는 곳이 많은 지역으로 이러한 변화가 이 지역의 정치 · 사회 · 경제적 변화를 지속적으로 가져오고 있다. 세운상가, 을지로, 서소문 등은 도시환경정비 사업을 통해 토지의 효율적 이용과 도심기능의 회복을 시도하고 있는 곳이다.

(https://www.laiis.go.kr 참고). 중구의 재정자립도는 2004년 92.66%, 2005년 92.46%, 2006년 74.35%로 2006년보다는 좋아졌지만 과거에 비해 좋지 않은 편이다.

4) 중구청 홈페이지.

표 1. 중구 동별 인구

단위 : 명

동별	전체	남	여
소공동	1,710	917	793
회현동	5,327	2,908	2,419
명동	3,423	1,599	1,824
필동	5,012	2,615	2,397
장충동	6,267	3,099	3,168
광희동	5,722	3,023	2,699
을지로동	1,952	1,146	806
신당1동	10,071	5,004	5,067
신당2동	16,884	8,290	8,594
신당3동	20,079	9,728	10,351
신당4동	16,442	8,004	8,438
신당5동	10,759	5,435	5,324
신당6동	12,874	6,305	6,569
황학동	7,565	3,897	3,668
중림동	13,348	6,546	6,802
계	137,435	68,516	68,919

출처 : 중구청, 구정일반현황, 2008년도 통계연보(외국인 포함).

중구의 인구는 130,540명(2008년 6월 30일 기준)으로 〈표 1〉은 동별 전체 인구와 남 · 여 인구를 보여주고 있다. 동 주민의 대부분은 중

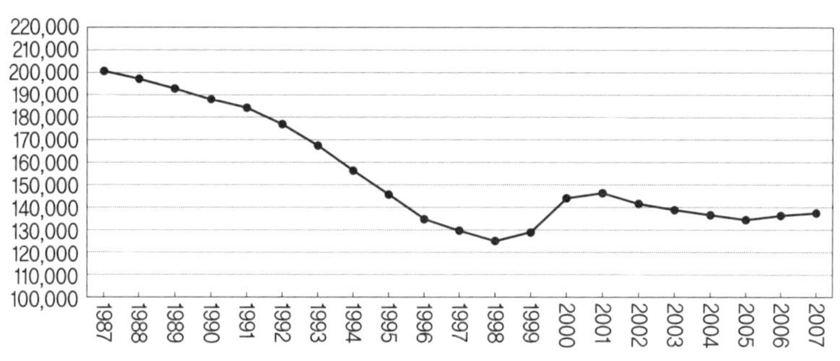

그림 3. 중구의 인구 변화

출처 : 중구청, 구정일반현황, 2008년도 통계연보(외국인 포함).

구 동쪽에 위치한 신당동, 황학동과 서쪽에 위치한 중림동에 밀집해 있으며 이들보다 가운데 쪽에 자리하고 있는 소공동, 명동, 을지로동에 거주하는 주민은 매우 적은 편이다. 한편 중구의 변화는 중구의 인구를 통해서 알 수 있다. 중구의 인구는 1987년 204,991명이었으나 가파르게 하락하여 1998년에는 125,050명까지 줄어들었다. 이후 다시 상승하여 2001년 146,335명으로 늘어났으나 2001년을 기점으로 또다시 조금씩 하락하는 추세이다. 〈그림 3〉은 1987년 이후 중구의 인구 변화를 보여주고 있다.[5)]

2) 최근 선거 결과 분석

중구 선거구의 정치적 특징을 최근 선거 결과를 통해 알아보았다. 이를 위해 먼저 2000년 16대 국회의원 선거, 2004년 17대 국회의원 선거, 2006년 지방선거, 2007년 17대 대통령 선거 결과에 대해 살펴보았다. 〈표 2〉, 〈표 3〉, 〈표 4〉는 16대와 17대 국회의원 선거 결과를 보여주고 있는데 선거 결과를 통해 중구 선거구의 주요 특징을 알 수 [illegible] 다. 무엇보다 중구는 경합 선거구였다고 말할 수 있다. 16대 국[illegible]원 선거에서 민주당의 정대철 후보가 한나라당의 박성범 후보[illegible]르고 당선되었지만 17대 국회의원 선거에서는 한나라당의 [illegible] 후보가 민주당과 열린우리당 후보를 제치고 당선되었다. [illegible]중요한 영향

5) 중구 인구 변화의 중요한 특징 중의 하나는 65세 이상[illegible] 점점 높아지고 있다는 점이다. 1994년 중구 인구는 156,302명이며 이 중 65세[illegible]13명으로 5.7%를 차지한다. 그러나 2000년 인구는 144,074명으로 줄어드[illegible]은 10,624명으로 7.4%였으며, 2006년 인구 136,348명 중 65세 이상 주민[illegible]0%를 나타낸다.

을 미친 17대 국회의원 선거에서 한나라당의 박성범 후보는 불리한 상황이었음에도 당선되었으며, 비례대표 선거에서도 한나라당이 민주당과 열린우리당보다 높은 득표를 얻었다. 17대 국회의원 선거에서 한나라당이 우위를 점할 수 있었던 것은 민주당과 열린우리당 후보와 함께 삼자 대결을 벌인 것이 중요한 이유 중 하나라고 말할 수 있다. 그러나 박성범 후보가 가지는 후보자 효과가 선거 결과에 중요한 영향을 미쳤음은 16대 국회의원 선거에서 박성범 후보가 얻은 득표율과 득표수를 17대 국회의원 선거에서 얻은 득표율과 득표수에 비교함으로써 알 수

표 2. 16대 국회의원 선거 결과

정당	후보	득표수	득표율(%)
한나라당	박성범	26,796	44.69
민주당	정대철	29,414	49.06
자민련	최팔용	903	1.51
민국당	이병희	350	0.58
청년진보당	김준오	1,101	1.84
무소속	윤영대	1,392	2.32

출처 : 중앙선거관리위원회 홈페이지, 선거정보조회시스템.

표 17대 국회의원 선거 결과(지역구)

정당	후보	득표수	득표율(%)
라당	박성범	29,837	45.9
열	김동일	11,662	18.0
민	정호준	19,478	30.0
민주노	조윤행	263	0.4
무소속	최재풍	2,523	3.9
무소속	윤영대	181	0.3
무소속	이형석	592	0.9
무소속	희준	104	0.2
	희	313	0.5

출처 : 중앙선거관리위 … 선거정보조회시스템.

표 4. 17대 국회의원 선거 결과(비례대표)

정당	득표수	득표율(%)
한나라당	24,582	37.9
민주당	7,363	11.3
열린우리당	24,071	37.1
자민련	1,309	2.0
국민통합21	242	0.4
가자희망2080	57	0.1
공화당	61	0.1
구국총연합	19	0.0
기독당	541	0.8
노년권익보호당	76	0.1
녹색사민당	138	0.2
민주노동당	6,281	9.7
민주화합당	60	0.1
사회당	86	0.1

출처 : 중앙선거관리위원회 홈페이지, 선거정보조회시스템.

있다. 18대 국회의원 선거에 앞선 두 번의 국회의원 선거에서 중구의 선거양상은 경합적이었다고 말할 수 있다.

앞서 본 국회의원 선거 결과를 통해 중구 유권자들의 한나라당에 대

표 5. 제4회 전국동시지방선거(광역단체장)

정당	후보	득표수	득표율(%)
열린우리당	강금실	15,382	28.0
한나라당	오세훈	32,708	59.6
민주당	박주선	4,609	8.4
민주노동당	김종철	1,455	2.7
국민중심당	임웅균	186	0.3
시민당	이귀선	193	0.4
한미준	이태희	113	0.2
무소속	백승원	212	0.4

출처 : 중앙선거관리위원회 홈페이지, 선거정보조회시스템.

표 6. 제4회 전국동시지방선거(기초단체장)

정당	후보	득표수	득표율(%)
열린우리당	전장하	14,089	25.8
한나라당	정동일	28,897	53.0
민주당	최형신	4,093	7.5
무소속	박복수	5,448	10.0
무소속	유재택	1,978	3.6

출처 : 중앙선거관리위원회 홈페이지, 선거정보조회시스템.

한 지지가 16대에 비해 17대 선거에서 상대적으로 높아졌다고 말할 수 있다. 중구 유권자들의 한나라당 지지가 높다는 점은 제4회 전국동시

표 7. 17대 대통령 선거 결과

	정동영	이명박	권영길	이인제	문국현
계	17,299 (26.1%)	35,335 (53.3%)	1,387 (2.1%)	328 (0.5%)	4,324 (6.5%)
소공동	100	312	10	0	40
회현동	646	1,210	38	13	87
명동	332	768	25	6	122
필동	513	1,343	50	8	175
장충동	719	1,512	79	5	303
광희동	615	1,376	38	19	113
을지로동	200	609	8	3	32
신당1동	1,125	2,032	63	18	178
신당2동	2,291	4,110	185	37	581
신당3동	2,355	5,667	217	52	730
신당4동	1,986	4,515	175	26	609
신당5동	1,574	2,507	97	29	266
신당6동	1,632	3,500	117	33	419
황학동	1,066	1,824	73	25	180
중림동	1,847	3,208	160	37	407
부재자	298	842	52	17	82

출처 : 중앙선거관리위원회 홈페이지, 선거정보조회시스템.

지방선거에서도 발견할 수 있다. 〈표 5〉와 〈표 6〉은 2006년 실시된 지방선거에서 광역단체장과 기초단체장 후보의 중구 선거구에서의 득표수 및 득표율을 보여주고 있다. 이를 통해 한나라당 오세훈 후보의 득표율은 59.6%로 열린우리당 강금실 후보에 비해 높게 나타나고 있음을 발견할 수 있다. 기초단체장 선거에서도 마찬가지로 한나라당의 정동일 후보가 53.0%의 높은 득표율을 얻어 한나라당 및 한나라당 후보에 대한 지지가 매우 크다는 점을 알 수 있다. 이와 같이 2004년 이후 한나라당에 대한 지지가 강하게 나타나고 있다는 점은 2006년에 실시된 지방선거에서도 찾을 수 있다.

한나라당에 대한 중구 유권자의 강한 지지는 2007년 대통령 선거에서도 발견할 수 있다. 18대 국회의원 선거 바로 전에 실시된 17대 대통령 선거에서 한나라당의 이명박 후보는 대통합민주신당의 정동영 후보를 큰 표 차이로 누르고 당선되었는데 중구 유권자들도 마찬가지로 한나라당에 강한 지지를 보여주었다. 중구 선거구에서 한나라당 이명박 후보의 득표율은 53.3%로 전국 득표율 48.7%에 비해 4.6% 높게 나타나고 있어 다른 지역에 비해 중구의 한나라당 및 한나라당 후보에 대한 지지는 높은 편이라 말할 수 있다.

3. 공천 및 선거 과정

1) 공천 과정 및 후보 경력

중구의 후보자 공천에서 가장 영향을 미친 인물은 통합민주당의 손학규 후보라 해도 과언이 아니다. 서울 종로가 가지는 정치적 의미가 크기에 통합민주당은 손학규 전 경기도지사를 전략적으로 공천하였다. 정치 1번지 종로에서의 승리는 선거구 한 지역에서의 승리보다 더욱 커다란 의미를 가지고 있기 때문에 열세에 있던 통합민주당은 손학규 후보를 공천함으로써 종로뿐만 아니라 주변 지역에 대한 영향력을 높이려고 하였다. 종로는 한나라당 박진 의원의 지역구로 손학규 후보와의 대결을 통해 지역구를 사수하고 통합민주당의 영향력을 차단할 수 있다고 자신감을 보여주었다. 한나라당은 2008년 3월 12일 종로와 중구 공천 내정자를 발표함으로써 손학규 후보의 의회 진출을 저지하고 다른 지역으로의 영향력 확대를 저지하겠다는 결의를 보여주었다. 송파(병)에 공천을 신청한 나경원 의원이 중구로 전략공천되면서 중구 현역 의원이었던 박성범 의원은 한나라당 후보로 중구 선거구에 출마할 수 없게 되었다. 박성범 의원은 2006년 지방선거 구청장 공천과 관련된 금품수수 의혹을 받으며[6] 한나라당을 탈당했다가 복당하여 다시 한나라당 소속 의원이 되었지만 18대 국회의원 선거 출마는 무산되었다.

박성범 의원의 출마가 불가능해지자 박성범 의원의 부인인 신은경 전 KBS 앵커가 자유선진당에 입당하여 남편을 대신해 서울 중구 출마를 선언하게 된다. 신은경 후보는 여의도 자유선진당 당사에서 "현 정권이 오만과 독선을 버리고 겸손하게 국민의 뜻에 따라 국정을 운영하도록 해야 한다"고 말했으며 "이를 위해 국회를 통한 적절하고 합리적

6) 대법원은 선고 공판에서 박성범 의원에게 원심대로 선거법 위반은 무죄, 배임수재 혐의는 유죄로 인정해 벌금 700만 원을 확정하였다. 선거법이 아닌 일반 형사사건은 금고 이상의 형이 확정되어야 의원직을 잃게 되는데 박성범 의원은 의원직을 유지할 수 있었다(YTN, 2007. 4. 27.).

인 견제가 필요하다"고 밝혔다(매일경제, 2008. 3. 18.). 또한 "대한민국의 정통성과 정당성을 기초로 하는 선진당의 창당이념을 전적으로 지지한다"라고 자유선진당행 결심 배경을 설명하고 "12년간 정치하는 남편과 함께 중구 주민들과 동고동락했다. 정치의 심장부인 중구에 어떤 문제가 있는지, 어떻게 해야 하는지 잘 아는 사람으로서 최선을 다하겠다"고 말했다(연합뉴스, 2008. 3. 18.). 신은경 후보는 "다른 지역에서 자리다툼을 하던 분을 갑자기 공천했는데 전략공천이라는 이름에 어울리지 않는다"고 말하며 "남편은 4년 전 주민의 선택을 받았던 것처럼 그만두는 것도 주민의 선택에 의하도록 해야 하고, 당에서 어떤 결정을 내리는 것은 온당치 못하다"고 말해 한나라당에 대한 서운한 감정을 숨기지 않았다(연합뉴스, 2008. 3. 18.). 신은경 후보는 입당과 함께 자유선진당 대변인으로 선임되어 한나라당 스타 대변인이었

표 8. 중구 선거구 후보들의 기본 정보

구분	정범구	나경원	신은경	김인식	오형석	한만억
연령	54세	44세	49세	39세	40세	53세
직업	시사평론가	17대 국회의원	정당인	정당인	건국대 외래교수	사회사업
학력	독일 마르부르크 대학 대학원 정치학 박사	서울대 법학과	웨일스 대학 언론학 박사	한국 외국어대 아랍어과 3년 수료	건국대 법학과 박사과정 졸업	한국방통대 영어영문학
경력	•16대 국회의원	•한나라당 대변인	•KBS 9시 뉴스 앵커	•민주노동당 서울시당 중구위원장	•중구 지역 발전포럼 대표	•가정건강 연구소 이사장
재산신고액(천원)	527,636	4,002,993	1,565,681	80,000	6,696,710	2 17,147

출처 : 중앙선거관리위원회 홈페이지, 제18대 국회의원선거 선거정보. 각 후보의 책자형 선거공보.

던 나경원 후보와 피할 수 없는 대결을 벌이게 되었다.

여기에 16대 국회의원으로 새천년민주당 대변인직을 수행했으며 시사 프로그램 사회자였던 정범구 전 의원이 통합민주당 후보로 전략공천되면서 뜨거운 삼파전의 모습을 띠게 되었다. 정범구 후보는 "한나라당의 일당독재는 어떤 식으로든 막아야 한다는 각오로 민주당에 입당했다"고 말해 한나라당에 대한 견제를 예고하였다(연합뉴스, 3. 20.). 이들 외에 민주노동당의 김인식 후보, 친박연대의 오형석 후보, 평화통일가정당의 한만억 후보가 서울 중구 선거구에 등록함으로써 1강 2중 3약의 구도가 형성되었다. 〈표 8〉은 중구 선거구에 등록한 후보들의 기본 정보를 보여주고 있다.

2) 후보자들의 공약

정당들의 후보 공천이 마무리되고 본격적인 후보 간 선거전으로 돌입하면서 중구 선거구는 유권자와 미디어의 큰 관심을 모았다. 그러나 미디어는 그들의 선거공약보다는 대결 자체에 관심을 두었기에 후보자의 공약에 대해서는 소홀히 다루었다. 삼자 대결 구도를 벌인 세 후보의 선거공약을 비교해 봄으로써 그들이 집중하고 있던 이슈는 무엇이었는지 알아보았다. 〈표 9〉는 정범구, 나경원, 신은경 후보의 주요 5대 공약을 보여주고 있다. 이들은 공통적으로 중구의 주요한 이슈인 교육과 복지 문제를 강조하고 있음을 발견할 수 있다. 그리고 조금은 다르게 표현했지만 재개발을 통해 중구의 새로운 모습을 그리겠다는 청사진을 담고 있다. 또 한편으로 세 후보는 중구의 역사성을 강조하면서 문화 중구 창출에 대한 내용을 언급하고 있다.

표 9. 주요 후보자 매니페스토 선거공약[7)]

정범구	나경원	신은경
1. 토박이(원주민) 재정착 지원 법제화 2. 남산 최고 고도제한 지구 주거환경 개선 3. 다산로를 교육 · 문화 중심 거리로 조성 4. 재개발 지역 육아 지원 및 보육환경 개선 5. 중구 문화 인프라 개선	1. 역세권 고밀도 개발 및 재개발 통한 중구 재창조 2. 지역경기 활성화로 활력이 넘치는 중구 재창조 3. 세계를 지양하는 영어 교육특구로 중구 재창조 4. 역사와 전통, 환경이 공존하는 쾌적한 중구 재창조 5. 알찬 복지로 더불어 잘사는 복지타운으로 중구 재창조	1. 쾌적한 주거와 삶의 질이 높아지는 '미래도시 중구' 건설 2. 패션 · 문화 · 관광 인프라 구축을 통한 지역경제 활성화 3. 학교만 다녀도 성적 걱정 없는 '교육특구' 건설 4. 밖에 나간 아이들 걱정 안 해도 되는 '치안 강구'를 5. 여성이어서 행복한 '여성행복구', 나이가 들수록 더 행복한 '복지중구' 건설

한편 세 후보의 책자형 선거공보에는 어떠한 내용을 담고 있는지 알아봄으로써 그들의 선거운동 및 전략을 살펴보았다. 〈표 10〉은 세 후보의 책자형 선거공보 내용을 요약해서 보여주고 있는데, 정범구 후보의 경우 희망과 행복이라는 단어를 사용하면서 유권자에게 접근하고 있음을 알 수 있으며 대운하 건설 백지화 공약을 통해 이명박 정부와 나경원 후보에 대한 견제를 엿볼 수 있다. 건강보험, 무상교육, 부동산 안정, 비정규직 보호 등을 강조하고 있는 정범구 후보의 공약은 지역적인 것보다는 전국적 이슈에 초점을 맞추어 선거운동을 전개하고 있다. 나경원 후보는 변화라는 단어를 강조하고 있음을 엿볼 수 있다. 나

7) 중구 선거관리위원회 김철 사무국장이 자료를 제공해 주었다.

표 10. 주요 후보자 책자형 선거공보 내용

	정범구	나경원	신은경
표지	대한민국의 중심, 중구 새로운 희망이 되겠습니다	새로운 선택! 확실한 변화!	사랑합니다! 중구의 딸
주요 공약	• 대운하 건설의 백지화 • 건강보험 당연지정제 폐지 반대 • 무상보육 · 무상교육 점진적 확대 및 공교육 건실화 • 부동산 가격 안정화 • 비정규직 보호법안 강화	• 유서 깊은 중구 건설 • 환경조성 및 녹지화를 통해 깨끗한 중구 건설 • 재개발 및 고도제한 완화 • 문화 · 예술의 공간 건설 • 우수 교육시설 유치 및 설립 • 복지대책 및 시설 확립	• 교육중구, 여성중구, 치안중구, 주택중구, 복지중구 • 장충체육관, 동대문운동장 부지를 컨벤션센터, 디자인파크로 • 미군 부지에 서울 최고 고등학교 설립 • 도심에 초고층 랜드마크 건설
지역구 관련 핵심 표어	정치1번지 중구, 이제 또 하나의 이름 행복1번지를 정범구가 만들겠습니다	중구의 자존심이 무너지고 있습니다 중구를 살려라! 한나라당이 급히 보냈습니다	중구를 사랑했던 그녀 중구의 지도를 그리는 사람 중구의 지도를 바꿔갈 사람

경원 후보의 주요 공약은 정범구 후보와 달리 지역적인 문제에 초점을 맞추고 있는데 중구의 교육, 문화, 복지 발전에 대한 내용을 담고 있다. 신은경 후보는 중구의 딸이라는 점을 힘주어 얘기하며 표지와 자신에 대한 소개에서 '중구'라는 단어를 강조하여 사용하고 있다. 신은경 후보도 나경원 후보와 마찬가지로 지역적 이슈에 초점을 맞추어 공약을 제시하고 있다. 신은경 후보의 공약은 다른 두 후보에 비해 매우 구체적인데, 특히 장충체육관, 동대문운동장 부지, 미군부대 부지를 어떻게 활용할 것인지에 대한 내용이 눈에 띈다.

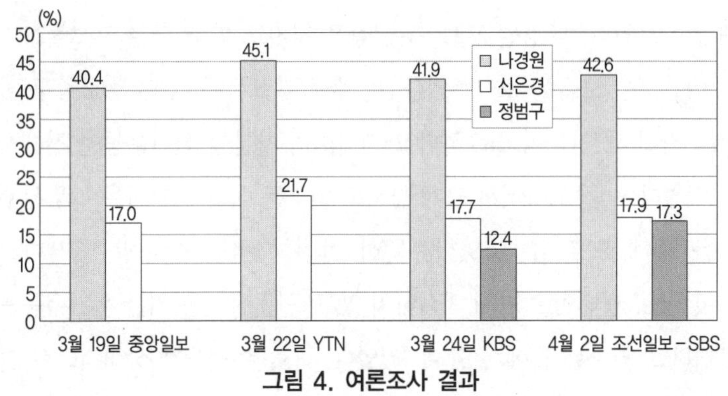

그림 4. 여론조사 결과

다음으로 선거운동 기간 중에 실시된 여론조사의 결과는 어떻게 나타나고 있었는지 살펴봄으로써 선거전이 어떠한 양상을 보였는지 알아보았다. 중구에 등록한 6명의 국회의원 후보 가운데 나경원 후보는 한나라당 대변인으로 유권자들에게 누구보다 잘 알려져 있는데다 여당 현역 의원이었기에 다른 후보들에 비해 높은 인지도를 가지고 있었으며 이는 높은 지지도로 연결되어 나타났다. 〈그림 4〉가 보여주는 바와 같이 나경원 후보는 신은경 후보와 커다란 차이를 보이며 일찌감치 앞서가고 있었다. 정범구 후보가 늦게 뛰어들어 양자 간 대결을 삼자 대결로 변화시켰지만 나경원 후보의 독주에 영향을 미치지는 못하였다. 나경원 후보는 지속적으로 40% 이상의 지지를 받으며 선거전에 유리한 고지를 점하고 있었다.

3) 선거운동 및 유권자 반응

3월 30일 세 후보의 선거사무소를 방문하여 각 후보 선거사무소의 분위기를 살펴보았으며, 인터뷰를 통해 각 캠프의 선거운동 방향에 대해 알아보았다. 나경원 후보 측은 높은 지지로 인해 다른 후보들보다는 여유로운 모습을 보여주었다. 나 후보 캠프는 국정 안정과 중구 발전을 위해 새 인물이 필요하다고 역설하며 차분한 선거운동을 전개하고 있었다. 여론조사에서 크게 앞서고 있다는 점을 선거사무소의 분위기를 통해 느낄 수 있었다. 특히 이러한 점을 상대방 네거티브(negative) 캠페인을 크게 의식하지 않고 중구 발전을 위한 선거운동을 전개하고 있다는 말에서 알 수 있었다. 그들은 중구가 상대적으로 다른 지역에 비해 낙후되어 있는데 여당의 새로운 인물이 이러한 문제를 해결할 수 있다고 주장하였다. 이를 통해 중구에 사는 분들에게 실질적 혜택이 돌아갈 수 있도록 하겠다고 하였다. 다른 후보들이 송파(병)에서 중구로 옮긴 것을 두고 낙하산 공천이라 말하는 것에 대해 당의 결정이기에 따랐을 뿐이라며 크게 신경 쓰지 않는 분위기였다. 다른 후보에 대해서는 과거 중구의 선택이 일방적으로 몰린 적이 없기에 나경원 후보와 신은경 후보 사이에서 정범구 후보가 어부지리의 이득을 얻지 않을까 하는 조심스런 걱정을 보여주었다. 그러나 정 후보가 중구에 기반이 없기에 당선은 힘들 것이라고 말하였다. 신은경 후보에 대한 질문에는 신은경 후보가 출마할 것이라 예상하지 못했다고 말하였다. 그리고 인간 신은경에 대해서는 칭찬을 아끼지 않았지만 정치인 신은경에 대한 언급은 피하는 모습이었다. 나경원 후보 캠프는 중구 선거구에 대해 중구 유권자들은 정치에 관심이 많고 이웃과 유대감이 좋은 지역이기에 정치인의 실수에 대한 소문과 전파가 매우 빠른 곳이라고 설명해 주었다. 또한 중구는 60세 이상 유권자가 많은 지역으로 보수적 성향을 보이는 곳이라고도 말해 주었다.

신은경 후보 캠프는 중구 토박이로서 지역 현안에 대해 누구보다 잘 알고 있다는 점을 강조하며 나경원 후보와 정범구 후보를 낙하산이라고 공격하고 있었다. 특히 신은경 후보가 유일하게 지역구에 대한 모든 사안을 잘 파악하고 있는 후보라는 점을 강조하였다. 그들은 과거 민주당의 텃밭이었던 중구에서 한나라당이 강세를 보이고 있는 것은 박성범 의원이 지역구 관리를 잘했기 때문이라고 말하였다. 신은경 후보에 대한 유권자들의 인식이 2006년 지방선거 구청장 공천과 관련된 금품수수 사건 때문에 타격을 받지 않았는가라는 질문에는 신은경 후보는 불기소되었고 수사가 없었다는 점을 강조하면서 매우 억울한 점이 많다고 말하였다. 18대 국회의원 공천에서 한나라당이 박성범 의원에게 내린 결정에 대해 섭섭함을 토로하는 데 주저하지 않았다. 나경원 후보와의 경쟁에 많은 유권자들이 관심을 갖고 보고 있으나 실제 언론사 여론조사 결과에서 많이 밀리고 있는데 어떠냐는 질문에는 언론사 여론조사보다 좋은 반응을 얻고 있기에 크게 신경 쓰지 않고 있다고 대답하였다. 특히 바닥 민심이 매우 호의적이기에 여론조사 결과와는 다른 선거 결과가 나타날 것이라고 말해 주었다. 또한 박성범 의원에 의해 시작된 재개발 사업이 제대로 마무리되기 위해 신은경 후보가 당선되어야 한다고 얘기하면서 신 후보의 당선 타당성을 주장하였다. 그러나 나경원 후보에 크게 밀리고 있다는 점을 선거사무소 분위기를 통해 알 수 있었다.

정범구 후보 캠프는 인지도 면에서 두 후보에 뒤지고 있다는 점을 인정하였다. 그러나 결국 나경원 후보와 2강 체제를 구축하게 될 것이라며 민주당의 중구 재탈환 의지를 보여주었다. 한나라당이 2004년부터 강세를 보이고 있지만 2000년 국회의원 선거에서 민주당이 승리하였고 2004년 선거에서 한나라당 박성범 후보가 승리한 것은 민주당과 열린우리당 두 후보가 나왔기 때문이라 주장하면서 민주당과 열린우리당 후보의 득표가 박성범 후보보다 높다는 점을 강조하였다. 정범구 후보 캠프는 국회의원은 지엽적 문제보다 국가적 문제를 논의해야 한다고 주장하면서 나경원 후보는 대변인을 했지만 소신은 무엇인지 유권자는 알 수 없으며 신은경 후보의 통일, 경제에 대한 의견이 무엇인지 알고 싶다고 말하였다. 특히 정범구 후보 측은 대운하와 관련된 나경원 후보의 입장을 요구하며 전국 이슈로 떠오른 대운하 문제를 부각시키기 위해 노력하였다. 한편 정 후보 측은 신은경 후보의 공약을 보면 국회의원 후보라기보다 구의원 후보라는 생각이 든다며 신 후보의 공약을 비난하였다.

3월 31일 중구 유권자들과의 인터뷰를 통해 유권자들의 선거에 대한 관심은 어느 정도인지 살펴보고 어떤 후보를 선호하고 있는지 알아보았다. 후보들의 열정과 중구 밖 유권자들의 관심과는 달리 중구 유권자들은 조용히 18대 국회의원 선거를 지켜보고 있었다. 유권자들과의 대화를 통해 알게 된 것은 무엇보다 중구가 외부적으로 보이는 것보다 매우 낙후되어 있다는 점을 선거와 연계시키고 있다는 점이었다. 중구의 재정자립도가 높고 금융기관, 대형 백화점 및 고급 관광호텔이 자리 잡고 있어 겉으로는 화려해 보이지만 중구 유권자들이 거주하는 지역 중 많은 곳에 발전 및 개발이 필요하다는 점을 보여주고 있었다. 또한 중구 내 많은 학부모들의 관심이 학교문제에 집중되어 있다는 점을 느낄 수 있었다. "학교문제에 가장 큰 관심을 갖는 후보를 무조건 선택하겠다"고 말한 장충동 40대 여성 유권자를 통해 중구가 가지고 있는 현안에 대해 알 수 있었다. 한편 유권자들의 선호도가 과거 민주당에서 지금은 한나라당으로 변화하고 있다는 점을 선거 결과에서뿐만 아니라 유권자들과의 대화에서도 알 수 있었다. "무조건 한나라당 후보를 선택하겠다"고 대답한 신당동에 사는 60대 유권자와 직접적 언급은 피하고 있지만 "중구가 바뀌고 있다"고 대답한 50대 응답자로부터 중구의 정치적 성향을 엿볼 수 있었다.

4. 18대 국회의원 선거 결과

18대 국회의원 선거 중구 선거구의 결과를 알아보기 전에 중구의 투

표 11. 동별 선거인수 및 투표수

	선거인수	투표수	기권
소공동	877	376	501
회현동	3,945	1,749	2,196
명동	2,518	1,149	1,369
필동	3,919	1,807	2,112
장충동	4,895	2,053	2,842
광희동	4,263	1,888	2,375
을지로동	1,643	753	890
신당1동	6,694	2,909	3,785
신당2동	13,470	6,103	7,367
신당3동	16,022	7,962	8,060
신당4동	12,624	6,763	5,861
신당5동	8,508	3,849	4,659
신당6동	9,840	4,903	4,937
황학동	5,753	2,708	3,045
중림동	10,328	5,009	5,319
부재자	1,581	1,497	84
계	106,880	51,571	55,309

출처 : 중앙선거관리위원회 홈페이지, 선거정보조회시스템.

표 12. 18대 국회의원 선거 결과(지역구)

정당	후보	득표수	득표율(%)
통합민주당	정범구	14,117	27.60
한나라당	나경원	23,574	46.07
자유선진당	신은경	10,506	20.55
민주노동당	김인식	1,111	2.16
친박연대	오형석	1,506	2.93
평화통일가정당	한만억	341	0.66

출처 : 중앙선거관리위원회 홈페이지, 선거정보조회시스템.

표율을 살펴보았다. 중구 선거구의 총 106,880명 유권자 가운데 51,571명이 투표에 참여하여 48.3%의 투표율을 보여주었다. 전국 투표율 46.1%보다 높은 수치이지만 17대 국회의원 선거 중구 투표율

표 13. 18대 국회의원 선거 결과(비례대표)

정당	득표수	득표율(%)
통합민주당	14,333	28.15
한나라당	20,791	40.83
자유선진당	4,506	8.85
민주노동당	1,979	3.88
창조한국당	1,818	3.57
친박연대	4,367	8.57
국민실향안보당	110	0.21
기독당	1,085	2.13
문화예술당	60	0.11
시민당	38	0.07
신미래당	23	0.04
직능연합당	49	0.09
진보신당	1,346	2.64
평화통일가정당	344	0.67
한국사회당	65	0.12

출처 : 중앙선거관리위원회 홈페이지, 선거정보조회시스템.

61.9%, 16대의 61.4%에 비하면 매우 낮은 편이다. 동별로 살펴보면 신당3동, 4동, 6동의 투표율은 상대적으로 다른 지역에 비해 높게 나타났다. 이에 비해 소공동, 회현동, 장충동의 투표율은 낮은 편이다.

선거 결과를 살펴보면 선거에 앞서 실시된 여론조사 결과와 크게 다르지 않다는 점을 발견할 수 있다. 한나라당의 나경원 후보는 통합민주당의 정범구 후보와 자유선진당의 신은경 후보를 큰 차이로 누르고 46.07%의 득표율로 당선되었다. 놀랍게도 자유선진당의 신은경 후보는 통합민주당의 정범구 후보에게도 밀려 3위를 차지하게 된다. 나경원-신은경 후보 경쟁으로 관심을 끌었던 중구 후보 간 경쟁은 생각보

표 14. 동별 중구 18대 국회의원 선거 결과

	정범구	나경원	신은경
소공동	88	225	42
회현동	538	844	270
명동	285	539	263
필동	469	886	343
장충동	580	867	467
광희동	504	906	361
을지로동	165	452	108
신당1동	803	1,377	552
신당2동	1,770	2,617	1,362
신당3동	2,108	3,615	1,793
신당4동	1,730	3,209	1,397
신당5동	1,188	1,675	706
신당6동	1,239	2,282	1,046
황학동	878	1,169	469
중림동	1,511	2,137	1,037
부재자	261	774	290
계	14,117	23,574	10,506

출처 : 중앙선거관리위원회 홈페이지, 선거정보조회시스템.

다 싱겁게 끝난 편이다.

중구 유권자들의 한나라당 지지가 강하다는 점을 비례대표 선거 득표율을 통해서도 다시 한 번 발견할 수 있었다. 한나라당의 전국 비례대표 득표율은 37.48%이나 중구 선거구에서의 득표율은 40.83%로 나타나 한나라당에 대한 강한 지지를 발견할 수 있었다. 한편 자유선진당의 비례대표 득표율은 8.85%로 나와 지역구 선거 결과와 커다란 차이가 나타남을 알 수 있었다. 이는 신은경 후보가 선거에서는 졌지만 선거에서 후보자의 영향력이 정당에 비해 크게 작용하였음을 보여준 결과라 하겠다.

〈표 14〉는 세 후보의 동별 득표수를 보여주고 있다. 나경원 후보는 모든 곳에서 정범구, 신은경 후보에 앞선 것으로 나타나고 있다. 특히 소공동과 을지로동에서의 득표는 다른 두 후보에 크게 앞섰다. 이에 비해 장충동, 신당2동, 신당5동, 중림동의 득표는 상대적으로 낮은 편이다. 정범구 후보의 경우 회현동, 황학동, 신당5동, 중림동에서의 득표는 상대적으로 높은 편이지만 소공동, 을지로동, 그리고 부재자로부터의 득표는 낮은 편이다. 신은경 후보는 명동, 장충동, 신당3동의 득표는 상대적으로 높은 편이지만 소공동, 을지로동, 회현동의 득표는 낮은 편으로 나타나고 있다.

중구의 선거 결과를 다른 지역 선거 결과와 비교해 보면 무엇보다 중구 유권자들의 한나라당 지지가 높은 편이라는 점을 발견할 수 있다. 비례대표 선거에서 40.83%의 득표율은 한나라당이 전국에서 얻은 비례대표 득표율 37.48%에 비해 높은 편이며 서울 지역 비례대표 득표율 40.22%에 비해서도 높기 때문이다. 나경원 후보의 득표율인 46.07%는 서울의 다른 지역 한나라당 당선자의 득표율에 비해 높다고 말할 수는 없다. 그러나 중구 선거구는 다른 지역과 달리 양자 대결 구도가 아닌 삼자 대결이었다는 점을 감안한다면 한나라당 후보인 나경원 후보에 대한 중구 유권자들의 지지 또한 높은 편이라고 말할 수 있다. 통합민주당의 중구 비례대표 득표율은 28.15%로 전국 비례대표 득표율 25.17%보다 높은 편이지만 서울 지역 비례대표 득표율 28.31%보다는 낮은 편이다. 서울 지역에서 약세를 면치 못한 통합민주당의 모습이 중구에서도 발견되고 있다. 한편, 중구 유권자들의 자유선진당에 대한 지지는 매우 높은 편이라는 점을 발견할 수 있다. 중구에서 자유선진당의 비례대표 득표율은 8.85%로 전국 비례대표 득표율 6.84%와 서울 지역 비례대표 득표율 4.79%보다 월등히 높게 나타나고 있기 때문이다. 신은경 후보의 효과가 비례대표 선거에서도 나타난 것이라 말할 수 있다.

5. 맺음말

이 글은 서울 중구 선거구에 대한 참여관찰을 통해 18대 국회의원 선거에서 나타난 후보자들의 선거운동 방식 그리고 유권자들의 반응을 살펴보고자 쓰여졌다. 서울 중심에 위치한 중구는 한국 금융과 상업을 대표하는 곳이라 하겠다. 그러나 이와 함께 낙후한 지역이 많아 재개발과 재건축 및 도시정비가 많이 이루어지고 있는 곳이다. 중구는 서울의 과거와 현재가 공존하는 곳으로 유동인구는 매우 많으나 거주인구는 점점 줄어들고 있는 상황이다. 정치적으로 살펴볼 때 중구는 2004년 17대 국회의원 선거 이후 뚜렷하게 한나라당 지지 성향을 보여주고 있다. 2006년 지방선거와 2007년 대통령 선거에서 중구의 선택은 한나라당 후보였다. 이러한 경향이 18대 국회의원 선거에서도 나타날 것이며 중구가 한나라당 텃밭으로 자리 잡게 될 것인지를 머리에 그리며 참여관찰을 시작하였다.

이번 18대 국회의원 선거에서 중구는 과거 국회의원 선거와는 달리 새로운 인물 간 경쟁으로 많은 국민적 관심을 모은 선거구였다. 종로구에 출마한 손학규 후보의 영향력을 차단하기 위해 전략공천된 한나라당 나경원 후보로 인해 현역 의원인 박성범 의원은 국회 재입성의 꿈을 접어야 했다. 그러나 그를 대신해 자유선진당으로 출마한 부인 신은경 후보와 나경원 후보의 대결은 많은 유권자들의 관심을 끌었다. 한편 통합민주당의 전략공천으로 중구에 출마한 정범구 전 의원의 가세로 삼자 대결 구도가 형성됨으로써 관심은 더욱 가중되었다. 뜨거운 관심에 비해 선거구도는 나경원 후보의 독주였음을 여론조사 결과를 통해 알 수 있었다. 이러한 분위기는 주요 후보들의 선거사무소를 방문했을 때도 느낄 수 있었다. 나경원 후보는 예상대로 다른 후보를 월등히 앞선 결과로 당선되었다. 나경원 후보가 승리한 주요 요인은 한나라당에 유리한 전국적인 선거 분위기가 크게 작용했기 때문이며 무엇보다 중구 유권자들의 한나라당 지지가 점차적으로 강화되었기 때문이다. 또한 나경원 후보의 대변인 경력 등을 통해 구축된 인지도가 다른 후보자들에 비해 월등히 앞섰기 때문이다. 중구는 재개발로 말미암아 커다란 인구 변동이 있었으며 이에 따라 유권자의 성향이 바뀐 곳이라고 하겠다. 이로 인해 2004년 이후부터 한나라당에 유리한 선거 결과가 지속적으로 나타나고 있다. 그러나 한나라당이 중구의 지지를 얻을 수 있었던 것은 야당의 위치에서 반사적 이익을 얻었기 때문이기도 하다. 한편으로 10년 만에 여당이 된 한나라당에 대한 중구 유권자들의 지지가 지속될지 궁금증을 자아낸다. 4년 후 중구 유권자들의 선택은 어떻게 변화할 것인가 하는 궁금증이 벌써부터 2012년 중구 선거의 결과를 기다리게 한다.

참고 문헌

가상준, 2008, "비례대표 의원과 지역구 의원의 이념 차이 비교 연구", 『의정연구』 제14권 제1호, pp.109~129.

『매일경제』, 2008년 3월 18일자, "신은경 선진당 입당, 나경원과 중구서 격돌".

연합뉴스, 2008년 3월 18일자, "신은경 전 앵커 선진당 입당, 중구 출마".

연합뉴스, 2008년 3월 20일자, "민주, 서울 중구 정범구 공천".

YTN, 2007년 4월 27일자, "박성범 의원 벌금형 확정, 의원직 유지".

중구청 홈페이지, http://www.junggu.seoul.kr/junggu/

중앙선거관리위원회 홈페이지, 선거정보조회시스템 (http://www.nec.go.kr).

중앙선거관리위원회 홈페이지, 제18대 국회의원선거 선거정보 (http://www.nec.go.kr:7070/abextern/index.html).

4 역동적인 수도권 민심의 표출 : 서울 은평(을)

윤종빈

1. 머리말

4·9 총선은 역대 어느 총선보다 유권자의 관심과 기대가 높지 않았던 선거였다는 점에 이견이 없을 것이다. 많은 전문가들이 지적하듯이 이러한 현상의 가장 큰 원인은 총선이 대선 이후 불과 4개월 만에 치러졌고 한나라당과 이명박 후보가 독주하는 선거구도였기 때문이다. 또한 이명박 후보를 둘러싼 주가조작 연루 의혹과 후보 간의 네거티브 공방이 대선 과정을 주도하여 이때부터 유권자의 정치권에 대한 불신이 커져갔기 때문이다.[1)]

이러한 환경에서 연이어 치러진 총선은 정당과 후보자 모두 정책공약을 준비할 물리적 시간이 부족했고 정책경쟁 구도가 제대로 형성되지 않아 유권자는 정보의 부재 속에서 선택을 강요받게 되었다. 결과적으로 공약이 실종된 선거에서 유권자의 표심은 지역 지배정당에 몰

1) 물론 후보 간의 정책 차별성이 어느 정도 존재한 것 또한 부인할 수 없는 사실이다. 이는 문국현 후보의 가세로 더욱 선명해졌다.

릴 수밖에 없었고, 기대했던 이념과 정책을 바탕으로 한 투표행태는 2004년 총선에 비해 약화되게 된다.

그럼에도 불구하고 18대 총선에서 언론과 유권자의 집중적인 관심의 대상이 되었던 선거구가 몇 군데 있다. 그 중 서울 지역에서는 야권의 대표주자인 손학규, 정동영 후보가 나선 종로와 동작(을), 여당의 실세로 알려진 이재오 후보와 창조한국당 대표로서 대선 후보였던 문국현 후보가 맞붙은 은평(을) 선거구가 큰 주목을 받았다. 특히 이 글의 주된 관심 지역인 은평(을)에서는 한나라당 내부의 공천갈등의 당사자로 지목된 이재오 후보가 선거를 한 달 정도 앞둔 시점에서 내리 3선 의원이었음에도 지역개발의 낙후 등에 대한 부정적 여론으로 중반 열세를 만회하지 못하고 패배해 더욱 관심을 끌게 된다. 이 후보에게 이러한 불리한 분위기는 2007년 12월 대선에서 은평구의 이명박 후보 득표율이 서울 평균인 53.23%에 크게 못 미치는 49.8%로 나타난 사실에서 확인할 수 있었고, 한나라당 경선으로 인해 거의 1년간 지역구를 방치한 이재오 후보의 입지는 그때부터 이미 흔들리고 있었다.

17대 총선에서는 탄핵쟁점이 가장 주요한 변수였다면 18대 총선 결과를 좌우한 가장 중요한 2개의 변수는 한나라당의 인수위원회 · 공천 파문과 유권자의 변화에 대한 욕구였다고 볼 수 있다. 선거 초반에는 참여정부의 실정에 대한 심판과 경제회복을 포함한 새로운 변화를 향한 기대감으로 한나라당의 지지가 전반적으로 높았으나 선거 후반부에는 한나라당의 공천을 둘러싼 갈등 표출이 유권자에게 오만함으로 비쳐져 친박연대와 무소속 친박연대가 선전할 빌미를 제공하였다.

이상과 같은 전국적인 여론의 추이가 수도권 지역에서 가장 확연하게 표출된 선거구가 은평(을)이었다고 볼 수 있다. 왜냐하면 이른바

'정권 2인자'와 참신한 대선 후보가 격돌해 한나라당과 새로운 정치에 대한 유권자의 표심을 읽을 수 있었기 때문이다. 따라서 이 글은 은평(을) 선거구 후보자와 유권자에 대한 관찰을 통해 은평(을) 선거구의 선거 과정과 결과를 분석한다. 이를 위해 우선 은평(을) 선거구의 사회경제적 · 정치적 특성을 분석하고 후보자의 특성 및 선거 쟁점과 결과 등을 분석한다.

2. 은평(을) 선거구의 특성

1) 사회경제적 특성

은평구는 서울의 서북단에 위치하고 있으며 종로, 서대문, 마포, 고양시와 경계를 이루고 있다. 지형은 임야, 분지 및 구릉 지대로 되어 있고 전체 면적의 47%가 산으로 구성되어 있을 정도로 서울시 25개 구 가운데 상대적으로 개발이 낙후된 지역이다. 또한 대부분 주거 밀집 지역으로 종합대학교가 없으며 "도심 속의 시골"[2]로 정치적으로 평온한 지역이지만 선거 때에는 여 · 야의 혼전 양상이 자주 나타나 선거 분위기가 과열되는 지역으로 볼 수 있다. 특히 진관동 지역은 은평 뉴타운 개발구역으로 지정되어 있어 재개발에 따라 주택철거 등으로 인구가 감소 추세에 있다. 그러나 18대 총선 이후에는 본격적으로 입주가 시작되어 인구가 증가할 것으로 전망된다.

2) 은평구 선거관리위원회 사무국장 인터뷰(2008. 3. 22.).

표 1. 서울시 25개 자치구별 재정자립도(2004년)

단위 : 백만원

구분	지방세	세외수입	일반회계총계 예산규모	재정자립도 (%)	순위
서울시 평균	7,435,006,000	852,614,758	8,769,395,000	94.51	
중구	101,717,190	52,893,642	166,865,937	92.66	1
서초구	106,225,270	61,653,103	183,718,090	91.38	2
강남구	209,555,261	74,457,636	310,849,843	91.37	3
송파구	75,256,941	78,285,521	207,210,914	74.1	4
영등포구	70,594,000	54,337,803	169,900,000	73.53	5
종로구	58,450,890	43,790,142	149,847,546	68.23	6
용산구	38,693,526	49,534,996	166,489,055	52.99	7
양천구	28,192,394	41,629,900	156,534,550	44.61	8
강서구	40,564,709	48,542,677	203,410,989	43.81	9
동작구	24,100,470	48,087,083	166,881,803	43.26	10
성북구	26,339,765	50,710,159	178,567,732	43.15	11
강동구	33,182,958	28,713,822	150,138,774	41.23	12
마포구	32,750,015	35,384,918	167,900,000	40.58	13
서대문구	19,455,036	44,246,644	160,800,000	39.62	14
구로구	28,076,662	38,111,046	168,589,962	39.26	15
도봉구	15,942,710	39,378,776	144,627,761	38.25	16
광진구	25,459,695	29,956,636	147,544,029	37.56	17
동대문구	23,991,488	37,312,502	168,500,000	36.38	18
성동구	22,825,494	30,304,620	154,136,661	34.47	19
관악구	22,787,291	37,874,951	183,200,000	33.11	20
금천구	18,677,824	24,257,048	130,560,019	32.89	21
은평구	20,555,636	28,887,477	160,000,000	30.9	22
중랑구	17,566,179	34,218,403	170,642,500	30.35	23
노원구	24,684,940	38,630,378	214,412,114	29.53	24
강북구	16,608,143	24,021,836	145,800,713	27.87	25

출처 : 지방행정종합정보공개시스템 홈페이지.

〈표 1〉은 서울시 25개 자치구의 재정자립도 현황을 보여주고 있다. 은평구는 25개 자치구 가운데 하위 4위에 머물러 22위를 기록하고 있

표 2. 은평구 산업별 종사자수(2005년)

단위 : 명, %

산업 구분	은평구		강남구		서울시(평균)	
	종사자수	비율	종사자수	비율	종사자수	비율
제조업	4,716	1.59	51,830	0.46	473,643	1.82
도 · 소매업	14,083	7.49	100,235	2.44	748,028	5.78
숙박 · 음식점업	9,947	5.42	50,895	1.59	393,018	3.06
운수업	7,968	6.28	11,381	0.59	249,765	2.48
공공수리 · 개인서비스업	5,177	3.63	17,323	0.74	174,563	1.71

출처 : 지방행정종합정보공개시스템 홈페이지.

다. 재정자립도 수치는 30.9%로 재정자립도가 높은 중구, 서초구, 강남구의 3분의 1 수준에 불과하다. 경제적으로 열악한 은평구의 현실을 단적으로 보여주는 수치이다.

〈표 2〉는 은평구의 산업별 종사자수를 강남구와 서울시 평균과 비교하여 보여주고 있다. 산업별 종사자수 비율을 보면 은평구의 몇 가지 두드러진 특징을 발견할 수 있다. 첫째, 산업 항목에서 제조업 종사자 비율이 1.59%로 강남구에 비해 상대적으로 높은데 이는 영세 자영업자의 수가 많기 때문으로 볼 수 있다. 둘째, 숙박 · 음식점업, 공공수리 · 개인서비스업의 구성 비율이 다른 자치구에 비해 상대적으로 매우 높은데 이 또한 영세 자영업자의 수가 많기 때문으로 볼 수 있다. 셋째, 운수업의 비율이 높은데 이는 과거 낙후된 서울 외곽 지역에 택시 및 버스 회사 등이 근거지를 두고 있다는 사실을 고려할 때 지역개발에서 상대적으로 소외된 지역의 단적인 증거가 될 수 있다.

2) 정치적 특성

다음 〈표 3〉은 2004년 총선에서의 은평(을) 선거구의 투표 결과를 보여주고 있다. 이재오 후보가 45.25%로 당선되었는데, 이는 차점자였던 송미화 열린우리당 후보와 2% 포인트 정도의 득표율 차이에 불과한 것이다. 또한 정당이 비례대표 의원을 배분받을 수 있는 정당득표율인 3%를 넘은 후보는 총 4명으로 17대 총선 당시의 전국적인 정당 경쟁 구도인 2강 2약의 4당 경쟁체제를 단적으로 보여주는 결과이다.

표 3. 은평(을) 선거구 17대 총선 결과

구분	이재오	송미화	이성일	정태연
정당명	한나라당	열린우리당	새천년민주당	민주노동당
성별	남	여	남	남
생년월일	1945년 1월 11일	1961년 10월 11일	1968년 1월 18일	1966년 10월 4일
주소	서울 은평구 구산동	서울 은평구 불광2동	서울 은평구 역촌동	서울 은평구 불광동
직업	국회의원	정치인	(주)알트란텍 대표이사	정당인
학력	중앙대 경제학과	고려대 정책대학원	고려대 경영대학원	고려대 행정학과
경력	• 한나라당 원내총무 • 국회 정치개혁특별위원장	• (전)서울시 의원 • (전)대통령직인수위원회 상근자문위원	• 새천년민주당 국정자문위원	• (전)이라크파병반대비상국민행동 기획위원 • (현)학교급식조례제정운동본부 공동대표
득표수 (%)	53,107 (45.25)	50,566 (43.09)	6,064 (5.17)	4,957 (4.22)
비고	당선			

출처 : 중앙선거관리위원회, 『제17대 국회의원선거 총람』(2004).

당시 이재오 후보는 탄핵 역풍에 수도권에서 살아남은 소수의 한나라당 후보 가운데 하나로 한나라당으로서는 매우 소중한 승리 중 하나였다. 이는 이재오 후보가 현직 의원으로서 2004년 총선 당시까지만 하더라도 소속정당에 대한 지지와는 별도로 성실한 의정활동을 통해 개인적인 지지 기반이 어느 정도 자리 잡고 있었음을 알 수 있다.

〈표 3〉에서 또 하나의 관심은 민노당 후보의 선전이다. 2004년 당시 민노당의 지역구 평균 득표율이 4.3%라는 점을 감안하면 은평(을) 민노당 후보의 득표율은 전국 평균에 가깝게 나타나 당시 민노당의 선전을 적극 반영한 선거구로 볼 수 있다. 이는 은평(을) 선거구가 야당 후보와 진보 후보를 지지하는 경향이 있다는 것을 말해 주는 결과라고 평가할 수 있다.

표 4. 2007년 대선 은평(을) 선거구 후보자별 · 동별 득표 현황

	선거인수	투표수	정동영 (대통합민주신당)	이명박 (한나라당)	권영길 (민주노동당)	이인제 (민주당)	문국현 (창조한국당)	이회창 (무소속)
합계	362,685	218,004	59,909	108,240	5,069	1,127	15,139	26,376
부재자	7,219	6,766	1,439	3,440	193	104	406	914
불광1동	19,841	12,566	3,259	6,488	303	61	899	1,459
불광2동	16,848	10,099	2,786	5,109	257	45	689	1,127
불광3동	18,152	10,426	2,910	5,240	250	66	621	1,251
갈현1동	20,909	12,602	3,266	6,436	318	37	886	1,557
갈현2동	21,148	12,959	3,305	6,707	296	50	888	1,604
구산동	24,567	14,649	3,738	7,597	289	68	1,040	1,787
대조동	24,605	14,382	4,084	7,056	333	74	992	1,738
역촌1동	19,271	11,249	3,251	5,386	249	53	792	1,423
역촌2동	16,422	9,860	2,733	4,953	211	53	685	1,141
진관동	2,643	1,549	266	917	30	11	99	212

참고 : 부재자 표는 은평갑 · 을을 합친 수치임.

출처 : 중앙선거관리위원회, 『제17대 국회의원선거 총람』(2004).

〈표 4〉는 은평(을) 선거구의 2007년 대선에서의 득표 현황을 동별로 보여주고 있다. 득표수는 이명박, 정동영, 이회창, 문국현, 권영길 순으로 나타났다. 이는 전국의 지지율 순위를 벗어나지 않은 결과이다. 문국현 후보의 경우 15,139표의 지지를 받았는데 이는 2008년 총선에서 득표한 48,656표의 3분의 1 수준에 달하는 수치로서 대선을 계기로 은평(을) 선거구에서 문 후보는 이미 상당히 의미 있는 기반이 있었다는 것을 말해 준다.

동별 자료에서 주목할 부분은 진관동으로 이명박 후보 지지표가 정동영 후보 지지표에 비해 3배 이상 나온 유일한 동이다. 특히 진관동은 뉴타운 개발의 핵심 지역으로 이를 둘러싼 개발심리가 크게 작용한 결

표 5. 2002년 · 2006년 은평구청장 선거 결과

2002년			2006년		
성명	정당	득표율(%)	성명	정당	득표율(%)
노재동	한나라당	53.8 (80,135)	노재동	한나라당	58.5 (100,465)
김영춘	민주당	38.9 (57,953)	고연호	열린우리당	30.3 (52,047)
김용일	무소속	2.8 (4,221)	송재영	민주당	8.9 (15,308)
백영현	무소속	2.0 (3,028)	정두형	무소속	2.2 (3,834)
안성현	무소속	2.4 (3,627)			
선거인수		350,617			367,295
투표수		151,134			173,526
무효표		2,170			

출처 : 2006년 선거 결과는 중앙선거관리위원회 홈페이지, 역대선거정보시스템; 2002년 선거 결과는 동아일보 홈페이지, 정치-이슈 "5 · 31지방선거".

표 6. 2006년 은평구 기초의원 선거 결과

단위 : %

선거구명	1위	2위	3위
은평구 가	한나라당(남궁윤석, 30.7)	한나라당(이명재, 28.9)	열린우리당(오윤석, 25.0)
은평구 나	한나라당(구자성, 29.3)	열린우리당(이재식, 22.4)	한나라당(정순옥, 17.7)
은평구 다	한나라당(나동식, 50.5)	열린우리당(강창수, 27.2)	민주당(조종현, 18.1)
은평구 라	한나라당(김종선, 30.4)	열린우리당(장창익, 27.5)	한나라당(조수학, 16.8)
은평구 마	한나라당(김성문, 32.4)	열린우리당(장우윤, 24.8)	한나라당(유명란, 21.6)
은평구 바	한나라당(고영호, 33.8)	열린우리당(유중공, 19.2)	한나라당(김경중, 11.3)
은평구 사	한나라당(김채규, 32.9)	열린우리당(이현찬, 25.2)	한나라당(안미옥, 15.9)
은평구 아	한나라당(김길성, 37.6)	열린우리당(김평곤, 25.8)	한나라당(박등규, 16.7)

출처 : 동아일보 홈페이지, 정치-이슈 "5 · 31지방선거".

과라고 볼 수 있다. 어느 후보에게 유리했든 간에 뉴타운 관련 공약이 2008년 총선에서 수도권 표심을 상당 부분 좌우했다는 사실의 증거가 될 수 있다.

은평구는 역대 지방선거에서 정권에 대한 심판으로 야당이 승리하는 전형적인 지역이다. 〈표 5〉에서 알 수 있듯이 2002년과 2006년 구청장 선거에서 한나라당의 노재동 후보가 연이어 승리했는데 2위인 여당인 민주당 및 열린우리당의 후보와는 상당한 격차가 나타났다.

〈표 6〉은 2006년 지방선거에서 은평구 기초의원 선거의 결과를 보여주고 있다. 주지하다시피 2006년 지방선거는 2004년과 2005년의 연이은 공직선거법 개정으로 새로운 선거제도와 선거운동 방식이 도입되어 적용된 최초의 지방선거이다. 기초단체장과 기초의원의 정당공천제가 허용되었고 기초의원의 중선거구제가 도입되어 한 선거구에서 2~4인을 선출하게 되었다. 그러나 실제로 서울 지역은 선거구획정위원회에서 4인 선거구를 획정하였음에도 불구하고 시의회 조례확정단계에서 모두 2인 선거구로 분할하여 모두 2인 선거구가 되었다. 은

평(을) 선거구도 예외가 될 수 없었으며 〈표 6〉에서 볼 수 있듯이 총 8개 선거구에서 16명을 선출했는데 '가' 선거구를 제외하고 모두 한나라당과 열린우리당이 1위 및 2위를 독식하였다. 비록 낙선했지만 3위 또한 대부분 한나라당이 차지하였다.

3. 후보자 특성 및 선거쟁점

애초에 은평(을) 선거구는 이재오 의원이 아무런 장애물 없이 쉽게 당선될 것으로 예측되었다. 그러나 3월 2일 출마를 선언한 문국현 후보의 추격이 점차 힘을 얻어 3월 중순에는 여론조사 판세가 역전하게 된다. 문 후보의 은평(을) 출마는 초기에는 무모한 도전이라는 평가가 지배적이었지만 대선 후보로서의 참신한 이미지가 점차 유권자의 표심을 파고들게 된다. 사실 문 후보는 비례대표 출마, 서울 종로 혹은 은평(을) 출마를 저울질했으나 최종적으로 은평(을) 출마를 결심한다.[3)]

이에 통합민주당에서는 반(反)한나라당 구도를 구축하기 위해 비록 성사되지는 않았지만 후보를 내지 않거나 후보를 단일화하는 방안을 모색하기에 이른다. 통합민주당 송미화 후보가 경선형 여론조사를 통해 공천되었기 때문에 이를 무산시키는 것은 명분이 약했을 것이다.

다음의 〈표 7〉은 은평(을) 주요 후보자의 사회경제적 배경의 특성을

3) 문 후보는 출마의 변으로 "이명박 정부가 토건과 부동산 거품에 기반한 가치를 갖고 있고 새 정부 2인자인 이 의원이 대운하를 정치적 사명으로 이끌고 있다"고 주장하며 "그렇기 때문에 은평을은 저의 사람 중심, 창조 경제와 대비되는 최적지"라고 이유를 밝힌다. 한편 문 후보 측근은 "은평을은 종로보다 당선 가능성이 떨어지지만 '문국현 패러다임'과 가치로 정면 도전해 승부를 보겠다는 강한 의지로 결심했다"고 밝힌다(경향신문, 2008. 3. 3.).

표 7. 주요 후보자의 사회경제적 특성

구분	문국현	이재오
정당명	창조한국당	한나라당
생년월일	1949년 1월 12일	1945년 1월 11일
주소	서울 은평구 불광1동	서울 은평구 구산동
직업	정당인	국회의원
학력	서울대 대학원 경영학과 (경영학 석사)	고려대 교육대학원 (교육학 석사)
경력	• 창조한국당 대표 • 유한킴벌리 대표이사	• (전)한나라당 최고위원
병역	필	필
재산액(천원)	8,135,796	315,238
납세액(천원)	1,499,661	15,580
전과	없음	3

출처 : 중앙선거관리위원회 홈페이지, 제18대 국회의원선거 선거정보조회의 '후보자 명부' 및 '후보자 각종 통계'와 '후보자 정보공개현황'.

보여주고 있다. 이재오 후보는 3선 의원으로 한나라당 최고위원을 지냈으며, 문국현 후보는 대선 직전에 창당된 창조한국당의 대표로서 유한킴벌리 사장을 지낸 CEO이다. 재산액은 문국현 후보가 81억가량, 이재오 후보는 3억 약간 넘는 액수를 공식적으로 신고했다. 납세액은 문 후보가 14억가량, 이재오 후보가 1,500만 원 정도로 나타났다.

두 주요 후보 캠프는 공식 선거운동이 시작되기 직진까지 공약을 제시하기를 꺼려했다. 서로 상대방의 공약을 보고 대응하겠다는 의도와 함께, 어차피 선거가 정책대결 구도로 가기 힘들다는 판단 아래 공약 공방이 득표에 도움이 되지 않는다는 상호간 암묵적인 합의가 있었기 때문이라고 볼 수 있다. 이러한 가운데 후보자들은 자신의 이미지만을 강조하고 유권자들은 공약의 부재 속에서 후보자의 이미지에 대한 평가만으로 선거운동 기간을 맞게 된다. 은평구 선거관리위원회 사무국장(김기돈)은 후보등록을 3일 앞둔 시점에서 최악의 공약 실종 선거를 우려했고 유권자와 후보자 모두의 책임감을 호소했다(2008. 3. 22.).[4)]

이미지 선거 득표 전략으로 문국현 후보는 137만여 표를 얻은 대통령 후보 이미지를, 이재오 후보는 정권 2인자 이미지를 전면에 내세운다. 문 후보는 연신내 사거리의 한 빌딩에 선거사무소를 두고 건물 외벽을 둘러싼 큰 플래카드에 '경부운하 저지 사람 중심 진짜 경제 문국현' 이라고 썼다. 문 후보의 선거본부장(한상석)은 문 후보에 대한 높은 여론조사 지지율은 대통령 후보였던 문 후보의 "깨끗하고 참신한 이미지" 때문이라고 분석한다(2008. 3. 23.). 연신내역 연서시장의 천막노점에서 채소를 파는 두 할머니는 벌써 국회의원 선거냐고 놀라면서 "오래 해도 해놓은 것이 없고 변화가 없으니 참신한 후보로 바꿔야 한다"고 서로 맞장구치며 참신하고 새로운 후보에 대한 기대감을 나타냈다(2008. 3. 23.).

반면 이재오 후보 선거사무소의 사무국장(강석준)은 낮은 지지율을 현실로 받아들이면서[5)] "힘 있는 정권 2인자"가 지역개발의 적임자임을 강조한다(2008. 3. 23.). 정권의 실력자임을 강조하며 구산역 사거리의 이 후보 선거사무소 건물 외벽에는 '은평의 큰 힘이 되겠습니다' 라는 플래카드를 걸었다. 지금까지 추진한 지역개발을 마무리하기 위해서는 현직 의원이 당선되어야 한다는 논리를 편다. 불광1동에 산다

---

4) 이 밖에 김기돈 사무국장의 "선관위가 발송하는 후보자 홍보물 개봉 비율이 10%에 불과하다"는 지적은 가히 충격적이었다.

5) 이러한 분위기는 3월 하순경, 연신내역 매트로타워 9층 문국현 후보 선거사무소의 느긋함과 구산역 사거리의 이재오 후보 선거사무소의 팽팽한 긴장감에서 쉽게 느낄 수 있었다.

표 8. 문국현 후보와 이재오 후보의 5대 선거공약 비교

구분	문국현	이재오
제1공약	• 대운하 사업 저지	• 서울 서북권 신명품 도시로
제2공약	• 고품격 생태도시 재창조	• 웰빙 문화도시
제3공약	• 교통인프라 혁신	• 살기 좋은 교통 중심
제4공약	• 고품격의 문화 · 복지 인프라 확충	• 불광천을 제2의 청계천으로 개발
제5공약	• 교육인프라 혁신, 관광외국인마을 조성	• 종합대학 유치, 교육 1번지

출처 : 각 후보 홈페이지.

는 한 대학생은 연신내역 물빛공원 개발을 상징적인 사례로 "힘 있는 여당 후보가 지역개발에 유리할 것"이라고 말한다(2008. 3. 24.).

은평(을) 선거구의 쟁점은 비교적 선명하다. 은평 뉴타운을 둘러싼 주거 · 교통 · 환경 문제가 심각하다. 그러나 투표일을 보름 앞둔 3월 하순경, 두 후보 캠프는 내부적으로는 공약이 마련되었지만 유권자에게 선뜻 내놓지 않았다. 인터뷰에 응한 많은 유권자들은 후보는 인지하고 있었지만 후보들의 공약은 거의 모르고 있었다.

은평(을) 선거구민은 크게 보면 개발과 환경이라는 두 가지 상충하는 가치 모두에 관심을 갖고 있다. 은평 뉴타운 개발 및 마무리, 또 다른 미해결된 재개발 및 보상의 문제, 좋은 자연환경의 보존 문제가 핵심적인 내용을 이루고 있다. 이와 함께 4년제 종합대학교의 유치 또한 지역 현안으로 주목을 받았다.

〈표 8〉은 두 후보의 5대 선거공약을 정리한 내용이다. 이는 몇 가지 특징을 보이는데 첫째, 경부대운하를 둘러싼 논쟁이다. 문국현 후보는 제1공약으로 채택할 정도로 공격적인 입장을 보였고, 이재오 후보는 당시 한나라당의 공식적인 입장과 마찬가지로 이를 총선의 이슈로 쟁

점화하지 않으려는 태도를 보였다. 여론에 불리한 쟁점이기에 전면에 부상하면 유리할 것이 없다는 판단이었다. 둘째, 은평구의 좋은 자연 여건을 살려 문 후보는 생태도시, 이 후보는 웰빙 문화도시 개념을 제시하였다. 셋째, 이 후보가 상대적으로 지역 현안을 좀 더 부각해 불광천 개발, 종합대학 유치를 공약한다. 넷째, 두 후보의 공약이 대운하 쟁점을 제외하고는 크게 차별화하기 힘들다는 특징을 보였다. 마지막으로 또 다른 중요한 특징은 두 후보 모두 재개발 문제는 공약으로 제시하기를 피한다는 점이다. 주거 지역 재개발 문제는 아직 불광, 갈현 지역의 보상 문제가 해결되지 못했기에 기본적으로 정부 여당에 대한 불만으로 이재오 후보에게 불리하지만 문국현 후보도 너무 민감한 문제이기에 쟁점화를 회피한다.

4. 선거 결과 분석

은평(을) 선거구는 3월 중순까지만 해도 이재오 후보와 문국현 후보가 박빙의 경합을 펼치고 있었다. 그러나 이 후보가 인수위원회의 과속과 한나라당 공천 파문의 핵심 인물로 지목되고 대운하 공약이 선거 전면에 부상함에 따라 기존에 이 후보를 지지하던 바닥의 표심이 흔들리기 시작했다. 반면에 문 후보는 지역 기반이 없었음에도 불구하고 참신성과 대선 후보라는 이미지가 긍정적으로 작용하여 유권자의 변화에 대한 기대감으로 3월 초 출마 선언 2주 이후 줄곧 1위를 유지하며 최종적으로 당선한다.

사실 문 후보 캠프에서는 초반 3강을 예상했으나 결과적으로 2강으

표 9. 은평(을) 여론조사 지지율 추이

단위 : %

조사 일자	문국현	이재오	송미화	주관기관	출처
3월 19일	42.6	37.5	5.3	MBC, 동아일보, 코리아리서치	한국경제신문, 3월 22일
3월 19일	42.7	31.7	5.4	한국일보, 미디어리서치	한국경제신문, 3월 22일
3월 22일	50.0	29.7	–	YTN	동아일보, 4월 1일
3월 24일	42.4	27.5	–	한국경제신문	동아일보, 4월 1일
3월 29 ~31일	45.2(46.4)	29.3(30.7)		중앙일보-YTN	중앙일보, 4월 2일

참고 : 괄호 안의 수치는 투표확실층의 지지율임.

로 압축되었고 지역적 연고가 약해 조직력이 열세에 있기에 막판까지 선거 결과를 예측하기 힘들다는 조심스러운 입장이었다. 그러나 주민들이 이 후보가 은평 발전을 위해 크게 한 일이 없다고 평가하는 것이 중요한 변수가 될 것으로 예측하였다(선거본부장 인터뷰, 2008. 3. 23.). 반면 이 후보 측은 투표를 2~3일 남겨두고 문 후보가 통합민주당 후보와 단일화하는 것이 가장 큰 변수라고 보았고, 뉴타운 개발 문제가 자신들에게 불리한 요인이며 문 후보에 대한 지지는 반한나라당 정서와 친박 성향의 결합이라는 시각을 갖고 있었다(사무국장 인터뷰, 2008. 3. 23.).

〈표 9〉는 주요 후보의 여론조사 지지율 추이를 보여주고 있다. 주목할 점은 3월 19일까지 이재오 후보와 문국현 후보 간의 격차가 약 5~9% 포인트에 불과했지만 후보 등록일을 며칠 앞둔 3월 22일 조사에서 약 20% 포인트의 큰 격차가 벌어지기 시작했다. 한편 2004년 총

표 10. 은평(을) 여론조사 지지율 변동 시점

단위 : %

구분	3월 11~12일	3월 21일	변동폭
문국현	32.6	45.2	+12.6
이재오	32.5	29.3	-3.2

출처 : 중앙일보 여론조사.

선에서 이재오 후보와 박빙의 승부를 펼쳤던 송미화 후보는 5% 전후의 지지율로 당선권에서 크게 멀어져 비록 성사되지는 못했지만 문국현 후보와의 후보 단일화가 논의되었다.

〈표 10〉은 중앙일보에서 주관한 여론조사에서 두 후보의 지지율 변동 시점을 확연하게 보여주고 있다. 문국현 후보는 3월 12일까지만 해도 이재오 후보와의 지지율 격차가 거의 없었으나 3월 21일을 기점으로 12.6% 포인트 상승했고 이 후보는 3.2% 포인트 감소해 두 후보의 지지율 격차가 약 15% 포인트 정도에 이르게 된다.

한편 또 다른 조사에 따르면, 문 후보는 대부분의 연령층과 직업군에서 이 후보에 비해 상대적인 지지율 우위를 보였는데 20대에서 45.1%, 30대는 44.5%, 학생 53.4%, 화이트칼라 49.6%, 대학 졸업 이상 학력자 48.9% 등의 높은 지지를 얻은 것으로 나타났다. 반면 이 후보는 50대에서 36.4%, 무직자 및 기타 직업 종사자에서 38.6%로 상대

표 11. 18대 총선 은평(을) 선거구 정당투표 결과

단위 : %

구분	통합민주당	한나라당	자유선진당	민주노동당	창조한국당	친박연대
전국 평균	25.17	37.48	6.85	5.68	3.80	13.18
서울	28.31	40.22	4.79	3.78	4.63	10.44
은평	26.6	38.1	3.9	4.3	11.0	8.9

출처 : 중앙선거관리위원회 홈페이지, 제18대 국회의원선거 선거정보.

표 12. 18대 총선 은평(을) 선거구 후보자별 득표율(총 선거인수 : 186,121명)

총계	송미화	이재오	정두형	문국현	엄윤형	계	무효 투표수	투표수	기권수
정당	통합 민주당	한나라 당	자유 선진당	창조 한국당	평화통일 가정당				
득표수	5,397	38,164	871	48,656	428	93,516	2,101	95,617	90,504
득표율	5.77	40.81	0.93	52.02	0.45				

출처 : 중앙선거관리위원회 홈페이지, 제18대 국회의원선거 선거정보.

적인 우위를 보였다(한국일보, 2008. 3. 21.).

〈표 11〉은 은평(을) 선거구의 2008년 총선 정당투표 결과를 보여주고 있다. 우선 양대 주요 정당에 대한 지지율은 통합민주당과 한나라당 모두 전국 평균 지지율보다는 높지만 서울 평균에 비해서는 낮다는 것을 알 수 있다. 자유선진당에 대한 지지율은 전국 평균에 비해서는 2.95% 포인트, 서울 평균에 비해서는 약 0.9% 포인트 낮게 나타났다. 친박연대에 대한 지지율도 전국은 물론 서울 평균에 비해서도 낮게 나타났다. 반면에 민주노동당에 대한 지지율은 서울 평균에 비해 높게 나타났고, 창조한국당에 대한 지지율 또한 11.0%로 상당히 높아 전국 평균 3.80%, 서울 평균 4.63%에 비해 2배 이상 높은 현상을 보였다. 이러한 창조한국당에 대한 높은 지지는 문국현 후보의 은평(을) 출마와 상당한 상관관계가 있다고 볼 수 있을 것이다.

〈표 12〉는 은평(을) 선거구 지역구 투표 결과를 보여주고 있다. 문국현 후보가 48,656표로 52.02%를 획득하여 1위를 차지하였고, 2위로 탈락한 이재오 후보가 38,164표로 40.81%를 얻었다. 3위는 5.77%를 얻은 송미화 후보가 차지하였다. 3월 중순 이후의 여론조사 결과에서 크게 벗어나지 않고 오히려 선거 막판에 두 후보 간의 격차가 더욱 벌

어진 양상을 보였다.

문 후보의 당선과 이 후보의 낙선은 몇 가지 요인으로 설명할 수 있다. 첫째, 18대 총선의 그나마 거대 이슈인 대운하 쟁점을 한나라당과 이재오 후보는 무반응 전략으로 일관했다. 그러나 결과적으로 이 쟁점이 한나라당의 독주를 견제하는 요인으로 작동하였고 직접 자전거로 현장을 방문하며 대운하 전도사를 자처했던 이재오 후보에게는 당연히 부정적인 영향을 미쳤다.

둘째, 서울 지역 유권자의 표심을 강타했던 뉴타운 지정 및 개발 문제가 이미 뉴타운으로 지정되어 거의 입주 단계에 있던 은평구에서는 오히려 한나라당 후보에게 불리하게 작동할 수밖에 없었다는 점이다. 뉴타운 개발에 의한 아파트 입주를 앞두고 예상하지 못한 문제인 협소한 아파트 동간 거리의 문제, 주변 교통의 문제 등이 졸속 개발이라는 비난을 받았고 한나라당에 부메랑이 되어 돌아갔기 때문이다. 따라서 기업 CEO로서의 경험이 있는 문국현 후보가 은평 뉴타운 재개발이 문제가 있다고 지적하며 오히려 개발 기대 심리의 수혜자가 되었고 한나라당 이 후보에게는 부정적으로 작용하게 되었다.

셋째, 한나라당 내부의 공천을 둘러싼 갈등에서 이재오 후보가 원인 제공자라는 비난이 이 후보에게는 상당한 악재가 되었다.[6] 이재오 후보가 '친이' 인사들이 대거 공천을 받는 핵심적인 역할을 수행했다는 비판이다. 이와 함께 박근혜 전 대표의 "나도 속고 국민도 속았다"라는 발언과 이재오 후보의 이상득 국회 부의장과의 동반 불출마 논란이 '반이재오' 정서에 기름을 붓는 양상이 되었다. 특히 이재오 후보의

---

6) 이재오 후보 사무국장에 따르면 이 후보가 공천에 관여했다고 볼 수 없는데 그 이유는 "절친한 친구도 공천에서 탈락했고 언론의 역할이 부정적으로 작용했기 때문"이라는 주장이다(2008. 3. 23.).

'친박' 그룹과의 대립각은 박근혜 전 대표에게 호감을 갖고 있는 한나라당 보수층의 이탈을 초래하면서 친박연대가 생존하고 이 후보가 낙선하는 토대가 된다. 구산동 상가에서 과일가게를 운영하는 한 유권자는 "한나라당을 지지하는 5060세대 상당수가 박근혜 변수로 문 후보 지지로 돌아섰다"고 주장한다(2008. 3. 8.).

넷째, 이재오 후보에 대한 회고적인 평가이다. 3선 의원으로서 지역 발전에 기여한 바가 미약하다는 의견이 지배적이었고 이러한 분위기가 투표선택으로 연결되었다고 판단된다. 특히 한나라당 대선 후보 경선레이스가 본격적으로 전개된 2007년 한 해 동안 이재오 후보가 다른 지역에 살고 있다는 루머가 나돌 정도로 유권자들의 불만이 가중되었다. 과거에는 1주일에 한 번씩 방문해 인사를 나누던 시장 상인들이 이제는 얼굴 보기 힘들다고 비판했다. 특히 연신내역 사거리 재래시장인 연서시장에서 순대국집을 운영하는 50대 아주머니는 "이 후보가 언제부터 중앙의 거물이었냐"고 비판했고 "과거 이 후보를 지지했던 거의 모든 시장 상인들이 돌아섰다"고 말하며 이 후보의 소박함의 상실이 가장 큰 문제라고 지적했다(2008. 3. 27.). 즉 은평(을) 선거구에서 처벌적 · 회고적 평가가 투표행태로 연결되었다고 판단된다.

다섯째, 문국현 후보의 참신함이 문 후보의 득표 지지에 긍정적으로 작용하였다. 문 후보는 낙하산 후보로 비난받기도 했지만 이 후보에 비해 상대적인 참신성을 인정받았다. 또한 대선 후보로서, 한 정당의 대표로서 당선 후 지역발전을 위해 많은 역할을 할 수 있을 것이라는 기대감이 작용하였다. "변해야 할 때 적절한 인물로 바뀌었다"는 40대 노점상의 평가(2008. 4. 10.), "은평의 발전을 위해 변화를 모색해야 할 때"라는 50대 주부의 평가(2008. 3. 29.), "오랜 기다림에도 변하지 않던 은평구였지만, 문 후보의 공약이 이루어지길 바랄 뿐"이라는 20대 대학생의 지적(2008. 4. 10.)이 문 후보의 참신성과 능력에 대한 긍정적인 평가의 표출이라고 볼 수 있다.

5. 맺음말

지금까지 이 글은 18대 총선 과정에서 은평(을) 선거구에 대한 직접적인 관찰을 통해 은평(을) 선거구의 선거 과정과 결과를 주요 쟁점을 중심으로 분석하였다. 은평(을) 선거구 사례 분석을 통해 관찰한 18대 총선의 특징은 다음의 몇 가지로 요약할 수 있다.

첫째, 18대 국회의원 선거는 역대 어느 총선보다 정책대결 구도가 미약했다는 점이 우선 지적되어야 할 것이다. 대통령 선거에 연이은 총선으로 정당은 물론 후보자조차도 공약을 준비할 충분한 물리적 시간이 없었고 투표의 준거가 희미한 상황에서 유권자들은 정책보다는 후보자의 이미지에 의존해 투표하는 경향을 보였다. 둘째, 서울 지역 선거구에서 특히 민감했던 것으로 지역개발 문제, 특히 뉴타운 지정 및 개발 문제가 18대 총선에서 주요한 쟁점 중의 하나였다는 사실이다. 셋째, 물론 선거구마다 편차가 있겠지만 경부대운하 쟁점이 선거 결과에 어느 정도 영향을 미치는 변수로 작용하였다는 점 또한 지적해야 할 것이다.

은평(을) 선거구 관찰은 국회의원 선거 분석에서 반드시 고려해야 할 몇 가지 중요한 변수에 대한 시사점을 제시한다. 첫째, 현직 의원의 지역구 활동에 대한 회고적인(retrospective) 평가이다. 이재오 후보가 중앙정치에서 아무리 비중이 높은 역할을 수행하고 있다고 하더라도 지역구 봉사활동을 소홀히 할 경우 반드시 투표로써 처벌을 받게 된다는 점이다. 비록 이 후보가 2004년 총선에서는 한나라당에 대한 탄핵의 역풍을 극복하고 서울 지역 선거구에서 당선되는 이변을 보여주었지만 지역구를 소홀히 하는 것은 아무리 중앙정치에서 비중이 큰 현직 의원일지라도 용납되지 않는다는 사실을 보여주었다.

둘째, 서울을 중심으로 한 수도권 유권자들의 투표행태의 특성이다. 설문조사 결과를 정밀하게 분석해야 좀 더 정확한 결론을 도출할 수 있겠지만 서울 유권자들은 2004년 총선에서 집권 여당인 열린우리당을 압도적으로 지지했고, 2006년 지방선거에서는 야당인 한나라당을 지지했다. 또한 2008년 총선에서 여당인 한나라당을 지지했다. 이러한 패턴은 영남과 호남에서는 나타나지 않는 현상으로 수도권 유권자들은 최소한 특정 지역 지배정당에 투표하지 않고, 이념적으로도 고정되어 있지 않다는 것을 말해 준다. 따라서 서울 및 수도권 유권자들은 점차 특정 쟁점을 중심으로 표를 던지는 경향이 있다는 것을 조심스럽게 전망해 볼 수 있다.

참고 문헌

중앙선거관리위원회, 2004, 『제17대 국회의원선거 총람』.

중앙선거관리위원회 홈페이지, 역대선거정보시스템 (http://www.nec.go.kr/sinfo/index.html).

중앙선거관리위원회 홈페이지, 제18대 국회의원선거 선거정보 (http://www.nec.go.kr:7070/abextern/index.html).

『동아일보』 홈페이지(http://www.donga.com), 정치-이슈 "5 · 31 지방선거".
『중앙일보』 여론조사.
『한국일보』, 2008년 3월 21일자.
지방행정종합정보공개시스템 홈페이지, http://www.laiis.go.kr
문국현 의원 홈페이지, http://www.moon21.kr
이재오 의원 홈페이지, http://www.leejo.net

5 신구정권 핵심 인물 간 대립 : 경기 일산 동구

서현진

1. 머리말

국회의원 선거는 지역대표를 선출하는 것이지만 역대 한국 총선에서는 지역대표 선출의 의미는 퇴색되고 중앙정치에 대한 평가전 성격만 남은 예를 흔히 볼 수 있었다. 대표적인 예로 지난 17대 총선은 탄핵정국에 대한 평가였다. 17대 총선에서는 최초로 1인 2투표제가 도입되어 분리투표가 이루어지고 투표율 하락 추세도 반등되었다. 또한 각 지역에서 많은 초선 의원이 당선됨에 따라 새로운 신진세력이 대거 정치권에 진입하였고 진보정당이 원내로 진출하여 정치권에 세대교체가 일어나는 등 여러 가지 긍정적인 성과가 많았다(김용호 외, 2004; 박찬욱 편, 2005). 하지만 대부분의 유권자들이 지역구 의원을 선택할 때 가장 중요한 기준으로 삼은 것이 노무현 대통령 '탄핵' 이라는 거대한 이슈였다는 점에서 17대 총선은 중앙정치 평가전의 의미가 컸다고 볼 수 있다.

이번 18대 총선도 한반도 대운하, 영어 공교육 확대, 정부 내각 인사

구성 등 이명박 정부의 초기 국정운영 평가에 대한 의미가 컸다. 이번 선거는 2007년 12월 대통령 선거 후 넉 달여 만에 치러지는 선거여서 각 정당은 바람직한 국정운영을 위한 견제론과 안정론을 내세우며 선거운동을 펼쳤다. 노무현 대통령과 열린우리당에 대한 국민적 실망감이 이명박 대통령을 당선시키는 결정적인 계기가 된 반면, 이명박 정부의 초기 국정운영에 대한 불만의 목소리도 매우 높았다. 특히 한나라당의 공천 잡음과 친박연대의 결성 등 혼란스러운 상황에서 민심의 향배가 이번 총선의 관전 포인트가 되었다. 또한 공식 선거운동이 시작된 3월 27일부터 갑자기 불어 닥친 '북풍'이 새로운 변수가 되고 향후 이 정부의 대북정책에 영향을 미칠 것인지도 관심의 대상이 되었다.

이런 분위기 속에서 이번 총선에서도 지역 이슈는 묻히고 중앙에 대한 평가만 남는 현상이 지속되는 것은 아닌지 우려하며 경기도 일산 동구를 찾았다. 경기도 일산 동구는 노무현 정부에서 최초 여성 총리를 지낸 민주당 한명숙 후보와 이명박 대통령 인수위원회 행정실장을 지내 대통령 최측근으로 알려진 백성운 후보가 경쟁하는 지역으로 신구정권 핵심 인물 간 대립이라는 점에서 선거 초반부터 격전지로 주목받았다. 그리하여 중앙정치의 갈등과 대립이 총선 이슈로 연결되어 그대로 지역선거에 투영될 수 있는 환경이 충분하다고 본 것이다.

이 글에서는 대통령 선거 직후 치러진 18대 총선에서 지역 이슈는 매몰되고 중앙에 대한 평가전만 난무하는 현상이 나타났는지를 참여관찰을 통해 현장에서 좀 더 깊이 있게 살펴보고자 하였다. 구체적으로 실제 선거운동을 펼치고 있는 한명숙 후보와 백성운 후보의 주요 공약 쟁점과 전략은 무엇인지, 그리고 이에 대한 유권자들의 반응은 어떤 것인지를 중점적으로 살펴보았다.[1] 먼저 2절에는 참여관찰 수행을 위한 사전 조사자료로 이 지역구의 사회경제적 특성과 역대 선거 결과에 대해 검토한 내용이 정리되어 있다. 다음 3절에는 직접 현장에 가서 만나본 두 후보와 다양한 계층의 유권자들과의 인터뷰 결과가 요약되어 있다. 참여관찰은 3월 29일 중앙일보 정강현 기자와 함께 백성운 후보 선거사무소와 한명숙 후보 선거사무소를 방문하는 것으로 시작되었다. 각 후보 선거사무소에서 선거공약과 선거운동 전략에 대해 들었고 이후 3일간 이 지역구 주민들과의 인터뷰를 실시하였다. 마지막 4절에서는 사전 자료 검토와 현장관찰을 통해 얻은 시사점을 이번 선거 결과와 접목하여 정리해 보았다. 이 글은 총선참관기이기 때문에 특정 후보나 정당 지지에 영향을 미친 요인 분석에 초점을 두지 않았음을 미리 밝혀둔다.

2. 고양시 일산 동구의 지역구 특성

1) 사회경제적 특성

고층 아파트 중심의 젊은 세대가 주류를 이루는 신도시로 잘 알려진 일산 동구는 사실상 도시 지역(25.28km²)과 비도시 지역(34.33km²)으로 구성되어 있다. 주택 구성도 아파트 60단지(34,000가구), 연립주택

1) 친박연대 김형진 후보와 평화통일가정당의 유형목 후보, 그리고 무소속 소병규 후보도 있었으나 실제 치열한 선거전은 한명숙 후보와 백성운 후보를 중심으로 이루어졌으므로 여기서는 이 두 후보에 대한 관찰만 실시하였다.

표 1. 일산 동구 지도와 지역별 특성

동	인구(명)	면적(km²)	지역 특성
고봉동	14,517	24.92	전통적인 농촌마을
중산동	29,912	3.15	농촌마을(택지개발 중)
식사동	7,834	6.8	자연촌락 마을, 고층 아파트 단지, 가구공단 지역
풍산동	15,198	5.68	풍동지구 공사 진행 중
정발산동	30,600	1.75	고급 빌라촌, 저층 주상복합 건물
마두1동	29,754	2.02	백마역, 단독주택지, 고층 아파트
마두2동	18,673	0.63	고양시 최대 상업 지역
백석1동	29,428	1.76	일산 신도시, 대규모 상가 밀집
백석2동*	21,985		
장항2동	25,000	2.45	호수공원 지역
장항1동	3,681	9.88	자유로 아래 논밭 지역

참고 : *면적에 대한 자료 없음.
출처 : 일산동구청 홈페이지에 실린 내용을 요약함.

25단지(3,000가구), 단독주택(21,000가구), 오피스텔 68동으로 다양하다. 〈표 1〉에서 볼 수 있듯이 이 지역구는 11개 동으로 구성되어 있는데 다음과 같이 나누어볼 수 있다.

원래 농촌마을인 북쪽 지역은 고층 아파트가 들어서고 택지개발이 이루어지는 등 큰 변화를 맞고 있다. 고양시와 파주시의 경계에 위치한 전통적인 농촌마을인 고봉동에는 현재 고층 아파트와 전원주택, 창고형 건물이 들어서고 있다. 중산동은 고봉산 자락에 들어선 아파트와 빌라, 단독주택지, 그리고 택지개발 중인 마을로 나누어진다. 식사동도 원래 자연촌락지로 오랜 역사를 가진 마을이며 고양시 최대 가구공단이 들어서 있다. 최근 고층 아파트가 들어서고 있으며 풍동지구와 연계되어 대단위 아파트 단지가 조성될 예정이다. 전통 농촌마을과 전문식당가가 밀집한 백마 카페촌으로 알려진 풍산동은 일산 신시가지와 시청이 있는 원당의 중간에 자리한 곳으로 고양시 최대 규모의 아파트 풍동지구가 생겨나고 있다.

다음은 고급 빌라촌과 단독주택지 그리고 고층 아파트가 혼재되어 있는 지역이다. 정발산동은 저층의 고급 빌라형 아파트와 함께 단독주택, 저층의 주상복합 건물, 상가 등으로 이루어져 있는데 마을 주민 대부분은 다른 지역에서 이주한 주민들이다. 마두1동은 백마역이 있는 곳으로 정발산동처럼 아름다운 단독주택지가 있기도 하면서 백마 너머로 고층 아파트가 있어 인구가 밀집된 곳이다. 마두2동도 저층의 빌라 지역과 많은 주민이 살고 있는 고층 아파트 단지로 나뉘며, 마두역 부근은 고양시 최대의 상업 지역으로도 유명하다.

그리고 백석동은 일산신도시로 알려진 지역으로 대규모 상가가 밀집되어 있고 내왕하는 시민이 많으며 주거 지역은 고층 아파트 지역,

표 2. 일산 동구와 전국 유권자 세대별 분포 비율 비교

단위 : %

		19~20대	30대	40대	50대	60대 이상
17대 대선	전국	21.0	22.9	22.5	15.4	18.1
	일산 동구	20.7	27.8	26.5	12.3	12.7
18대 총선	전국	19.0	22.4	22.6	15.7	18.6
	일산 동구	17.9	26.2	27.7	12.2	14.1

출처 : 중앙선거관리위원회, 『제17대 대통령선거 투표율 분석』(2008); 『제18대 국회의원선거 투표율 분석』(2008).

저층 빌라마을, 공장형 아파트 지역, 단독주택 지역, 저층 주상복합 건물로 나뉜다. 장항2동은 일산 호수공원으로 유명하며 검찰청, 법원, 사법연수원 같은 기관과 고양시 최대의 오피스텔과 상가가 들어서 있다. 바로 고양시를 상징하는 마을이라 할 수 있다.

마지막으로 장항1동은 고양시에서 가장 낮은 저지대인 자유로 아래 위치한 마을인데 인쇄소, 물류창고, 공장으로 쓰이는 창고형 건물이 있는 지역과 논과 밭으로 이루어진 곳이 있다. 이곳은 인구가 가장 적은 동인데 주민들은 오랫동안 이 지역에 거주해 온 토박이들이 대부분이다.

〈표 2〉를 보면 전국 유권자와 이 지역 유권자의 세대별 분포 비율을 알 수 있다. 17대 대선에서 전국 유권자와 비교해 볼 때, 일산 동구에서는 30대와 40대 유권자 비율이 더 높고 50~60대 유권자 비율은 더 낮았다. 이번 18대 총선에서도 30~40대 유권자 비율이 전국 30~40대 비율보다 높았고 다른 세대 유권자 비율은 낮았다. 전국 평균과 비교해 볼 때 이곳은 젊은 층, 특히 30~40대 유권자가 더 많은 지역임을 알 수 있다.

이 지역구의 세대 분포를 각 동별로 자세히 살펴본 결과는 〈표 3〉에

표 3. 일산 동구 각 동별 세대 비율

단위 : %

동	20대	30대	40대	50대	60대 이상
전체	12.9	18.7	20.4	9.5	10.9
고봉동	13.1	17.8	18.4	13.5	15.6
중산동	11.1	18.7	20.5	8.8	11.5
식사동	12.7	16.2	20.9	11.9	12.2
풍산동	11.0	20.3	19.5	9.2	10.1
정발산동	12.9	18.5	19.9	9.2	10.4
마두1동	11.2	13.1	24.2	9.6	9.9
마두2동	10.2	13.9	23.4	9.0	12.1
백석1동	14.7	18.5	20.7	9.4	4.6
백석2동	16.1	22.8	18.2	9.2	11.1
장항2동	17.7	25.2	17.7	8.3	10.1
장항1동	16.4	13.2	20.8	16.5	16.7

출처 : 통계청, 『2007 인구 · 주택 총 조사』(2007).

정리되어 있다. 2007년 통계청 자료에 따르면, 일산 동구의 30~40대 비율은 39.1%로 전체 한국 인구 연령 분포 30~40대 비율인 34.5%보다 조금 높은 비율이다. 지역별로는 비교적 낙후 지역인 고봉동, 식사동, 장항1동이 다른 지역보다 50~60대 비율이 높았고, 일산신도시 중심지인 백석2동과 장항2동에는 30대 비율이 가장 높았다. 풍동지구 개발로 최대 규모의 고층 아파트가 들어서고 있는 풍산동에서도 30대 비율이 40대보다 약간 높게 나타났다. 다른 지역에서는 40대 비율이 가장 높았는데, 특히 마두1 · 2동은 20~30대 비율이 다른 지역에 비해 낮은 반면 40대 비율은 30대보다 10% 포인트 정도 높았다.

이러한 지역구 특성을 종합해 보면, 일산 동구는 신도시로 알려진 이미지와는 달리 농촌과 도시가 혼합된 도농혼합형 지역구이다. 그리고 인구 분포도 다른 지역보다 젊은 층 중심으로 이루어진 것이 사실이지만 낙후된 지역에는 노년층이 많고 신도시로 알려진 지역에는 젊은 층이 밀집해 있는 등 지역구 내 차이가 있음을 알 수 있다. 이는 두 후보가 어떤 선거공약을 내세워 어떤 지역과 계층을 집중 공략하는가에 따라서 선거 결과는 충분히 달라질 수 있음을 의미한다. 실제로 지난 2004년 17대 총선에서 한명숙 후보는 48,286표를 얻어 45,936표를 얻은 홍사덕 후보에게 2,350표 차이로 승리했는데 이 표 차이는 대부분 인구와 상가가 밀집한 대표 신도시 지역인 백석동에서 발생한 것이었다(중앙선거관리위원회, 『제17대 국회의원선거 총람』).

2) 정치적 특성

다음으로 이 지역의 정치적 특성을 살펴보기 위해 역대 선거 관련 자료를 살펴보았다. 일산이 갑과 을로 나뉜 것은 지난 16대 총선 이후

표 4. 역대 선거 득표율

단위 : %

		최고득점자	차점자
총선	16대(2000)	정범구(민주당) 44.5	오양순(한나라당) 39.8
	17대(2004)	한명숙(열린우리당) 49.0	홍사덕(한나라당) 46.6
	17대 정당투표	한나라당 40.5	열린우리당 36.6 (민주당 5.8)
대선	16대(2002)	이회창(한나라당) 48.8	노무현(민주당) 46.8
	17대(2007)	이명박(한나라당) 55.0	정동영(대통합민주신당) 21.9

출처 : 중앙선거관리위원회 홈페이지, 선거정보조회시스템.

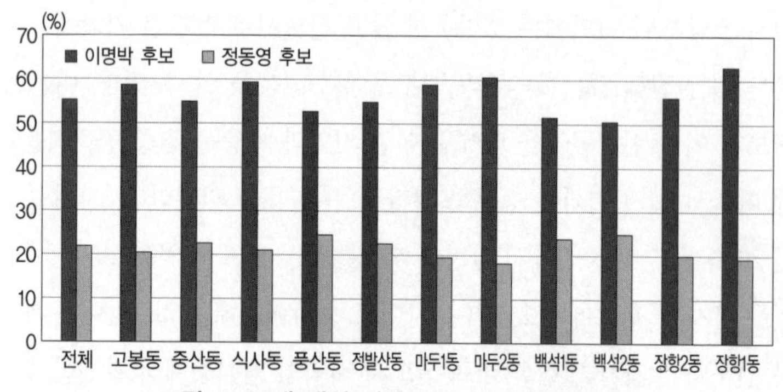

그림 1. 17대 대선 일산 동구 각 동별 득표율

출처 : 경기도 선거관리위원회 홈페이지.

이다. 먼저 역대 지역구 득표 현황 결과는 〈표 4〉를 보면 알 수 있다. 지난 2000년 16대 총선에서는 민주당 정범구 후보가 한나라당 오양순 후보보다 4.7% 앞서 당선되었다. 2004년 17대 총선에서는 열린우리당 한명숙 후보가 한나라당 홍사덕 후보를 2.4% 차이로 이겨 당선되었다. 두 선거에서 모두 민주당 계열 후보가 당선되었지만 당선자와 차점자 간 차이가 5% 이하로 매우 치열한 싸움이 진행되었던 곳임을 알 수 있다. 또한 17대 총선의 정당 투표 결과는 한나라당이 40.5%로 가장 높은 득표율을 보였지만 열린우리당과 민주당을 합한 42.4%보다는 낮았다. 이러한 총선 결과에 따르면 이 지역구는 민주당 성향이 강한 곳으로 보인다.[2)]

하지만 엄밀히 말해서 17대 총선의 정당 투표에서는 한나라당이 가장 많은 득표를 하였다. 게다가 대선 투표 결과를 보면, 이 지역 유권자들이 항상 한나라당 후보에게 더 높은 지지를 보냈다는 것을 알 수

2) 이 밖에 민주노동당은 13.38%, 자민련은 1.48%, 기타 정당은 2.2%의 지지를 받았다.

있다. 민주당 노무현 후보가 당선된 16대 대선에서도 전국 득표율과는 다르게 이 지역에서는 한나라당 이회창 후보의 득표율이 2% 더 높았다. 최근 치러진 17대 대선에서는 한나라당 이명박 후보에게 압도적인 지지를 보내 전국적 추세와 차이가 없었다. 이러한 결과를 보면 이곳은 한나라당 정서가 강한 지역으로 보인다.

좀 더 자세히 지역구 내 동별로 후보자 선택에 차이가 있는지 살펴보았는데 〈그림 1〉에서 볼 수 있듯이 17대 대선에서는 이변 없이 모든 동에서 이명박 후보에게 더 많은 지지를 보냈다. 그럼에도 불구하고 각 동별 차이를 찾아보면 이 후보에 대한 지지율은 주로 낙후되고 인구밀도가 낮으며 연령층이 높은 지역인 고봉동, 식사동, 장항1동에서 높게 나타났다. 또한 백마역이 있는 곳으로 유명한 마두동은 북쪽의 낙후된 지역과 남쪽의 발전된 신도시를 잇는 지역으로 20~30대 비율이 가장 낮고 40대 비율이 가장 높은 지역인데 여기에서도 이 후보에 대한 지지율이 높았다. 17대 총선에서 한명숙 후보 당선에 기여했던 백석동에서는 이 후보에 대한 지지가 다른 지역보다 낮게 나타났다.[3)]

이와 같이 여러 가지 요인을 고려해 볼 때, 이곳은 한나라당 정서나 민주당 정서 어느 쪽이 강하다고 말하기 어려운 지역이다. 지역구 내 동별로 사회경제적 발전수준과 세대별 차이가 있어 어떤 쪽을 공략하는지에 따라 선거 결과는 유동적이다. 정치적으로도 16대와 17대 대선에서는 모두 한나라당 후보자의 득표율이 높았던 반면, 16대와 17대 총선에서는 치열한 경합을 벌인 결과 민주당과 열린우리당 후보가 당

---

3) 17대 총선에 대한 각 동별 후보별 득표율 자료가 있긴 하나 당시와 현재의 동을 구별하는 행정구역이 달라서 객관적인 비교가 어렵다. 예를 들면 백석동이 당시는 1 · 2동으로 구별되지 않았고 현재의 고봉동과 풍산동 등이 없으며 대신 주엽동이 있는 등 현재와는 다른 많은 변화가 있었다.

선되는 등 선거유형 간 차이가 발견되었다. 또한 17대 총선 정당 투표에서는 한나라당이 가장 많은 지지를 얻었지만 민주당과 열린우리당을 합한 것보다는 득표율이 낮았다.

따라서 이번 18대 총선 결과를 예측할 때 두 후보 모두 당선 가능성이 있는데, 역대 총선마다 민주당 후보가 당선되었고 젊은 유권자층이 몰려 있는 신도시 지역이 유권자 수도 많기 때문에 이 지역을 잘 공략하면 이번에도 민주당 계열인 통합민주당 한명숙 후보가 당선될 가능성이 있었다. 반면에 이 지역이 지난 총선에서 민주당 후보를 지지했던 것은 이들이 집권당 후보였기 때문이라고 해석하거나, 역대 대선과 정당 투표 결과를 보면 한나라당 지지 성향이 강하다는 점에 주목하면 한나라당 백성운 후보가 당선될 가능성도 충분했다. 특히 대선 이후 2008년 한나라당에 대한 지지율이 하락하였지만 여전히 야당 견제론보다 여당 안정론이 우세를 보이는 한나라당 지지 추세에 부합하여, 신도시에 가려진 낙후된 전통마을 고연령층 유권자들을 잘 동원해 낸다면 한나라당 후보의 당선 가능성은 매우 커 보였다.

3. 선거 과정

1) 후보자와 공약 그리고 선거전략

이처럼 치열한 경쟁이 예상되는 지역구에서 펼쳐지는 권력의 핵심 간 대결은 어떤 모습일까? 〈표 5〉를 보면 두 후보의 신상에 대한 내용이 간단히 정리되어 있다. 3선 도전자인 이 지역 현역 의원 한명숙 후

표 5. 후보자 경력과 공약 비교

	통합민주당 한명숙	한나라당 백성운
학력	이화여대 불문과 졸업 이화여대 여성학과 석사	미국 시러큐스대 행정학 석사 고려대 행정학 박사
경력	• 37대 국무총리 • 초대 여성부 장관 • 환경부 장관 • 16대, 17대 국회의원 • 한국여성민우회 회장 • 한국여성운동연합 공동대표	• 경기도 고양군 군수 • 경기도 안양시 시장 • 경기도 안산시 부시장 • 경기도 행정부지사 • 대통령직인수위원회 인수위원 겸 행정실장

출처 : 한명숙 후보와 백성운 후보의 선거홍보 자료집에서 내용 발췌.

보는 1970년대부터 여성운동과 민주화운동을 주도하였고 초대 여성부 장관, 환경부 장관, 최초 여성 국무총리를 역임하고 17대 대선 후보군에도 포함된 만만치 않은 경력을 가진 후보이다. 이에 도전장을 내민 백성운 후보는 고양군수(1988~1991)와 경기도 행정부지사(2000~2002)를 지내고 17대 대선 캠프와 대통령직인수위원회에서 행정실장을 역임하여 이명박 정부 탄생에 기여한 실세이다.

이렇듯 중앙무대에서 정치활동을 펼친 권력의 핵심 간 대결은 이 지역 이슈보다는 중앙정치 평가전을 중심으로 이루어질 것이라는 우려를 하면서 두 후보 선거사무소를 방문했다. 방문 목적은 앞에서 조사한 사전 자료들을 바탕으로 실제 후보들을 만나 그들의 선거 공약과 전략은 무엇인지를 듣기 위한 것이었다. 인터뷰는 4월 9일 선거를 열흘 정도 남겨두고 본격적으로 선거운동이 시작된 시점인 3월 29일에 실시되었다.

먼저 백성운 후보를 그의 선거사무소에서 만나 인터뷰하였다. 백성운 후보의 선거사무소에는 이른 아침이었지만 많은 선거운동원이 나

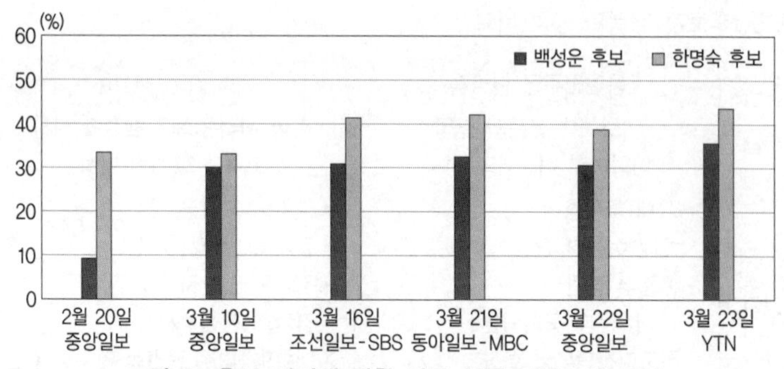

그림 2. 후보 지지에 대한 각종 언론 여론조사 결과

와 하루를 준비하고 있어서 매우 활기차고 남성적인 힘이 느껴졌다. 백 후보는 총선에 첫 출마하는 정치 신인으로 새 정부 개혁작업을 국회에서 뒷받침하기 위해 차출된 인물 중 하나로 알려졌다. 언론에서는 MB맨들의 출마에 대해 "이 대통령과 새 정부의 실용주의적 국정철학을 국회에서 주도할, '이명박 직계' 들로 구성된 전사가 필요하다"는 특명을 받았다고 보도했다(중앙일보, 2008. 3. 29.). 이들은 주로 역대 선거마다 힘겨운 싸움이 진행된 수도권과 충청권에 투입되었는데 백 후보도 이들 중 하나인 셈이다. 하지만 MB맨들은 당초 '이명박 브랜드' 에 힘입어 쉽게 당선될 수 있을 것이라는 예상을 깨고 오히려 부정적인 이명박 효과와 낮은 인지도 문제로 고전하고 있었다.

백 후보의 상황도 다르지 않았다. 그는 아이디어도 있고 자신도 있지만 인지도가 낮은 문제로 고민하고 있었다. 이명박 효과는 예상보다 작고, 정치 신인인 만큼 낮은 인지도 때문에 고전 중이라고 했다. 인터뷰 이전까지 언론에서 조사한 두 후보에 대한 여론조사 변화를 보면 〈그림 2〉와 같다. 두 정당 후보가 정해진 직후인 2월 20일에 실시된 중앙일보 여론조사에 따르면 한명숙 후보가 33.3%로 8.8%의 지지를 받은 정치 신인인 백성운 후보를 훨씬 앞서고 있다. 20일 후 3월 10일 중앙일보 여론조사에 따르면 지지율이 급격히 상승한 백성운 후보가 30.3%로 33%를 유지한 한명숙 후보를 바짝 따라온 것을 알 수 있다.

그러나 3월 16일 조선일보-SBS 조사에서는 한 후보가 41.4%, 백 후보가 30.7%로 두 후보 간 10.7% 포인트라는 큰 차이가 났다. 3월 20일경 실시된 각종 여론조사에서도 상황은 비슷했다. 3월 21일 실시된 동아일보-MBC 조사에서는 한 후보가 41.9%, 백 후보가 32.0%로 9.9% 포인트 차이가 났다. 3월 22일 중앙일보 조사에서는 38.7% 대 30.7%로 한 후보가 8% 포인트 앞섰다. 3월 23일 YTN 조사에서도 43.7% 대 35.5%로 8.2% 포인트 차이가 났다. 시간이 흐르면서 두 후보 간 격차가 줄고 있으나 선거 열흘 전까지도 한명숙 후보가 훨씬 앞서고 있었다. 이 지역 현역 의원인 한명숙 전 국무총리의 인지도와 지지율이 예상대로 높았던 것이다.

따라서 백성운 후보는 자신의 인지도를 높이는 홍보전략에 집중하고 있다고 했다. 그리고 노무현 정권 핵심 인물 심판론과 지역 현안 해결을 위한 공약으로 이번 총선 경쟁에 임하겠다고 했다. 구체적으로 이 지역 현역 의원인 한명숙 후보가 노무현 정권의 핵심 인물로서 지난 4년간 자원과 힘이 있었는데 왜 지역 현안을 해결하지 못했는지를 묻는 심판론에 중점을 둘 것이라고 했다. 동시에 지역발전을 위한 공약으로 승부수를 둔다는 전략이었다.

자신이 일산을 만들고 키워온 어머니라는 백 후보는 고양군수와 경기도 행정부지사를 지낸 경력과 강한 추진력, 지역현장에서의 행정경험을 정치적으로 활용하여 일산을 '미래형 신도시'로 변화시키겠다는 포부를 밝혔다. "경제가 살아야 쾌적성도 살아난다"는 것이 그의 주요

메시지였다. 일산 발전을 위해 살아왔다는 백 후보는 힘 있는 여당 후보만이 이런 경제 중심 공약을 실현할 수 있다고 주장했다. 즉 지역일꾼과 이명박 대통령 측근이라는 두 가지 조건에서만이 지역발전 공약이 실현될 수 있다는 것이다.

구체적인 그의 핵심 공약은 교육과 교통 문제에 관한 것이다. 가장 중요한 공약인 교통정책은 전철로 일산에서 강남권까지 30분대로 소통할 수 있도록 교통망을 구축하는 것이다. 문산에서 출발하는 경의선을 용산에서 끝내지 않고 한강을 지하터널로 가로질러 신사동을 거쳐 강남역까지 연결하는 것인데, 이 교통망이 구축되면 고양에서 강남으로 가기도 쉬울 뿐만 아니라 강남의 고소득층을 국제 전시회의 수요자로 끌어들여 고양의 부가가치를 높일 수 있는 요건도 갖추어진다. 국제 컨벤션이나 벤처산업 활성으로 일자리 창출도 쉬워지게 된다는 것

표 6. 후보자 공약 비교

	통합민주당 한명숙	한나라당 백성운
주요 슬로건	• 문화, 예술 '명품도시' 일산 만들기 "쾌적한 삶터, 편안한 쉼터, 활기찬 일터"	• '미래형 신도시'로 변화하기 "경제가 살아야 쾌적성도 살아난다"
교통정책	• 지하철 3·5·9호선 철도노선 연결 • 버스, 철도, 지하철과 연결되는 종합환승센터 건립	• 일산과 강남 30분대 연결 광역전철 : 문산–용산 간 경의선을 신사동–강남역까지 연결
교육정책	• 영어집중교육센터 설립 • 방과 후 학교 전문성 강화 • 교육테마파크 조성	• 국제 중·고등학교 설립 • 영화·드라마 학교 설립 • 졸업 후 킨텍스 등에 취업
환경 대개발	• 한강에서 고봉산까지 푸른 일산 만들기	• 북부벨트(옛 농촌 지역)와 남부벨트(신도시 지역) 조화 발전

이다.

교육정책은 고양시의 장점을 살려서 인재를 양성하고 일자리를 창출하기 위해서 국제고등학교와 영화 · 드라마 학교를 설립하겠다는 것이다. 이런 학교 설립은 인재를 양성하는 목적뿐만 아니라 이 학교 출신 학생들이 졸업 후 킨텍스(KINTEX) 등에 취업할 수 있도록 함으로써 일자리 창출에도 기여하겠다는 공약이다. 그리고 환경보호와 아름다운 일산 만들기도 중요하지만 일산 내 낙후 지역인 북부벨트(옛 농촌 지역)도 신도시 지역처럼 조화롭게 발전시켜야 한다고 주장했다. 즉 낙후 지역 개발도 미래형 신도시 일산을 위한 중요한 공약이었다.

다음으로 한명숙 후보 선거사무소를 찾아갔다. 백 후보 사무소에 많은 운동원들이 모여 전략을 의논하고 있었던 반면, 한 후보 사무소에는 한 후보를 비롯한 거의 모든 운동원이 이미 나가고 없었다. 인터뷰는 비서관과 몇몇 사무업무 담당자와 이루어졌다. 한 후보는 쾌적하고 편안한 일산 비전을 제시하고 있는데 그 비전처럼 선거사무소 분위기는 편안하고 차분하지만 조직적이었다. 각종 여론조사에서 예외 없이 앞서고 있는 한 후보 측의 여유로움도 느껴졌다. 감성적인 홍보자료에서 이미지 중심의 선거전략을 읽을 수 있었는데, 직접 면담을 통해 한 후보 측 선거전략에 대해 들어보았다.

한 후보의 일산 비전이 여성적이거나 감성적이지 않느냐는 질문에 대해 한 후보 비서관은 후보 자체의 이미지가 부드럽고 온화하기 때문에 그렇게 느끼는 분이 많다고 했다. 하지만 사실은 오랜 국정운영 경험과 노하우 그리고 자신감이 있는 분이라 지역구 현안을 잘 해결할 것이라는 인물론을 부각하고 있다고 했다. 이 지역 한나라당 지지자의 20%와 영남권 연고자의 40%가 줄곧 한명숙 후보를 지지하고 있다고 했다. 또한 이 지역구에는 30대 유권자가 많으며, 대선과 총선 간 다른 당을 지지한 유권자가 많다는 사실은 당보다는 인물 중심의 투표자가 많다는 의미라고 해석했다. 40대 이상은 한나라당을 많이 지지하는데 일산의 젊은 유권자들은 이명박 정부 견제론에 지지를 보낼 가능성이 크므로 건강한 야당의 견제 필요성을 30~40대에게 호소할 전략이라고 했다.

한명숙 후보는 오랜 국정운영 경험을 바탕으로 이 지역을 문화, 복지, 예술, 교육, 교통 측면에서 강남이나 분당과 차별화된 '명품도시'로 만들겠다는 비전을 제시했다. 일산 지역 주민들은 이 지역에 대한 자부심과 생활만족도가 높아 강남이나 분당과 문화, 복지, 예술 측면에서 차별화된 명품도시를 원하고 있기 때문에 그 요구를 충족시키기 위해 이러한 공약을 제시했다고 했다. 일산 '명품도시' 만들기는 "쾌적한 삶터, 편안한 쉼터, 활기찬 일터"라는 슬로건으로 대표되고 있었다.

주요 공약은 백 후보와 마찬가지로 교육문제와 교통문제를 해결하기 위한 것이었다. 영어집중교육센터를 설립하고 살아 있는 학교 교육을 위해 교육테마파크를 조성하며 국제 중·고등학교 유치를 지원하겠다는 것이다. 또한 좀 더 빠르게 서울과 일산을 잇는 교통정책을 제시하였는데 지하철 3·5·9호선과 연결되는 백마-대곡-소사 철도노선을 연결하고 지하철, 국철, 버스를 한곳에서 연결하는 종합환승센터를 대곡역과 풍산역에 건립하겠다고 하였다.

그리고 개발로 죽어가는 일산을 살리기 위해 "한강에서 고봉산까지 푸른 일산 만들기"를 제안했다. 장항습지를 한국 최고의 생태환경 보존 지역으로 만들고 고봉산 습지 지역 근처에 생태과학관을 건립하며 제2호수공원도 조성한다는 계획이다. 이 밖에 수시로 문화예술 축제를 열고 여성과 주부 대상의 작은 도서관, 창업 센터 등 생활여건을 쾌적하게 개선한다는 것이다.

이렇듯 두 후보는 지역 이슈와 현안에 집중된 차별화된 일산 발전 공약을 중심으로 경쟁을 벌이고 있었다. 명품도시 대 미래형 신도시라는 차별화된 일산의 미래 청사진을 제시하고 시급한 문제인 교육과 교통에 관한 구체적인 공약을 중심으로 격돌하고 있었다. 또한 새로이 경쟁대열에 합류한 친박연대 김형진 후보도 이 지역에 애정과 관심이 많은 토박이라는 점을 강조하면서 빠르게 성장하는 일산을 위해 일할 후보임을 내세우고 있었다.[4)]

지역 이슈보다는 중앙정치 평가전을 우려했지만 예상 밖으로 지역구 현장에서 살펴본 두 후보의 경쟁은 중앙무대에서 정치활동을 펼친 권력의 핵심 간 대결답지 않게 중앙정치와 거리를 두고 있었다. 일산에 대한 희망과 포부 그리고 지향점이 일치된 반면, 그 청사진을 위한 차별화된 교육, 교통, 문화, 복지 정책을 제시하였다. 우리나라 총선이 중앙정치의 대리전으로 퇴색해 버렸다는 비판이 무색할 정도로 후보들은 지역 이슈에 집중하고 있었다. 이런 현상을 보며 총선의 의미가 살아나는 긍정적인 느낌으로 유권자들의 반응을 살피러 거리로 나섰다.

---

4) 고양시 일산 동구(갑) 한나라당 당협위원장이었던 김형진 씨는 17대 이명박 대통령을 탄생시키는 데 나름대로 역할을 했으나 공천에서 밀려 친박연대 후보로 출마했다. 미국 변호사 출신인 김형진 씨는 서울대학 경영학과를 졸업하고 법학교수, 통상전문가라는 젊고 실력 있는 신진 인물임을 내걸었다. 그는 시사코미디언이었던 고 김형곤 씨의 친동생이라는 점에서도 주목받았다.

2) 유권자 반응

이렇듯 일산 발전을 외치는 후보자 간 경쟁이 유권자들에게는 어떤 모습으로 비쳐지고 있을까? 유권자들의 반응을 살피기 위해 3일간 거리 인터뷰를 실시하였다.[5] 이들의 반응을 다음과 같이 크게 두 가지로 정리해 보았다. 첫째, 안타깝게도 선거운동 초반 거리의 민심은 무관심과 냉담 그 자체였다는 점이다. 중앙선거관리위원회에서는 연일 선거의 즐거움을 누리라는 홍보를 하고 있었지만 이곳에서 선거를 축제로 즐기는 이는 없어 보였다. 유권자들은 선거에 대해 답하는 것조차 귀찮아 했다. 답변을 해준 유권자도 대부분은 후보자가 누구인지조차 모르고 있었고 선거에 관심이 없다고 했다. 식당을 경영하는 50대 사장님은 요즘 선거 얘기하는 손님 없다며 "누가 나왔는지도 모르고, 별 탈 없으면 하던 사람이 하는 것"이라고 했다.

이 지역 토박이라는 50대 전문직 종사자, 60대 노인, 이 지역에 5년째 거주 중이라는 30대 회사원, 주부도 한명숙 씨밖에 모르는데 "그가 일산을 위해 무슨 일을 했는지는 모르겠으나 국무총리로서 친근하고 좋은 이미지"라고 했다. 한편 낮은 인지도 때문에 고전 중이라는 백성운 후보 측 주장대로 여당인 한나라당 후보를 지지할 것이라는 유권자들은 있었지만 백 후보에 대해 아는 이는 흔치 않았다. 한나라당이 하는 짓을 봐서 지금은 누가 한나라당 후보로 나와도 안 된다는 의견도 있었고, 반면 현역 의원인 한명숙 씨가 일산을 위해 한 일이 없다는 의

5) 거리에서 만난 유권자들의 반응은 체계적인 여론조사 결과나 실제 이 지역 유권자의 민심과는 다를 수 있다. 특정 시점에서 특정 선거현장에서의 반응을 살핀 것으로 전반적인 지역구 여론을 대변하기에는 무리가 있다.

견도 많았다. 이런 답을 한 대부분의 유권자들은 이번 선거에서 투표를 하지 않을 것이라고 하여 낮은 투표 참여율을 쉽게 예상해 볼 수 있었다.

둘째, 후보자들이 진단한 특별한 신도시의 모습과 유권자가 말하는 일산은 달랐다는 점이다. 이 지역에서 10년 넘게 거주했다는 40대 전문직 남성은 이곳이 부자나 고학력층 유권자만 사는 동네가 아닌데 지역대표들은 호수공원, 킨텍스 등 전시행정 위주의 일을 해왔고 이번에도 미래형 신도시나 명품도시 등 사치스런 공약을 내걸고 있다고 쓴소리를 했다. 2년 전에 이사 왔다는 30대 상인도 일산은 계속 발전하는 신도시라는 느낌이었는데 "막상 살아보니 장사도 잘 안 되고 라페스타나 웨스턴 돔 등으로 교통체증이 심하고 짜증만 날 뿐"이라고 했다. 주요 정당 후보자들이 꿈꾸는 소리만 하기 때문에 소수정당 후보를 뽑을 것이라는 유권자도 있었다. 김형진 후보를 지지한다는 30대 여성은 지난 선거에 너무 실망하여 유명한 후보가 아닌 이 지역을 위해 일할 사람을 뽑아야 한다는 마음뿐이라고 했다.

이와 같이 거리에서 만난 유권자들은 이 지역이 후보들이 인지하는 것처럼 젊은 고학력층 유권자층이 밀집해 있는 부자 동네가 아니라는 점을 강조했다. 아파트촌이지만 소수평형 아파트 거주자나 다세대주택 거주자도 많고 개발되지 않은 낙후 지역도 많은데 이런 자연부락 북부벨트나 서민생활에 무관심한 후보들이 빈부격차가 심화되고 있다는 것을 아는지 묻고 싶다고 했다. 따라서 문화, 예술, 복지를 추구하는 명품도시나 미래형 신도시보다 서민경제에 힘 쏟는 공약이 필요하며 후보자들의 이상향 추구보다 민생에 힘써주길 기대하고 있었다. 후보들이 지역구 현안에 집중하고 있는 것은 맞지만 유권자들과의 눈높이는 큰 차이가 있어 보였다.

3) 18대 총선 결과

18대 총선 일산 동구의 당선자는 초반의 낮은 인지도와 저조한 여론조사 지지율을 극복한 한나라당 백성운 후보였다. 총선마다 5% 이내의 근소한 차이로 당락이 결정되었고, 한나라당 정서나 민주당 정서 어느 쪽이 강하다고 말하기 어려운 이 지역에서 두 후보 간 치열한 경쟁이 예상되었다. 예상대로 경쟁은 치열했는데 전체 일산 동구 유권자 86,457명 중 백성운 후보가 40,697표를 얻고 한명숙 후보가 37,902표를 얻어 2,795표라는 작은 차이로 백 후보가 당선되었다.

〈표 7〉에서 보는 바와 같이 정치 신인 한나라당 백성운 후보와 현역의원인 한명숙 후보의 득표율 차이는 3.24% 포인트에 불과했다. 정당투표에서도 한나라당이 43.32%로 가장 높은 지지를 받았는데, 이는 전국 한나라당 득표율(37.5%)보다 높은 비율이다. 이러한 결과는 이번 선거에서 한나라당 성향이 강한 유권자들이 더 많이 투표장에 나온 것으로 볼 수도 있고 중도 유권자들이 한나라당 쪽으로 기울어진 것으로

표 7. 18대 총선 지역구 및 정당 투표 결과

단위 : %

	통합민주당	한나라당	자유선진당	민주노동당	창조한국당	친박연대	평화통일가정당	진보신당	기타
지역구 투표	한명숙	백성운				김형진	유형목		무소속 소병규
	43.83	47.07				7.80	0.42		0.86
정당 투표	26.84	43.32	3.56	3.20	4.55	10.57		4.82	3.08

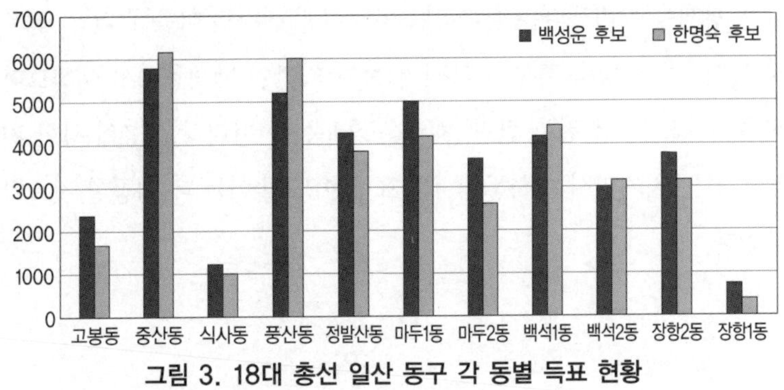

그림 3. 18대 총선 일산 동구 각 동별 득표 현황

해석할 수도 있다.

각 동별 득표수 차이를 자세히 살펴보면 〈그림 3〉에서와 같이 한명숙 후보가 더 많은 득표를 한 곳은 인구수가 많고 현재 택지개발 중인 중산동과 고양시 최대 규모의 아파트 풍동지구가 생겨나고 있는 풍산동이었다. 그리고 지난 총선에서 한 후보 당선에 기여한 지역인 신도시 지역 백석동에서도 더 많은 득표를 하였지만 그 차이는 250표 정도로 지난 총선 때의 2천여 표에 비하면 크지 않았다.

다른 모든 지역에서는 백성운 후보가 더 많은 득표를 하였다. 인구수는 많지 않지만 고연령층이 많은 낙후 지역인 고봉동과 장항1동에서 1천여 표 정도 더 많은 득표를 하였는데, 이는 아마도 이곳이 한나라당 정서가 강한 지역인데다 백 후보가 낙후 지역 발전에 대한 공약을 내걸었기 때문이기도 할 것이다. 또한 백 후보 당선에 결정적 역할을 한 지역은 낙후 지역과 신도시를 잇는 마두동이었는데 이곳에서 2천여 표 정도를 더 득표하였다. 이 지역은 대선에서 이명박 후보에게 많은 표를 주었던 지역이기도 하다. 마두동은 40대 유권자가 많고 고양시 최대 상업 지역이 형성된 곳이기도 한데 쾌적한 명품도시 건설보다는 경제를 살리겠다는 한나라당 공약이 유권자의 마음에 더 와 닿은 것 같다. 즉 한명숙 후보가 본인의 지지 기반인 백석동에서 예전보다 적은 표 차이로 선전한 반면, 백성운 후보는 한나라당 성향이 강한 지역의 표는 지키면서 백석동에서의 표 차이도 줄이는 데 성공한 것으로 보인다.

4. 맺음말

이 글의 목적이 특정 후보나 당에 대한 지지에 영향을 미친 요인 분석이 아니기 때문에 왜 이러한 선거 결과가 나왔는지에 대한 분석보다는 참여관찰을 통해 얻는 시사점을 결론으로 대신하고자 한다. 앞서 살펴본 바와 같이 두 후보 모두 안정적 국정운영 대 건강한 야당이라는 정치적 주장을 표명하면서도 지역발전이라는 점에 더 주력하여 선거운동을 펼쳤다. 이들의 공약이 차별화되고 구체적이었다는 점은 매우 긍정적으로 평가받아야 한다.

하지만 이들의 공약과 선거전략이 이 지역구의 특성과 유권자의 민심을 제대로 살펴서 만들어진 것인지에 대해서는 의문의 여지가 있다. 지역구에 속한 11개 동을 면밀히 살펴보았을 때, 후보자들이 말하는 것처럼 일산 동구 유권자는 30대-40대-20대 순으로 젊은 유권자층이 밀집되어 있지 않았다. 또 유권자들은 이 지역이 고학력, 고소득층이 많은 전형적인 신도시가 아니라 낙후된 지역과 발전된 지역이 뒤섞인 도농복합 도시임을 강조했다. 후보자들은 일산 신도시 쪽 유권자들만을 대변하고 그들만을 위한 공약을 만들어낸 것은 아닌지 좀 더 깊이

고민해 봐야 했다. 그나마 백성운 후보의 선거공약에 낙후된 지역에 대한 계획이 포함되어 있긴 했지만 구체적인 계획은 미흡했다.

이런 유권자와 후보자의 시각 차이는 쉽게 감지되었다. 후보자 캠프는 열기가 가득하였지만 거리에서 만난 유권자 중에 투표의 즐거움을 누리는 듯 보이는 사람은 거의 없었다. 일산 동구 현장을 찾은 날은 햇살이 무척 따사로운 봄이었지만 이 지역 유권자의 민심을 대변하듯 체감온도는 매우 낮았다. 아무리 후보자가 지역구 발전에 중요한 공약이나 비전을 제시해도 그것이 대중적이지 않다면 유권자 입장에서는 실현될 가치와 필요성이 없는 것이다. 민심을 제대로 읽어내지 못하는 후보자 간 경쟁만 있는 선거에 유권자의 무관심과 투표 참여율 저하는 당연하다.

이미 유권자들의 냉담한 반응에서 예상해 보았듯이, 이번 18대 총선 일산 동구의 투표율은 45.7%로 지난 17대 총선의 이 지역 투표율 67.6%에 비해 매우 저조한 비율이었다. 물론 전국 투표율 46.1%에서 알 수 있듯이 이 지역과 전국 투표율은 거의 차이가 없다. 이 지역만 투표율이 예외적으로 낮았던 것은 아니라는 말이다. 하지만 지난 17대 총선 전국 투표율은 60.6%였는데 이 지역 투표율은 67.6%로 전국보다 7% 높았던 점을 감안한다면 이번 총선에서 유권자들의 참여가 저조해졌다는 것을 쉽게 알 수 있다.

한 선거 캠프 관계자는 적극 투표층만 조사할 경우, 우리 후보가 유리하다는 말을 했다. 후보자에게는 유권자의 몇 퍼센트가 투표에 참여하는가 하는 것보다 투표 참여자의 몇 퍼센트가 자신을 지지하는가가 중요한 사안일 것이다. 하지만 당선자에게 중요한 것은 자신이 다수의 대표인가라는 점이다. 무관심과 저조한 투표 참여는 정통성이 약한 소수의 대표를 배출한다. 소수의 대표가 이끌어가는 정치는 한국 정치발전에 후퇴를 가져올 것이다. 일산 현장에서 만난 유권자들을 통해 얻은 작은 가르침은 훌륭한 국민의 대표는 자신이 대표하고 싶은 부류만 대표하는 것이 아니라 대표해야 하는 다양한 부류의 대표여야 한다는 것이었다. 또한 자신이 추구하는 비전을 공약으로 만들어 잘 실천하는 것이 아니라 국민이 원하는 일을 찾아서 공약으로 만들고 실천할 준비가 되어 있어야 한다는 것이다.

참고 문헌

김용호 외, 2004, 『17대 총선 현장 리포트』, 서울 : 푸른길.
박찬욱 편, 2005, 『제17대 국회의원 총선거 분석』, 서울 : 푸른길.
중앙선거관리위원회, 2004, 『제17대 국회의원선거 투표율 분석』.
중앙선거관리위원회, 2004, 『제17대 국회의원선거 총람』.
중앙선거관리위원회, 2008, 『제17대 대통령선거 투표율 분석』.
중앙선거관리위원회, 2008, 『제18대 국회의원선거 투표율 분석』.
중앙선거관리위원회, 2008, 제18대 국회의원 선거 지역별 득표율 분석 자료.
중앙선거관리위원회 홈페이지, 선거정보조회시스템 (http://www.nec.go.kr/: 2008년 3월 16일 검색).
통계청, 2007, 『2007 인구 · 주택 총 조사』.
『서울경제』, 2007년 12월 13일자, "주목 이곳 : 고양 백석역 일대".
『중앙일보』, 2008년 3월 29일자, "MB맨들 아슬아슬, 청와대는 안절부절".
『한겨레신문』, 2008년 3월 29일자, "총선 '북풍' 부나?".
경기도 선거관리위원회 홈페이지, http://gg.election.go.kr(2008년 3월 17일 검색).
일산동구청 홈페이지, http://ilsandong.goyang.go.kr(2008년 3월 17일 검색).

지역주의: 지속과 변화의 가능성

6 과거와 차별화된 지역주의의 재현 : 대전 중구

김욱

1. 머리말

이 글은 지난 2008년 4월 9일 실시된 제18대 국회의원 선거를 참여관찰의 입장에서 분석하고 있는데, 대전 중구 선거구를 대상으로 하고 있다. 선거 연구에서 참여관찰의 중요성은 새삼 강조할 필요가 없을 것이다. 특히 그동안 한국의 선거 연구가 미시적 수준에서의 설문조사 자료 분석 그리고 거시적 수준에서 집합자료 분석에 치중했다는 점을 감안할 때, 이러한 참여관찰 방법은 한국 선거 연구의 지평을 넓혀준다고 할 수 있다.

다만 이 연구는 진정한 의미에서의 참여관찰 방법을 사용한 것이 아님을 밝히고자 한다. 선거 과정을 제대로 참여관찰하기 위해서는 선거 캠프에 들어가 최소한 며칠 이상을 함께 지내며 그 역동성을 현장에서 살펴보아야 할 것이다. 그러나 이 연구는 여러 가지 여건상(시간과 자금 부족, 그리고 한국적 상황에서 선거 캠프에 직접 들어가는 데 따르는 위험성 등) 그렇게 하지 못했다. 이 연구의 참여관찰적 성격은 유세

현장을 둘러보고 선거 캠프에서 일하는 사람들, 일선에서 뛰는 기자, 그리고 유권자 수명을 인터뷰한 것으로 제한되어 있다.

따라서 이 연구를 참여관찰이라고 명명하는 것은 정확한 표현이라고 하기 어렵다. 아마도 참여관찰의 입장에서 지역구 선거를 분석했다고 하는 것이 좀 더 적절한 표현일 것이다. 이러한 방법상의 한계를 보완하기 위해서 이 글에서는 대전 중구 선거구가 충청 지역을 대표하는 선거구라는 점을 강조하고, 충청 지역(좀 더 정확히는 대전 · 충남) 전체와의 연계성을 중심으로 이 선거구를 분석하고 있다.

이 글은 모두 4개의 절로 구성되어 있다. 다음 2절에서는 이 연구의 대상인 대전 중구 선거구의 특성을 살펴보고 있다. 특히 역대 선거 결과를 바탕으로 대전 중구 선거구가 충청 지역 전체의 축소판적 성격을 가지고 있음을 강조한다. 3절은 18대 국회의원 선거의 전체적인 특성과의 연계 아래 대전 중구 선거구에서의 선거운동 양상과 주요 특징을 분석한다. 마지막 4절에서는 대전 중구 선거구의 선거 결과가 갖는 정치적 의미를 논의하고, 특히 그것이 충청 지역정치 및 충청 지역주의의 향후 전망에 주는 시사점을 논의하고자 한다.

2. 대전 중구 선거구의 특성 : 충청 지역 전체의 축소판

대전 중구 선거구는 대전 · 충청 지역 전체의 축소판이라고 할 수 있다. 이 지역은 과거 대전의 중심지로서 누리던 영화를 뒤로하고, 현재는 신흥 개발 지역인 서구 둔산 지역과 유성구에 비해 상대적 박탈감을 느끼면서 재개발을 애타게 기다리고 있다. 이는 대전 · 충청 지역 유권자가 다른 지역에 비해 상대적 저개발로 인한 박탈감을 느끼고 있는 것과 유사하다.

정치적 성향에서 중구 유권자들은 특정 정당에 지나치게 쏠림이 없이 균형적이고 유동적인 표심을 보여왔다. 그러면서도 지역주의 바람이 불 때에는 충청 지역을 대표하는 정당을 밀어주는 성향을 나타냈다. 〈표 1〉에서 볼 수 있는 바와 같이, 민주화 이후 실시된 다섯 번의 국회의원 선거에서 13대에는 공화당 김홍만 후보, 14대에는 무소속 강창희 후보, 15대와 16대에는 자민련으로 당적을 바꾼 강창희 후보, 그리고 17대에는 열린우리당 소속 권선택 후보를 당선시켰다.

당선 후보의 소속정당뿐만 아니라 정당에 대한 지지도도 큰 폭으로

표 1. 대전 중구 선거구 역대 국회의원 선거 결과(13~17대)

13대	민정당 강창희 33,728	민주당 유동열 3,104	평민당 신제철 3,554	**공화당** **김홍만** 87,925	계 130,094
14대	민자당 김홍만 29,438	민주당 류인범 24,069	국민당 송두영 24,542	**무소속** **강창희** 46,533	계 133,815
15대	신한국당 안양로 16,406	국민회의 신제철 12,395	민주당 김홍철 4,598	**자민련** **강창희** 62,716	계 107,178
16대	한나라당 인창원 15,610	민주당 전성환 25,322	**자민련** **강창희** 41,687	민국당 박천일 1,609	계 91,303
17대	한나라당 강창희 38,457	민주당 박천일 3,507	**열린우리당** **권선택** 60,046	자민련 박영철 13,028	계 115,038

참고 : 당선자 소속정당과 당선자는 굵은 글씨로 표시함.
출처 : 중앙선거관리위원회 홈페이지, 선거정보센터 및 역대선거정보시스템.

변동해 왔다. 가장 최근의 두 차례 선거 결과만 비교하면, 16대에서는 자민련(46%), 민주당(28%), 한나라당(17%) 순으로 지지를 보냈지만, 17대에서는 열린우리당(52%), 한나라당(33%), 자민련(11%) 순으로 정당 지지가 크게 변동하였음을 알 수 있다. 물론 뒤에서 살펴보겠지만, 이번 18대에서는 또다시 정당 지지도가 뒤바뀌어 자민련을 대신하여 충청 지역을 대표하는 지역정당으로 새로 탄생한 자유선진당에 높은 지지를 보냈다.

이러한 균형성과 유동성은 대전·충청 지역에서도 발견된다. 충청 지역은 민주화 이후 선거에서 여당과 야당 사이, 혹은 영호남 사이에서 캐스팅 보트를 행사해 왔다. 특히 14~16대에 걸친 세 차례의 대선에서 충청 유권자의 표심을 얻은 후보가 연속적으로 당선되었다. 물론 그 형태는 각기 달랐다. 14대에서는 3당 합당으로 인해 김영삼 후보가, 15대에서는 DJP 연합을 통해 김대중 후보가, 16대에서는 행정수도 이전 공약을 발표한 노무현 후보가 각기 충청의 지지를 얻어 선거에 승리하였다(김욱, 2007). 그리고 지난 17대 대선에서도 이명박, 이회창, 정동영 세 후보에 대한 지지율에서 35 : 30 : 25라는 절묘한 균형감각을 보여준 바 있다.

마지막으로 대전 중구 선거구가 대전 및 충남 지역 전체를 얼마나 잘 대표하고 있는가는 지난 17대 대선에서의 투표 결과를 통해 확인할 수 있다. 〈표 2〉에 따르면 대전, 충남, 그리고 대전 중구에서의 주요 후보별 득표율이 거의 비슷한 것을 확인할 수 있다. 특히 정동영, 이명박, 이회창 세 후보의 득표율에서는 의미 있는 차이를 발견할 수 없다. 세 후보가 얻은 대전 중구에서의 득표율은 대전 전체에서의 득표율과는 약 2% 포인트 이내의 차이를, 그리고 충남에서의 득표율과는 약

표 2. 제17대 대선 주요 후보별 득표율(대전, 충남, 대전 중구 비교)

단위 : %

	정동영	이명박	권영길	이인제	문국현	이회창
대전	23.6	36.3	2.5	1.1	7.1	28.9
충남	21.1	34.3	3.5	2.5	4.7	33.2
대전 중구	23.1	36.6	2.2	1.2	6.2	30.2
전국	26.1	48.7	3.0	0.7	5.8	15.1

출처 : 중앙선거관리위원회 홈페이지, 역대선거정보시스템.

3% 포인트 이내의 차이만을 보이고 있다. 적어도 최근의 선거에서 나타난 투표성향에 따르면 대전 중구는 충청 지역(좀 더 정확히는 대전 · 충남)을 상당히 잘 대표하는 지역구라고 할 수 있다.

3. 18대 국회의원 선거 과정의 특징과 대전 중구 선거운동 양상

1) 선거 과정의 특징

① 낮은 투표율

이번 18대 국회의원 선거에서는 역대 국회의원 선거사상 최저인 46.1%의 투표 참여율을 기록하였다. 민주화 이후 투표율은 지속적으로 감소 추세에 있다가 지난 17대에 잠시 반등의 기미를 보였으나, 이번 선거에서 다시 급격히 추락하였다. 13대부터 18대까지 국회의원 선거 투표율의 변화는 〈표 3〉을 보면 알 수 있다.

이번 총선에서 이처럼 투표율이 낮은 이유에 대해서는 다양한 분석이 제기되었다. 17대 대선 이후 4개월 만에 선거를 실시한 데서 오는

표 3. 13~18대 국회의원 선거 투표율 변화 추이

단위 : %

13대	14대	15대	16대	17대	18대
75.8	71.9	63.9	57.2	60.6	46.1

출처 : 중앙선거관리위원회 홈페이지, 역대선거정보시스템.

유권자의 선거 피로감, 대형 이슈의 부재로 말미암은 저조한 선거 관심도, 정당의 잦은 이합집산 · 분당 · 창당 등으로 인한 정치 불신과 냉소주의, 그리고 선거일 날씨가 좋지 않았던 점 등이 주요 원인으로 지적되고 있다(윤종빈, 2008). 원인이 무엇이든 상관없이,[1] 이번 선거는 전반적으로 낮은 관심도 속에서 진행되었으며, 이러한 점에서는 대전 중구 선거구도 마찬가지였다.

② 공천 과정의 문제점

이번 선거의 과정에서 문제점 가운데 하나는 주요 정당의 공천이 후보등록일 직전까지 지연되었다는 사실이다. 17대 대선 이후 준비가 부족했다는 변명도 있지만, 이러한 정당 공천의 지연은 정책 실종의 주요 원인이 되었다.

공천이 지연되는 것은 물론 비민주적 하향식 공천이 주를 이루었다. 주요 정당의 경우 지난 총선에서 도입된 경선 등 상향식 공천이 실종되고, 중앙당 공천심사위원회를 통한 하향식 공천이 이루어졌다(윤종빈, 2008). 민주노동당은 예외적으로 상향식 공천을 유지했다.

1) 비단 국회의원 선거뿐만 아니라 민주화 이후 한국의 모든 선거에서 투표율이 지속적으로 감소하고 있다. 이러한 현상의 근본적인 원인 및 선거의 유형에 따른 차이에 대한 자세한 논의는 김욱(2006)을 참조하라.

당 지도부에 의한 하향식 공천은 밀실공천으로 이어지고, 그에 따른 계파 간 나눠먹기 현상이 만연하였다. 특히 비례대표 공천은 별도의 위원회 구성 없이, 그리고 명부의 정당성에 대한 논의와 설명 없이 밀어붙이기식 밀실공천의 극치를 이루었다. 선거가 끝난 이후 몇몇 정당의 경우 비례대표 명부 작성과 관련하여 문제가 발생하였다.

한나라당의 경우 공천의 후유증이 너무 심각하여, 친박 계열 공천 탈락 인사들이 친박연대를 창당하고 무소속으로 출마하는 공천 파동이 발생하였다. 자유선진당의 경우, 다른 정당 공천에서 탈락한 인사들을 이념이나 정책과는 상관없이 막판에 무조건 영입하여 '이삭 줍기' 논란을 초래하기도 하였다. 한편 대전 중구 선거구의 경우 대부분 주요 정당의 공천 과정이 비교적 커다란 잡음 없이 이루어졌다. 이것은 이 지역구에 출마할 주요 정당(특히 한나라당과 자유선진당)의 후보들이 각 당에서 상당히 거물급 인사였기 때문인 것으로 생각된다.

③ 정책 경쟁의 실종

이번 선거에서는 공천 지연, 낙하산 공천 등으로 중앙정치 차원은 물론 선거구 단위에서도 정책 쟁점이 부상되지 못했다. 또한 주요 정당의 매니페스토(manifesto) 발표 지연 등으로 시민사회의 매니페스토 운동 또한 과거에 비해 그 효과가 크지 못했다고 평가되고 있다.

한반도 대운하 공약은 한나라당의 의도적 회피와 민주당의 전략적 실패로 총선 쟁점으로 부상하지 못했고, 대신 선심성 공약이 남발하였다. 한나라당 서울 지역 후보들이 제시한 뉴타운 추가 지정 약속은 그 대표적 사례였으며, 민주당도 수도권 30평형 아파트 2억 원 이하 공급, 그리고 민주노동당은 등록금 150만 원 등 실현 가능성이 매우 낮은 공약을 제시하였다(윤종빈, 2008).

대전 중구 지역의 경우도 진정한 의미의 정책 대결은 찾기 어려웠다. 다음에서 좀 더 자세히 논의하겠지만, 여러 후보들이 각종 공약을 발표했으나 대부분이 지역 발전과 개발을 내용으로 하는 것이었다. 후보 간 차별성이나 서로 상충되는 견해에 근거한 정책 토론과 논쟁은 쉽게 찾기 어려웠다.

2) 대전 중구 선거운동 양상

낮은 선거 관심도, 공천 과정의 파행으로 인한 실망, 정책 경쟁 실종 등으로 특징지어지는 전반적인 선거 환경은 대전 중구 선거구에서도 그대로 반영되었다. 선거운동 기간 동안 보수–진보 이념 논쟁도 없었고, 구체적인 정책 대결도 찾기 어려웠다(대전일보, 2008. 3. 31.). 게다가 주요 정당들에 번번이 실망을 느꼈던 이 지역 유권자들은 그 어느 정당에도 열정적인 지지를 보내지 않고 있었다. 기존의 한나라당과 통합민주당에는 더 이상 기대할 것이 없다는 분위기였다. 또한 지역대표정당을 표방하고 나선 자유선진당도 아직 유권자의 마음을 사로잡지 못한 상태였다.

거리에서 만난 지역주민들은 이번 선거에 대해 의견을 묻자 대부분 관심 없다며 대화를 회피하거나, 누가 되든 마찬가지라는 매우 냉소적인 반응을 보였다. 거리에서 만난 60대의 한 어르신은 "선거철에만 굽실거리는 정치인들 보기도 싫어. 우리를 위해 하는 일도 없으면서. 투표 안 할 거야"라며 정치인에 대한 불신을 적나라하게 드러냈다.

썰렁한 유권자의 반응 때문인지, 후보의 선거사무소나 길거리 유세

표 4. 대전 중구 선거구 주요 후보자 정보

기호	소속 정당명	성명 (한자)	생년월일 (연령)	직업	학력	경력
1	통합 민주당	유배근 (柳培根)	1952년 12월 27일 (55세)	정당인	서울대 농업교육과	• 제16대 대통령 선거 새천년민주당 대전중구 선거대책위원장 • 제17대 대통령 선거 대통합민주신당 대전 중구 선거대책위원장
2	한나 라당	강창희 (姜昌熙)	1946년 8월 3일 (61세)	정당인	육군사관학교	• 제11, 12, 14, 15, 16대 국회의원 • (전)과학기술부 장관
3	자유 선진당	권선택 (權善宅)	1955년 12월 1일 (52세)	국회 의원	대전대 대학원 행정학과 (행정학 박사)	• (전)대전광역시 행정·정무 부시장 • (현)자유선진당 정책 위원회 의장
6	평화 통일 가정당	이현영 (李現榮)	1965년 6월 13일 (42세)	청소년 활동가	충남대 수학과	• (사)한국청소년순결운동본부 본부장 • 민통선통일봉사단 서울시 단장

출처 : 중앙선거관리위원회 홈페이지, 제18대 국회의원선거 선거정보.

도 예년에 비해 활기가 없어 보였다. 이런 차가운 분위기는 선거운동 종반까지 계속되었으며, 이러한 상황에서 결국 선거는 인물 경쟁으로 압축되고 있었다. 그리고 여기서의 인물 경쟁이란 통상적인 의미에서 후보의 경력, 학력, 성격, 인품 등을 총체적으로 의미하는 것이 아니었다. 인물 경쟁이란 '어떤 후보가 중구, 더 나아가 대전·충청 지역 발전에 더 적합한가' 라는 아주 구체적인 의미를 띠는 것이었고, 그것이

거의 유일한 선거쟁점으로 자리를 잡아가고 있었다.

주요 후보들은 지역에서 널리 알려진 거물급 정치인이었다(〈표 4〉 참조). 특히 경합을 벌이고 있던 두 후보는 더욱 그러했다. 한나라당 강창희 후보는 전직 5선 의원이며 대전 지역 박근혜 계파의 수장 격으로 계파를 대표하여 한나라당 공천심사위원회에 참여했다. 강 후보는 이번에 당선되면 국회의장이 되어 중구 발전을 주도하겠다며 주민의 표심을 끌어 모으려고 노력했다. 그의 핵심 구호는 대전의 힘이었다.

이에 맞서는 자유선진당 권선택 후보는 당시 현직 의원으로 자유선진당의 정책위원회 의장을 맡아 당내에서 핵심적 역할을 담당했다. 대전시 행정 및 정무 부시장을 역임했으며, 지난 지방선거에서 대전 시장을 노리기도 했던 권 후보는 충청권의 차세대 주자 이미지를 부각시키는 데 주력하였다. 충청의 자존심과 충청 홀대 심판을 주요 구호로 내세웠다. 통합민주당 유배근 후보는 다른 두 후보가 당적을 바꾸어왔던 것과는 달리 20년간 한 길을 걸어온 정통 민주당 인물임을 강조하였다.

선거운동 막판에 그나마 선거의 분위기를 뜨겁게 달구었던 사건은 박근혜 전 한나라당 대표의 갑작스런 대전 방문과 이회창, 심대평 자유선진당 두 공동대표의 대전 지역 지원 유세였다. 한나라당 후보에 대한 지원 유세를 하지 않겠다던 박근혜 전 대표가 막판 강 후보의 우세가 흔들리자 강 후보의 선거사무소를 방문했던 것이다. 물론 선거 결과 그 효과가 강 후보의 기대만큼 크지 않았던 것으로 판명되었다.

한편 이회창, 심대평 두 공동대표는 선거운동 기간 마지막 주말 내내 대전에 머물면서 지역주의 바람을 확산하고자 노력하였다. 당시 자유선진당 대전 지역 선대위본부장을 맡고 있던 권 후보로서는, 이러한 지원 유세에서 핵심적인 역할을 담당하였다. 따라서 유세 현장에서, 그리고 사진기와 카메라 앞에서 그는 언제나 두 공동대표 옆자리에 자리할 수 있었던 것이다.

선거운동 기간에 실시된 여러 차례의 후보 지지율 조사 결과에 따르면, 강 후보가 권 후보를 많게는 20% 포인트 이상 차이로 앞서 나갔다. 그러나 이러한 조사 결과에도 불구하고, 강 후보는 선거운동 기간 내내 안심하지 못하는 분위기였다. 막판 지역주의 바람이 불 것에 대한 우려도 있었지만, 워낙 속을 쉽게 드러내지 않는 지역 유권자의 특성을 감안할 때 조사 결과를 100% 신뢰할 수 없었기 때문이다.

한편 권 후보의 선거사무소는 지지율에서 뒤지고 있음에도 불구하고, 막판 역전을 장담하고 있었다. 현장을 뛰고 있는 기자들도 무언가 변화가 일어날 것이라고 입을 모아 말하고 있었다. 한 일선 기자의 말을 그대로 빌리면, "무언가 일이 벌어지고 있는 것 같은데, 여론조사 결과에는 잡히지를 않아요. 하지만 감각적으로 뭔가 꿈틀대고 있는 것은 분명해요."

결국 선거의 막판 변수는 지역주의 바람이었다. 선거운동 기간 내내 지역주의 바람이 밖으로 드러날 정도로 뜨겁게 불었던 것은 아니었다. 미풍 혹은 훈풍에 불과하다는 것이 전반적인 전망이었다. 그러나 이러한 바람이 강풍으로 돌변할 가능성을 모두가 감각적으로 인지하고 있던 것으로 보인다. 속을 쉽게 드러내지 않으면서 반응이 느린 지역주민들의 특성을 감안할 때, 어쩌면 이미 마음속으로 바람을 일으킬 준비를 마치고 있었는지도 모를 일이다. 선거 결과를 두고 뒤돌아 생각해 보면, 그러했을 가능성이 더욱 커 보인다.

4. 선거 결과와 충청 지역정치의 전망

1) 선거 결과의 의미

대전 중구 선거구의 선거 결과는 자유선진당 권선택 후보의 승리였다. 세 주요 후보의 득표 및 득표율을 비교해 보면 권선택 후보가 45,148표(47.87%), 강창희 후보가 37,258표(39.50%), 유배근 후보가 10,811표(11.46%)를 기록했다(〈표 5〉 참조). 선거 막판 권 후보와 강 후보의 접전이 예상되었으나, 결과는 거의 10% 포인트에 육박하는 차이로 권 후보의 낙승이었다.

이러한 선거 결과는 대전·충청(좀 더 정확히는 대전·충남) 지역 전체의 선거 결과와 맥을 같이하는 것이었다. 선거를 몇 달 앞두고 만들어진 자유선진당은 대전·충남 지역에서 총 15석 중 13석(대전 5석, 충남 8석)을 차지하는 대단한 성과를 거두었다. 한나라당은 1석도 얻지 못했고, 민주당이 나머지 2석(대전과 충남에서 각각 1석)을 차지했던 것이다.

실제로 대전 중구 선거구와 대전·충남 지역 전체의 정당별 지지 유형을 살펴보면 상당히 유사한 것을 알 수 있다. 대전과 충남 지역에서 주요 정당별 비례대표 득표율은 〈표 6〉과 같다. 두 지역 모두에서 자유

표 5. 18대 총선 대전 중구 선거구 개표 결과

정당	통합민주당	한나라당	자유선진당	평화통일가정당
후보	유배근	강창희	권선택	이현영
득표	10,811	37,258	45,148	1,092
득표율(%)	(11.46)	(39.50)	(47.87)	(1.15)

출처 : 중앙선거관리위원회 홈페이지, 제18대 국회의원선거 선거정보.

표 6. 18대 총선 대전과 충남의 주요 정당별 비례대표 득표율

단위 : %

	통합민주당	한나라당	자유선진당	민주노동당	창조한국당	친박연대
대전	18.61	24.78	34.34	3.87	3.66	8.65
충남	13.54	27.12	37.78	4.70	2.54	7.22

출처 : 중앙선거관리위원회 홈페이지, 제18대 국회의원선거 선거정보.

선진당이 가장 높은 득표율을 기록하고 있고, 2위인 한나라당의 득표율에 비해 약 10% 포인트 정도 높다. 이는 대전 중구 지역구 투표에서 자유선진당 후보와 한나라당 후보 간에 나타난 득표율 차이와 엇비슷한 결과이다.[2)]

이렇게 볼 때 대전 중구 지역구의 결과 또한 지역구 자체의 특성보다는 충청 지역 전체 차원에서의 변수가 더 중요하게 작용했다고 추론할 수 있다. 다시 말하면, 선거 종반까지 인물 경쟁이 주된 쟁점으로 부각되었지만, 실제 선거 결과는 인물 경쟁보다는 대전과 충남 지역에 불어 닥친 지역주의 바람에 더 많은 영향을 받은 것으로 생각된다.

2) 충청 지역정치의 전망

그렇다면 향후 대전 · 충청 지역의 정치는 어떻게 전망할 수 있는가? 이번 선거를 통해 자유선진당이 충청(좀 더 정확히는 대전 · 충남) 지역에 정치적 기반을 마련한 것은 분명하나 과연 그러한 기반이 얼마나 견고한 것인지, 그리고 얼마나 지속될 것인지는 매우 불투명하다. 이

2) 물론 비례대표 득표율과 지역구 후보 득표율을 직접적으로 비교할 때는 그 해석에 주의해야 한다. 유권자들이 비례대표 투표와 지역구 투표에서 서로 다른 기준을 사용할 수 있기 때문이다. 그럼에도 불구하고 득표율 차이가 비슷하다는 것은 흥미로운 결과이다.

러한 전망과 관련하여 크게 두 가지 요인을 고려할 수 있을 것이다.

첫째, 공천 과정에서 드러난 자유선진당의 정체성 논란이다. 앞에서 언급한 바와 같이 자유선진당의 공천 과정은 많은 문제점을 드러냈다. 다른 정당과 마찬가지로 중앙에서의 하향식, 밀실 공천이 이루어진 것은 물론이고, 추가적으로 주요 정당의 공천에서 탈락한 후보를 막판 마구잡이식으로 공천함으로써 이른바 '이삭 줍기' 논란을 불러일으켰다. 이러한 공천행태가 자유선진당의 선전에 일정 부분 기여한 것은 사실이며, 또한 군소정당으로서 어쩔 수 없는 선택이었다고 변명할 여지가 전혀 없는 것은 아니다. 그러나 후보의 이념과 과거 행동은 불문하고 무조건 공천하는 행태는 당의 정체성을 훼손한다는 점에서 향후 극복해야 할 과제이다.

둘째, 충청 지역주의의 특성 및 새로운 형태이다. 충청의 지역주의는 영호남의 지역주의와 비교할 때 그 성격과 강도가 매우 다르며, 따라서 이를 같은 차원에서 논의하는 것은 위험하다. 충청의 지역주의는 상대적으로 강도가 약하기 때문에 패권지향적이지 않고, 대신 유연성과 실리를 중시하는 전략적인 성격을 갖고 있다. 게다가 지난 2002년 대선 당시 노무현 후보의 행정수도 이전 공약을 계기로, 과거 특정 정치지도자(김종필)와의 정서적 유대감에 기반을 둔 전통적 형태의 지역주의에서 구체적인 이익에 기반을 둔 공리주의적 성격의 지역주의로 변모하였다(김욱, 2004).

이러한 충청 지역주의의 성격을 감안한다면, 자유선진당에 대한 충청 유권자의 지지가 매우 유동적이고 불안정한 것이라고 할 수 있다. 많은 충청 유권자가 이번 선거에서 자유선진당을 지지한 이유는 이회창이나 심대평 같은 정치인에 대한 정서적 유대감이나 충성심 때문이라고 보기 어렵다. 한나라당이나 민주당과 같은 과거 집권정당에 대한 불만, 특히 충청 지역 홀대에 불만이 널리 퍼져 있는 상황에서 새로 탄생한 자유선진당에 '밑져야 본전' 이라는 식의 기대를 가지고 지지했다고 할 수 있다. 따라서 자유선진당이 충청 지역의 발전에 기대만큼의 기여를 하지 못한다면 지역 유권자의 지지는 언제든지 철회될 수 있는 것이다.

그런데 자유선진당이 이회창이라는 특정 정치인에 지나치게 의존하는 모습이나, 앞에서 언급한 공천 과정에서 드러난 문제점들을 감안할 때 자유선진당의 미래가 그리 밝지만은 않아 보인다. 자유선진당이 향후 충청 지역을 대변하는 정당으로 발전해 나가기 위해서는 충청의 자존심만을 내세우는 전략에서 벗어나 다른 정당들과 차별화할 수 있는 정책적 지향성 혹은 이념성향을 가져야 할 것이다. 물론 여기서의 이념성향이 반드시 기존의 보수-진보를 의미하는 것은 아니며, 새로운 형태의 이념성향도 얼마든지 가능하다. 구체적 내용이 무엇이 되었든 무언가 다른 정당들과 구분할 수 있는 프로그램을 담보하여 당의 정체성을 확립하는 것이 가장 시급한 과제라고 할 것이다.

참고 문헌

김용호 외, 2004, 『17대 총선 현장 리포트』, 서울 : 푸른길.

김욱, 2004, "한국 지역주의의 지역별 특성과 변화 가능성 : 대전 · 충청 지역을 중심으로", 『21세기 정치학회보』 제14집 제1호.

김욱, 2006, "선거의 유형과 투표참여 : 지방선거의 특성을 중심으로", 『한국정치연구』 제15집 제1호.

김욱, 2007, "충청 지역주의의 역사적 발전과정과 특성", 『정치 · 정보연구』 제10권 제2호.

손병권, 2008, "4 · 9총선 결과와 18대 국회의 과제", 경실련 주최 '4 · 9총선과 정치개혁 방향성' 토론회(서울 : 2008. 4. 17.).

유재일, 2004, "충청 지역주의의 변화 : 대전 중구", 김용호 외, 『17대 총선 현장 리포트』, 서울 : 푸른길.

윤종빈, 2008, "4 · 9총선 종합 평가 및 향후 과제", 경실련 주최 '4 · 9총선과 정치개혁 방향성' 토론회(서울 : 2008. 4. 17.).

『대전일보』, 2008년 3월 31일자, "바른선택 4 · 9총선-대전 중구 후보 합동 토론회".

중앙선거관리위원회 홈페이지, 선거정보센터(http://elecinfo.nec.go.kr).

중앙선거관리위원회 홈페이지, 역대선거정보시스템 (http://www.nec.go.kr/sinfo/index.html).

중앙선거관리위원회 홈페이지, 제18대 국회의원선거 선거정보 (http://www.nec.go.kr:7070/abextern/index.html).

7 지역인물의 귀환 : 충남 예산 · 홍성

정연정

1. 머리말

18대 총선은 우리 정치의 주요한 지형을 변화시키는 데 중요한 계기를 제공한 선거였다고 볼 수 있다. 우선 보수주의와 진보주의라고 하는 양대 이념구도의 틀을 변화시켜, 보수 일변도 또는 중도 보수의 의미에 근거한 실용노선이 유권자들을 자극한 선거였다고 볼 수 있다. 그러나 이념을 넘어서 '실용성' 을 해석하는 데는 다양한 견해가 존재할 수 있고, 유권자의 '실용' 에 대한 이해도 다양하게 나타날 수 있다. 전국 단위에서는 이른바 경제살리기가 실용주의와 동일한 개념으로 이해되는 것이 보통이었지만, 충청 지역의 경우 영호남 중심의 과거 지역연고에 근거한 구지역주의에 대항하는 '신지역주의' 의 창출을 실용주의의 한 부분으로 수용하고 있는 듯했다. 이러한 '실용' 에 대한 다양한 개념 정의는 서울과 수도권을 중심으로 하는 유권자들에게는 한나라당 중심의 선택으로 귀결되었으며, 충청 지역(충북 제외)과 대전 지역에서는 새로운 지역정당의 선전 현상으로 귀결되었던 것이다.

18대 총선 이후 변화된 정치지형은 보수 중심의 정치구도뿐만 아니라 이러한 영호남을 중심으로 하는 구정치질서를 새로운 지역주의로 대체하려는 새로운 변화를 포함하는 것이라고 볼 수 있다. 지역주의가 합리적인 유권자의 선택이 될 수 있다는 학술적 논의들이 전개되어 왔지만, 그러한 의미에서 충청 지역에서의 자유선진당이나 충청 지역 출신 후보자들의 당선은 특정한 지역의 정치적 경험과 미래에 대한 새로운 변화를 포함하는 유권자들의 선택 결과를 반영한 것이라고 볼 수 있다.

18대 총선은 초기에 한나라당의 전반적 우세로 시작하여 강부자 · 고소영 내각이나 청와대 인사들의 문제점이 여론에 부정적으로 비쳐지면서 '견제론' 이라는 대안적인 담론으로 갈등적 측면을 가지고 진전되어 갔다. 한나라당과 통합민주당은 이러한 견제론과 안정론이라는 구도 아래에서 지역민들의 표심을 획득하기 위한 노력을 중점적으로 기울였다. 하지만 이러한 견제론은 '통합민주당' 이라는 완전한 정체성을 확인하기 어려운 유권자들에게는 충분한 대안이 되지 못했고, 특히 지역정당을 표방하면서 등장한 자유선진당이라는 제3의 변수에 대해서는 별다른 주위를 기울이지 못했던 것도 사실이다.

선거 중반기를 접어들면서 수도권을 중심으로 하는 견제론층의 변화는 지역에 기반을 둔 자유선진당에 어느 정도의 위기감을 제공했던 것도 사실이다. 특히 충북 지역은 과거 열린우리당 우세 지역으로 현직자의 대부분이 열린우리당 의원들이었다. 이른바 '후보 영입' 에 어려움을 겪고 있던 자유선진당의 경우는 민주당 출신 현역 의원들을 새로운 지역담론으로 흡수하려고 하는 전략적인 노력을 기울여왔다. 물론 전국정당을 표방하면서 등장한 자유선진당의 전국 인지도가 2% 선을 넘기 어려울 것이라는 전망들이 나오면서, 자유선진당의 주요한 카드는 지역이 되어버린 것도 사실이다. 충청 지역 현직자 중심의 후보 영입 역시 견제론의 확산이 어느 정도까지 이루어질지 모르는 불확실성을 통해 쉽게 이루어지지 못했고, 자유선진당은 선거 후반기에 접어들면서 '지역정당' 으로서의 올인 전략에 더욱더 매몰될 수밖에 없었던 것이다. 이러한 충청 올인 전략은 이회창 총재의 홍성 · 예산 지역 출마 결정과 직접적으로 관련성을 갖는다.

이회창 자유선진당 총재는 당초 인물 인지도를 활용하여 전국정당화를 추구하기 위해 수도권이나 영남 지역에서의 출마설이 강하게 대두되었지만, 앞서 논의된 정세의 변화가 실제로 자유선진당으로 하여금 충청에서 승리한다는 '지역주의' 선거로 유도했다고 볼 수 있다. 이러한 의미에서 이회창 총재의 충남 예산 · 홍성 출마는 대중정당의 주요한 딜레마인 당선에 최우선 순위를 부여하며 이루어진 결과이고, 다양한 비판 여론에도 불구하고 이회창 후보 카드가 결정되었던 것이다.

이 글에서는 18대 총선의 주요한 관전지로 정의된 충남 예산 · 홍성의 총선 과정을 이회창 자유선진당 후보와 한나라당 홍문표 현직 의원 후보 간의 경쟁구도를 통해 충청 지역 유권자의 투표 결정 동기, 정향 등에 대해 새롭게 조망해 보고자 하였다. 결과적으로 이 지역민들은 '충청 지역의 어르신' 을 압도적으로 지지하였지만, 그러한 지지는 단순히 인물의 연고를 중시하는 맹목적인 선택과는 다른 맥락에서 파악될 필요가 있을 것이다. 현장에서의 유권자 인터뷰 결과들을 활용함으로써 18대 총선에서 충청 지역 유권자들의 선택의 의미를 파악하고, 더 나아가 이를 통해 새롭게 나타난 충청의 신지역주의의 내용과 특성을 파악하는 것이 이 글의 주요한 목적이라고 볼 수 있다.

2. 18대 총선 과정과 결과 : 충남 예산 · 홍성

1) 유권자의 투표 결정 변수 : 지역인물에 대한 신뢰와 공헌도

충남의 예산 · 홍성은 전통적으로 축산업과 농업이 주요한 산업기반이 되는 농업기반 도시라고 할 수 있다. 지역민의 대다수가 축산업과 과수농업에 기반을 둔 도 · 소매업에 관여하고 있으며, 최근 홍성 지역은 서해안 고속도로를 중심으로 이루어지고 있는 지역개발 사업들이 진전되고 있는 신개발 지역이기도 하다. 2004년 선거구 획정 결과 하나의 선거구로 통합된 두 지역의 유권자 선택은 차이점을 갖고 있는 지역이기도 하다. 그러나 이렇게 다른 기반을 갖고 있는 두 지역이 하나의 선거구로 통합되었지만, 이들 지역의 유권자들은 공통적으로 기존의 선거에서 '인물 중심' 의 선택을 해왔다. 즉 역대 총선에서 홍성은 다양한 정당 후보가 당선된 것처럼 나타나지만 사실은 여러 번 당적을 옮긴 한 인물에 대한 선택이 지속적으로 이루어졌고, 예산의 경우는 충청 지역에 연고를 둔 정당의 후보가 대부분의 선거에서 당선되어 왔다.

다음 <표 1>에서 보이는 바와 같이 홍성 지역과 예산 지역은 개별 선거에서 다른 형태의 정당 후보자를 선택한 것이 사실이지만, 종국적으

표 1. 예산 · 홍성 지역 역대 국회의원 선거 투표 결과

선거연도 / 지역	14대(1992)	15대(1996)	16대(2000)	17대(2004)
청양 · 홍성	조부영 (민자당)	이완구 (신한국당)	이완구 (자민련)	홍문표 (한나라당)
예산	오장섭 (민자당)	조종석 (자민련)	오장섭 (자민련)	

로 지역의 인물에 대한 의존도가 상대적으로 높게 나타나고 있음을 알 수 있다.

14대의 경우 두 지역은 3당 합당의 결과로 창출된 민자당 내 김종필 전 자민련 총재의 역할론을 기대했고, 이러한 과정에서 JP의 민자당 내에서의 영향력과 연고에 영향을 받은 투표 결과를 나타냈다. 이것은 당시 3당 합당이라는 개편된 구도 아래에서 충청의 인물인 JP에 대한 지지도와 연관성을 갖는다고 볼 수 있다. 15대의 경우 이러한 JP에 대한 지지율은 1995년 김종필 총재가 고유한 지역정당인 자민련을 창당한 직후 이루어진 선거였다. 그러나 이러한 JP의 인물 영향력은 자민련이라는 정당에 대한 공통의 지지로 이어지기보다 지역에 연고를 둔 새로운 인물에 대한 지지로 전환하는 계기가 되었고, 16대를 거치면서 특정 인물에 대한 지지가 수렴되는 현상이 나타났던 것이다. 특히 17대의 경우는 전국이 탄핵열풍으로 열린우리당의 지지율이 급상승하는 과정에서 이 지역은 하나의 선거구로 통합되었고, 그 결과는 지역정당인 자민련에 대한 지지나 열린우리당 지지로 나타나지 않고 지역에 뿌리를 둔 오랜 인물인 홍문표 의원으로 결집되었다. 당시 홍문표 의원은 2000년부터 홍성 지역의 한나라당 지구당 위원장을 역임하면서 지역선거에 출마하기 위해 노력해 온 인물로 통하고 있다. 하지만 이러한 홍문표 의원은 이전 선거에서는 다른 인물에 대한 강력한 지지로 말미암아 좌절되었으며, 이완구 의원이 충남도지사 출마설로 인해 3선에 도전하지 않게 되면서 가능했던 것이라고 볼 수 있다. 이러한 변화가 일어나면서 홍성 지역의 경우는 그동안 지역에 중요한 역할을 해 온 새로운 야당 소속 인물을 대안으로 하여 총선에서의 결정을 수행하게 된 것이라고 볼 수 있다.

결과적으로 예산과 홍성 지역 유권자들은 기존의 국회의원 선거에서 정당보다는 충청 지역의 인물을 투표 선택의 중요한 변수로 고려해 왔으며, 전략적으로 유리한 정당 후보자를 선택하기보다 인물에 대한 신뢰도, 지역적 공헌도 등을 중심으로 투표를 수행해 왔다고 볼 수 있다. 따라서 이러한 '인물 중심성'의 경향은 18대 총선에서도 반영되어 나타났으며, 이회창 총재와 자유선진당이 특별하게 지역발전에 기여하지 않을 것이라고 생각하고 있는 지역민들조차도 "지역 어르신이 되어야 한다"는 전통적인 믿음을 표명하고 있기도 했다.

2) 18대 총선 과정에서의 예산 · 홍성 유권자의 선택 : 인물+평가 및 실리

18대 총선이 시작되기 이전에 현직자인 홍문표 한나라당 의원은 17대 대선 이후 다른 어떠한 후보보다 유리한 위치에 있다는 평가가 대부분이었다. 즉 기존의 야당이던 한나라당이 정권교체를 이루었고, 이러한 정권교체를 통해 여당 의원의 프리미엄을 활용하여 선거에서 유리할 수 있다는 것이었다. 그리하여 홍문표 현 의원은 일찍부터 한나라당의 지역 후보로 공천이 결정되기도 하였다.

현직 한나라당 의원이 상대적으로 유리할 수 있었던 것도 사실이지

표 2. 예산 · 홍성 지역 17대 대통령 선거 후보별 지지율

단위 : %

후보자 지역	정동영	이명박	권영길	이인제	문국현	이회창
홍성	15.75	29.98	2.68	1.48	3.42	46.02
예산	9.03	19.70	1.56	0.58	1.71	66.94

출처 : 중앙선거관리위원회 홈페이지, 제17대 대통령선거 선거정보.

만, 이 지역의 출마자가 누구인가의 변수는 여전히 남아 있는 문제였다. 이회창 총재가 이 지역에 출마하게 될 것이라는 보도들이 나타나면서, 이 지역 '인물 본위'의 정향은 새로운 변수로 현직 여당 후보의 재선에 중대한 영향을 미치게 되었다고 볼 수 있다. 이회창 자유선진당 후보는 이미 17대 대선을 통해 두 지역에서 한나라당이나 대통합민주신당의 후보를 압도하는 지지율을 확보했고, 대선 직후 이루어진 총선에서 지역에 출마할 경우 이러한 지지율이 쉽게 변화하지 않을 것이라는 전망이 우세적이었다.

앞의 〈표 2〉에 따르면 17대 대선에서 이회창 자유선진당 총재는 홍성에서 한나라당 유력후보를 약 16% 이상 앞섰고, 예산의 경우는 약 47% 정도 압도적으로 앞서는 것으로 나타났다. 예산의 경우는 이회창 후보의 선영이 있는 곳으로 이회창 후보를 지역의 인물로 정의하는 강도 역시 상대적으로 높게 나타나고 있다.

기존의 투표에서 지역의 인물을 중심으로 선택을 해왔던 예산과 홍성 유권자들은 18대 총선에서 새로운 인물로 이회창 후보를 여당의 현직 인물에 대한 대안카드로 선택했다. 그러나 현직 홍문표 의원 역시 홍성 출신으로 지역의 연고를 주장할 만큼 충분한 지역 인지도를 확보한 인물이었고, 여기에 여당 내에서 차지하는 비중과 이명박 정부 초

표 3. 예산 · 홍성 지역 18대 총선 후보별 지지율

단위 : %

소속정당	후보명	최종 득표율
한나라당	홍문표	35.74
자유선진당	이회창	60.90
창조한국당	유병학	2.48
평화통일가정당	이윤석	0.85

출처 : 중앙선거관리위원회 홈페이지, 제18대 국회의원선거 선거정보.

기에 대통령직인수위원으로 활동하는 등 권력 새 정부와의 높은 연관도를 가지고 있다고 평가되었다. 그렇다면 두 후보 모두 지역의 연고를 갖고 있는 인물이었음에도 불구하고 왜 이회창 후보가 압도적인 지지를 받을 수 있었는지를 살펴볼 필요가 있을 것이다.

현장조사를 통해서 나타난 유권자들의 답변은 인물주의 이외에 추가적인 선택 요인이 존재했다는 것을 보여주고 있다. 이러한 요인은 현직자 평가 요인과 막 구성된 새 정부에 대한 견제론적 시각이 동시에 포함된 요인들로 구성된다. 즉 현직 국회의원으로서 홍문표 의원과 한나라당은 이 지역의 발전에 중요한 역할을 수행하지 못했다는 회고적 평가 정향이 유권자들에게서 발견된 것이다. 예산과 홍성 유권자들은 현직자에게 불만족을 갖고 있었는데, 예산 유권자들의 경우는 홍문표 의원이 홍성 출신 현직 의원으로서 예산 지역에 아무런 지역개발 효과를 창출하지 못했다는 평가를 내리고 있었고, 홍성 지역 주민들은 충남도청 이전의 효과가 신도시 중심으로 집적될 것을 우려함으로써 이것이 현직 의원에 대한 평가로 연동되고 있었던 것이다.

"이회창 후보가 지역의 국회의원이 된다고 하더라도 특별하게 지역이 발전되지는 않을 것이라고 생각한다. 홍문표 의원이 된다고 하더라도 마찬가지이다. 그리고 홍문표 의원은 예산에 특별하게 해준 일이 없다"(예산군 향천리, 70대 유권자, 주유소 경영).

"예산 지역에서는 계속해서 홍성 출신 국회의원이 당선되는 것에 대한 불만족감을 갖고 있다. 예산은 지금 매우 어렵다. 아파트들은 미분양 상태이고, 교통문제도 심각하고, 전반적으로 식당이나 택시기사 모두 영업이 어렵다고 불평하고 있다. 이러한 문제들은 이미 홍문표 의원이 현직 시절에 다 나타난 것이다. 이에 대해서 홍문표 의원은 별로 한 일이 없다"(예산군 산성리, 40대 주부, 분식점 경영).

"충남도청이 이전해 온다고 하더라도 인구는 계속 줄고 있다. 그리고 도청이 이전하는 신도시를 제외하고 지역주민은 별다른 개발효과를 기대하지 않고 있다. 구도심은 점점 죽어가고 있고, 기타 지역들은 여전히 개발제한으로 묶여 있다. 땅을 팔아서라도 자식 결혼도 시키고 여러 가지 해야 할 일이 있는데, 참으로 답답하다"(홍성군 광천읍, 50대 유권자, 부동산 중개업).

"새 정부에 대한 지역의 민심이 매우 나쁘다. 특히 내각과 청와대 주요 인사들을 임명하면서 지역민들은 매우 놀라고 있다. 또한 한반도 운하에 대해서도 부정적인 이야기를 많이 한다. 목욕탕에서 모여서 대통령에게 나쁜 말들을 많이 늘어놓을 만큼 민심이 좋지 않고, 이러한 분위기 때문에 홍문표 의원이 괜히 피해를 보고 있다"(홍성군 대교리, 40대 유권자, 농수산물직판장 운영).

이상에서 나타난 바와 같이 오랜 시간 동안 지역의 인물로, 여당의 현직 의원으로 강점을 갖고 있던 홍문표 의원이 지역에서 높은 지지율을 확보하지 못하고 있는 것은 인물주의 효과로써도 해석되어야 하나, 단순히 지역 어르신으로서의 상징적 의미 이상의 원인이 복합적으로 연계되어 있다는 사실이다. 즉 예산과 홍성 지역을 통해 나타난 인물 연고주의는 과거의 인물 연고주의와는 다른 내용물로 정의되어야 하며, 현직자의 주요 지역정책 사업 결과에 대한 지역주민의 불만족과 현 정부 초기의 주요한 실책에 대한 불만족감이 평가되면서 나타난 결과라고 할 수 있다. 그러한 점에서 이번 18대 선거에서 나타난 예산·홍성 유권자의 후보자 지지경향은 전통적인 요소와 지역의 미래적 실리추구라는 가치가 종합적으로 반영되어 나타난 것이라고 볼 수 있다.

따라서 필자는 예산과 홍성 지역의 18대 총선 지지경향은 과거의 지역주의(문용직, 1992)와 차별되는 '신지역주의'라는 새로운 내용으로 정의되어야 함을 강조하고자 한다. 신지역주의는 지역에 연고를 둔 정당이나 인물이 단순히 상징적인 차원에만 머물러 있는 존재로서가 아니라 기존 인물과 기타 정당들이 지역의 이해를 충분히 실현하지 못한 상황에서 대안으로 존재하는 유권자 정향이라고 할 수 있다.

신지역주의는 결과적으로 단순한 인물 의존만으로 정의될 수 없기 때문에 지역정책과 직접적인 관련성을 갖는 개념으로 정의할 필요가 있을 것이다. 단순히 인물 연고만으로는 지역민들의 충분한 지지를 유도하기는 어려운 상태라는 점에서 충청의 지역주의는 과거적 성격을 극복하고 있으며, 복잡한 지역 현안 사업 및 지역 내 집단 간의 이해충돌에 대한 적절한 조정기능을 국회의원들이 수행할 수 있기를 바라는 평가적인 내용으로 진전되고 있다.

과거 우리 정치문화의 특징으로 정의되어 온 지역주의는 이제 충청을 중심으로 나타난 유권자 투표 정향 속에서 새로운 내용으로 바뀌어 가고 있다. 물론 연고주의를 완전히 극복하지는 못하지만, 지역에 연고를 둔 인물은 동일 지역 소속의 여타 정당의 후보들이 충분히 능력을 발휘하지 못할 경우 더욱더 중요한 요인으로 작용하여 선택을 결정할 수 있는 것이다.

3) 홍문표, 이회창 후보의 선거전략 및 핵심 공약

18대 총선에 임하는 주요 후보들의 선거전략과 핵심 공약은 실제로 예산과 홍성 지역주민에게 별다른 영향을 미치지 못했던 것으로 평가된다. 거물급 인사의 지역 출마로 말미암아 현직 후보자는 선거 초반부터 선거운동에 많은 제한을 느끼게 되었고, 필요한 공약개발 역시 충분히 진전시키지 못했던 것도 사실이다. 홍문표 의원의 선거운동 관계자와 나눈 인터뷰에서 나타난 것처럼, 이회창 후보의 해당 지역 출마는 정치적으로 타당하지 않은 과정이었던 것이다. 그렇지만 현직자인 홍문표 의원 역시 현직효과를 최대화하기 위해 지역발전 사업을 공약으로 구성하였다. 그만큼 홍 후보나 이 후보 모두 지역의 현안은 피해 갈 수 없는 문제였던 것이다.

홍문표 한나라당 후보는 여당 후보로서 차별화된 성과를 강조했고, 수도권 철도 연결과 공단 유치, 도청 유관기관 200개를 유치하는 공약을 중점적으로 제기하면서 예산과 홍성의 주요한 현안인 인구이탈 방지와 충남도청 이전으로 예상되는 공동화 문제 등을 해결하기 위한 대안 모색을 추구했다. 홍문표 후보는 대외적인 홍보나 선거운동에 초점을 맞추기보다 지역 내 다양한 집단을 접촉하여 지지를 호소하는 면대면 형식의 선거운동에 주력했다.

홍문표 후보 선거관계자에 따르면, 홍 후보는 이 지역의 다양한 집단행사를 빠지지 않고 챙겼으며 직접 행사에 참여하여 지지를 호소하고, 홍성을 중심으로 하는 가가호호 방문을 통해 기존 지지층을 확고하게 하는 전략을 중심으로 선거운동을 전개했던 것이다.

이러한 전략은 실제 투표 결과에서 예산 지역보다 홍성 지역에서 상

표 4. 예산 · 홍성 지역 18대 총선 후보별 최종 득표율

단위 : %

소속정당	예산	홍성
홍문표(한나라당)	19.42	53.24
이회창(자유선진당)	77.82	42.75
유병학(창조한국당)	2.05	2.95
이윤석(평화통일가정당)	0.69	1.03

출처 : 중앙선거관리위원회 홈페이지, 제18대 국회의원선거 선거정보.

대적으로 홍문표 의원의 지지율이 높게 나타난 것에 반영되는 것이기도 하다. 즉 홍문표 후보에 대한 지지율은 예산에 비해 홍성 지역에서 상대적으로 높게 나타났고 약 33% 정도의 차이를 보이고 있다.

한편 자유선진당 이회창 후보는 선거운동을 적극적으로 수행하는 것처럼 보이지 않았다. 자유선진당의 총재로서 동일 정당 다른 후보들의 지역구 유세 때문에 출마 지역에 특별히 전략을 집중하기 어려운 상황도 있으나, 당선 가능성이 높다고 하는 사전 예측도 관련성을 갖고 있다. 물론 이회창 후보의 선거운동 관계자는 전화로 이 후보가 스스로 선거운동 관련 홍보물자의 문구 하나하나까지 점검하고 피드백을 주는 상황이나 홍문표 후보에 비해 상대적으로 지역주민을 만나는 횟수는 매우 적다고 밝힌 바 있다.

선거운동은 대부분 '창사랑' 자원봉사 조직을 통해서 이루어지고 있으며, 거리 홍보 및 유세를 통해 공약 소개를 중점적으로 수행하고 있는 것으로 나타났다. 노령의 후보자여서인지 이회창 후보의 선거사무소에는 노령 자원봉사자들이 주를 이루고 있었고, 지역에서 높은 연령층의 오피니언 리더(opinion leader)들이 선거운동에 직 · 간접적으로 참여하고 있었다.

이회창 후보는 경기도 안산에서 신도시로 연결되는 서해안 철도 건설과 신도시와 홍성, 예산을 기능적으로 연계하는 '링크시티(link city)' 공약을 주로 하여 도청 이전으로 발생할 수 있는 공동화 현상 극복과 수도권 개발 효과를 확산(spill over)시키고자 하는 기본적인 인프라 구축에 집중하는 경향을 나타냈다.

선거운동적인 차원에서 두 후보의 전략은 차이점이 나타나고 있었다. 오랜 지역활동에서의 기반과 조직을 활용하여 홍문표 후보는 각종 지역행사, 가가호호 방문을 중점적으로 하는 운동을 집중적으로 수행해 왔다. 충남 홍성 지역에서 만난 한 지역민은 홍문표 후보의 오랜 지역주민을 위한 활동들에 대해서 긍정적인 평가를 내리고 있었는데, 그는 실제로 지역에서의 오랜 얼굴 알리기 전략이 갖는 의미가 충분히 있었다는 점을 지적했다. 하지만 이러한 홍문표 후보의 선거전략은 실제로 선거 후반기에 접어들면서 집권 여당의 후보로서 갖는 장점을 부각시키는 것과 관련성을 갖는데, 지역주민들은 현 한나라당 정부에 불신과 불만족감을 갖고 있는 상태였다. 오랜 지역에서의 얼굴 알리기가 지역 유권자의 표심을 자극하는 데 영향을 미치기보다는 오히려 현 정부의 정책 신뢰 문제가 유권자에게 체감되는 문젯거리였고, 이 과정에서 홍문표 후보의 맨투맨(man-to-man)적 전략은 실효성을 갖기 어려운 측면이 있었다. 필자가 만난 지역민들은 주로 현 정부의 정책 문제점을 더욱더 강력하게 제기했고, 홍문표 후보가 이명박 대통령의 측근이라는 사실 역시 부담스러운 문제로 받아들이고 있었다.

이회창 후보의 선거 캠프에는 주로 지역 원로들의 출입이 잦아 보였다. 지역 어르신으로서의 이미지를 창출하고, 지역 원로들의 지지기반을 활용한다는 전략적 고려가 반영된 것이다. 지역 원로들은 중앙의 주요한 정치 엘리트인 이회창 후보가 자신의 연고지에서 선전을 할 수 있어야 한다고 누차 강조했고, 이를 위해서 자신들의 참여와 관여가 중요함을 강조했다. 이회창 후보의 한 선거운동 관계자는 홍문표 후보가 가가호호 적극적인 선거운동을 수행하고 있음에도 불구하고 이회창 후보는 상대적으로 이러한 얼굴 알리기가 필요 없는 '인물' 임을 강조했고, 더욱더 중요한 것은 지역민들이 이회창 후보를 지역의 중요한 인물로 수용하고 있으며, 지역의 현안문제들을 중앙정치에 실현할 수 있는 지도자라고 하는 점을 더욱더 중요하게 인식하고 있는 것 같다고 밝혔다.

특히 이회창 후보는 자유선진당의 총재로서 전체적인 선거를 지휘하는 역할에 선거운동 기간의 대부분을 소요하고 있는 것으로 나타났다. 하지만 단순히 지역 어르신으로서의 이미지만을 가지고 선거에 접근할 수 없다는 점을 인식하고 있다고 관계자는 밝혔다. 지역을 대상으로 하는 총선 공약, 지역 현안에 대한 해결책을 마련하여 제시하는 것이 무엇보다 중요하며, 무조건적인 지지가 존재하지 않을 만큼 지역민들의 지역문제 해결 의지가 더욱더 갖추어져 있다고 관계자는 언급했다.

3. 지역인물에 대한 지지 배경

18대 총선의 특정 지역에서 지역연고를 갖는 이회창 후보에 대한 지지가 상승하고는 있지만, 이것이 단지 특정한 지역인물을 한시적으로 지지하는 것이라기보다 지역의 정치적 정체성과 자율성에 대한 지역민의 변화된 인식의 반영이라는 논의가 제시될 수 있을 것이다. 지난

표 5. 충청도 지역발전의 저해 요인에 대한 인식

단위 : %

지역 지역발전의 저해 요인	충남	충북
중앙정부의 의지 부족	24.6	28.5
지역정치인의 무관심	29.4	21.5
자치단체의 역량 부족	18.6	22.5
지역민의 합심 부족	21.2	21.5
정치적 리더십 부재	0.2	1.0
지리적 여건	0.0	0.5

2002년 지방선거를 비롯해 대전 · 충청 지역은 충청도 지역발전에 대한 중앙정부의 의지에 회의, 정치적 소외감, 지역정당의 필요성 등에 대해 변화된 입장을 표명해 왔다.

한 연구 결과에 따르면[1] 지역문제를 해결하는 데 중앙정부 또는 정권이 별다른 도움이 되지 못했다는 정서가 이미 충청 지역에 확산되고 있고, 따라서 정치적 소외감의 정도가 상대적으로 높아져 가고 있으며, 이를 위해서 지역정당의 존재가 중요하다는 인식을 표명하고 있는 것으로 나타나고 있다.

우선 관련 조사 결과에서 충청의 경우 충청도의 발전이 효과적으로 이루어지지 못했고, 이러한 지역발전의 저해 요인이 대체로 중앙정부와 지역정치인들의 수동적인 대응에서 비롯된다고 보고 있다.

앞의 조사 결과에 따르면 충청인들은 18대 총선 이전부터 지역발전이 다른 지역에 비해 저조하다는 인식을 갖고 있으며, 특히 이러한 문제는 중앙정부의 의지 부족이나 (기존) 지역정치인의 무관심 때문에

1) 대전방송&닐슨미디어리서치, "충청, 충청인 이대로 좋은가"(2005).

표 6. 정치적 소외감

단위 : %

지역	소외받고 있지 않음	소외받고 있음
충청북도	29.5	68.0
충청남도	44.8	53.8
대전광역시	46.3	53.0

발생한 것이라고 믿고 있는 것으로 나타난다. 이는 기존의 영호남의 대결적 구도 아래 투표에서는 캐스팅 보터로서 역할을 했지만 실제로 지역에 실질적인 파급효과를 가져오지 못했다는 사실을 충청 유권자들이 인식하기 시작했다는 것을 의미한다.

또한 충청 지역 유권자들은 정치적으로 소외감을 느끼는 경우가 상대적으로 많게 나타나고 있다. 〈표 6〉에 따르면 충북, 충남, 대전권 모두를 통틀어 정치적 소외감을 느끼는 유권자가 그 반대의 경우보다 상대적으로 많게 나타난다. 이러한 정치적 소외감을 어떻게 극복할 수 있을까에 대한 질문에 대해서 지역민들은 지역정치인을 통해서라는 응답이 상대적으로 높게 나타났다. 즉 지역정치인(45.3%)을 통해서 현재의 소외감이 극복될 가능성이 높다는 인식이 이 지역에 어느 정도 확산되어 있다는 점을 알 수 있다(정연정, 2006).

결과적으로 충청 지역의 유권자들은 정치적으로 소외된 현상에 대한 오랜 기간의 경험과 인식을 갖고 있으며, 이는 지역적 연고를 갖고 있는 정치인들의 역할로써 극복될 수 있다는 점을 상조하고 있다. 이러한 정서는 18대 총선에서 홍성과 예산 지역의 이회창 후보 지지에 반영되었고, 실제로 현 정부에 대한 평가와 실망 그리고 이것을 극복하기 위한 대안이 정부 여당이 아닌, 지역에 연고를 갖는 지역정치인이 필요하다는 점을 다시 한 번 강조한 계기로 작용했다고 볼 수 있다.

표 7. 지역정당 필요성에 대한 지역주민의 인식

단위 : %

지역정당 필요성 정도 지역	불필요	필요
충청북도 청주시	12.3	87.7
충청북도 북부권	26.4	72.2
충청북도 남부권	31.9	63.8
충청남도 동부권	24.6	73.1
충청남도 천안시	24.2	75.0
충청남도 북부권	40.0	60.0
대전광역시	30.0	63.8

그러나 이러한 선택은 기존의 연구에서처럼 단순히 학연, 지연 등의 단순한 연고주의, 정당보다는 인물을 우선시 하는 후보자 요인이 강조되고 있다는 것을 의미하지는 않는다(이갑윤 · 이현우, 2002). 즉 관련 지역의 지역인물에 대한 지지는 관련 지역정당과 연동되어 나타나고 있다는 점이다. 단순한 정치문화적 경향으로서 지역인물이 선호되는 경향보다, 이에 대한 조직적 · 체계적 대표체계의 필요성으로 연결되고 있다는 것이고, 이것이 바로 지역인물의 정당적 배경 역시 동시에 고려될 수 있어야 한다는 것을 반영한 것이라고 볼 수 있다.

지역을 대표하는 정당의 필요성에 대해서도 지역민들의 다수는 필요하다는 입장을 갖고 있는 것으로 나타난다. 특히 지난 총선에서 열린우리당에 대한 지지도가 상대적으로 높았던 충청북도 유권자들 역시 지역정당의 필요성을 상대적으로 많이 느끼고 있는 것으로 나타난다(정연정, 2006).

앞의 〈표 7〉에서 보이는 바와 같이, 충청 지역민들은 18대 총선 이전부터 지역을 대표하는 정당의 필요성을 상대적으로 강하게 인식하고 있는 것으로 나타났다. 기존의 여당 지지 또는 반대 야당에 대한 지지로 지역의 대표성을 확보하려는 지역민의 기대는 여러 가지 정치적 경험에 의해 변화하고 있는 것으로 나타난다. 즉 수권이나 정권창출과는 직접적으로 관련성이 없다고 하더라도 일상적인 지역정당의 존재야말로 지역의 정체성과 이해를 표출하는 방어벽으로 인식되고 있는 변화가 나타나고 있는 것이다.

또한 기존에 경험한 정치적 소외를 극복하는 데 지역정당이 갖는 의미 역시 상대적으로 많은 응답자들이 긍정적으로 평가하고 있는 것으로 나타난다. 다음 〈표 8〉에서 보여주는 바와 같이 충청 지역 유권자 중 정치적으로 소외받아 왔다고 인식하는 응답자는 대체로 지역정당의 필요성을 인식하고 있는 것으로 나타나고 있고, 이를 통해 과소대표된 충청의 문제점을 극복하는 데 지역정당과 정치인이 갖는 의미가 상대적으로 크다는 것이 인식되고 있는 것이다(정연정, 2006).

이러한 지역민들의 지역정치인에 대한 기대와 지역정당의 필요성에 대한 강한 인식은 홍성 · 예산 지역의 18대 총선에서 지역연고를 갖고 지역정당을 자임하는 자유선진당의 대표격인 이회창 후보로 결집되는 현상이 나타난 것이라고 볼 수 있다. 즉 18대 총선 과정에서 이 지역민들의 지지가 집권 여당 프리미엄을 극복하고 반대 야당으로 결집되지

표 8. 정치적 소외감과 지역정당 간의 관계

단위 : %

정치적 소외감	지역정당의 필요성	
	필요 없다	필요하다
소외받음	26.4	73.1
소외받지 않음	33.6	63.3
무응답	34.2	65.8

못하였는가를 설명하는 데 앞서 논의된 여러 가지 조사 결과가 중요한 함의를 제공한다고 볼 수 있다.

4. 18대 총선 결과의 의미 : 신지역주의의 내용과 특성

앞 절에서는 충남 예산 · 홍성 지역 18대 총선 과정을 참여관찰한 내용을 중심으로 지역민의 지지경향의 특성, 결과, 원인 등을 중점적으로 논의하였다. 앞서 말한 바와 같이 두 지역은 2004년 선거구 획정으로 한 선거구로 통합된 지역이고, 1차 산업 중심의 산업구조 아래에서 최근 수도권과 연계한 다양한 개발 붐이 일어나고 있는 신흥도시로서의 발전을 준비하는 지역이기도 하다.

정치적으로 두 지역은 전통적으로 인물 중심의 정치적 선택을 선호하는 경향을 갖고 있으며, 인물에 대한 의존도와 신뢰도가 상대적으로 높은 지역이라고 볼 수 있다. 그리하여 과거의 경우 JP를 중심으로 하는 자민련 후보들과 지역에서 출생한 정치인들에 대한 지지율이 전통적으로 유지되어 왔던 지역이기도 하다.

하지만 이러한 전통적인 지역에 연고를 갖는 특정 인물에 대한 의존도와 신뢰성은 18대 총선을 거치면서 좀 더 복합적인 내용으로 전환한다. 즉 과거 지역주의와 구별되는 신지역주의로 정의될 수 있는 인물과 지역정책을 결합하는 새로운 내용의 지역주의로 바뀌고 있는 것이다. 과거의 지역주의와 구별되는 개념으로서의 신지역주의는 물론 더욱더 풍부한 학술적 연구를 전제로 구체화될 필요가 있을 것이다. 하지만 예산과 홍성 지역의 18대 총선 지지경향과 관련해서 몇 가지 중요한 특성을 정리할 수 있을 것이다.

첫째, 예산과 홍성 지역에 나타난 신지역주의는 동일한 지역인물이 동시에 출마하는 경우 현 정권에 대한 평가와 현직자에 대한 평가 결과와 직접적으로 관련성을 갖는다. 그러한 의미에서 신지역주의는 회고투표(retrospective voting)와 전망투표(prospective voting)적 경향을 동시에 포함하는 것이라고 볼 수 있다. 즉 한 지역 출신의 다른 정당 후보들이 경합을 하는 경우 현직자에 대한 평가와 정권의 주요한 정책에 대한 불만족감이 독립적인 지역 대표성에 대한 필요성을 강하게 자극할 수 있고, 이러한 경향들은 새로운 지역주의를 구성하는 기반이 될 수 있다는 것이다. 특히 현직자에 대한 평가는 지역의 현안에 현직자가 취해 온 여러 가지 노력과 대응력을 중심으로 이루어지며, 지역 개발 및 이해추구에서 현직자가 얼마만큼 노력을 기울여왔는가에 대한 평가 역시 동시에 반영되어 나타난다는 것이다.

따라서 신지역주의가 '인물 또는 연고주의' 로부터 출발하지만 이러한 연고주의에 유권자가 의존하게 되는 이유는 단순한 상징성의 차원을 넘어서는 지역 중심적 이해관계와 직접적으로 관련성을 갖는다고 볼 수 있다. 그러므로 지역 개발이나 발전에 특별한 비전을 갖고 있지 않거나, 단순히 인물적 의존에만 호소하는 경우에는 그것만으로 실제 선거에서의 높은 지지율을 확보하기 어려울 수도 있다는 전망을 가능케 한다.

둘째, 예산과 홍성 지역의 18대 총선에서 나타난 바와 같이 젊은 유권자층의 정치적 회의주의, 무관심 문제를 해소하는 대안으로 작용할 수 있다. 충남 홍성군 대교리에서 편의점 아르바이트를 하는 20대 주부는 "홍성 지역을 떠나고 싶고, 정치인들은 아무것도 해주는 것이 없다"라는 심각한 정치적 회의론을 표출하기도 했다. 하지만 이러한 정치적 회의론에는 '지역정당'의 인물을 선택해서라도 젊은 사람들이 이사 가지 않아도 되는 지역이 되었으면 한다는 대안론을 동시에 포함하는 것이기도 했다.

한나라당과 통합민주당을 중심으로 하는 견제론과 안정론이 실제로 일반 지역민들의 삶을 획기적으로 바꿀 수 없는 것이고, 그렇기 때문에 특별한 선택지를 확보할 수 없다는 좌절을 하고 있기는 했지만, 지역정당이 지역발전을 위해서 일할 수 있다면 새로운 대안으로 인정할 수 있다는 것이다. 이러한 상황은 신지역주의가 단순한 인물 의존을 초월하여 지역정체성, 지역발전이라는 정책이념을 동시에 갖추어야 함을 의미한다. 대중적인 인기를 갖는 인물이 독점하는 정당으로서의 신지역주의 정당은 이러한 젊은 유권자층에게는 별다른 차별성을 갖지 못할 것이기 때문이다. 반대로 신지역주의가 지역정책 콘텐츠를 확보하면 정치적 무관심층을 관심으로 유도하고 체감하는 정치에 대한 이해도를 높이는 데 기여할 만한 가능성이 있을 것이다.

마지막으로 신지역주의는 모든 지역의 현안, 특성들에 영향을 받는 것이라는 점을 지적해야 할 것이다. 영호남 중심의 양대 지역주의 구조는 이러한 새로운 지역주의에 의해 견제될 수 있다. 그러한 의미에서 영호남 중심의 지역주의는 다양한 지역이해를 바탕으로 형성될 수 있는 신지역주의와 경쟁하게 되며, 우리 정치구조를 독점하는 부정적 영향은 점차 완화될 가능성이 높아지는 것이라고 볼 수 있다. 즉 영호남 중심의 지역주의가 전체 유권자의 투표 정향을 결정짓는 과거의 구도로부터 충청을 기반으로 하는 신지역주의는 수권이나 당선과 무관하게 형성되는 경쟁적인 성격을 갖는 것이라고 볼 수 있다.

이번 18대 총선에서는 예산과 홍성 지역의 유권자들이 이회창 후보를 통해 신지역주의를 발현하는 과정에서 실제로 힘 있는 여당 후보를 포기하기도 했고, 여당 후보가 한 지역도 당선되지 못한 대전 지역 역시 불리한 정치적 결과를 전제로 해서라도 지역정당을 지지하는 유권자 선택이 이루어진 것이다. 과거 영호남 중심의 지역주의는 정권교체, 수권 등의 정치적 결과에 의존한 것이며, 이로 인해 기타 지역 유권자들은 생활지의 이해보다는 두 지역의 출신과 연고를 통해 정치적 선거에 임해 왔던 것이다. 선거 결과가 정권교체나 수권, 선거 승리 등을 전제로 하지 않는다고 하더라도 지역의 이해를 대표하고 실행할 수 있는 지역정당이나 정치인들에 대한 신뢰감이 유권자의 투표 결과에 더욱더 중요하게 작용하는 것이라고 볼 수 있다.

충청을 기반으로 하는 지역주의적 경향은 기존의 영호남 중심의 지역구도 아래에서도 존재하고 있었다. 하지만 이러한 충청의 지역주의적 경향성은 지난 지방선거, 그리고 일련의 보궐선거를 거치면서 변화하고 있다고 볼 수 있다. 즉 기존의 충청 지역의 민심은 영남과 호남 정당 간의 갈등과 경쟁 과정에서 캐스팅 보트로서의 의미를 갖는 것이며, 지역문제 해결이라는 실질적인 목표를 갖지 않는 성격을 띠는 것이었다. 그러한 의미에서 과거 충청 지역민들의 지역정당과 후보자들에 대한 지지는 지역문제 해결과 직접적으로 관련이 없는 수권 획득의 결정적인 무게 중심으로서의 상징성만을 갖는 것이었다고 볼 수 있다. 하지만 최근 변화하고 있는 충청민들의 지지결집 양상은 이러한 상징적 의미를 넘어, 지역의 이해를 최소한 대변해 줄 수 있는 인물과 집단을 중심으로 나타나고 있다는 것이다. 물론 소수 지역정당 및 후보자일지라도 대표성 그 자체에 의미를 부여하는 것이 최근 발생하고 있는 변화라고 할 수 있을 것이다. 영호남의 협조자로서가 아닌 지역 고유성과 정체성을 독자적으로 대표할 필요성, 그리고 이를 통해 여권이든 야권이든 견제하고자 하는 일종의 대응적 현상이라고 할 수 있다.

따라서 18대 총선에서 예산 · 홍성 유권자들의 선택은 충청권을 중심으로 발생하고 있는 새로운 지역주의의 내용을 그대로 반영한 것이라고 볼 수 있고, 지역의 인물에 대한 의존도가 상대적으로 높아진다는 것을 의미하는 것이다. 즉 18대 총선에서 예산과 홍성 지역 유권자들의 선택은 지역의 어르신을 선택하는 방향으로 귀결되었지만 그 내면에는 새로운 유권자 정향을 반영하고 있고, 앞으로 이러한 새로운 '신지역주의적' 유권자들의 경향과 특성은 충청을 중심으로 하는 선거사례를 통해 진전될 가능성이 높다고 볼 수 있다.

5. 맺음말

18대 총선 과정에서 예산 · 홍성 지역구에 대한 참여관찰은 서울을 비롯한 대도시 출마가 예상된 이회창 후보와 이명박 대통령의 측근으로 인식되어 온 여당 홍문표 후보 간의 경쟁 결과에 초점이 맞춰져 있다. 즉 선거에서의 지지율에 대한 예측보다는 실제로 지역의 정서 그리고 지역민의 현실정치에 대한 인식, 정부에 대한 만족과 불만족감 등을 발견하고 분석함으로써 지역을 연고로 하는 인물의 당선 가능성을 가늠해 보는 것이다. 이회창 자유선진당 후보가 출마한다는 소식이 전해지면서부터 이미 지역민의 지지가 상승하는 양상을 나타냈고, 오랫동안 지역에서 활동해 온 여당 현직 후보자에 대한 이탈현상이 나타나기 시작했던 것이다. 하지만 이러한 변화는 단순한 인물 지지를 벗어나 다양한 사전적 변화와 현실에 대한 평가의 결과를 반영한 것이라고 볼 수 있다.

불만족한 상태에서 유권자들은 투표를 하는 문제점이 있음에도(김영태, 2002), 충청 유권자들은 기존의 야당을 여당으로 변화시키는 데 중요한 역할을 해왔지만 실제로 지역의 문제를 주체적으로 해결하지 못했다는 문제점을 안고 있었다. 영호남의 대립 구도 아래 거중기 역할을 하였지만, 실제로 지역개발의 효과는 두 지역으로 집중되면서 상대적으로 소외감을 갖고 있던 충청 유권자들은 정권창출의 욕구보다 일상적인 자기 대표 기반을 확보해야 한다는 변화된 인식을 갖고 있었다고 볼 수 있다. 지역 출신 정치인에 대한 기대, 지역을 연고로 하는 정당의 필요성 등에서 나타난 것처럼 충청인들은 투표에서만 거중기 역할을 하는 수동적인 위치를 극복하고 일상 안에서의 자기 대표 기반을 더욱더 중요하게 여기게 된 것이다.

이러한 변화된 인식 아래 충청의 인물, 그리고 지역정당을 자임하는 자유선진당의 후보는 여당 프리미엄을 능가하는 파괴적인 영향을 미치게 된 것이라고 볼 수 있다. 그리고 현 정부 정책에 대한 불만족을 통해 이탈하기 위한 대안장치로서 지역인물과 지역정당이 중요한 수단으로 활용될 수 있는 가능성을 갖고 있다. 이러한 의미에서 예산 · 홍성 지역의 선거는 이러한 지역연고 인물+지역정당 조합이 특정 지역 내에서 얼마나 효과적인 영향력을 발휘할 수 있는가를 가늠하는 중요한 사례로 제시될 수 있을 것이다.

참고 문헌

김영태, 2002, "정치적 불만족과 유권자의 투표행태 : 16대 총선을 중심으로", 진영재 편, 『한국의 선거 IV』, 서울 : 한국사회과학데이터센터.

문용직, 1992, "한국의 정당과 지역주의", 『한국과 국제정치』 제15호.

이갑윤 · 이현우, 2002, "후보자 요인이 득표에 미치는 영향 : 14~16대 총선을 중심으로", 진영재 편, 『한국의 선거 IV』, 서울 : 한국사회과학데이터센터.

정연정, 2006, "충청도 유권자의 5 · 31 지방선거", 한국정치학회 하계학술회의 발표논문.

대전방송&닐슨미디어리서치, 2005, "충청, 충청인 이대로 좋은가".

중앙선거관리위원회 홈페이지, 제17대 대통령선거 선거정보(http://www.nec.go.kr:7070/pdextern/index.html); 제18대 국회의원선거 선거정보(http://www.nec.go.kr:7070/abextern/index.html).

8 지역주의, 그 변화의 씨앗 : 대구 수성(을)

안용흔

1. 머리말

민주화 이후의 한국 선거와 정당정치를 논할 때마다 빠지지 않고 거론되는 문제 중 하나는 지역주의 투표행태에 관한 것이다. 그 이유는 지역주의라는 요소가 한국 유권자의 투표선택에 가장 커다란 영향을 미치고 있다고 평가받기 때문일 것이다(박상훈, 2001; 이갑윤, 1998; 조기숙, 1997). 이 때문에 매 선거가 끝난 후 제일 먼저 제기되는 물음은 이번 선거에서 지역주의 선거양태가 약화되었는지에 대한 것이며,[1] 또한 선거 기간 중에는 지역주의라는 높은 장벽에 도전하는 후보들에 대한 관심과 기대를 보이게 된다. 한반도 대운하 이슈나 한나라당 내 공천문제와 무소속 친박연대의 결성, 한나라당의 총선 압승 여부 등과

1) 2007년 대통령 선거는 이명박 당선인이 호남을 제외한 전 지역에서 높은 득표를 획득했다는 점에서 지역주의적 투표행태가 많이 약화된 선거였다고 평가받기도 하지만, 지역적 표가 여전히 영남과 호남에 집중적으로 나타났다는 점에서 지역주의 변수의 영향력이 약화되었다고 단정짓기는 어려울 것 같다.

같은 문제로 그 관심도는 이전 선거에 비해 다소 떨어졌다고 하지만, 이런 점에서 2008년 4월 9일 실시된 18대 국회의원 선거도 예외는 아니었다.

대구 수성(을) 선거구에 출사표를 낸 무소속 유시민 후보에 대해 언론이 주목했던 이유 중 하나도 바로 이 지역주의 투표와 관련된 것이었다.[2] 물론 유시민 후보와 유 후보가 도전장을 낸 한나라당 주호영 후보의 경력, 자세히 말해 노무현 전 대통령 재임 때 보건복지부 장관을 지낸 유 후보의 경력과 인수위원회 시기 이명박 현 대통령 당선인의 대변인을 지낸 주 후보의 경력으로 인해 대구 수성(을) 선거는 전 · 현직 대통령의 대리전으로 부각되기도 했다. 또한 언론에서는 대구 수성(을) 지역에 도전하는 유시민 후보의 정치적 선택을 16대 국회의원 선거에서 지역주의 구도 타파에 도전했던 노무현 후보의 그것과 비교하면서 유 후보의 정치적 계산이 무엇이었는가에 초점을 맞추기도 했다. 그렇지만 유 후보가 선거 과정에 제기한 이슈의 중앙에 놓여 있던 문제가 대구의 지역(주의)적 폐쇄성이었다는 점에서 대구 수성(을) 선거는 지역주의라는 척박한 정치풍토에서 진보와 변화의 새싹이 뿌리를 내릴 수 있을 것인가를 가늠해 볼 수 있는 기회를 제공하였다.

이 글은 대구 수성(을) 선거구의 국회의원 선거 과정의 관찰을 통해 지역주의의 영향력과 그 변화 가능성을 진단해 보는 데 목적을 두고

---

2) 2004년 국회의원 선거의 경우 민주당 조순형 당대표와 열린우리당 윤덕홍 후보가 각각 출사표를 냈던 대구 수성(갑)과 수성(을) 선거구는 지역주의 선거와 관련하여 주목을 받았던 곳이다. "대구에서의 총선은 어떤 인물이나 정책이나 당의 비전도 힘을 쓰지 못한 전형적인 바람 선거였으며, 안타깝게도 우리 지역에 불어 닥친 광풍은 전형적인 지역주의 바람이었고 복고 바람이었다"라는 윤덕홍 후보의 낙선의 변이 말해 주듯이 지역주의에 도전했던 이 시도들은 실패로 끝나고 말았다(매일신문, 2004. 4. 29.). 대구 수성(갑) 조순형 대표의 선거에 관해서는 하세헌(2004)을 보라.

있다. 이를 위해 먼저 대구 수성(을) 선거구의 특성을 정치 그리고 사회경제적 부문으로 나누어 살펴보려 한다. 다음 부분에서는 앞서 파악된 선거구 특성을 바탕으로 한나라당 주호영 후보와 무소속 유시민 후보가 제시한 선거공약을 평가할 것이며, 또한 두 후보의 선거운동 방식과 선거 과정에서 제기된 선거쟁점을 검토하려고 한다. 마지막 부분에서는 선거 결과를 분석하고 이러한 결과의 의미가 무엇인지를 파악해 보고자 한다.

2. 대구 수성(을) 선거구의 특성

1) 정치적 특성 : 역대 선거 결과 분석

대구 수성(을) 선거구의 정치적 특성을 이해하기 위해서는 대통령 선거와 국회의원 선거에 나타난 대구 수성(을) 유권자의 투표행태를 살펴보는 작업이 필요할 것으로 판단된다. 이를 위해 먼저 15대, 16대, 그리고 2007년에 실시된 17대 대통령 선거 결과를 비교분석해 보도록

표 1. 15대 대통령 선거 득표율 결과

단위 : %

	한나라당	국민회의	국민신당	국민승리21	기타
	이회창	김대중	이인제	권영길	
전국	38.15	39.65	18.91	1.18	2.11
대구	71.68	12.37	12.89	1.21	1.85
대구 수성구	74.74	12.06	10.54	1.18	1.48
대구 수성(을)	75.40	11.84	10.17	1.06	1.54

출처 : 중앙선거관리위원회 홈페이지, 역대선거정보시스템.

표 2. 16대 대통령 선거 득표율 결과

단위 : %

	한나라당	민주당	하나로 국민연합	민주노동당	기타
	이회창	노무현	이한동	권영길	
전국	46.17	48.47	0.30	3.86	1.20
대구	77.09	18.52	0.13	3.24	1.01
대구 수성구	78.84	17.30	0.12	2.89	0.85
대구 수성(을)	80.46	16.09	0.11	2.62	0.72

출처 : 중앙선거관리위원회 홈페이지, 역대선거정보시스템.

하겠다.

〈표 1〉과 〈표 2〉 그리고 〈표 3〉에서 나타나듯이 한나라당 대통령 후보는 대구 지역에서 전국 평균보다 훨씬 높은 수치의 득표율을 얻었으며, 반면 다른 정당의 후보들은 전국 평균과 비교하여 훨씬 낮은 득표율을 획득했다. 예를 들어, 15대 대선에서 한나라당 이회창 후보의 전국 평균 득표율은 38.15%인 데 반해 대구 지역 평균 득표율은 그보다 33.53% 포인트 많은 71.68%이다. 반면 국민회의의 김대중 후보는 대구 지역에서 전국 평균 득표율 39.65%보다 27.28% 포인트나 적은

표 3. 17대 대통령 선거 득표율 결과

단위 : %

	대통합 민주신당	한나라당	민주 노동당	민주당	창조 한국당	무소속	기타
	정동영	이명박	권영길	이인제	문국현	이회창	
전국	26.10	48.70	3.00	0.70	5.80	15.10	0.60
대구	5.99	69.14	2.03	0.15	3.98	18.00	0.71
대구 수성구	5.50	71.40	1.67	0.10	4.09	16.66	0.58
대구 수성(을)	5.31	72.40	1.45	0.10	3.71	16.49	0.55

출처 : 중앙선거관리위원회 홈페이지, 역대선거정보시스템.

12.37%의 득표율을 획득하는 데 그치고 있다.[3)]

그런데 이들 표에서 주목할 점은 대구 지역 중 대구 수성(을) 선거구에서의 한나라당 평균 득표율이 대구 지역 전체 평균 득표율보다도 높을 뿐 아니라 대구 수성구 지역 평균 득표율보다도 높다는 것이다. 다시 말해 15대, 16대, 17대 대통령 선거 모두에서 일관되게 대구 수성구 유권자들은 한나라당 후보에게 대구 전체 평균보다 더 높은 지지를 보여주고 있으며, 게다가 대구 수성구 중에서도 수성(을) 선거구 지역 유권자의 경우 더 높은 한나라당 지지를 표출하고 있다는 것이다. 가령 17대 대선 결과를 보면 한나라당 이명박 후보는 전국 평균 48.70%의 득표율을 획득했는데, 대구 지역에서 69.14%를 그리고 대구 수성구 지역에서는 약 2% 포인트 더 높은 71.40%의 득표율을 얻었으며, 대구 수성(을) 선거구에서는 이보다 더 높은 72.40%의 득표율을 얻었다.

앞의 표에서 했던 방식대로 16대, 17대 국회의원 선거에서의 주요 정당의 평균 득표율을 전국 및 대구 지역, 그리고 대구 수성구와 대구 수성(을) 선거구 지역별로 계산하여 〈표 4〉와 〈표 5〉에 나타냈다. 대선 결과에서처럼, 한나라당의 대구 지역 평균 득표율은 전국의 그것보다도 훨씬 높았다. 16대, 17대 총선에서 한나라당의 전국 평균 득표율은 각각 38.96%와 37.90%였는데, 대구 지역 평균 득표율은 62.89%와 62.44%를 기록하고 있다. 한나라당이 아닌 다른 정당의 후보들은 대선 결과에서처럼 대구 지역 득표에서는 열세를 보이고 있다.

대구 수성구와 대구 수성(을) 유권자들의 투표행태를 비교하면, 16대 총선의 58.84%(한나라당 후보의 대구 수성구 득표율)와 61.11%(한

3) 17대 대선의 경우에는 한나라당 후보의 전국 평균 득표율과 대구 평균 득표율의 차이가 가장 적었는데, 이는 무소속 이회창 후보가 대구 지역에서 많은 득표를 했기 때문이다.

표 4. 16대 국회의원 선거 득표율 결과

단위 : %

	한나라당	민주당	자민련	민국당
전국	38.96	35.87	9.84	3.68
대구	62.89	10.93	10.23	6.24
대구 수성구	58.84	6.08	17.65	
대구 수성(을)	61.11	5.51	10.82	

출처 : 중앙선거관리위원회 홈페이지, 역대선거정보시스템.

표 5. 17대 국회의원 선거 득표율 결과

단위 : %

	한나라당	민주당	열린우리당	자민련	민주노동당	무소속
전국	37.90	7.96	41.99	2.67	4.31	
대구	62.44	1.83	26.77	0.49	2.54	
대구 수성구	62.73	6.77	21.90	0.43	2.19	
대구 수성(을)	65.95	0.68	21.52	0.47		10.57

출처 : 중앙선거관리위원회 홈페이지, 역대선거정보시스템.

나라당 후보의 대구 수성을 득표율), 그리고 17대 총선 한나라당 후보의 62.73%와 65.95%의 평균 득표율에서 볼 수 있듯이 대구 수성(을) 유권자들은 한나라당 후보를 더 선호하는 경향을 지니고 있다. 이런 투표경향은 다른 정당 후보 득표율에 그대로 반영된다. 16대 총선에서 민주당과 자민련 후보, 그리고 17대 총선에서 열린우리당, 민주당 후보의 수성(을) 지역의 평균 득표율은 수성구 지역의 그것보다 모두 낮았다.

대선과 총선에서 나타난 대구 지역은 물론이고 대구 수성구, 수성(을) 유권자들의 투표행태를 바탕으로 수성(을) 선거구의 정치적 특성을 정리하자면, 대구 수성(을) 유권자들은 강한 한나라당 지지성향을 지니고 있다고 평가할 수 있을 것이다. 따라서 대구 수성구, 특히 대구 수성(을)에서 지역주의적 장벽을 넘는다는 것은 여간 힘든 것이 아니며, 이런 점에서 무소속 유시민 후보가 과연 어느 정도 득표할 수 있느냐 하는 문제는 한국 정치의 지역주의를 진단할 수 있는 바로미터가 된다고 하겠다.

2) 사회경제적 특성

대구 수성(을) 선거구 지역은 사회경제적인 측면에서 어떤 특성을 지니고 있을까? 이 물음은 이 지역이 안고 있는 문제를 파악하는 데 도움을 줄 뿐 아니라, 이 지역의 선거정치를 이해하는 데도 도움을 줄 수 있을 것이다. 왜냐하면 대의민주주의 체제에서의 정치란 선거라는 메커니즘을 통해 그 사회가 가지고 있는 문제가 표출되는 과정을 포함하고 있기 때문이다.

먼저 이 지역의 인구분포를 살펴보도록 하자. 대구 수성구 지역의 인구분포를 보면 대구 지역과 비교할 때 그렇게 뚜렷한 차이점을 발견할 수는 없다. 다만 다른 점이라면, 대구 수성구 지역의 경우 연령별 분포를 볼 때 40대 인구가 상대적으로 적다는 것과 30대와 40대 연령대에서 남성이 상대적으로 적다는 것이다(〈표 6〉 참조).

대구 지역의 다른 구와 달리 수성구가 지니는 지역적 특성은 경제적 측면에서 잘 드러난다. 먼저 재정자립도[4] 면에서 보면, 수성구는 대구 지역 내에서 재정자립도가 가장 높은 구라는 점이다. 수성구는 대구시청을 제외한 다른 구와 비교할 때 2006년에는 39.5%, 2007년에는

4) 자치단체의 세입내역을 지방세수입, 세외수입, 지방교부세, 보조금, 양여금 등으로 구분하여 그 가운데 지방세수입과 세외수입이 세입총액에 차지하는 백분비로 나타낸 수치를 재정자립도라 한다.

표 6. 2007년 대구 및 대구 수성구 지역의 연령별 인구분포

단위 : 명, %

	대구	대구 수성구
총 인구수	2,493,261	447,164
1~19세	25.00(54.23)	27.28(55.15)
20~29세	14.90(52.19)	13.70(52.26)
30~39세	16.99(49.43)	15.04(45.35)
40~49세	18.01(49.46)	19.30(47.61)
50~59세	12.45(49.12)	12.35(49.29)
60세 이상	11.89(41.99)	11.48(41.79)

참고 : 괄호 안의 수치는 남성 비율을 나타낸 것임.
출처 : 국가통계포털 홈페이지, 대구광역시 기본통계.

38.5%로 각각 당해 연도 가장 높은 재정자립도 수치를 보여주고 있다(〈표 7〉 참조).

다른 한편 각 구의 지방세입액 자료를 보면 대구 수성구의 경제규모를 간접적으로 파악할 수 있다. 〈표 8〉에서 볼 수 있듯이, 2006년 대구 수성구는 가장 많은 금액의 일반 세입수입을 거둬들였다. 다시 말해 대구 수성구의 경제규모가 다른 구의 그것보다 크다는 것이다. 재정자

표 7. 대구시청 및 대구 각 구의 재정자립도

단위 : %

	2006년	2007년
대구시청	70.6	61.9
중구	32.1	31.4
동구	21.6	20.8
서구	27.7	25.9
남구	19.6	19.0
북구	25.2	24.1
수성구	39.5	38.5
달서구	32.5	31.9
달성군	30.2	33.3

출처 : 국가통계포털 홈페이지, 대구광역시 기본통계.

표 8. 2006년 대구시청 및 대구 각 구의 지방세입액

단위 : 천원

구분	일반세입
본청	2,661,097,156
중구	122,486,792
동구	208,187,890
서구	132,267,280
남구	118,546,653
북구	207,903,297
수성구	280,226,789
달서구	226,030,155
달성군	276,922,372

출처 : 대구광역시청 홈페이지, 대구통계연보.

립도나 세입규모 자료에서 드러난 대구 수성구의 경제상태를 통해 왜 대구 수성구가 '대구의 강남구' 혹은 '대구의 서초구'라고 불리고 있는지를 가늠해 볼 수 있다.

서울 강남구와 서초구의 경제상태와 이들 지역 유권자의 보수성과의 연관관계를 함께 고려할 때, 대구 수성구에 관한 이 경제지표는 대구 수성구 유권자들이 왜 역대 선거에서 대구 지역 평균보다 더 한나라당(후보)을 지지해 왔는가에 대한 하나의 설명을 유추할 수 있게 해준다.

다음으로 대구 수성(을) 지역 경제의 산업별 구성을 살펴보았다. 산업별 사업체 종사자수를 토대로 그 구성 비율을 계산하여 〈표 9〉에 나타냈다. 대구 지역의 경우 2006년 제조업 부문이 전체 21.4%로 가장 높은 비율을 차지하고 있으며, 그 다음으로는 도매 및 소매업, 숙박 및 음식점업, 교육서비스업 부문 순이다. 대구 수성구 중 수성(을) 선거구 지역의 경우에는 조금 달랐다. 대구 수성(을) 지역민이 가장 많이 종사

표 9. 2006년 대구 및 대구 수성(을) 지역의 산업별 종사자 분포

단위 : %

산업 부문	대구광역시	대구 수성(을)
제조업	21.4	3.9
전기, 가스 및 수도 사업	0.3	0.7
건설업	5.0	16.2
도매 및 소매업	18.0	14.4
숙박 및 음식점업	11.0	15.5
운수업	5.8	5.4
통신업	0.9	1.1
금융 및 보험업	4.2	5.8
부동산업 및 임대업	2.6	3.9
사업서비스업	5.7	5.4
공공행정, 국방 및 사회보장행정	3.3	3.5
교육서비스업	8.5	9.0
보건 및 사회복지 사업	5.3	6.0
오락, 문화 및 운동 관련 산업	2.4	3.0
기타 공공수리 및 개인서비스업	5.6	6.3

출처 : 국가통계포털 홈페이지, 대구광역시 기본통계; 대구 수성구청 홈페이지, 대구통계연보.

하고 있는 부문은 건설업이고, 다음으로 숙박 및 음식점업, 도매 및 소매업, 교육서비스업 순으로 나타났으며, 대구 지역과 비교할 때 제조업 부문은 침체된 상태라는 것을 알 수 있다.

대구 지역 경제와의 비교를 통해 수성(을) 지역 경제의 특징을 꼽자면 건설업과 숙박 및 음식점업, 그리고 교육서비스업 부문에 종사하는 비율이 상대적으로 높다는 점이다. 특히 건설업과 교육서비스업 부문이 눈에 띈다. 따라서 수성(을) 지역 경제에 선거에서 쟁점이 될 수 있는 이슈가 있다면, 그것은 이들 부문과 관련된 것이 되리라는 점을 추측할 수 있게 해준다.

건설업, 도매 및 소매업, 숙박 및 음식점업, 교육서비스업 이 네 부

표 10. 2006년 수성(을) 지역 각 동의 산업별 종사자 분포

단위 : %

수성(을) / 산업 부문	수성 1가	수성 2·3가	수성 4가	중	상	파	두산	지산1	지산2	범물1	범물2
제조	6.2	3.0	1.6	2.4	4.5	8.7	2.2	2.3	5.2	14.3	1.0
전기·가스·수도	0.0	0.0	6.6	0.0	0.1	2.6	0.1	0.0	0.0	0.0	0.0
건설	13.1	29.4	23.3	21.0	16.6	3.5	11.7	14.5	12.5	2.3	1.4
도·소매	17.0	11.3	14.6	12.9	20.1	13.2	10.4	15.5	14.3	18.2	15.9
숙박·음식	11.9	6.7	13.4	10.6	16.6	10.1	44.5	13.5	12.7	12.9	17.6
운수	3.9	1.6	2.1	4.6	5.0	17.2	10.3	3.0	5.2	12.5	5.4
통신	0.5	5.5	0.0	0.7	1.2	0.2	0.0	0.2	0.0	0.2	1.5
금융·보험	0.8	19.0	1.5	16.1	1.6	0.6	0.4	1.7	2.1	0.4	3.3
부동산·임대업	7.9	1.3	6.5	2.5	2.7	4.3	2.1	3.7	4.6	7.4	7.3
사업서비스	2.9	3.5	5.7	8.6	8.0	2.5	0.7	7.0	11.9	0.4	0.6
공공행정	0.8	5.7	0.4	0.9	0.3	1.7	1.4	11.5	0.3	4.9	0.6
교육서비스	16.7	4.1	11.2	1.7	6.9	8.3	0.3	13.0	14.4	14.0	26.6
보건·사회복지	5.6	4.0	5.9	10.9	6.8	13.6	3.7	4.9	4.7	3.5	6.3
오락문화·운동서비스	3.2	1.4	2.5	1.2	2.8	2.4	6.6	2.7	4.8	2.3	3.6
공공수리·개인서비스	9.6	3.7	4.6	5.7	6.7	10.7	5.4	6.4	7.2	6.8	8.8

출처 : 대구 수성구청 홈페이지, 대구통계연보.

문의 수성(을) 지역 내 분포, 즉 각 동의 분포를 파악해 〈표 10〉에 나타냈다. 이 표에 따르면 건설업 부문 종사자는 수성2·3·4가와 중동, 상동에, 도·소매업 종사자는 상동, 범물1동, 수성1가, 범물2동에, 숙박·음식업 종사자는 두산동과 범물2동, 상동, 지산1동에, 마지막으로 교육서비스업 종사자는 범물2동, 수성1가, 지산2동, 범물1동에 많이 거주하고 있다는 점을 알 수 있다.

3. 선거공약과 선거 과정

2008년 1월경 대구 수성(을) 선거구에 출마할 것이라고 점쳐진 인물은 네 사람이었다. 한나라당에서는 이명박 대통령 당선인의 대변인이었던 주호영 현 의원과 지역에서 '영원한 수성맨' 이라고 불리던 이성수 전 대구시의회 의장이 공천을 놓고 맞대결을 펼치고 있었고, 노무현 정부 시기 보건복지부 장관을 역임하는 등 노무현 대통령의 의중을 가장 잘 파악하고 있다고 평가받던 유시민 의원이 1월 9일 수성(을) 예비후보로 등록을 마치고 총선 행보를 이어가고 있었다. 마지막으로 가칭 '자유신당' 의 대구시당 대변인인 정종성이 출사표를 던진 상태였다. 그러나 수성(을) 선거구의 경쟁은 이내 두 후보, 즉 2월 20일 수성

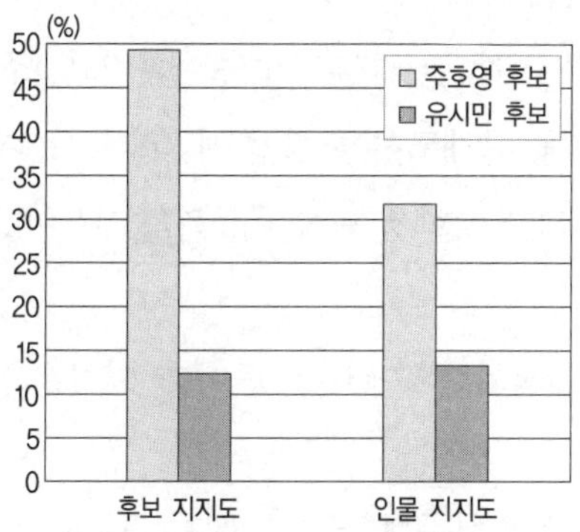

그림 1. 매일신문 후보 여론조사

출처 : 매일신문(2008년 3월 20일).

(을) 선거구 한나라당 후보로 결정된 주호영 의원과 1월 16일 대통합민주신당에서 탈당한 무소속 유시민 후보로 좁혀진다.

수성(을) 선거구의 초반 판세는 주호영 후보가 유시민 후보를 압도하는 분위기였다. 매일신문이 조사한 여론조사에 따르면(〈그림 1〉 참조), 후보 지지도의 경우 주호영 후보가 49.2%로 12.2%의 무소속 유시민 후보를 37.0% 포인트 앞서 갔다. 그런데 대구 특히 수성(을) 지역이 한나라당 정서가 강한 점을 감안해 정당 후보라는 사실을 배제하고 단순히 인물에 대한 지지도를 조사했을 때는 주 후보가 31.5%, 유 후보가 12.9%로 18.6% 포인트 차이로 그 차이가 줄어들었다.

이들 두 후보 진영에서 강조하는 선거공약은 차이가 뚜렷했다. 먼저 주호영 후보 진영의 선거공약은 두 개의 표어로 정리될 수 있었다.[5] 그 하나는 '교육특구 조성'이다. 이 공약은 앞서 파악한 수성(을) 지역의 산업분포에서 높은 비중을 차지하고 있는 교육서비스업 분야와 관련된 것이다. 교육서비스업 분야의 종사자가 많은 이유는 수성구민의 남다른 교육열이 반영된 것이라고 볼 수 있는데, 주호영 후보 진영은 바로 이 부분을 공약에 담았다. 이 공약은 교육특구 특별법을 신설, 대구를 특구로 지정하여 글로벌 인재 양성은 물론이고 2조 원 예산을 투입하여 혁신적인 교육 국제도시 조성에 매진하며, 관내에 있는 학교에 대한 재정적 지원과 우수학생 육성에 총력을 기울이겠다는 내용을 담고 있었다.

또 다른 공약은 '국가산업단지 조성'이다. 이것은 침체된 대구 지역

5) 주호영 후보 진영이 강조하는 선거공약은 주 후보 진영에서 제작한 선거홍보 팸플릿과 3월 25일과 27일에 이루어진 주 후보의 의원보좌관인 이상철 보좌관과의 인터뷰에서 그가 강조한 사항을 정리한 것이다.

경제에 초점을 맞춘 것으로 대규모 산업단지를 조성하여 지역경제를 활성화하겠다는 공약이었다. 또한 지역 내 도·소매업 부문 종사자를 대상으로는 지역 내 재래시장 활성화 추진에 노력하겠다는 공약을 제시했다.

다른 한편 유시민 후보 진영의 공약은 '지역폐쇄성' 문제를 부각시킨 '관용과 자유가 경제를 살립니다' 였다. 유시민 후보 진영은 대구 지역 경제침체의 원인을 대구 지역의 지역적 폐쇄성에서 찾았다.[6] 지역 출신 대통령 3명의 30년 장기집권이 끝나갈 즈음인 90년대 초 대구가 지역 내 총생산지수 전국 꼴지가 되었던 이유는 아이러니하게도 대구 시민의 몰표에 가까운 정치적 지지의 결과라는 것이다. 유 후보 진영은 대구의 일당구조 체제는 대구의 지역폐쇄성과 밀접하게 연관되어 있고, 이 지역폐쇄성은 우수한 대구 지역 외 기업이나 인재가 대구에 뿌리를 내리지 못하고 떠나게 만들었으며 이는 결과적으로 대구의 경제침체를 유발했다는 점을 이 공약에서 부각시키려 한다고 강조했다.

교육문제와 관련해서는 교육특별교부금을 끌어와 지역 내 학교의 교육시설 개선에 투자하고 교장 공모와 같은 특단의 조치를 통해 공교육을 바로잡겠다는 내용의 공약을 제시했다. 또한 유시민 후보 진영은 유 후보의 어머니가 수성현대시장에서 장사를 했다는 점을 부각시키면서, 재래시장의 활성화에 노력하겠다는 점을 강조했다.

이들 두 후보의 선거캠페인 전략은 어떠했는가? 우선 온라인 영역에서의 전략을 살펴보면, 유 후보의 경우 홈페이지(http://usimin.co.kr)에 자신의 이름을 내세워 '유티즌 방송국' 을 운영하며 각종 'UCC(User

6) 이 부분은 3월 25일과 27일에 이루어진 유시민 후보의 공보특보(김희숙)와의 인터뷰에서 김 공보특보가 강조한 것을 정리한 것이다.

Created Contents)' 동영상을 올렸다. 예를 들어 '수성(을) 특별투자설명회'라는 홍보동영상에는 "국민우량주 ㈜유시민, 100% 투자 500% 수익, 방문 없이 바로 투자"라는 문구로 이목을 끌었다. 다른 한편 주 후보는 영화 제목을 패러디해 '내겐 너무 사랑스러운 수성', '호영 리턴즈', '10만 수성주민을 감동시킨 바보' 등의 패러디 영화 포스터와 '거북이' UCC 등으로 넷심을 잡으려 노력했다.

오프라인 쪽에서 행하는 선거홍보 방식은 주로 길거리 유세전이었다. 두산오거리나 범어네거리 등지에서 선거 로고송을 틀어놓고 오고 가는 행인들과 일일이 접촉하며 한 표를 호소하는 방식이었다. 혹은 유세 차량을 타고 확성기를 통해 선거구호를 외치는 방식에 의존하였다. 두 방식 모두 아주 짧은 시간에 이루어지는 탓에, 일반 유권자는 이들 두 후보가 공약으로 제시하고 있는 정책상의 차이가 무엇인지를 파악하는 데 한계를 가질 수밖에 없었다.

이런 점을 감안할 때 후보자들이 서로의 공약을 중심으로 토론을 벌이는 TV토론회는 유권자들에게 후보들 간의 차이를 분간할 수 있는 좋은 기회를 제공할 것으로 판단된다. 지지도에서 열세를 보이는 유시민 후보가 이를 만회할 수 있는 기회로 선택한 것도 이 TV토론회였다. 그러나 이런 기회는 이루어지지 못했다.

유 후보는 "이번 총선에서 주 의원과 정책 대결, 인물 대결로 경쟁하고 싶지만 기회조차 주어지지 않고 있다"고 하면서 TV토론을 비롯하여 '소주토론'이라는 명목의 토론회 개최를 적극적으로 요구했다. 이에 주호영 의원은 "지지율에서 큰 격차로 뒤지는 상대후보가 답답한 마음에서 술자리를 제안한 것 같지만, 손자병법에도 싸우지 않고 이기는 것이 상지상책이라는 말이 나오지 않은가"라고 대응하면서 토론제안을 거절함으로써 후보자 간의 토론회는 무산되었다.

이런 와중에 공천을 둘러싸고 한나라당 내 내분이 크게 불거져 나왔다. 물론 수성(을) 지역의 상황은 이 문제에 연관된 이가 없었기 때문에 달서구나 서구 지역의 그것과는 달랐지만, 그 영향력이 없다고는 할 수 없었다. 이 시점에서 3월 26일 대구 · 경북 여론조사가 보도되었다.[7] 이 여론조사에서 주 후보는 55.8%, 유 후보는 22.7%의 지지도를 나타냈다. 약 일주일 만에 유 후보의 지지율은 10.5% 포인트 상승했으며, 이 지지율은 반한나라당 색채의 정치인이 얻은 것으로는 가장 높은 것이었다.[8] 이제 관심은 과연 남은 선거 기간 중 유 후보는 얼마만큼이나 득표율을 올릴 수 있는가로 쏠리게 되었다.[9]

두 후보 진영의 선거유세는 4월 5일과 6일 정점에 이르렀다. 'MB연대' 회원 등 주호영 후보 지지자들이 5일 주 후보 지원 유세를 했으며, 6일에는 유시민 후보 펜클럽 회원들이 대구로 내려와 유세 지원을 했다. 또한 6일 오후 주 후보는 수성동 동아마트 앞에서 유세전을 계속했다. 그는 이 유세전에서 세를 과시하기보다는 유세차에서 내려 상인과 주민들을 일일이 찾아다니며 지역개발 공약을 거듭 역설하고 지지를 호소하는 데 주력했으며, 선거구 안에 있는 한 교회와 상동시장 등을 잇달아 방문하며 거리 유세를 펼쳤다. 주 후보가 동아마트 앞에 있을 때, 유 후보는 동아백화점 수성점 앞 범물네거리에서 대규모 유세를

7) YTN, 2008년 3월 26일자 방송.

8) 15대 대선에서 김대중 후보는 대구 지역에서 12.37%, 대구 수성(을) 선거구에서는 11.84%, 다른 한편 16대 대선에서 노무현 후보는 각각 18.52%와 16.09%의 득표율을 획득했었다.

9) 인터뷰에서 유시민 후보는 47%를 목표로 하고 있다고 밝혔다. 그는 대구 수성(을) 지역이 겉으로 봐서는 매우 화려하지만 거주자의 생활이라는 것이 작은 구멍가게 수준에 머무르고 있다는 점을 강조했다. 따라서 남은 기간 부지런히 재래시장을 돌면서 자신의 비전을 알려나가겠다고 피력했다.

벌였다. 이 자리에서 유 후보는 "주호영은 청와대로 보내고, 유시민은 국회로 보내는 현명한 선택을 해달라"고 지지를 호소했다.

4. 선거 결과 분석

지역 언론은 유시민 후보가 비록 낙선은 했지만 그의 선전에 호평을 아끼지 않았다. 〈표 11〉에서 볼 수 있듯이, 유 후보는 이번 선거에서 32.18%의 득표율을 기록하여 15대 대선에서의 김대중 후보나 16대 대선 때의 노무현 후보, 그리고 17대 대선 때의 정동영 후보가 얻은 득표율을 훨씬 상회하는 좋은 결과를 얻어냈다.[10] 수성(을) 선거구에서 획득한 32.18%라는 유시민 후보의 득표율과 지역주의 타파라는 유시민 후보의 정치적 상징성을 고려할 때, 대구 지역의 고착화된 지역주의에 변화의 바람이 일어날 것이라는 희망을 갖게 해준다.

그런데 수성(을) 선거구 전체 득표율 결과가 아닌 각 동의 선거 결과를 보면 이야기는 조금 달라진다. 유 후보가 공을 들인 지역에서 상대적으로 기대만큼의 득표를 얻지 못했기 때문이다. 유 후보 진영은 유 후보의 진보적 성향 때문에 그의 어머니가 장사를 했던 수성현대시장이나 수성시장이 자리 잡고 있는 지역, 다시 말해 도 · 소매업자가 많이 거주하고 있는 지역에서 많은 표를 얻을 것이라고 내다보았다.[11]

---

10) 17대 대선 때의 정동영 후보가 얻은 득표율을 훨씬 상회하는 좋은 결과를 얻어냈다. 17대 총선 때 탄핵 바람을 탔던 열린우리당 윤덕홍 후보도 수성(을)에서 21.7%의 표를 얻는 데 그쳤던 점을 고려할 때, 32.18%의 득표율은 놀랄 만한 것이라고 평가되었다(매일신문, 2008. 4. 9.).

11) 이는 유시민 후보의 공보특보가 인터뷰에서 강조한 사항이었다.

표 11. 18대 국회의원 선거 대구 수성(을) 선거구 득표율 결과

단위 : %

투표구	투표율	한나라당	평화통일가정당	무소속
		주호영	신귀남이	유시민
수성(을) 전체	48.34	64.52	2.02	32.18
수성1가	51.23	65.12	2.50	30.98
수성2 · 3가	45.41	65.59	2.67	30.31
수성4가	49.50	68.16	1.80	28.59
중동	45.64	63.63	2.48	32.17
상동	44.88	65.39	2.54	30.54
파동	48.62	65.15	1.97	31.51
두산동	38.87	64.23	2.23	32.16
지산1동	45.79	64.71	1.74	32.53
지산2동	48.13	64.29	1.38	33.30
범물1동	47.94	63.02	2.42	33.31
범물2동	50.34	60.93	1.54	36.52

출처 : 중앙선거관리위원회 홈페이지, 제18대 국회의원선거 지역구 및 비례대표 투표구별 개표자료.

앞선 〈표 10〉을 보면 지역 내 산업별 종사자 비율에서 도 · 소매업자가 많이 거주하고 있는 지역은 상동이며, 이 지역의 전체 산업종사자 중 20.1%가 도 · 소매업에 종사하고 있다. 그런데 〈표 11〉에서 드러나듯이, 이 지역에서 유 후보의 득표율은 그가 수성(을) 지역 전체에서 얻은 평균 득표율보다 낮았다. 오히려 주 후보는 이 지역에서 그의 수성(을) 전체 평균 득표율보다 더 높은 득표율을 기록했다.[12)]

이제 좀 더 구체적으로 〈표 10〉의 산업별 종사자 분포 자료를 바탕으로 지역 내 산업별 분포에 따른 유시민 후보의 득표 정도를 알아보도록 하겠다. 앞에서 언급했듯이 18대 총선에서 제기된 쟁점 이슈는

12) 특히 건설업 종사자가 많이 거주하고 있는 수성2 · 3가와 수성4가 지역에서 주호영 후보는 가장 높은 득표율을 기록했다.

교육, 지역개발, 재래시장 활성화 문제였다. 이 이슈에서 유시민 후보는 주호영 후보와 차별성을 드러냈다. 만약 유 후보의 선거전략이 효과를 발휘했다면 건설업(부동산업) 종사자, 도 · 소매업 종사자, 그리고 교육서비스업 종사자가 많이 거주하는 지역과 유 후보의 득표율 사이에는 통계적으로 유의미한 관계가 나타날 것이다. 우선 이들 변수 간의 상관관계(correlation)를 구해 보았다. 그 분석 결과에 따르면 유 후보의 득표율 변수와 각 지역의 건설업 분포 비율 변수 사이의 상관계수(correlation coefficient)는 −0.705, 부동산업 분포 비율과는 0.275, 도 · 소매업은 0.093, 교육서비스업은 0.574를 기록했다. 이 중 통계적으로 유의미했던 것은 부동산업과 교육서비스업이었는데, 부동산업은 95% 신뢰수준에서, 다른 한편 교육서비스업은 90% 신뢰수준에서 유의미했다. 다시 말해 수성(을) 지역에 속해 있는 각 동의 부동산업과 교육서비스업 종사자 비율과 유시민 후보의 득표율은 상호 연관되어 있다는 사실을 알 수 있었다.

상관관계 분석에서 한 발 더 나아가, 논문은 이들 변수 간의 인과관계를 파악하기 위해 다중회귀분석(multiple regression analysis)을 해 보았다. 이 다중회귀분석 모델의 독립변수는 수성(을) 지역 내 각 동에서 건설업, 부동산업, 도 · 소매업, 교육서비스업에 종사하고 있는 종사자 비율이며, 종속변수는 유시민 후보와 주호영 후보가 각 동에서 얻은 득표율이다.

〈표 12〉는 유 후보와 주 후보의 득표율에 대한 수성(을) 지역 내 각 동에서 건설업, 부동산업, 도 · 소매업, 교육서비스업에 종사하고 있는 종사자 비율의 영향력을 다중회귀분석한 결과이다. 유 후보의 경우 건설업과 교육서비스업 종사자 비율 변수는 95% 신뢰수준에서, 부동산

표 12. 각 후보의 득표율에 대한 다중회귀분석 결과

	유시민 후보 득표율	주호영 후보 득표율
상수	36.44*** (2.53)	61.15*** (2.95)
건설업 종사자 비율	−0.15** (0.06)	0.14* (0.07)
부동산업 종사자 비율	−0.61* (0.31)	0.49 (0.36)
도 · 소매업 종사자 비율	−0.14 (0.17)	0.06 (0.19)
교육서비스업 종사자 비율	0.24** (0.09)	−0.15 (0.11)
결정계수(R^2)	0.77	0.58

참고 : 괄호 안의 수치는 표준오차 수치. * p<0.10, ** p<0.05, *** p<0.01

업 종사자 비율 변수는 90% 신뢰수준에서 통계적으로 유의미했다. 그러나 기대했던 도 · 소매업 종사자 비율 변수는 통계적으로 유의미하지 않았다. 건설업 종사자 비율이 높은 지역에는 유시민 후보의 득표율이 떨어지며, 반면 교육서비스업 종사자 비율이 높은 지역에는 유 후보의 득표율이 올라가는 경향이 있음을 이 결과를 통해 추론할 수 있다.[13)]

반면 주 후보의 경우에는 건설업 종사자 비율 변수만이 90% 신뢰수준에서 통계적으로 유의미한 것으로 나타났다. 부동산업, 도 · 소매업, 교육서비스업 종사자 비율 변수는 주호영 후보의 득표율 변수에 대해

13) 이 다중회귀분석 결과를 해석할 때 주의해야 할 점은 이 논문에서와 같은 집합적 수준의 자료 분석을 통해 얻은 결과를 가지고 개인적 수준에서의 추론을 이끌어내서는 안 된다는 점이다. 다시 말해 생태학적 오류(ecological fallacy)에 주의를 기울여야 한다는 것이다(King, 1997).

통계적으로 유의미한 영향력을 발휘하지 못했다. 이 분석 결과는 건설업 종사자가 많은 지역에는 주 후보의 득표율이 높게 나타나는 경향이 있음을 보여준다.

이 분석 결과에서 주목해야 할 사항은 건설업 종사자 비율[14] 변수가 각 후보의 득표율 변수에 미치는 영향력에 관한 것이다. 지적했듯이 건설업 종사자가 많은 지역에서는 유시민 후보의 득표율은 낮게, 반면 주호영 후보의 득표율은 높게 나타나는 경향이 있었다. 이 결과는 지역발전주의 전략에 바탕을 둔 '국가산업단지 조성' 이라는 공약을 부각시킨 주 후보의 전략이 주효하지 않았나 하는 추측을 가능케 한다.

그렇지만 또 다른 한편으로 비록 유 후보는 건설업 종사자가 많이 분포하고 있는 지역의 경우 득표에서 열세를 보였지만, 교육서비스업 종사자가 많이 분포한 지역에서는 많이 득표하는 경향을 보여주었다는 점에 관심을 기울일 필요가 있을 것 같다. 일반적으로 교육서비스업에 종사하는 사람은 경제적으로는 중산층(이상)에 속하고 고학력을 갖춘 이들이다. 이러한 특성을 갖추고 있는 사람들이 많이 거주하고 있는 지역에서 유 후보가 득표를 많이 했다는 사실로부터 우리는 한나라당 일당지배 체제가 고착화된 대구 지역에서 지역주의에 대한 변화의 씨앗을 엿볼 수 있을 것 같다.

교육서비스업 종사자 비율이 높은 지역의 또 다른 정치적 중요성은 수성(을) 지역 내 각 동의 투표율을 조사하면 발견할 수 있다. 그것은 각 동에 거주하는 교육서비스업 종사자 비율이 각 동의 투표율과 통계적으로 매우 유의미한 양의(positive) 상관관계를 맺고 있다는 점이다.

---

14) 수성(을) 지역에서 가장 많은 종사자가 분포한 산업 부문은 16.2%의 분포 비율을 기록하고 있는 건설업이다.

이 둘의 상관계수는 0.758이고, p 수치는 0.007로 99% 신뢰수준에서 통계적으로 유의미한 것이다. 다시 말해 교육서비스업 종사자가 많이 거주하는 지역일수록 투표율이 높게 나타나는 경향이 있다는 점이다. 특히 이것은 18대 총선의 투표율이 역대 선거에서 가장 저조했던 점을 상기할 때 교육서비스업 종사자가 많이 거주하는 지역에서 유 후보의 득표율이 높게 나타났다는 점은 지역주의와 관련하여 어떤 변화의 물결을 읽어낼 수 있을 뿐 아니라, 이것이 이후 선거에서도 재현, 확대될 수 있을 것이라는 희망을 갖게 한다.

5. 맺음말

한국 선거정치의 고질적 문제로 거론되는 지역주의(투표행태)는 18대 총선에서 약화되었는가? 그 향방은 어떻게 될 것인가? 이 문제와 관련하여 지역주의 투표행태의 표본이라고 할 수 있는 대구 지역, 그중에서도 수성(을) 선거구의 선거 결과는 한반도 대운하의 문제, 한나라당 내 공천문제를 둘러싸고 전개된 무소속 친박연대의 결성, 그리고 그에 따른 한나라당의 총선 압승 여부 문제와 같은 커다란 정치적 이슈로 이전 선거에 비해 다소 묻히긴 했지만 우리의 관심을 끌고도 남았다.

이 글에서 우리는 대구 수성(을) 선거구의 국회의원 선거 과정에 대한 참여관찰과 선거 결과 분석을 통해 지역주의의 변화 가능성을 진단해 보려 했다. 대구 수성(을) 선거구는 살펴보았듯이 역대 선거에서 한나라당에 대해 대구의 다른 어떤 선거구보다 더 압도적인 지지를 보내

준 곳이며, 경제적으로도 부유한 지역이었다. 이런 점 때문에 수성(을) 선거구에 도전장을 낸 유시민 후보의 도전은 무모해 보였다. 그러나 수성(을) 지역은 화려한 고층건물과 그 건물에 의해 드리워진 어두운 그림자가 같이 공존하는 곳인 것처럼 지역주의의 혜택을 받은 지역과 그렇지 못한 지역이 함께 공존하는 지역이라는 점을 지적하면서, 유 후보 측은 이와 같은 지역에서 변화의 표를 얻을 수 있을 것이라고 기대했다.

주호영 후보 측과 유시민 후보 측의 선거공약은 교육, 지역개발, 재래시장 활성화 문제에 초점이 맞추어졌으며, 선거홍보는 인터넷과 거리유세전을 통해 이루어졌다. 그러나 이번 총선에서 아쉬웠던 점은 후보자들 간의 TV토론이 활성화되지 못한 것이다. 이로 말미암아 유권자들은 후보자 간의 뚜렷한 정책 차이를 판단할 충분한 기회를 갖지 못했다. 이 점은 총선이 치러진 곳곳에서 제기된 문제였다는 점에서 제도개선이 요구되는 부분이라 할 수 있겠다.

이 글에서는 또한 지역 내 산업별 분포와 유 후보가 각 지역에서 획득한 득표율 사이의 관계를 분석해 봄으로써, 반한나라당 후보가 획득한 역대 득표율 중 가장 높은 득표율인 32.18%의 의미를 평가해 보려 했다. 분석에 따르면 주 후보는 건설업 종사자 비율이 높은 지역에서 표를 많이 얻었던 반면, 유 후보는 그 반대였다. 이 결과는 주 후보의 지역개발 전략 대 유 후보의 지역폐쇄성 극복 전략에서 유 후보의 전략이 역부족이었음을 드러낸 것 같다. 게다가 유 후보는 기대한 것과는 달리 도·소매업 종사자가 많이 거주하고 있는 지역에서 통계적으로 유의미한 수준의 득표를 하지 못했다.

그럼에도 불구하고 지역주의 극복을 부르짖던 유 후보에게 희망적이었던 부분은, 수성(을) 지역이 다른 지역보다도 교육서비스업 종사자가 유독 많은데 이 업종 종사자가 많이 거주하고 있는 지역에서 통계적으로 유의미한 수준의 득표율을 기록했다는 것이며, 또한 교육서비스업 종사자가 많이 거주하는 지역의 경우 투표율이 높게 나타났다는 것이다. 다시 말해 이 결과는 대구 지역주의의 변화의 씨앗을 엿볼 수 있게 해주었다는 것이다.

참고 문헌

박상훈, 2001, "한국의 유권자는 지역주의에 의해 투표하나 : 제16대 총선의 사례", 『한국정치학회보』 제36집 제2호, pp.113~134.

이갑윤, 1998, 『한국의 선거와 지역주의』, 서울 : 오름.

조기숙, 1997, "지역주의 논쟁 : 비판이론적 시각에 대한 비판", 『한국정치학회보』 제31집 제2호, pp.203~232.

하세헌, 2004, "지역주의에 대한 허무한 도전", 김용호 외, 『17대 총선 현장 리포트』, 서울 : 푸른길.

King, Gary, 1997, *A Solution to the Ecological Inference*, NJ : Princeton University Press.

국가통계포털 홈페이지(http://www.kosis.kr), 대구광역시 기본통계.

대구광역시청 홈페이지(http://www.daegu.go.kr), 대구통계연보.

『매일신문』, 2004년 4월 29일자; 2008년 3월 20일자; 2008년 4월 6일자; 2008년 4월 7일자; 2008년 4월 9일자.

YTN, 2차 대구 경북 지역 여론조사(2008년 3월 26일).

중앙선거관리위원회 홈페이지, 역대선거정보시스템 (http://www.nec.go.kr/sinfo/index.html).

9 대통령의 귀향과 지역주의 : 경남 김해(을)

김용복

1. 머리말

2008년 4월 9일 제18대 국회의원 선거는 이명박 정부가 출범한 지 한 달이 조금 넘은 상황에서 치러졌다. 이명박 대통령은 2007년 12월 19일 대통령 선거에서 제2위 후보와의 압도적인 표차로 당선되었고, 여기에는 경제살리기라는 국민적 여망이 반영되어 있었다. 그동안 총선이나 지방선거는 대통령 임기 중간에 실시되었기 때문에 정부에 대한 중간평가적 성격이 있었다. 그러나 이번 총선은 새 정부 출범 직후에 실시되었기 때문에 정부에 대한 평가라는 회고적 투표(retrospective voting)경향보다는 새 정부에 대한 기대와 희망이 크게 작용하는 전망적 투표(prospective voting)경향으로 인하여 한나라당이 압승할 것으로 예상되었다.

한편으로 지역주의적 투표성향은 이번 선거에서도 강하게 작용할 것으로 보였다. 새 정부에 대한 기대와 지역주의적 투표성향은 경남지역에서는 한나라당 후보 외에는 선거 자체가 매우 어려운 정치환경을 만들어놓았다. 그러한 가운데 한나라당의 공천 파동은 새로운 변수를 만들어주었으며, 경남 지역 선거의 이변을 연출하기도 하였다.

4 · 9 총선 결과 경남 지역 총 17개 선거구 가운데 13개 선거구에서 한나라당 후보가 당선되었으며, 민주노동당 후보 2명, 통합민주당 후보 1명, 무소속 후보 1명이 당선되었다. 이 글에서는 17대 총선 때 열린우리당 후보로 당선되고, 18대에도 통합민주당 후보로 출마하여 당선된 최철국 후보의 경남 김해(을) 지역을 집중적으로 관찰하고자 한다. 경남 지역에서는 통합민주당의 정당 지지율이 매우 낮은 상황이었음에도 불구하고 한나라당 후보를 제치고 당선된 원인을 여러 가지 측면에서 살펴볼 것이다. 특히 경남 김해(을) 지역은 노무현 전 대통령이 퇴직 후 귀향한 지역이어서 그 정치적 효과가 어떠한지도 중요한 관심사였다. 이른바 노무현 효과가 선거에 어떠한 영향을 미쳤는지 유권자들의 반응을 통해서 관찰해 보았다.

2. 4 · 9 총선과 경남 지역 선거 결과

4 · 9 총선은 이명박 정부에 대한 기대감에 따른 전망적 투표경향으로 한나라당이 압도적인 지지를 받을 것으로 생각되었다. 그러나 인수위원회 활동 이후 나타난 영어몰입 교육과 같은 이명박 정부의 실책, 강부자 내각 등 내각인선의 후유증, 그리고 공천을 둘러싼 한나라당 내부의 갈등 등이 나오면서 이명박 정부를 섣부르게 평가하는 회고적 투표경향도 혼재되어 나타났다. 그러한 가운데에서도 경남 지역은 여전히 한나라당의 견고한 지지기반이었다. 이는 입후보의 상황에서도

나타났다.

경남 지역은 총 17개 선거구에서 17명의 국회의원을 뽑는데, 한나라당의 경우에는 공천 경쟁도 치열하였을 뿐만 아니라 전 선거구에 17명의 후보 모두를 공천할 수 있었다. 반면에 통합민주당의 경우에는 공천 경쟁은커녕 후보를 찾기도 어려운 상황이었는데, 최종적으로 8명의 후보만을 공천하였으며 9개의 지역구에는 후보를 내지도 못하였다. 민주노동당도 총 8명의 후보만을 공천하였으며, 자유선진당과 친박연대는 각각 4명의 후보만을 공천하였다. 진보신당은 3명의 후보를 공천하였으며, 무소속으로 15명의 후보가 출마하였다.

선거 과정에서는 대체로 다음의 두 가지가 관심을 받았다. 먼저 한나라당의 공천 후유증으로 인한 한나라당 탈당파나 제3자가 얼마나 당선될 것인가 하는 문제였다. 대체로 많은 지역구에서는 공천 탈락자들이 출마하지 않았지만, 공천 탈락에 불만을 품고 무소속으로 출마한 한나라당 탈당 후보들이 여론조사를 보면 진주(갑)과 통영 고성 두 곳에서 접전을 벌이고 있었다. 그리고 남해 하동과 사천시의 경우에는 공천 파동의 어부지리를 비한나라당인 무소속 후보와 민노당 후보가 수혜하면서 선전하고 있었다. 특히 남해 하동의 경우에는 공천 후유증과 더불어 남해와 하동 지역이란 소지역주의가 크게 작용하고 있어 주목을 받았다.

또 다른 관심은 비한나라당계 정당 후보들의 당락이었다. 노동자 계층이 밀집되어 있는 창원(을)에서는 한나라당 후보와 민주노동당 후보 간 보수-진보의 대결이 벌어졌으며, 현역 통합민주당 의원과 3선의 김해 시장 출신인 한나라당 후보가 맞붙는 김해(을)에서는 노무현 전 대통령의 귀향이 정치적 변수로 작용하고 있었다.

표 1. 경남 선거구 4·9 총선 결과(제1, 2위 후보 득표율)

단위 : %

지역구	1위 득표율	2위 득표율	비고
창원(갑)	49.9	27.2	2위 무소속
창원(을)	**48.2**	44.7	1위 민노당
마산(갑)	72.0	12.8	2위 무소속
마산(을)	64.1	19.9	2위 민주당
진주(갑)	**44.6**	41.2	1위 무소속
진주(을)	58.7	19.9	2위 민노당
진해시	62.2	31.6	2위 무소속
통영 고성	56.5	38.4	2위 무소속
사천시	**47.7**	47.3	1위 민노당
김해(갑)	50.9	21.6	2위 민주당
김해(을)	**47.8**	45.6	1위 민주당
밀양 창녕	46.3	16.8	2위 친박연대
거제시	38.6	37.5	2위 무소속
의령 함안 합천	49.5	18.6	2위 무소속
양산시	39.0	33.4	2위 무소속
남해 하동	56.3	40.6	2위 무소속
산청 함양 거창	55.1	31.6	2위 친박연대

참고 : 굵은 글씨는 비한나라당 후보 당선자 득표율을 표시함.
출처 : 중앙선거관리위원회 홈페이지, 제18대 국회의원선거 선거정보.

총선 결과를 보면, 대부분의 선거구에서 특별한 경쟁도 없이 한나라당 후보가 당선되었다. 그런데 총 17개 선거구 중에 4개 선거구에서는 한나라당 후보가 낙선하였다(〈표 1〉 참조). 경남 지역에서 비한나라당 후보가 당선된 경우는 총 17명 중 4명이었다. 통합민주당의 최철국 후보(김해을), 민주노동당의 강기갑 후보(사천시), 권영길 후보(창원을), 그리고 무소속의 최구식 후보(진주갑) 등이다. 이들의 공통된 특징은 모두 현역 국회의원이었다는 점이다. 이들은 공천이 늦어져 선거운동 기간이 부족했음에도 인지도에서 다른 후보에 앞서는 유리한 환경에서 출발할 수 있었다. 이러한 현직효과에다가 지역의 특수한 정치환경이 작용하여 한나라당 후보를 이기는 이변을 연출하였던 것으로 보인다. 즉 김해(을)은 노무현 전 대통령의 효과가, 진주(갑)은 공천 후유증이, 창원(을)은 노동자들의 계급투표가, 그리고 사천시의 경우에는 농민들의 지지와 공천 파동의 책임자에 대한 심판의 효과가 작용하여 한나라당 후보를 이길 수 있었던 것이다.

각 선거구에서 제2위 득표자를 살펴보면, 한나라당이 당선된 13개 지역구에서는 8개 지역이 무소속 후보, 2개 지역이 통합민주당 후보, 2개 지역이 친박연대 후보, 1개 지역이 민주노동당 후보였다. 10% 이상 득표율의 차이가 나는 11개 선거구는 한나라당 후보가 안정적으로 당선된 지역이었다. 득표율의 차이가 10% 이내로 선거경쟁이 치열한 선거구는 6개 지역이었는데, 이 중 4개 지역에서 한나라당 후보가 낙선하고 비한나라당 후보가 당선되었으며 나머지 2개 지역은 무소속 후보와 치열한 접전 끝에 한나라당 후보가 당선된 지역이었다.

이번 선거에서 나타난 경남 지역의 정당 지지율을 보면(〈표 2〉 참

표 2. 경남 주요 선거구 정당 득표율(비례대표)

단위 : %

선거구	통합민주당	한나라당	자유선진당	민주노동당	친박연대	창조한국당	진보신당
경남	10.5	45.0	4.2	10.6	18.0	3.4	2.9
김해시	21.4	39.3	4.4	8.2	15.6	5.0	2.4
마산시	9.6	47.0	4.6	7.1	21.1	3.3	3.7
창원시	9.8	38.6	4.1	17.3	18.1	4.0	4.0
사천시	6.3	45.7	3.8	23.4	12.4	2.5	1.5
진주시	7.2	47.5	4.2	11.4	19.3	3.3	2.1
남해군	15.6	45.8	3.5	8.8	10.2	2.4	1.6
하동군	11.0	58.0	3.2	9.1	10.3	2.3	1.4

출처 : 중앙선거관리위원회 홈페이지, 제18대 국회의원선거 선거정보.

조), 한나라당 45.0%, 친박연대 18.0%, 민주노동당 10.6%, 통합민주당 10.5%, 자유선진당 4.2%, 창조한국당 3.4%, 진보신당 2.9% 순이었다. 이를 가장 최근에 실시된 2006년 지방선거와 비교해 보면 다음과 같다.

2002년 지방선거에서 한나라당의 정당 득표율은 74.5%였다. 이것이 2006년에는 63.8%로 다소 낮아졌다. 이번 총선에서 한나라당과 친박연대의 정당 득표율을 합치면 63%로 2006년 지방선거의 정당 득표율과 일치한다. 즉 한나라당에 대한 경남 유권자들의 지지는 일정하게 지속되고 있었다고 보여진다.

다만 통합민주당과 민주노동당의 지지는 2006년 지방선거에서 열린우리당 18.1%, 민주노동당 18.0%인 것에 비할 때 많이 감소하였음을 볼 수 있다. 민주노동당과 진보신당의 정당 득표율을 합치더라고 13.5%에 불과하여 진보정당에 대한 지지가 지난 선거보다 감소하였음을 알 수 있다. 2004년 총선에서 민주노동당의 정당 지지율은 15.8%였다. 그렇지만 통합민주당보다는 미세하게나마 우세하였다는 점을 지적할 필요가 있다.

비한나라당 후보가 당선된 4개의 지역에서 정당 지지율을 경남 지역의 평균과 살펴보면 정당 차원에서 당락 요인을 추론해 볼 수 있다. 먼저 무소속 후보가 당선된 진주시의 경우에는 경남 전체 평균과 큰 차이가 없었다. 이 지역에서는 공천 갈등을 둘러싼 인물 대결로 선거가 치러졌음을 추론할 수 있다. 민주당 후보가 당선된 김해시의 경우에는 경남 전체의 평균보다 한나라당의 정당 지지율이 다소 낮았고, 민주당 지지율이 2배 정도로 높았다. 그럼에도 불구하고 두 정당 간 지지율 격차가 매우 컸다는 점은 정당 지지만으로는 설명이 어렵다는 점을 보여준다. 민노당 후보가 당선된 창원시와 사천시의 경우는 당락에 영향을 준 요인이 서로 달랐음을 보여준다. 창원의 경우에 민주당, 자유선진당, 친박연대 등의 정당 지지율은 경남 평균과 비슷하였다. 다만 민노당의 지지율(17.3%)과 진보신당의 지지율(4.0%)이 경남 평균보다 크게 높았다. 두 정당의 지지율을 합하면 경남 평균은 13.5%인데 반해 창원시는 21.3%였다. 이는 이 지역이 진보정당에 대한 지지가 상대적으로 높은 지역임을 보여주는 것으로 민노당 후보의 당선에 주요한 요인이었음을 추론케 한다. 그런데 사천시의 경우에는 좀 더 다른 분석이 가능하다. 이 지역에서의 한나라당 지지율은 경남 평균과 비슷하였다. 다만 통합민주당의 지지율이 경남 평균보다 4.2%, 친박연대의 지지율이 경남 평균보다 5.6% 낮게 나왔다. 반면에 민노당의 지지율은 23.4%로 경남 평균보다 12.8% 높게 나왔다. 즉 한나라당의 공천 갈등으로 인하여 친박연대 지지자들이 민노당 지지로 이전하였으리라고 생각된다. 따라서 사천시의 경우에는 한나라당의 공천 갈등이 주요한 요인 중의 하나였음을 추론할 수 있다. 또한 비록 낙선은 하였지만 무소속 후보가 선전한 남해 하동 지역을 보면, 한나라당 정당 지지율이 크게 차이가 나타남을 볼 수 있다. 남해 지역은 경남 평균이었지만, 하동 지역은 경남 평균보다 무려 13%나 높은 지지율을 보였다. 이는 남해 지역과 하동 지역의 소지역 간 경쟁이 크게 작용했음을 보여주는 결과로 해석된다.

3. 경남 김해(을)의 선거 결과 분석 : 마산, 창원, 김해의 비교

김해(을) 선거구는 경남 지역을 대표하는 선거구가 아니다. 다만 다소 예외적인 정치적 특성을 가지고 있는 선거구라고 할 수 있다. 따라서 김해(을) 지역에 대한 집중적인 관찰 이전에 경남의 다른 지역구와 비교를 통하여 김해(을)의 지역적 특성을 고찰할 필요가 있다. 경남 지역의 대표적인 정치적 특징을 보여주는 마산, 창원, 김해 지역을 비교해 보자.

마산시, 창원시, 김해시는 유권자의 수가 32만~37만 명 사이인 비슷한 규모의 경남 지역 중심도시이지만 정치적 특성에서 다소 차이가 난다(〈표 3〉 참조). 경남은 한나라당이 독점하는 지역주의가 완고한 지역이다. 마산이 대표적인 한나라당 독점 지역이라고 한다면, 2004년

표 3. 각 지역의 유권자수

단위 : 명

	마산시(마산을)	김해시(김해을)	창원시(창원을)
유권자수	322,718 (174,106)	332,723 (183,038)	364,638 (177,562)

표 4. 투표율 추이

단위 : %

	지방선거 (2002. 6. 13.)	국회의원 선거 (2004. 4. 15.)	지방선거 (2006. 5. 31.)	대통령 선거 (2007. 12. 19.)	국회의원 선거 (2008. 4. 9.)
전국	48.9	60.6	51.6	63.0	46.1
경남	56.5	62.3	57.8	64.1	48.3
마산	46.1	60.5	52.6	64.4	44.6
김해	42.6	59.0	47.9	59.8	43.1
창원	48.7	63.4	51.6	63.9	46.6

출처 : 중앙선거관리위원회 홈페이지, 역대선거정보시스템.

총선 때 경남에서 유일하게 열린우리당 출신 국회의원을 배출한 김해 지역, 민주노동당 출신 국회의원을 배출한 창원 지역은 상대적으로 지역주의 구도가 약한 지역이라고 볼 수 있다.

이번 18대 총선의 투표율은 46.1%로 역대 국회의원 선거보다 가장 낮았다. 〈표 4〉를 보면 경남 지역은 늘 투표율이 다른 지역보다는 높았으며, 이번에도 예외는 아니었다. 경남 지역의 평균 투표율은 48.3%인데 마산, 창원, 김해 지역은 모두 경남의 다른 지역보다 투표율이 낮았으며, 김해시가 43.1%로 가장 낮았다. 이는 도시 지역이 농촌 지역보다 상대적으로 투표율이 낮은 현상을 반영하는 것으로 생각된다.

마산시는 전통적으로 한나라당 지지가 강한 지역이다. 2002년 지방선거에서도 기초단체장 득표율이 72.4%, 비례 광역의원 정당 득표율은 78.2%로 한나라당 지지가 매우 높은 지역이었다. 민주당(후에 열린

표 5. 역대 마산 선거 결과 분석

단위 : %

		한나라당	민주당 (열린우리당)	민주노동당	무소속
2002년 지방선거	기초단체장	황철곤 72.4			김종대 13.8
	광역비례	78.2	8.5	7.5	
2004년 국회의원 선거	갑	김정부 53.0	이만기 26.7	주대환 10.5	
	을	안홍준 48.3	하귀남 34.4		김영길 15.1
2006년 지방선거	광역비례	71.0	13.9	15.2	
2007년 대통령 선거	후보 득표율	이명박 58.9	정동영 9.9	권영길 4.2	이회창 21.8

출처 : 중앙선거관리위원회 홈페이지, 역대선거정보시스템.

우리당)이나 민주노동당은 다른 지역보다 현격하게 지지율이 떨어졌다. 탄핵 바람이 강하게 작용하였던 2004년 국회의원 선거에서도 마산 지역에서는 한나라당이 비교적 높은 득표율로 의석 2개 모두를 석권하였다. 2006년 지방선거에서도 나타났듯이 한나라당에 대한 정당 지지도는 다른 지역에 비해 월등하게 높았다. 광역비례 정당 득표율을 기준으로 살펴보면 한나라당이 71.0%, 민주노동당이 15.2%, 열린우리당이 13.9%였다. 마산시는 한나라당의 일당지배 경향이 지속되는 지역이었다.

창원 지역은 경남의 다른 지역보다 민주노동당의 지지율이 상대적으로 높은 곳이다. 2002년 지방선거에서는 한나라당에 이어 지지율이 18.2%로 제2위의 정당이 되었다. 창원 지역에서 열린우리당은 민주노동당에도 뒤지는 10.0% 지지의 군소정당으로 전락하였다. 이러한 정

표 6. 역대 창원 선거 결과 분석

단위 : %

		한나라당	민주당 (열린우리당)	민주노동당	무소속
2002년 지방선거	기초단체장	배한성 40.7	이재구 15.2	박완수 26.2	
	광역비례	66.9	10.0	18.2	
2004년 국회의원 선거	갑	권경석 45.1	공민배 36.6	최재기 14.9	
	을	이주영 37.5	박무용 12.3	권영길 49.4	
2006년 지방선거	광역비례	59.3	14.8	25.9	
2007년 대통령 선거	후보 득표율	이명박 51.7	정동영 12.6	권영길 7.9	이회창 21.2

출처 : 중앙선거관리위원회 홈페이지, 역대선거정보시스템.

당 지지의 구도는 탄핵역풍에 의해 열린우리당이 전국적으로 우세한 2004년 국회의원 선거에서도 지속되어 사상 처음으로 창원(을) 지역구에서 민주노동당 국회의원을 배출하기에 이르렀다. 2006년 5 · 31 지방선거에서의 광역비례 정당 득표율을 보면 한나라당 59.3%, 민주노동당 25.9%, 열린우리당 14.8%였다. 창원 지역은 강한 한나라당과 약한 민주노동당이 경쟁하는 정당의 경쟁구도를 가진 지역이었다.

김해 지역은 경남의 다른 지역에 비해 열린우리당이 상대적으로 높은 지지를 받고 있는 지역이다. 2002년 기초단체장 선거에서도 당시 민주당 후보가 한나라당 후보를 위협할 정도로 높은 지지를 받았다. 비례 광역의원의 정당 득표율도 22.5%나 되었다. 2004년 국회의원 선거에서는 탄핵이 이슈화되는 과정에서 경남에서 열린우리당이 2명의 국회의원을 배출하기에 이르렀다. 2006년 지방선거의 정당 득표율을

표 7. 역대 김해 선거 결과 분석

단위 : %

		한나라당	민주당 (열린우리당)	민주노동당	무소속
2002년 지방선거	기초단체장	송은복 56.8	최철국 41.6		
	광역비례	66.5	22.5	6.3	
2004년 국회의원 선거	갑	김정권 43.7	김맹곤 46.9		
	을	정용상 34.0	최철국 57.3		
2006년 지방선거	광역비례	57.8	28.0	14.2	
2007년 대통령 선거	후보 득표율	이명박 48.6	정동영 16.9	권영길 4.4	이회창 23.0

출처 : 중앙선거관리위원회 홈페이지, 역대선거정보시스템.

표 8. 2006년 지방선거 경남 지역 정당 득표율

단위 : %

비례대표 정당 득표율	열린우리당	한나라당	민주노동당
전국 광역	21.6	53.8	12.1
경남 도의원	18.1	63.8	18.0
마산 도의원	13.9	71.0	15.2
김해 도의원	28.0	57.8	14.2
창원 도의원	14.8	59.3	25.9

출처 : 중앙선거관리위원회 홈페이지, 역대선거정보시스템.

보아도 한나라당 57.8%, 열린우리당 28.0%, 민주노동당 14.2%였다. 2007년 대통령 선거에서도 민주당 후보가 다른 지역보다 높은 득표를 보이기도 하였다. 김해시는 경남의 다른 지역에 비해 상대적으로 열린우리당(민주당)의 지지가 높아서, 강한 한나라당과 약한 민주당이 경쟁하는 정당의 경쟁구도를 가진 지역이었다.

2006년 5 · 31 지방선거의 정당 득표율을 전국 평균, 경남 평균과 비교해 보면 마산, 창원, 김해의 정치적 특성이 그대로 드러난다. 경남 지역은 한나라당의 독주에 열린우리당과 민주노동당이 경쟁하는 구도이다. 경남 지역은 전국 평균에 비해 한나라당이 10%, 민주노동당이 5.9% 높았으며, 열린우리당은 3.5% 낮게 나왔다. 마산은 경남 평균보

표 9. 2007년 17대 대통령 선거 지역별 득표율

단위 : %

	정동영	이명박	권영길	이회창
전국	26.1	48.7	3.0	15.0
경남	12.4	55.0	5.4	21.5
창원	12.6	51.7	7.9	21.2
마산	9.9	58.9	4.2	21.8
김해	16.9	48.6	4.4	23.0

출처 : 중앙선거관리위원회 홈페이지, 제17대 대통령선거 선거정보.

다 한나라당이 7.2% 더 많은 71.0%로 독주하는 지역이며, 창원은 한나라당의 59.3%에 민주노동당의 25.9%가 경쟁하는 구도를 보였으며, 김해는 한나라당 57.8%에 열린우리당 28.0%로 경쟁하는 구도를 보였다. 즉 마산 지역은 한나라당의 독주, 창원 지역은 한나라당–민주노동당의 경쟁구도, 김해 지역은 한나라당–열린우리당의 경쟁구도를 갖고 있었다.

이것을 2007년 12월 대통령 선거에서 후보별 득표율과 비교하여 살펴보면 〈표 9〉와 같다. 당시 이명박 후보는 전국 득표율 48.7%보다 많

표 10. 2008년 4 · 9 총선 순위별 결과

단위 : %

	1위	2위	3위	4위
마산(갑)	한나라당 이주영 72.0	무소속 주대환 12.8	통합민주당 오길석 11.0	평화통일당 조민기 4.2
마산(을)	한나라당 안홍준 64.1	통합민주당 하귀남 19.9	진보신당 송정문 14.0	평화통일당 이수철 2.0
창원(갑)	한나라당 권경석 49.9	무소속 공민배 27.2	통합민주당 조재완 10.3	진보신당 최재기 9.8
창원(을)	민주노동당 권영길 48.2	한나라당 강기윤 44.7	통합민주당 구명회 5.0	평화통일당 황성배 2.2
김해(갑)	한나라당 김정권 50.9	통합민주당 정영두 21.6	친박연대 허점도 10.2	자유선진당 옥반혁 6.9
김해(을)	통합민주당 최철국 47.8	한나라당 송은복 45.6	민주노동당 이천기 5.2	평화통일당 박남욱 1.5

출처 : 중앙선거관리위원회 홈페이지, 제18대 국회의원선거 선거정보.

은 55.0%를 경남 지역에서 득표하였지만, 창원과 김해 지역에서는 51.7%와 48.6%로 적게 득표하였다. 이는 창원에서는 권영길 후보의 7.9% 지지로, 김해에서는 정동영 후보의 16.9% 지지 때문인 것으로 보인다.

이러한 정치적 특성은 이번 4 · 9 총선에서도 〈표 10〉과 같이 나타났다. 마산(갑)과 마산(을)에서는 한나라당 후보가 압도적인 표차로 당선되었고, 창원(갑)에서는 한나라당 후보가 무소속 후보를 여유 있게 따돌리고 당선되었으며 창원(을)에서는 접전 끝에 민주노동당 후보가 당선되었다. 김해(갑)에서는 한나라당 후보가 여유 있게 당선되었지만, 김해(을)에서는 통합민주당 후보가 힘들게 당선되었다. 그렇지만 김해 지역의 통합민주당 지지는 다른 지역에 비해서는 상대적으로 높게 나타났다.

결국 4 · 9 총선에서도 마산, 창원, 김해의 지역적 특성이 선거 결과에 지속적인 영향을 미치고 있음을 보여주었다. 창원시의 지역적 특성은 노동자 계급이 밀집된 지역에서 비롯되는 계급투표의 성향이 크게 작용하였다고 보인다. 반면에 김해시의 경우에는 노무현 전 대통령의 고향이라는 상징성이 크게 작용하여 열린우리당과 통합민주당에 대한 정당선호가 늘어난 것으로 추측된다. 2000년 16대 국회의원 선거를 보면 한나라당 후보가 66.7%를 얻어 12.1%를 얻은 민주당 후보를 압도적으로 이겼기 때문이다. 그 이전에 치러진 선거도 한나라당의 압도적 승리라는 결과와 크게 차이가 나지 않았다.

4. 경남 김해(을)의 선거 분석과 참여관찰

김해(을)에는 최철국 통합민주당 후보(55세), 송은복 한나라당 후보(64세), 이천기 민주노동당 후보(36세), 박남욱 평화통일가정당 후보(39세) 등 총 4명이 입후보했는데 경남 김해(을) 선거 결과는 〈표 11〉과 같다.

경남 김해시는 갑과 을의 2개 선거구로 나누어져 있다. 김해(갑) 선거구는 생림면, 상동면, 대동면, 동상동, 부원동, 북부동, 활천동, 삼안동, 불암동(도의원 선거구 1선거구, 2선거구)으로 구성되어 있다. 김해(을) 선거구는 진영읍, 장유면, 주촌면, 진례면, 한림면, 회현동, 내외동, 칠산서부동(도의원 선거구 3선거구, 4선거구)으로 구성되어 있다. 김해(을) 지역은 아파트 밀집 지역에다 중소기업이 산재한 도농이 혼합된 지역구이다.

4명의 후보자 가운데 현역 국회의원인 최철국 후보와 3선의 김해시장 출신인 송은복 후보 간에 치열한 선거경쟁이 진행되었다. 통합민주당의 최철국 후보는 대선 참패 이후 국민정서를 감안하여 측근과 지인들이 탈당과 무소속 출마를 권유했지만 당을 지키고 출마하였다. 그동안 의정활동을 통해 제2창원터널 조기 착공, 남해 해경청 유지, 김해첨단산업단지 유치 등의 성과를 중심으로 인물론으로 승부하겠다는

표 11. 김해(을) 선거구 후보자별 득표

정당 후보	통합민주당 최철국	한나라당 송은복	민주노동당 이천기	평화통일당 박남욱	투표자수 (선거인수)
득표수 (득표율)	39,439 (47.8%)	37,624 (45.6%)	4,311 (5.2%)	1,198 (1.5%)	83,204 (183,038)

전략을 가지고 있다. 이번 선거의 어려움을 예상하고 오래 전부터 지역구 상가나 5일장, 경로당을 누비면서 유권자들과 접촉해 왔다고 한다(경남신문, 2008. 3. 25., 3면). 한나라당의 송은복 후보는 3선 시장으로 재직하면서 가야문화 복원사업, 김해외국어고 유치, 연지공원, 문화의 전당, 추모의 공원 등 지역의 굵직한 현안을 해결한 풍부한 행정경험을 바탕으로 한나라당의 안정적인 집권을 호소하는 전략을 내세웠다.

사실 최철국 후보와 송은복 후보는 이번이 두번째 대결이었다. 2002년 6월 13일 지방선거에서 두 후보는 김해시장을 놓고 각축을 벌였지만, 당시 민주당 후보였던 최 후보는 43,462표(41.6%), 당시 시장이었던 한나라당의 송 후보는 59,316표(56.8%)로 송 후보가 당선되었다. 2004년 4월 국회의원 선거에서는 최철국 후보가 한나라당의 정용상 후보를 제치고 57.3%로 승리하였다. 2004년 국회의원 선거는 탄핵 바람이 큰 영향을 미쳤는데, 김해 지역은 노무현 대통령의 고향이었기 때문에 더욱 크게 영향을 받았다고 생각된다. 그래서 김해 지역에서는 2석 모두를 열린우리당이 차지하였다. 2006년 지방선거에서도 열린우리당 후보가 당선되었으며, 2007년 대통령 선거에서도 정동영 후보는 김해 지역에서 다른 지역에서보다 많은 득표를 하였다.

최철국 후보와 송은복 후보의 선거경쟁은 몇 가지 점에서 큰 관심거리였다. 첫째, 김해시장을 3선한 인물과 현역 국회의원 간의 대결이라는 점이었다. 지역 현안을 둘러싸고 국회의원과 시장의 업적에 대한 유권자들의 평가는 어떻게 나타날지가 관심이었다. 둘째, 지역주의적 투표행태가 지배적인 경남 지역에서 통합민주당 후보가 생존할 수 있는가 하는 문제였다. 지난 대선에서도 드러났지만, 한나라당의 정당 지지율은 압도적인 반면에 통합민주당의 지지율은 매우 저조한 상황이었다. 정당 지지와 인물 지지의 분리투표 경향이 얼마나 나타나느냐가 주요한 관심의 대상이었다. 즉 정당은 한나라당이지만, 인물은 통합민주당 후보를 찍는 유권자들이 얼마나 되는가 하는 문제였다. 셋째, 이러한 상황에 영향을 미치고 있는 노무현 전 대통령의 귀향이 가지는 상징성이 총선에 어떻게 작용될 것인가 하는 문제였다.

이러한 문제를 참여관찰을 통해서 살펴보고자 하는 이 글은 총선 당시에 인터뷰했던 유권자들의 의견, 당시 여론조사의 추이, 그리고 신문 등 언론매체에 보도된 사실 등에 의존하여 이러한 쟁점을 살펴보았다.

1) 정책과 공약

김해(을) 선거구의 주요 후보자 간에는 지역의 정책과 공약에 큰 차이가 없었다(경남신문, 2008. 4. 2., 5면). 최철국 후보는 ① 660만m² 규모의 산업단지 추가 조성, ② 자랑하고 싶은 도시 김해, ③ 장유의 도시 기반시설 완비, ④ 부산, 창원 20분 이내에 왕래, ⑤ 여성, 노인, 서민이 편안한 나라, ⑥ 스티커, 세금, 학비 걱정이 없는 나라 등을 주요한 공약으로 내세웠다. 송은복 후보도 ① 장유 일원에 660만m² 규모의 산업단지 조성, ② 김해-부산 경전철 장유선 연장 추진, ③ 장유-창원 제2터널 2010년 개통, ④ 진례 비음산 터널 건설, ⑤ 장유 노인종합복지회관 건립 등 지역 현안에 집중하여 공약을 제시하였다. 이천기 민주노동당 후보는 ① 중소기업 살리기, ② 등록금 150만 원 실현, ③ 어린이가 건강한 환경 조성, ④ 88만 원 세대 구출, ⑤ 임대주택법을 임차인의 주거권 보장으로 개정 등으로, 박남욱 평화통일가정당 후보는 ① 직장인 70세 정년 보장, ② 농기계 전용도로 개설, ③ 국제문화관광 스포츠타운 조성, ④ 다문화 가정 장애인 청소년 가정 지원, ⑤ 일명동 일국공립 보육시설 확충 등을 주요 공약으로 제시하였다.

김해(을) 선거구 가운데 유권자의 3분의 1이 거주하는 장유면은 김해(을)의 선거판도를 바꿀 수 있는 전략요충지이다. 그래서 장유 유권자를 겨냥한 공약이 후보 모두에게 공통적으로 중요하게 취급되었다. 공통된 공약은 장유 일원에 최대 산업단지를 조성하고, 장유–창원 간 터널을 조기에 완공하겠다는 것이었다.

이렇게 지역개발에 관한 정책공약은 큰 차이가 없었지만, 전국적인 이슈에 대한 의견에는 차이를 보였다(경남신문, 2008. 4. 1., 4면). 마창진 참여자치시민연대와 참여연대 등 전국 17개 단체로 구성된 참여자치지역운동연대는 18대 총선 후보들에게 민생 5대 표준 공약에 대한 답변을 요청하였다. 먼저 교육비 부담 절감 차원에서 학원교습 24시간 허용에 대해 최 후보, 송 후보, 민노당의 이천기 후보는 찬성하고, 평화통일가정당의 박남욱 후보는 반대하였다. 주거복지 정책 가운데, 국민임대주택의 임대료를 소득수준별로 차등 부과하는 제도의 도입에 대해 최 후보만 반대하고 나머지 후보 모두 찬성하였다. 또 고위공직자의 공직 취임 후 1가구 1주택 원칙 도입에 대해서도 최 후보만 반대하고 나머지 후보는 찬성하였다. 의료의 공공성 확대와 관련, 선택진료제 폐지에 대해서는 최 후보와 송 후보는 반대했고, 이천기, 박남욱 후보는 찬성하였다. 재래시장 활성화를 위한 대형마트 허가제 전환에 대해서는 최 후보만 반대하였고, 허가제 도입 결정 과정에서 지역주민 참여 여부에 대해서는 최 후보, 송 후보만 반대의사를 밝혔다. 재래시장에서 취급하는 일부 품목에 대한 대형마트 판매 규제에 대해서는 최 후보만 반대하였으며, 비정규직 사용 기간 연장과 파견업종의 확대 허용에 대해서는 최 후보와 이천기 후보만 반대하였다.

그러나 유권자들은 주요 두 후보 간 정책과 공약이 비슷하거나, 선거에서 크게 영향을 주고 있지 못하다고 보았다. 실제로 최 후보와 송 후보는 지역개발과 경제에 관심을 두고 자기가 적임자라고 주장하였지만, 차별성 있는 정책과 공약 제시에는 실패하였다고 보인다.

2) 인물론 대 정당론

최철국 후보는 대선에서의 참패, 새 정부의 출범 등으로 통합민주당의 지지가 저조한 상황에서 무소속 출마까지 권유를 받았다. 따라서 최 후보의 선거전략도 정당보다는 인물을 강조하는 것으로 세웠다. 최 후보의 슬로건은 "김해의 상머슴 최철국을 당선시켜 부려먹자"는 것이었으며, 선거유세에서는 노골적으로 "당을 보지 말고 젊고 일 잘하는 인물을 찍어달라"고 강조하였다.

표 12. 김해(을) 선거구의 여론조사 추이

단위 : %

출처	최철국 후보	송은복 후보	통합민주당	한나라당
2월 28일~3월 3일 경남신문(4월 3일)	15.5	28.2	5.3	45.0
3월 25일 부산일보(3월 26일)	27.1	38.2		
3월 26일~30일 경남신문(4월 3일)	25.2	30.3	13.0	39.3
국제신문(3월 27일)	26.6	37.6	14.2	46.6
동아일보(3월 31일)	28.8	34.6		
경남일보(4월 1일)	36.0	40.2	18.7	48.8

반면에 송은복 후보는 이명박 정부의 경제살리기 성공을 위해서는 안정적인 국정운영이 필요하기 때문에 한나라당의 후보를 뽑아야 한다고 강조하였다. 그래서 송 후보는 "활짝 웃는 김해 경제 송은복이 만들겠습니다"라는 슬로건 아래 이명박 경제대통령의 안정된 국정운영을 위해서는 반드시 한나라당 후보가 국회에 가야 한다고 당위성을 주장하면서 "전통보수층이 결집하여 김해 경제를 살릴 적임자를 뽑아달라"고 호소하였다.

최 후보는 인물 지지를, 송 후보는 정당 지지를 호소하는 선거운동에 역점을 두었다. 〈표 12〉의 여론조사 추이를 살펴보면, 선거에 임박할수록 두 후보 간의 지지율 격차는 줄어드는 추세였지만 정당 지지는 30% 내외의 격차를 항상 유지하고 있는 가운데, 통합민주당의 지지율이 조금 상승하는 정도였다. 여론조사에서도 정당 지지와 인물 지지가 분리되는 투표성향이 표출되었던 것이다.

3월 말에 실시된 여론조사(경남일보, 2008. 4. 1.)에서는 최 후보 36.0%, 송 후보 40.2%로 4.2% 차이로 오차범위 내 접전하고 있었으며, 15%의 부동층의 향배가 승부를 가를 것으로 분석되었다. 정당 지지도는 한나라당 48.8%, 통합민주당 18.7%, 친박연대 5.3%, 자유선진당 4.9%, 민주노동당 4.7%, 창조한국당 3.5% 순으로 나타났다. 두 후보 간의 격차는 4% 이내였지만, 두 정당 간의 격차는 30% 정도였다. 송 후보의 지지는 여성(43.0%), 연령대별로는 60대 이상(47.7%)과 50대(42.3%), 지역별로는 진례면(66.7%)과 전하동(60.0%) 등에서 상대적으로 높게 나왔지만, 최 후보는 남성(40.4%), 연령대별로는 40대(43.5%)와 30대(40.3%), 지역별로는 화목동(50.0%)과 진영읍(42.3%)에서 상대적으로 높게 나왔다. 지지정당과 지지후보의 결집도를 보면,

한나라당 지지자들은 송 후보에게 74.2%의 결집력을 보인 반면에 통합민주당 지지자들은 최 후보에게 95.7%의 결집력을 보였다.

같은 시기에 경남신문-마산진주 MBC 공동 여론조사(경남신문, 2008. 4. 3., 3면)를 보면 최 후보가 25.2%, 송 후보가 30.3%를 보였다. 두 후보 간 격차는 5.1%였지만, 두 정당 간 격차는 26.3%였다. 송 후보는 한나라당 지지율 39.3%보다 9% 적게, 최 후보는 통합민주당 지지율 13.0%보다 12.2% 많게 지지를 받았다. 최 후보는 통합민주당 지지자(83.3%), 창조한국당 지지자(77.8%), 친박연대 지지자(41.7%)들로부터 지지를 많이 받는 것으로 드러났으며, 한나라당 지지자들 가운데 11%가 지지의사를 밝혔다. 송 후보는 한나라당 지지자(63.1%)와 진보신당(33.3%) 지지자 중에서 지지율이 높았으며, 통합민주당 지지자 9%가 지지한 것으로 조사되었다. 지지하는 정당은 한나라당 39.3%, 통합민주당 13.0%, 민주노동당 6.5%, 친박연대 2.0%, 창조한국당 1.5% 순이었으며, 없다거나 무응답이 36.5%였다. 연령대별로는 최 후보가 20대(23.4%)와 30대(27.5%)에서, 송 후보는 40대(32.1%), 50대(34.8%), 60대 이상(39.5%)에서 앞서고 있었다. 당선 가능성을 묻는 질문에 대한 응답이 송 후보는 37.5%, 최 후보는 14.5%로 나타났다.

그런데 이러한 정당 간 지지율의 큰 차이에도 불구하고, 김해(을) 지역은 경남의 다른 지역보다 통합민주당(이전에는 열린우리당)의 지지율이 높았었다. 2006년 5월의 지방 도의원 선거에서는 정당 득표율이 한나라당 57.8%, 열린우리당이 28.0%를 얻어 경남 도내 평균 63.8%와 18.1%와 비교할 때 열린우리당에 대한 지지는 평균 10% 정도로 높았다. 2007년 대선에서도 정동영 후보가 경남 지역 평균 득표율 12.4%보다 많은 16.9%를 김해시에서 득표하였다.

이러한 결과는 이번 4 · 9 총선에서도 이어졌는데, 당선된 최 후보와 낙선한 송 후보 간의 득표율 격차는 약 2.2%였지만, 정당 득표율의 격차는 17.9%였다. 최 후보는 47.8%, 송 후보는 45.6%를 득표하였으며, 정당 득표율은 한나라당 39.3%, 통합민주당 21.4%, 친박연대 15.6%, 민주노동당 8.2%, 창조한국당 5.0%, 자유선진당 4.4%, 진보신당 2.4% 순이었다. 여론조사의 응답을 고려하면, 최 후보는 한나라당의 공천 파동에 실망한 친박연대의 지지자와 창조한국당의 지지자에게서 많은 표를 얻었다고 추론된다. 이러한 정당 지지와 인물 지지의 분리투표 성향은 현역 국회의원이었던 최 후보의 현직효과 외에도 이른바 '노무현 효과'라고 불리는 김해(을) 지역의 특수성에 크게 영향을 받았다고 볼 수 있다.

3) 대통령의 귀향과 선거 : '노무현 효과'

노무현 전 대통령의 고향이 있는 김해(을) 지역은 경남의 다른 지역보다는 상대적으로 노 전 대통령과 통합민주당에 대한 평가에서 우호적이었다. 이는 과거 선거 결과에서도 볼 수 있다.

노 전 대통령은 퇴임 이후 김해 지역에서 환경운동 등과 같이 비정치적 활동을 지속하여 인기를 모으고 있었다. 최철국 후보는 노 전 대통령의 이런 이미지를 이번 선거에서 적극 활용하였다. 선거사무소 건물 외벽에는 노 전 대통령의 귀향을 환영하는 대형 펼침막을 내걸었다. 최 후보는 노 전 대통령이 자연정화 활동을 벌이는 행사에도 동참하기도 하였다. 최철국 후보의 홈페이지는 노무현 전 대통령과 악수하는 사진을 크게 실었다. 최 후보가 내세운 공약 가운데에는 노무현 전 대통령이 사는 진영 봉하마을을 전국 관광명소화하겠다는 프로젝트의 추진 등도 있었다. 최 후보는 "이번 선거에서 당선해 노무현 전 대통령의 자존심을 세우겠다"라고 말했다.

송 후보는 "노 전 대통령의 귀향 뒤 시민들의 반응은 좋지만 이번 선거에는 별로 영향이 없을 것"이라고 보았다. 최 후보가 노 전 대통령의 이미지를 적극 활용하였던 반면에, 송 후보는 시장 재직 때의 업적을 홍보하였다. 최 후보는 인물론, 지역발전론, 노무현 이미지 등 정당보다는 인물, 지역발전, 노무현의 상징성을 활용하였지만, 송 후보는 한나라당, 이명박 경제대통령, 김해 경제를 강조하였다. 결과적으로 김해(을) 선거는 노무현 전 대통령의 귀향과 이명박 대통령의 경제살리기가 맞붙은 형국이 되었다.

선거 기간에 만난 대부분의 유권자는 노무현 전 대통령의 귀향에 대해서 긍정적으로 평가하였다. 그러나 대통령의 귀향이 이번 총선에 어떠한 영향을 미칠지는 의견이 상충되었다. "노 전 대통령이 인기가 좋으니까 최 후보가 유리할 것이다"라는 의견과 "시장을 3선이나 한 송 후보가 유리할 것"이라는 의견으로 양분되었다.

필자는 선거운동 기간에 후보와 유권자들을 관찰하는 기회를 가졌다. 그리고 유권자의 생생한 의견을 듣기 위해 지역의 유권자들을 만나 지지하는 정당과 후보, 지난번 총선에서의 지지후보, 노무현 대통령의 귀향에 대한 평가와 선거에의 영향, 정책과 공약의 인지와 차이 등에 관련하여 질문하였다. 필자가 만난 김해(을) 유권자 약 20여 명이 응답하였는데, 이 중에 최 후보를 지지한다는 유권자는 7명, 송 후보를 지지한다는 유권자는 10명, 아무도 지지하지 않는다는 유권자가 3명이었다. 연령대로는 20대가 7명, 30대가 2명, 40대가 5명, 50대가 6명이었다.

이들 중 대다수 16명은 노무현 대통령의 귀향에 대해서 긍정적으로 평가하였으며, 1명은 부정적인 평가를 하였고, 3명은 특별한 평가를 하지 않았다. 이들 가운데 지지하는 정당과 후보가 없다는 3명(20대 여교사, 40대 여성 주부, 50대 남성 자영업)은 노무현 전 대통령의 귀향이 선거에 영향을 주지 않을 것으로 보았다. 최 후보를 지지한다는 7명(20대 여대생, 20대 여회사원, 30대 여교사, 30대 여회사원, 40대 남성 경찰공무원, 50대 여성 주부, 50대 남성 사업가) 모두는 노 전 대통령의 귀환이 선거에 많은 영향을 줄 것으로 보았다.

송 후보를 지지하는 유권자들은 시장 재직 때의 업적을 가장 높게 평가하였으며, 5명(20대 남대생, 40대 유치원 여교사, 40대 여성 학원 경영, 50대 여성 주부, 50대 남성 자영업)은 노 전 대통령의 귀향이 선거에 영향을 미치지 않을 것으로 보았지만, 나머지 5명(20대 여대생, 20대 남대생 2명, 40대 여성 주부, 50대 여성 주부)은 조금은 영향을 받을 것으로 응답하였다. 그리고 응답한 20여 명 대부분은 최 후보와 송 후보의 공약과 정책에 대해 모르거나 별다른 차이를 느끼지 못하였다.

인터뷰에 응한 유권자들 가운데 일반적으로 최 후보를 지지하는 유권자는 노 전 대통령의 귀향이 선거 결과에 영향을 줄 것으로 생각하고 있었다. 지지하는 후보가 없는 유권자들은 모두 영향이 없을 것으로 생각하였으며, 송 후보를 지지하는 유권자 중 5명은 영향이 없을 것으로, 5명은 조금 영향을 줄 것으로 판단하였다. 이러한 의견들은 어느 정도 노 전 대통령의 귀향이 최 후보에게 우호적인 영향을 줄 것이란 생각이 반영된 것으로 보이며, 이것이 4 · 9 총선의 최 후보 당선으로

표 13. 김해 지역의 역대 국회의원 선거 결과

단위 : %

		한나라당	민주당	제3정당
1992년		53.8 (민자당)	10.9 (민주당)	32.2 (무소속)
1996년		50.9 (신한국당)	15.3 (민주당)	5.5 (국민회의)
2000년		66.7 (한나라당)	12.1 (민주당)	9.5 (자민련)
2004년	(갑)	43.7 (한나라당)	46.9 (열린우리당)	
	(을)	34.0 (한나라당)	57.3 (열린우리당)	
2008년	(갑)	50.9 (한나라당)	21.6 (통합민주당)	10.2 (친박연대)
	(을)	45.6 (한나라당)	47.8 (통합민주당)	5.2 (민노당)

출처 : 중앙선거관리위원회 홈페이지, 역대선거정보시스템.

나타났다고 볼 수 있다.

이러한 추론은 〈표 13〉의 역대 국회의원 선거 결과를 살펴보아도 확인된다. 김해 지역에서 경남의 다른 지역과는 다른 노무현 효과가 나타난 것은 2002년 노무현 대통령 후보의 등장에서 비롯되었다. 그 이전에는 김해 지역도 경남의 다른 지역과 큰 차이가 없었다. 노무현 대통령 후보가 등장한 2002년 이전의 선거 결과를 보자. 민자당, 신한국당, 한나라당 후보가 얻은 득표율은 각각 53.8%, 50.9%, 66.7%였으며, 민주당(열린우리당) 후보가 얻은 득표율은 각각 10.9%, 15.3%, 12.1%였는데 이는 경남의 전반적인 추세와 비슷한 결과였다. 그런데 2002년 이후 선거에서 민주당 후보의 득표율이 매우 높게 상승하는 것을 볼 수 있다. 더욱이 2008년 총선에서는 김해(갑)과 김해(을)의 선거

표 14. 2008년 6 · 4 지방광역의회(김해시) 재보궐 선거 결과

정당 후보	통합민주당 명희진	한나라당 황석근	무소속 김근호	무소속 박배선	무소속 장유수	투표자수 (선거인수)
득표수 (득표율)	5,136 (33.4%)	4,377 (28.5%)	3,044 (19.8%)	2,293 (14.9%)	512 (3.3%)	15,515 (87,338)

출처 : 경남 선거관리위원회 홈페이지, 역대선거정보시스템.

결과 역시 다르게 나타났는데, 노무현 전 대통령이 살고 있는 김해(을)은 민주당 후보의 득표율이 47.8%였지만, 김해(갑)의 민주당 후보 득표율은 21.6%에 불과하였다. 김해(갑)의 한나라당 후보는 압도적인 승리를 하였지만, 김해(을)의 한나라당 후보는 아쉽게 패하였던 것이다. 이러한 결과는 노무현이란 인물의 등장과 영향이라는 요인에 의해 나타난 것으로 추론된다.

이러한 노무현 효과의 영향은 2008년 6월 4일 치러진 지방광역의회 재보궐 선거 결과에도 나타났는데, 〈표 14〉와 같이 통합민주당 후보가 적지 않은 표 차이로 한나라당 후보에 승리하였다.

결국 노무현 효과는 유권자들의 반응, 역대 선거 결과, 재보궐 선거 결과 등에서 그 영향력을 확인할 수 있다고 생각된다. 다만 이러한 효과가 정당 지지의 기반 확대로 이어질지 아니면 단기적이고 감정적인 차원에 그칠지는 더 많은 시간이 필요한 판단이라고 볼 수 있겠다.

5. 맺음말

경남 지역의 총선에 나타난 이변은 지역주의적 투표행태를 극복할 수 있는 단초를 보인 것으로 해석되기도 한다. 공천 후유증이 큰 지역에서 나타난 무소속 후보의 약진은 범한나라당 내부의 권력갈등으로 해석될 수도 있다. 문제는 민주노동당 후보 2명의 당선과 통합민주당 후보 1명의 당선이 경남 지역의 정치구조를 바꿀 수 있는 계기가 될 것인가 하는 것이다. 계급투표의 경향이 강한 창원(을)의 경우는 산업구성과 계급구조라는 지역적 특수성이 매우 강하게 작용된 경우이다. 사천시의 경우는 좀 더 시간을 갖고 지켜보아야 할 지역이자 투표행태이다. 김해(을)의 경우는 노무현 대통령의 고향이라는 점과 노 전 대통령의 귀향과 정착이라는 신선한 경험이 가져다 준 정치적 변화의 산물이라고 할 수 있다. 통합민주당에 대한 지지는 상대적으로는 높은 편이지만, 그렇다고 유권자들의 정당 선호가 바뀐 것은 아니다. 이는 정당 득표율에서 확인된다. 다만 정당과 인물을 분리하여 유권자들의 정서를 투표선택에 반영하려는 분위기가 통합민주당 후보의 당선을 가져온 것으로 보인다. 따라서 이것은 지역주의적 정당구조의 변화를 야기하는 데까지 이어지지는 않을 것으로 생각된다. 이러한 정서적 흐름이 누적되면서 정당 선호의 변화로 이어질지는 좀 더 시간을 갖고 관찰할 필요가 있을 것이다.

참고 문헌

김용복, 2007, "중선거구제, 정당공천제, 그리고 지역주의 : 경상남도 마산시, 창원시, 김해시", 이준한 외, 『제4회 지방선거 현장리포트』, 서울 : 푸른길.

김용호, 2000, 『4 · 13총선 : 캠페인 사례연구와 쟁점분석』, 서울 : 문형.
김용호 외, 2004, 『17대 총선 현장 리포트』, 서울 : 푸른길.
박찬욱 편, 2008, 『제17대 대통령 선거를 분석한다』, 서울 : 생각의 나무.
서울대학교 한국정치연구소, 2002, 『6 · 13 지방선거 평가』.
이갑윤, 1998, 『한국의 선거와 지역주의』, 서울 : 오름.
이준한 외, 2007, 『제4회 지방선거 현장리포트』, 서울 : 푸른길.
중앙선거관리위원회, 2003, 『제3회 전국동시지방선거 총람』.
중앙선거관리위원회, 2003, 『제16대 대통령선거 총람』.
한국갤럽, 2003, 『제3회 지방선거 투표행태』.
한국갤럽, 2003, 『제16대 대통령선거 투표행태』.
『경남도민일보』
『경남신문』, 2008년 3월 25일자; 2008년 4월 1일자; 2008년 4월 3일자.
『경남일보』, 2008년 4월 1일자.
『중앙일보』
『한겨레신문』
경남 선거관리위원회 홈페이지, 역대선거정보시스템
(http://gn.election.go.kr).
중앙선거관리위원회 홈페이지, 제17대 대통령선거 선거정보
(http://www.nec.go.kr:7070/pdextern/index.html).
중앙선거관리위원회 홈페이지, 제18대 국회의원선거 선거정보
(http://www.nec.go.kr:7070/abextern/index.html).
중앙선거관리위원회 홈페이지, 역대선거정보시스템
(http://www.nec.go.kr/sinfo/index.html).

10 지역주의와 정당, 그리고 인물 : 전남 목포

김영태

1. 머리말

지난 2008년 4월 9일 실시된 제18대 국회의원 선거는 정당구도의 재편이라는 측면에서 매우 중요한 의미를 가졌다. 대통령 선거가 실시된 지 얼마 되지 않아 치러진 선거라는 점을 반영하듯 한나라당은 153석을 얻어 원내 제1당으로 부상하였다. 이와 달리 17대 국회 출범 당시 원내 제1당이었던 열린우리당은 탈당, 합당, 분당 등의 이합집산 과정을 거쳐 통합민주당(이하 민주당)이라는 틀로 총선에 임했지만 81석을 얻는 데 만족해야 했다. 또한 18대 총선을 맞이하여 새롭게 창당한 자유선진당이 18석을 차지했으며, 민주노동당과 창조한국당도 각각 5석과 3석을 얻었다.

특히 이번 18대 총선에서 주목할 만한 사실은 한나라당 공천에서 탈락한 정치인들이 친박연대를 창당하고 선거에 출마하여 무려 14석을 차지했으며, 친박연대에 참여하지 않은 공천 탈락자도 상당수가 무소속으로 당선되었다는 점이다. 비록 새로운 정당을 창당하지는 않았지만 이와 마찬가지로 민주당 공천 탈락자 역시 무소속으로 출마하여 상당수 당선되었다. 이에 따라 지난 17대 총선 당시 2명에 불과하던 무소속 당선자는 이번 18대 총선에서는 무려 25명으로 크게 증가하였다. 이처럼 이번 18대 총선은 다른 어느 때보다 정당체제의 분절화(fragmentation)가 눈에 띄는 선거였다.[1)]

18대 총선에서 나타난 정당체제의 분절화를 고려할 때 목포 지역 선거는 이번 선거를 이해하는 데 매우 중요한 의미를 갖는다. 물론 목포 선거는 선거 결과가 확정되기 이전부터 정치권뿐만 아니라 언론 등 세간의 주목이 크게 집중된 선거였다. 이는 먼저 목포의 경우 역시 현직 국회의원이 민주당 공천에서 탈락하고 무소속으로 출마했기 때문이다. 게다가 목포 지역에 출마한 또 다른 무소속 후보는 정치적으로 호남 지역을 오랫동안 지배해 온 김대중 전 대통령의 최측근이었던 후보였다. 즉 목포 지역 선거는 '민주당 공천만 받으면 당선이 된 것이나 진배없다' 고 여겨졌던 민주당 공천을 받은 정영식 후보와 비록 공천에서 탈락했지만 현직 민주당 의원인 무소속 이상열 후보, 그리고 호남 지역주의를 내재화한 김대중 전 대통령의 측근이었던 무소속 박지원 후보의 경쟁에서 결국 무소속 박지원 후보가 당선된 선거이다. 이러한 점에서 목포 선거는 이번 18대 총선에서 지역주의와 정당, 인물적 요소가 어떻게 영향력을 발휘했는지, 그리고 무소속 후보의 대거 당선으

1) 지역구 선거 결과만을 고려할 때 17대 총선 당시 한나라당과 열린우리당은 각각 100석과 129석을 얻어 전체 지역구 의석 243석 가운데 94.2%의 의석을 차지한 반면, 18대 총선에서 한나라당과 통합민주당이 얻은 의석은 각각 131석과 66석으로 전체 지역구 의석 245석 가운데 80.4%의 의석을 얻는 데 그쳤다. 물론 이렇게 원내 제1당과 제2당에 대한 표의 집중도가 저하된 것은 선거 결과에서 살펴볼 수 있듯이 다른 무엇보다 열린우리당–통합민주당에 대한 지지도 약화에 따른 결과이다.

로 나타나는 이번 선거의 분절화를 어떻게 이해해야 할 것인지를 잘 보여주는 사례라고 할 수 있다.

이 글은 이러한 점을 고려하여 목포 지역의 18대 총선 과정을 살펴보고, 이것이 정당정치와 선거정치에 함축하는 바를 정리하는 데 목적이 있다. 좀 더 구체적으로 이 글에서는 목포 지역 선거를 사례로 선거 연구에서 흔히 제기되는 다음과 같은 문제를 살펴보고자 한다. 첫째, 한국의 지역주의, 특히 호남의 지역주의를 규정하고 있는 것은 인물적 요소인가 혹은 정당적 요소인가? 즉 호남의 지역주의는 'DJ'라는 특정 정치적 인물을 기반으로 하는가? 아니면 민주당이라는 지역정당을 기반으로 하는가? 둘째, 목포와 같이 지역주의가 강한 지역에서 후보자(인물) 요인은 어떤 의미를 갖는가? 즉 아무리 뛰어난 이른바 '큰 인물'이라고 하더라도 지역정당이나 혹은 'DJ'라는 지역주의를 기반으로 하지 않는다면 당선되기 어려운 것인가?[2)]

물론 흔히 그렇듯 이러한 문제에 대해 일도양단으로 명쾌한 답을 내리기는 어렵다. 특히 당락 여부에 문제의 초점을 맞추는 경우에는 더욱 그러하다. 예컨대 목포 지역과 유사하게 인근 무안 · 신안 선거구의 경우 역시 김대중 전 대통령의 차남이자 현역 의원인 김홍업 후보가 무소속 출마해, 민주당 공천을 받은 황호순 후보와 경쟁하였다. 그러나 선거 결과 이들 두 후보 가운데 어느 하나가 아닌 무소속 이윤석 후보가 당선되었다.[3)] 이러한 상이한 선거 결과가 암시하듯 목포 지역의

---

2) 선거에서 정당과 인물의 영향력을 포함한 투표결정 요인에 관한 논의는 너무 광범위하다. 이에 관해서는 다른 무엇보다 한국선거학회가 중심이 되어 발간한 『한국의 선거』 시리즈를 참고하라.

3) 무안 · 신안 지역의 선거 결과는 민주당 정당 공천이라는 정당정치적 요소와 'DJ의 아들'이라는 지역 정치지도자에 대한 충성심(royalty), 여기에 추가적으로 후보자의 출신 지역에 따른 무안과

사례는 이번 선거(결과) 전반을 설명하는 데 분명한 한계를 가지고 있다. 이러한 점에서 목포 지역의 사례에 관한 이 글의 논의는 앞서 제기한 문제, 즉 선거 결과에 영향을 주는 요인들이 어떻게 상호 중층적으로 작용하는지를 좀 더 심층적으로 이해하는 데 기본 초점이 맞추어져 있다고 하겠다.

이러한 점을 고려하여 이 글의 논의는 방법론적으로 엄격하게 수집된 양적 자료에 기초하기보다 다분히 선택적이며 질적인 자료에 의존했다. 더욱 구체적으로 이 글의 논의는 기본적으로 필자가 선거 과정에서 후보자나 선거운동 관계자로부터 수집한 공식 · 비공식 자료와 함께, 후보자와 유권자에 대한 인터뷰 내용 등을 중심으로 하고 있다. 물론 자료수집 과정에서 최대한 객관성을 유지하려 했지만 어느 정도 주관성이 개입할 가능성은 상존하며, 그 결과가 이 글의 논의에 영향을 주었을 가능성 역시 배제할 수 없음을 밝혀둔다.

이 글은 크게 네 부분으로 구성되어 있다. 먼저 첫번째 부분인 2절에서는 이 글의 주제인 지역주의, 정당, 그리고 인물 선거에 관한 기존의 논의를 비판적으로 정리해 보고, 이에 기초해 목포 지역 유권자의 투표선택 모형을 제시해 보았다. 다음으로 3절에서는 목포 지역의 18대 총선 환경을 살펴보았다. 특히 여기에서는 목포 지역의 역대 국회의원 선거 결과를 간략히 정리해 보는 한편, 이번 18대 총선 목포 지역 공천 과정과 함께 후보경쟁 구도를 살펴보았다. 또한 4절에서는 목포 지역 주요 후보의 선거공약을 중심으로 선거쟁점을 정리해 보는 한편, 후보자와 유권자의 인터뷰, 그리고 선거운동 과정을 중심으로 선거동향을

신안의 소지역주의 등이 영향을 준 것으로 알려져 있다. 즉 목포와 달리 무안 · 신안 선거 결과는 소지역주의의 영향이 컸다.

분석해 보았다. 마지막으로 5절에서는 목포 지역 18대 총선 결과와 앞서의 논의를 연계시킴과 동시에 이 글의 논의가 함축하는 바를 정리해 보았다.

2. 지역주의와 정당, 그리고 인물 : 이론적 논의

투표선택에 관한 사회심리학적 이론에 따르면 '정당일체감(party identification)' 은 유권자의 후보자(정당) 선택에 커다란 영향을 미치는 요인 가운데 하나이다(Campbell et al., 1954; 1960). 여기에서 정당일체감이란 유권자들이 상당 기간 심리적으로 간직하는 특정 정당에 대한 당파적 태도 혹은 귀속감이다. 이러한 점에서 정당일체감은 유권자가 정치적 쟁점(issue)이나 후보자를 평가하는 데 많은 영향을 준다. 미국을 중심으로 하는 논의에 따르면 이러한 정당일체감은 유권자의 정치사회화(political socialization) 과정을 통해 내면화되지만, 서구 유럽의 경우 사회적 균열구조(cleavage structure)에 영향을 받는 것으로 알려져 있다(Baker, K. et al., 1981; Thomassen, J., 1994).

우리의 경우 반복되는 정당의 이합집산으로 유권자들이 정당일체감을 형성하기 어려웠지만, 1997년 대통령 선거를 통한 수평적 권력교체 이전까지는 '여야성향' 이 정당일체감을 대신한 것으로 받아들여지고 있다(조중빈, 1993). 그러나 다른 한편으로 1987년 민주화 이후 지난 20여 년 동안의 선거가 지역균열을 반영하는 지역주의 선거였다는 점을 감안할 때, 우리의 지역주의 역시 또 다른 형태의 정당일체감이라고 볼 수 있다. 즉 지역주의는 한편으로는 서구 유럽의 경우처럼 사회적 균열을 반영하고 있으면서, 또 다른 한편으로는 정치사회화를 통해 재생산되고 있는 측면이 적지 않다. 특히 지역주의는 여러 가지 측면에서 사회심리적 요소를 내포하고 있으며, 심리적 당파성의 성격이 매우 강하다.

물론 지역주의는 미시적 차원에서 볼 때 '후보자의 출신 지역', '후보자가 속한 정당 지도자의 출신 지역', 그리고 '후보자가 속한 정당이 상징하는 지역'이라는 기준으로 세분화할 수 있다(김욱, 2003; 2004). 따라서 심리적 당파성의 의미를 갖는 지역주의는 1987년 민주화 선거 이후 대두된 '정당 지도자의 출신 지역'이나 '정당이 상징하는 지역'에 기초해 당파성이 내재화된 것이라고 할 수 있다. 호남 지역의 경우 이러한 심리적 당파성의 내재화는 2002년 대선 때까지 기본적으로 'DJ'라는 지역 정치지도자가 소속된 정당에 대한 지지와 영남 지역에 기반을 둔 정당에 대한 반대로 표출되었다.

그러나 2003년 민주당과 열린우리당의 분당을 계기로 이러한 심리적 당파성은 '지역 정치지도자에 대한 충성심(royalty)'의 표현이라는 성격을 좀 더 강하게 내포한 당파성과 이를 배제한 채 '지역을 대표하는 정당에 대한 충성심'의 표현이라는 의미를 내포한 당파성이라는 이원적 형태로 나누어진다. 2004년 총선에서 나타난 민주당과 열린우리당에 대한 지지의 분산은 이를 표현하는 것에 다름 아니다. 물론 이번 2008년 총선은 대선 과정에서 우여곡절 끝에 이들 정당이 통합되어 치러졌다. 그럼에도 여기에서 간과할 수 없는 것은 이번 총선에서 호남 지역의 이원적 당파성이 완전히 사라졌는가 하는 문제이며, 특히 '지역 정치지도자에 대한 충성심'이라는 의미에서의 정당일체감이 완전히 사라졌는가 하는 문제이다.

지역주의의 변화에 관한 논의에 따르면 '지역 정치지도자에 대한 충성심' 이라는 의미를 갖는 지역주의는 약화되고 있는 것으로 볼 수 있다(김욱, 2004; 김영태, 2003). 이른바 '3김' 으로 표현되는 지역을 대표하는 정치지도자가 정치일선에서 모두 퇴진했기 때문이다. 게다가 최근에는 지역의 이익(interest)에 기초한 투표결정이 확산되고 있다. 그럼에도 불구하고 목포를 중심으로 한 호남 지역의 경험적 사례는 이러한 결론이 한계를 내포하고 있음을 분명히 해준다. 즉 2004년 총선의 경우 'DJ' 의 정치적 고향으로 일컬어지는 목포를 중심으로 한 전남 서남권 지역은 민주당이 초강세를 보였으며, 2006년 지방선거 역시 예외가 아니었다. 따라서 목포 지역의 경우 여전히 지역주의적 정당일체감은 내적으로 '지역 정치지도자에 대한 충성심' 과 '이것이 배제된 지역대표 정당에 대한 충성심' 으로 이원화되어 있는 상황이라고 할 수 있다.

한편 사회심리학적 이론에서 지적하듯이 유권자들의 투표결정은 기본적으로 장기적 요인인 정당일체감의 영향을 받지만, 단기적 요인인 쟁점이나 후보자의 영향을 받기도 한다. 이와 마찬가지로 호남 지역의 투표선택 역시 지역주의에 기초한 심리적 당파성에 의해 규정되지만, 경우에 따라 쟁점이나 후보자의 영향을 받기도 한다. 다만 여기에서 간과할 수 없는 것은 목포 지역과 같이 지역주의 투표가 뚜렷한 지역의 경우 쟁점은 투표선택에 영향을 미치기 어렵다는 점이다. 물론 이는 쟁점 대결이 기본적으로 영남 지역에 기반을 둔 정당과 호남 지역에 기반을 둔 정당 사이에 일어나지만, 상대 정당에 대한 선택 가능성은 배타적 당파성에 의해 거의 전무하기 때문이다.

따라서 목포 지역과 같이 지역주의가 강한 선거구의 경우 단기적으

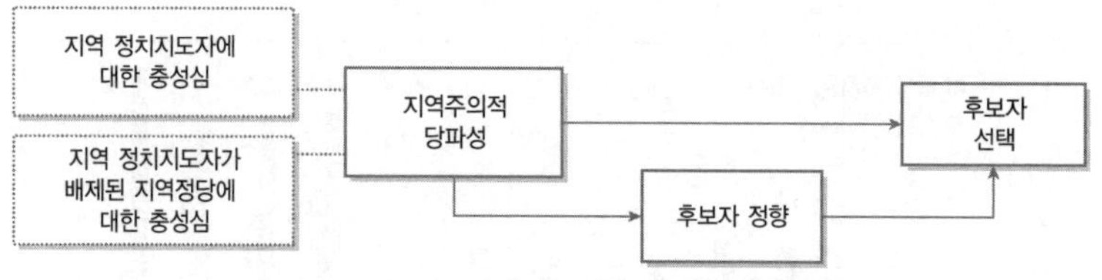

그림 1. 목포 지역 유권자의 투표선택 모형

로 후보자 요인만이 유권자의 투표선택에 영향을 줄 수 있다. 물론 이 경우 역시 지역주의적 당파성이 강한 배타성을 내포하고 있기 때문에 지역주의적 당파성에 대립각을 세우는 후보자는 높은 지지를 얻기가 쉽지 않다. 이와 달리 정당을 달리하더라도, 혹은 실제 일반적인 경우처럼 무소속 후보라 하더라도 심리적 당파성을 유지하면서 동시에 인물적 특성에서 강점을 가지는 후보의 경우 높은 지지를 얻을 수 있다. 결국 지금까지의 논의를 종합해 볼 때 목포 지역 유권자의 투표선택은 〈그림 1〉과 같이 모형화할 수 있다.

3. 목포 지역 18대 총선 환경

1) 목포 지역 역대 국회의원 선거 결과[4]

목포 지역의 역대 국회의원 선거 결과는 민주화 이전인 12대 총선까지와 민주화 이후 선거에서 확연히 다른 양상을 보인다. 민주화 이전 시기 국회의원 선거의 기본적인 특징이 야당(후보)에 대한 높은 지지

4) 이 부분은 김영태(2004)를 다소 수정 · 보완한 것임을 밝혀둔다.

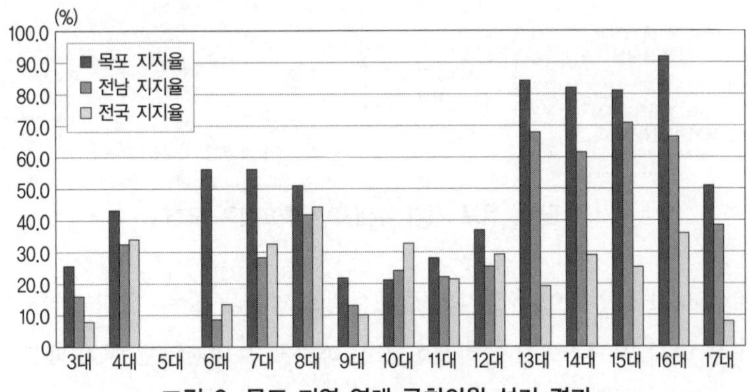

그림 2. 목포 지역 역대 국회의원 선거 결과

참고 : 3대 정중섭(민국당), 4대 정중섭(민주당), 6대 김대중(민주당), 7대 김대중(신민당), 8대 김경인(신민당), 9대 김경인(통일당), 10대 임종기(신민당), 11대 임종기(민한당), 12대 유경현(신민당), 13대 권노갑(평민당), 14대 권노갑(민주당), 15대 김홍일(국민회의), 16대 김홍일(민주당), 17대 이상열(민주당). 전남, 전국 지지율은 후보 소속정당 지지율(17대 민주당 정당투표 지지율)임.

출처 : 중앙선거관리위원회 홈페이지, 역대선거정보시스템.

도라고 한다면, 민주화 이후 시기 국회의원 선거는 특정 정당에 대한 압도적 지지를 의미하는 지역주의를 특징으로 하고 있다(〈그림 2〉 참조).

먼저 민주화 이전인 3대에서 12대까지의 목포 지역 국회의원 선거 결과를 살펴보면, 10대 국회의원 선거를 제외하고 모든 선거에서 야당 후보에 대한 지지율이 전국이나 전남 지역에 비해 상대적으로 높다. 목포 지역의 야당 후보에 대한 높은 지지는 8대 선거까지 목포 지역 당선자가 모두 야당 후보라는 점에서도 잘 확인된다. 특히 6대와 7대 국회의원 선거에 출마한 김대중 후보에 대한 목포 지역 유권자의 지지는 소속정당의 다른 후보에 대한 지지와 현격한 차이를 보인다.

물론 9대에서 11대 국회의원 선거에 이르기까지 목포 지역의 야당 후보에 대한 지지율은 크게 약화되어 30%에도 미치지 못한다. 특히 10

대 총선의 경우 야당 후보에 대한 지지율은 전남 지역이나 전국에 비해 상대적으로 낮다. 이에 따라 9대에서 11대 총선에서는 야당 후보가 탈락하고 여당 후보가 당선되었다. 물론 70년대에 목포 지역에서 야당 후보가 낙선하게 된 것은 여당의 지지도가 상대적으로 높은 무안, 신안 등 농어촌 지역이 목포와 하나의 선거구로 통폐합되었기 때문이기도 하다. 게다가 당시 야당의 경우 신민당과 민주통일당으로 분열되어 있었으며, 여기에 소지역주의까지 작용하면서 야당 후보의 지지도는 더욱 감소할 수밖에 없었다.

다음으로 민주화 이후 국회의원 선거에서 나타나는 목포 지역 선거의 특징은 한마디로 지역주의라 할 수 있다. 즉 13대 총선에서 평민당의 권노갑 후보가 82.4%라는 압도적 지지를 얻었으며, 14대 총선에서도 민주당 후보로 출마한 권노갑 후보는 82.0%의 지지율을 기록했다. 또한 15대 총선의 경우 국민회의의 김홍일 후보가 출마하여 81.2%의 지지를 획득했으며, 이어 16대 총선에서는 역시 민주당 후보로 출마한 김홍일 후보가 91.8%라는 압도적 지지를 얻었다. 특히 이들 후보가 속한 평민당-민주당-국민회의-민주당의 전남 지역 지지율이 60~70% 수준에 머물렀다는 점을 고려할 때 이들 후보에 대한 표의 집중도는 전남 지역 일반을 훨씬 뛰어넘는 것이었다고 할 수 있다. 즉 목포 지역의 지역주의는 다른 어느 지역보다 매우 강렬했다.

물론 목포의 지역주의가 이처럼 다른 지역에 비해 유달리 강한 양상을 보인 원인은 여러 가지로 설명할 수 있을 것이다. 그러나 목포의 지역주의는 김대중이라는 정치인을 빼고 설명하기 어렵다. 이미 살펴본 것처럼 김대중은 6대와 7대 총선에서 목포 지역구에 출마하여 56.0% 수준의 지지를 얻고 국회의원에 당선된 바 있다. 특히 권위주의 시절 김대중에 대한 정치적 탄압이 호남인의 소외감과 동일시되면서 김대중은 호남을 상징하는 정치인이 되었다. 즉 목포는 김대중과 정치적 동반자 관계를 형성했으며, 지역민의 표현을 빌린다면 목포는 김대중을 버릴 수 없는 'DJ의 정치적 고향'이 된 것이다. 이에 따라 이른바 'DJ의 복심'이라는 권노갑 후보나 김대중의 아들인 김홍일 후보에 대한 지지는 곧 김대중에 대한 지지를 표명하는 것으로 여겨졌다. 이처럼 목포의 지역주의는 13대에서 16대 총선까지 김대중이라는 특정 인물을 중심으로 하고 있으며, 이러한 점에서 앞서 언급한 것처럼 '지역 정치지도자에 대한 충성심'을 특징으로 한다고 볼 수 있다.

한편 17대 총선의 경우 민주당에서 열린우리당이 분당함으로써 이전과는 상이한 선거구도에서 선거가 치러졌다. 게다가 출마 후보 역시 모두 김대중과 특별한 개인적 인연을 갖지 않은 후보였으며, 특히 민주당 공천을 받은 이상열 후보의 경우 김대중의 아들이 출마한 15대 총선 당시 무소속으로 출마한 경력을 가지고 있었다. 이에 따라 목포 지역의 선거는 세간의 이목을 집중시켰지만, 결국 민주당 후보로 출마한 이상열 후보가 당선되었다. 물론 이러한 선거 결과는 한편으로는 김대중에 대한 지역민의 지지가 민주당이라는 정당 차원으로 전환된 결과이기도 하지만, 이상열 후보의 인물적 요소 역시 나름대로 영향력을 발휘한 결과라고 볼 수 있다. 즉 17대 총선은 '지역 정치지도자에 대한 충성심'과 함께 후보자 요인 역시 적지 않은 영향을 주었다.

2) 18대 총선 후보경쟁 구도

앞서 살펴본 바와 같이 목포 지역은 다른 어느 지역보다 지역주의 투표경향이 강했다. 이러한 점에서 이번 18대 총선 역시 지역지배 정당이라 할 수 있는 민주당의 공천을 누가 받는가가 선거 초반 초미의 관심사였으며, 민주당 공천경쟁 역시 매우 치열했다. 좀 더 구체적으로 민주당 공천을 신청한 예비후보는 김대중, 박지원, 배종호, 이상열, 정영식 등이었다. 이상열 예비후보는 이미 언급한 것처럼 현직 의원이었으며, 김대중 예비후보는 지난 17대 총선 당시 열린우리당 후보로 출마하여 낙선한 인사이다. 정영식 예비후보는 17대 총선 과정에서 민주당 공천을 신청한 경험이 있으며 목포시장 선거에서는 열린우리당 후보로도 출마한 바 있다. 또한 박지원 예비후보는 김대중 전 대통령

표 1. 목포 출마 후보 인적사항

	정영식 (민주당)	천성복 (한나라당)	윤소하 (민주노동당)	최승규 (평화통일 가정당)	박지원 (무소속)	이상열 (무소속)
연령	61세	45세	46세	54세	65세	56세
학력	성균관대 행정대학원	광주대 세무회계과	목포대 경영학과	대불대 사회복지 대학원(재)	단국대 상학과	서울대 정치학과
경력	(전)행정자 치부 차관	정당인	목포민중연 대 상임대표	세계평화 청년연합 전남회장	(전)대통령 비서실장	(현)국회의원
재산	8억 6,492 만 원	7,800만 원	1억 1,140 만 원	8,687만 원	12억 7,937 만 원	24억 2,876 만 원
납세	1억 3,930 만 원	65만 원	373만 원	133만 원	1,061만 원	1억 2,912 만 원
병역	면제 (장기대기)	육군하사	육군병장	육군병장	육군병장	공군중위
전과	없음	없음	집시법 위반	없음	직권남용 알선수재	없음

재임 당시 비서실장을 역임한 DJ의 핵심 측근이며, 배종호 예비후보는 KBS 뉴욕특파원을 지낸 바 있다.

이처럼 공천이 곧 당선으로 여겨지는 목포 지역 민주당 공천에서 민주당 공천심사위원회는 정영식 후보를 민주당 후보로 최종 확정했다. 좀 더 구체적으로 민주당은 부정 · 비리 전력자 공천배제 방침에 따라 박지원 예비후보를 공천에서 배제하는 한편, '호남 지역 현역 의원 30% 물갈이' 를 천명하며 현역 의원인 이상열 후보 역시 공천에서 탈락시켰다. 이에 따라 최종적인 민주당 공천경쟁은 공천 가능성이 매우 높을 것으로 여겨졌던 두 예비후보가 배제된 채 김대중, 배종호, 정영식의 삼파전으로 압축되었으며, 민주당 공천심사위원회는 여론조사 등을 통해 최종적으로 정영식 예비후보를 공천한 것이다.

한편 민주당 공천에서 탈락한 박지원 예비후보와 이상열 예비후보는 공천탈락에 반발해 민주당을 탈당하고 무소속 출마를 선언했다. 이상열 후보는 민주당 공천이 정치적 음모와 술수에 의한 불공정하고 비상식적인 공천이라며 무소속으로 목포 시민에게 직접 심판을 받겠다는, 그리고 박지원 후보는 개인적 비리가 아닌 대북송금과 관련한 전력을 빌미로 공천을 배제한 것은 부당하기 때문에 목포 시민에게 직접 평가를 받겠다는 출마의 변을 내세웠다.

이처럼 목포 지역 18대 총선은 선거 초반 민주당 공천자의 당선이 유력하게 여겨졌지만, 민주당 공천에서 탈락한 2명의 후보가 무소속으로 출마하면서 다소 복잡한 양상을 보이기 시작했다.[5] 물론 목포 지역 선거에는 이들 후보 외에 한나라당 천성복 후보, 민주노동당 윤소

---

5) 물론 나중에 언급하겠지만, 무소속 이상열 후보는 선거를 나흘 앞둔 4월 5일 민주당 정영식 후보와 후보단일화를 선언하고 후보에서 사퇴했다.

하 후보, 평화통일가정당 최승규 후보 등도 출마하였다. 그러나 이들의 경우 정당의 지지도가 매우 낮고 후보의 인지도도 낮은 편이어서 선거구도의 주요 변수가 되기는 어려웠다. 다만 여기에서 한나라당 후보공천 역시 처음으로 경쟁이 있었다는 점은 주목할 만한 일이다.

4. 목포 지역 18대 총선의 선거운동과 선거쟁점, 그리고 유권자 동향

이미 살펴본 것처럼 목포 지역 18대 총선은 민주당 정영식 후보와 무소속 박지원 후보, 무소속 이상열 후보의 삼파전으로 전개되었다. 기본적으로 정영식 후보는 민주당 공천이 지지의 기본 토대라고 한다면, 박지원 후보는 대북특사 경험이나 김대중 전 대통령의 비서실장이었다는 점이, 그리고 이상열 후보의 경우 민주당 현역 의원이라는 점이 선거경쟁의 출발점이었다.

이들 정영식, 박지원, 이상열 세 주요 후보의 특성을 반영하듯 전국적 이슈나 지역적 정책쟁점은 선거쟁점으로 전혀 부각되지 못했다. 물론 〈표 2〉에 제시된 것처럼 후보들의 공약은 다소간 차이를 보인 것은 사실이다. 그러나 이들 공약은 TV토론에서 TV토론을 위한 의제 정도의 의미를 가졌을 뿐 후보자나 유권자 모두에게 그리 큰 의미를 갖지 못했다.

사실 목포 지역 18대 총선의 쟁점은 이미 민주당 공천의 결과에 대한 반응 형태를 띤 출마회견에서 극명하게 드러났다. 좀 더 구체적으로 말하자면 정영식 후보는 공천확정 이후 3월 30일에 가진 공천확정 기자회견에서 “통합민주당 공천심사위원회의 엄정한 공천 잣대는 대

표 2. 주요 후보 선거공약

후보	주요 공약
정영식 (민주당)	• 100만 통합도시 건설 추진 • 국제환경엑스포 유치 • 목포권 국제자유도시로 건설 • 해양레저 중심도시 건설 • 귀향우대법 제정, 지방소재 전 국립대학 서울대학 수준 개편, 특목고
천성복 (한나라당)	• 국립 전문의과대학과 실버메디컬센터 추진 • 호남-무안 국제공항으로 고속철도 경유 추진 • 해양 친환경 레저 스포츠 관광산업의 육성 • 서남권 종합발전 적극적으로 추진 • 창의적인 문화예술인 육성과 콘텐츠산업 육성 • 국민성공시대를 위한 서민의 복지제도 추진
윤소하 (민주 노동당)	• 지역경제공동체 복원과 발전전략 수립 • 목포 구도심 세계적 '휴먼도시'로 개발 • 삼학대교 건설 • 목포대 의학 · 한의학 · 치의학 전문대학원 및 대학병원 설립 • 서남권역 연결 대중교통 통합 공영제 실시 • 목포의 섬(율도, 달리도, 외달도)과 다도해 연결 해양관광 육성 • 여성이 차별받지 않는 신명나는 일터, 일하는 엄마가 행복한 사회 • 재가노인 복지서비스 및 치매노인을 위한 복지서비스 확대 • 아토피 스톱! 환경보건정책 실현
박지원 (무소속)	• 국도 77호선 조기 개통 등 해양 지향 광역교통망 확충 • 목포대교 조기 완공 • 영산강 하구언 도로 교통정체 개선방안 추진 • 5대 관광거점 및 관광기반 확충 • 서남해안권 조선산업벨트의 중추 거점으로 육성 • 남북 교류협력사업 추진 • 원도심 개조로 신도심과 균형발전 도모 • 소외계층의 복지, 사회적 일자리 확충 • 서남권 교육 중심지로서의 교육환경 개선 및 시설 확충 • 목포대 의과대학 및 대학병원 설립 추진
이상열 (무소속)	• 신 · 구도심의 균형발전으로 골고루 잘사는 목포-삼학대교 건설 추진 • 무안반도 통합으로 인구 100만의 광역도시 건설 • 조선산업을 지역특화사업으로 육성 • 소외된 이들이 없는 복지도시 건설

한민국 선진정치의 가늠자이며, 4월 9일 실시되는 총선 승리를 위한 초석이 될 것으로 확신한다. …따뜻한 시민의 격려의 박수가 있었기에 오늘 목포가 공천혁명 1번지가 되었다고 생각한다"고 밝힌 것처럼 자신은 엄정한 민주당 공천심사를 거친 "진짜 민주당 후보"임을 역설했다.

이와 달리 민주당 공천에서 탈락한 박지원 후보는 "대북송금 특검으로 인한 고통과 역경의 5년 세월을 여러분의 관심과 성원 속에 이겨냈으나 그로 인해 발생한 억울한 사건으로 공천심사에서 배제되었다. … 남북화해의 나랏일을 하다가 보복당했다. 햇볕정책을 지지하는 통합민주당에서도 똑같은 보복을 하는 것은 참으로 잘못된 일이다. …50년 민주평화 세력의 정통성을 지킨 당이 통합민주당이다. 김대중 전 대통령께서 이끌어온 당이며 그 상징도 김대중 전 대통령이다. 반드시 돌아가 50년간 지켜온 정통성과 민주주의, 시장경제, 햇볕정책, 그리고 생산적 복지정책을 이어갈 것"이라고 무소속 출마의 변을 밝혔다.

이상열 후보 역시 "정치적 음모와 술수, 불공정하고 비상식적인 공천, 구태정치, 가신정치와 정면으로 승부해 목포 시민에게 직접 심판받겠다. …목포 시민의 현명한 판단과 공정한 심판을 받아 국회의원에 당선되어 민주당으로 돌아가겠다"며, 민주당 공천의 부당성과 함께 박지원 후보의 출마가 구태정치의 부활임을 강조하였다.

출마 기자회견에서 나타난 민주당 공천의 정당성 혹은 부당성, 그리고 구태정치에 관한 논란은 이후 후보들의 선거유세 과정에서나 TV토론에서도 핵심 쟁점으로 자리한다. 예컨대 필자가 패널로 참가한 3월 28일 TV토론회나 3월 29일 토론회에서 역시 후보 간의 가장 첨예한 쟁점은 바로 이 점이었다. 구체적으로 말하면 정영식 후보는 민주당 공천이 엄정하게 진행되었다는 점을 강조하면서 이상열, 박지원 후보가 무소속 후보로 출마한 것을 비판하고, 특히 "박지원 후보가 김대중 전 대통령을 팔고 다니는 것은 구태정치의 표본"이라고 지적했다. 이에 대해 박지원 후보는 민주당이 공천을 약속해 놓고 이를 지키지 않은 등 자신의 공천배제는 부당하며, 김대중 전 대통령의 정책을 계승할 수 있는 적임자는 자신이라는 점을 역설했다. 이상열 후보의 경우 "여론조사에서 꼴찌를 한 후보를 선정한 민주당 공천은 공정하지 못했고", "동교동계의 세습정치는 사라져야 한다"면서 "역대 국회의원보다 많은 일"을 해낸 자신을 지지해야 한다고 강조했다.

각 후보들의 유세장 표정 역시 이와 크게 다르지 않았다. 정영식 후보는 어디를 가나 "민주당 공천심사위원회는 철저한 검증을 거쳐 정영식을 선택했다", "탈당한 사람들이 감언이설로 시민들을 현혹하고 있다. 가짜 민주당을 격퇴하기 위해 진짜 민주당 후보인 저에게 표를 몰아 달라", "목포의 정치를 이제는 목포 시민에게 맡겨야지 더는 DJ 향수병을 가지고 악용하지 말아야 한다"라고 강조한다. 거리에 나부끼는 현수막 역시 '목포의 자존심 정영식과 함께 통합민주당' 이라는 커다란 글귀로 채워져 있다. 박지원 후보 역시 "DJ의 정통성을 이은 우리가 진짜 민주당이고 손학규 민주당은 가짜 민주당이다", "국정경험과 강한 추진력이 있다. 어떤 후보보다 많은 예산을 따올 수 있다", "위기에 빠진 김대중 대통령을 도와준다는 의미에서 박지원을 당선시켜 달라"고 호소한다. 이상열 후보는 "지난 4년간 열심히 의정활동을 했고 지역발전을 위해 노력했다", "먼지만 날리던 대불산업단지가 지금은 빈자리가 없을 정도로 발전하는 데 내 역할이 컸다", "구태정치를 청산해야 한다"고 어디서나 목소리를 높인다.

한편 이번 목포 지역 선거운동 과정에서 간과할 수 없는 부분 가운데 하나는 박지원 후보의 지원을 위한 김대중 전 대통령 부인 이희호의 두 차례에 걸친 목포 방문이다. 3월 30일 3천여 명이 운집한 목포역 광장에서 무안에 출마한 김홍업 의원 등이 동행한 가운데 이희호는 "박 실장은 남편에게 없어서는 안 될 사람"이라며 "박지원 후보에게 표를 몰아달라"고 호소했고, 박지원 후보도 "김 전 대통령께서 매일 전화해 목포는 어떠냐고 물으신다. 저는 대통령 건강을 염려해 걱정하지 않으셔도 된다고 보고하고 있다"며 지지를 호소했다. 4월 5일에도 이희호는 바다가 보이는 신도심의 평화광장에서 "남편인 김대중 전 대통령이 박지원 후보가 큰일을 할 수 있게 꼭 도와달라고 목포 시민들에게 부탁드리라고 해서 제가 내려왔다. …박 후보는 남편인 김대중 대통령을 위해서도 반드시 국회에 들어가야 한다"며 지지를 호소했다.

박지원 후보에 대한 지지는 이미 박지원 후보가 공천경쟁에 돌입한 3월 초 민주당 소속 황정호 도의원을 비롯한 10여 명의 목포시 의원의 지지선언에서 출발한다. 특히 이들은 박지원 후보가 민주당 공천에 탈락하고 무소속 출마를 선언하자 박지원 후보 지지를 선언하며 민주당을 집단 탈당한 바 있다. 또한 민주당 공천에서 탈락한 김대중 예비후보 역시 박지원 후보에 대한 지지를 선언했다.

물론 민주당 정영식 후보에 대한 중앙당 차원의 지원이 없었던 것은 아니며, 무소속 이상열 후보 역시 일부 목포시 의원의 지지선언도 이끌어낸 바 있다. 그러나 목포 지역 선거운동 과정에 새로운 전환점이 된 것은 무소속 이상열 후보와 민주당 정영식 후보의 후보단일화이다. 두 후보는 4월 4일 "목포 시민들이 동교동 세습정치의 희생양이 되어서는 안 된다는 데 의견을 함께 했다"며 "여론조사 결과에 따라 단 1%

라도 앞선 후보로 단일화를 이루기로 합의했다"고 발표한 데 이어, 4월 5일 단일화 후보로 민주당 정영식 후보를 결정했다.

지금까지 살펴본 것처럼 목포 지역 선거운동 전반에서 후보 간의 각축은 정영식 후보는 민주당 공천을, 무소속 박지원 후보는 김대중 전 대통령의 비서실장 경력을, 무소속 이상열 후보는 현역 의원이라는 점을 무기로 하였다. 또한 정영식 후보는 민주당 공천이 공정하지 못했고 후보로서 의원감이 되지 못하고 경쟁력이 없다는 점이 상대의 주된 공격점이었던 반면, 박지원 후보는 공천탈락 불복과 비리전력 그리고 DJ를 이용하려 하며 구태정치의 표본이라는 점이 상대로부터 거론되었고, 이상열 후보는 역시 민주당 공천탈락과 불복 등을 공격받았다.

한편 목포 지역 유권자의 여론동향은 몇 차례 변화를 보인 바 있다. 먼저 민주당 공천 이전인 3월 초까지는 이상열 후보가 박지원 후보에 비해 우세한 가운데 정영식 후보는 10%의 지지도 얻지 못한 것으로 여겨진다. 예컨대 1월 말 한국갤럽조사 결과 이상열 22.5%, 박지원 17.2%, 김대중 8.5%, 배종호 5.7%, 정영식 3.4%, 천성복 1.2%, 윤소하 0.5% 등으로 나타났으며(목포투데이), 3월 초 조사에서도 중앙선데이의 경우 이상열 24.1%, 박지원 19.2% 등으로, 그리고 민주당 예비후보만을 고려한 목포시민신문의 경우 이상열 25.2%, 박지원 22.1%, 정영식 11.1% 등이었다.

그러나 이러한 선거 초반의 전체 여론동향은 민주당 공천확정으로 크게 변화한다. 공천 직후 각종 여론조사에서 민주당 공천을 받은 정영식 후보의 지지도가 급상승한 것이다. 예컨대 KBS 여론조사에 따르면 무소속 박지원 후보 24.1%, 민주당 정영식 후보 23.3%, 무소속 이상열 후보 16.8% 등으로 나타난다. 물론 이러한 지지동향은 4월 초가

되면서 박지원 후보의 지지도가 크게 상승한 것으로 나타난다. 예컨대 한국일보에 따르면 4월 초 목포 지역 각 후보의 단순지지도는 무소속 박지원 후보 35.8%, 민주당 정영식 후보 23.9%, 무소속 이상열 후보 13.0% 등이었으며, 적극적 투표의사층에서도 각각 박지원 후보 39.9%, 정영식 후보 25.7%, 이상열 후보 14.3% 등인 것으로 나타났다.

민주당 정영식 후보의 선거 초반 낮은 지지도, 중반 지지도 상승, 종반 지지도 정체는 여러 가지 원인으로 설명될 수 있다. 먼저 선거 초반의 낮은 지지도는 비록 정영식 후보가 목포시장과 행정자치부 차관을 역임한 바 있지만 목포 시민에게 그리 잘 알려져 있지 않았고, 목포 시민 일부에게는 인물 면에서 다른 후보에 뒤떨어진다고 여겨진 것과 밀접한 관계가 있다. 이는 정영식 후보가 17대 총선 당시 민주당 공천에서 탈락한 바 있으며, 목포시장 선거에서도 열린우리당 후보로 출마하여 낙선한 것에서 어느 정도 확인된다.

정영식 후보의 선거 중반 지지도 상승은 물론 다른 무엇보다 민주당 공천 때문이다. 민주당 공천은 이미 살펴본 여론조사 결과에서 보여주듯 정영식 후보의 지지도를 며칠 사이에 급상승하게 만들었다. 실제 민주당 공천 이후 상당수 시민들은 "그래도 민주당 후보를 지지한다"는 의견을 표명하거나 민주당 공천에 불복하고 출마한 무소속 후보들을 부정적으로 인식했다. 또한 DJ에 대해서도 "이제는 목포가 DJ를 자유롭게 해주어야 한다"거나 "DJ가 사실 목포 발전을 위해 한 일이 무엇이 있었느냐?"는 견해도 적지 않았다.

그러나 정영식 후보의 지지도가 선거 막판까지 상승하지 못하고 정체된 것은 먼저 이미 언급했듯이 인물 면에서 상당수 유권자들에게 호소력을 갖지 못한 데 기인한다고 볼 수 있다. 게다가 민주당 도의원과 시의원의 대다수가 박지원 후보와 이상열 후보에 대한 지지를 선언한 것에서 살펴볼 수 있듯이, 정영식 후보가 민주당 공천 이후에도 민주당 핵심층의 지지를 이끌어내지 못한 것 역시 공천의 대중적 효과 이외에 지지세를 상승시키기 어려운 요인으로 작용한 것으로 볼 수 있다.

무소속 박지원 후보의 경우 민주당 공천탈락에도 불구하고 선거 초반의 지지세를 선거 중반까지 이어가다, 선거 종반에는 이를 크게 끌어올렸다. 물론 박지원 후보에 대한 이러한 지지는 공천의 부당성에 대한 공감이 상당 정도이며, DJ의 영향력이 작용했다고 볼 수 있다. 또한 3월 말과 4월 초의 지지도가 상당 정도 변화한 것에 기초해 볼 때 앞서 언급한 이희호 지원 유세의 영향력 역시 전혀 무시할 수 없다. 그러나 박지원 후보의 지지도 변화는 이것만으로 설명하기 어려우며, 또 다른 중요한 변수들이 작용했다고 볼 수 있다.

좀 더 구체적으로 설명하자면 먼저 중앙당과 달리 목포 지역 민주당이 박지원 후보를 지지했다는 점이다. 이는 이미 언급한 탈당을 불사한 목포 지역 시 · 도의원의 박지원 후보 지지선언에서 확인된다. 다음으로 인물적 요인 역시 적지 않은 영향력을 보였다고 볼 수 있다. 즉 선거전이 본격화되기까지 유권자들은 각 후보들을 다소 추상적으로 인식했지만, 선거전이 본격화되면서 박지원의 인물성이 크게 부각된 것이다. 예컨대 "목포 발전을 위해 중앙에서 예산을 끌어오는 데는 아무래도 중앙정치의 거물로 활동한 바 있는 박지원 정도는 되어야 하지 않겠느냐?"는 지적에서 드러나듯 박지원 후보는 인물론에서 다른 후보들을 압도했다. TV토론을 지켜본 많은 사람들 역시 "박지원은 중앙정치에서 잔뼈가 굵은 사람답게 무게감과 카리스마가 느껴지는 반면 다른 후보는 가벼운 느낌을 지울 수가 없다"고 토로했다. 여기에 의리론 역시 크게 한몫한 것으로 보인다. 즉 "의리 강한 박지원 후보가 과거 DJ정부 시절 목포 지역과 목포 인사들을 위해 음으로 양으로 궂은 일 마다 않고 많은 일들을 해주었는데, 이제는 목포 사람들이 이를 갚아야 하지 않겠느냐"는 목소리도 적지 않았다.

무소속 이상열 후보의 경우 선거 초반의 지지세를 끝까지 이어가지 못하고, 선거 종반에 결국 후보를 사퇴하였다. 이상열 후보의 선거 초반 지지세는 물론 민주당의 현역 의원이라는 점이 중요한 밑거름이었다. 그러나 이러한 지지세는 먼저 민주당 공천에서 탈락하면서 민주당 효과를 상실하고 말았다. 또한 선거 중반 이후 박지원 후보에게 인물론에서도 밀림으로써 현직효과마저 잃어버렸다. 게다가 조직적인 측면에서 목포 민주당을 완전히 장악하지 못하고 대다수가 박지원 후보를 선언한 것은 현직 의원으로서 이상열 후보의 취약성을 잘 보여주는 것이었다. 사실 이상열 후보의 경우 이미 언급한 것처럼 15대 총선 당시 무소속 후보로 출마한 경험이 있어 비록 민주당 현역 의원이었음에도, "지난 17대 총선 당시 민주당 공천을 받아 어쩔 수 없이 지지했지만 '정통 민주당' 도 아니고, 인물로도 DJ를 배출한 목포를 대표할 전국적 인물은 아니다"라는 인식을 가진 사람들도 적지 않았다. 이처럼 이상열 후보는 현직 후보임에도 이를 활용하는 데 적지 않은 한계를 가지고 있었으며, 이것이 지지율 정체 내지 하락으로 작용한 것으로 보인다.

5. 맺음말

통합민주당 정영식 후보와 무소속 박지원 후보, 그리고 선거 종반에 후보단일화와 함께 후보를 사퇴한 무소속 이상열 후보의 삼파전으로 전개된 목포 지역 18대 총선은 〈표 3〉에 제시된 것처럼 박지원 후보가 53.58%의 지지를 얻어 당선됨으로써 막을 내렸다.

많은 언론과 논평가들은 이러한 목포 지역 선거 결과를 두고 'DJ의 정치적 영향력' 이 건재했다고 평가한다. 이미 살펴보았듯이 이번 목포 지역 선거에서 'DJ의 정치적 영향력' 이 전혀 존재하지 않았다고 볼 수 없다. 실제 박지원 후보는 선거유세마다 'DJ' 를 빠뜨리지 않았다. 이러한 점에서 박지원 후보의 당선은 '지역 정치지도자에 대한 충성심' 으로 이해될 수 있다. 그럼에도 불구하고 목포 시민이 생각하는 'DJ의 영향력' 은 'DJ' 의 직접적인 영향력을 의미하는 것이 아니라 정책적 계승을 의미한다는 것은 분명하다. 박지원 후보 역시 이 점을 간과하지 않았으며, 어디에서나 자신과 'DJ' 를 연결할 수 있는 햇볕정책의 계승을 강조하였다. 따라서 박지원 후보에 대한 지지를 단순히 '지역 정치지도자에 대한 충성심' 으로 해석하기에는 적지 않은 무리가 따른다. 특히 무소속 박지원의 당선은 이미 살펴본 것처럼 인물론에 힘입은 바 크다. 거리에 휘날리는 박지원 후보의 현수막에 씌어진 '큰 인물, 큰

표 3. 목포 지역 18대 총선 결과

단위 : %

통합민주당 정영식	한나라당 천성복	민주노동당 윤소하	평화통일가정당 최승규	무소속 박지원
38.07	2.12	5.53	0.66	53.58

출처 : 중앙선거관리위원회 홈페이지, 제18대 국회의원선거 선거정보.

발전' 이라는 구호처럼, 박지원 후보는 인물평가에서 다른 후보를 압도하였다. 즉 이번 18대 목포 지역 총선은 투표선택의 장기적 요인인 지역주의적 당파성과 함께 단기적 요인인 유권자의 후보자 정향이 크게 영향을 주었다고 볼 수 있다.

그렇다면 이번 목포 지역 선거에서 지역주의와 정당은 어떤 의미를 가졌을까? 우선 거시적인 측면에서 이번 목포 선거 역시 지역주의가 중요한 요소로 작용했다고 볼 수 있다. 이는 한나라당 후보의 낮은 지지도에서 명확히 확인할 수 있다. 즉 배타적 당파성이라는 의미에서 목포 지역의 지역주의는 여전히 강고한 것으로 나타났다. 또한 유권자들은—비록 경쟁관계에 있었지만—정영식 후보와 박지원 후보 모두를 민주당 후보라고 인식하고 있었다. 즉 소속정당과 무관하게 두 후보 모두에게 유권자들은 심리적 정당일체감을 느끼고 있었다. 이러한 점에서 두 후보가 90% 이상의 지지를 획득했다는 것은 목포 지역이 실질적 의미에서는 여전히 민주당 일당지배 구조를 벗어나지 못한 것으로 볼 수 있으며, 앞서 언급한 목포 선거의 인물선거적 특징 역시 바로 이러한 거시적이고 구조적인 차원의 지역주의에 기반하고 있다고 볼 수 있다.

물론 이러한 거시적 측면을 고려하더라도 종국에는 무소속 후보가 당선되었다는 점 역시 간과할 수 없다. 무소속 박지원 후보의 당선을 'DJ의 영향력' 과 민주당의 대립, 즉 'DJ' 라는 '지역 정치지도자에 대한 충성심' 에 기초한 지역주의와 '지역 정치지도자가 배제된 지역정당에 대한 충성심' 에 기초한 지역주의로 구분할 경우 이번 선거는 양자가 명확히 분화되는 구조를 보여준다. 특히 앞서 언급한 것처럼 박지원 후보의 인물 요인의 영향을 강조할 경우 '지역 정치지도자에 대한 충성심' 에 기초를 둔 지역주의는 크게 약화되고, 후보자의 인물 요인이 점차 부각되고 있다고 볼 수 있다. 따라서 목포 지역의 경우 지역주의는 내용적으로도 변화하고 있으며, 강도 면에서도 약화되는 경향을 보이고 있다고 결론지을 수 있겠다.

한편 목포 지역의 이번 18대 총선은 이러한 의미에서 호남 지역의 다른 선거를 이해하는 데 매우 중요한 시사점을 제공해 준다고 볼 수 있다. 즉 이번 선거를 통해 호남의 상당수 지역에서 무소속 후보가 당선되었는데, 많은 경우 이들 선거 역시 목포 선거와 유사한 경향을 나타내고 있다고 볼 수 있다. 다시 말하면 지역주의적 당파성이 여전한 가운데 단기적 투표선택 요인인 인물 요인이 영향력을 발휘한 결과 상당수 무소속 후보가 당선될 수 있었다는 것이다. 이러한 점에서 결국 향후 호남 지역 선거에서도 지역지배 정당의 지배성은 영향력을 유지하겠지만, 지역지배 정당의 후보가 인물 면에서도 다소 뒤처지고, 인물 면에서 다른 후보를 압도할 수 있는 후보가 무소속으로 출마하는 경우에 무소속 후보의 당선 가능성은 언제든지 상존해 있다고 볼 수 있다.

참고 문헌

김영태, 2003, "목포 지역의 정당지지와 17대 총선 : 지역주의와 합리적 선택의 문제를 중심으로", 목포대학교 정치발전연구소 학술세미나 발표논문.

김영태, 2004, "탄핵쟁점과 지역주의, 그리고 인물투표 : 전남 목포", 김용호 외, 『17대 총선 현장 리포트』, 서울 : 푸른길.

김욱, 2003, "지역주의 연구의 새로운 방향 모색 : 개념적, 방법론적 논의를 중심으로", 『세계정치연구』, 제2권 제2호.

김욱, 2004, "17대 총선과 충청권 정치지형의 변화 : 지역주의의 약화 및 변화를 중심으로", 『정치정보연구』 제7권 제1호.

어수영 편, 2006, 『한국의 선거 V : 제16대 대통령선거와 제17대 국회의원 선거』, 서울 : 오름.

이남영 편, 1993, 『한국의 선거 I』, 서울 : 나남.

이남영 편, 1998, 『한국의 선거 II : 제15대 대통령선거를 중심으로』, 서울 : 푸른길.

조중빈, 1993, "유권자의 여야성향과 투표행태", 이남영 편, 1993, 『한국의 선거 I』, 서울 : 나남.

조중빈 편, 1999, 『한국의 선거 III : 1998년 지방선거를 중심으로』, 서울 : 푸른길.

진영재 편, 2002, 『한국의 선거 IV : 16대 총선을 중심으로』, 한국사회과학데이터센터.

Baker, K. et al., 1981, *Germany Transformed : Political Culture and the New Politics*, Cambridge : Harvard University Press.

Campbell, A. et al., 1954, *The Voter Decides*, Evanstone : Row, Peterson.

Campbell, A. et al., 1960, *The American Voter*, New York : Wiley.

Thomassen, J., 1994, "Introduction : The Intellectual History of Election Studies", *European Journal of Political Research*, Vol.25.

중앙선거관리위원회 홈페이지, 역대선거정보시스템 (http://www.nec.go.kr/sinfo/index.html).

중앙선거관리위원회 홈페이지, 제18대 국회의원선거 선거정보 (http://www.nec.go.kr:7070/abextern/index.html).

저항과 변화: 친박 세력의 득세와 진보파의 퇴장

11 친박 돌풍의 근원지 : 대구 서부 지역

정준표

1. 머리말

지난 2008년 4월 9일에 치러진 제18대 국회의원 선거 결과는 한나라당이 압승할 것이라는 초반의 예상과는 달리 전체 299석 중 한나라당 153석(37.48% 득표, 비례대표 당선자 22인 포함), 통합민주당 81석(25.17% 득표, 비례대표 당선자 15인 포함), 자유선진당 18석(6.84% 득표, 비례대표 당선자 4인 포함), 친박연대 14석(13.18% 득표, 비례대표 당선자 8인 포함), 민주노동당 5석(5.68% 득표, 비례대표 당선자 3인 포함), 창조한국당 3석(3.80% 득표, 비례대표 당선자 2인 포함), 무소속 25석이었다. 한나라당은 서울 48석 중 40석, 인천 12석 중 9석, 경기도 51석 중 32석을 얻어 수도권에서는 압승을 했지만, 영남권 68석 중 22석을 잃어버렸고, 충청권(24석)에서는 단 한 석밖에 얻지 못하였으며, 강원권(8석)에서는 3석이지만 호남권(31석)과 제주(3석)에서는 한 석도 얻지 못했다. 전통적 텃밭인 영남권에서 한나라당의 이 같은 저조한 성적은 무엇보다도 공천을 둘러싼 갈등에서 기인한다.

한나라당 공천에서 탈락한 '친박' 인사들을 중심으로 '친박연대' 혹은 '친박무소속연대' 가 형성되었고, 이들 중 상당수가 당선된 것이다.[1] 특히 박근혜 한나라당 전 대표의 지역구인 대구광역시 달성군에 인접한 달서구와 서구로 구성된 대구 서부 지역에서는 친박연대와 친박무소속연대의 후보가 모두 당선되었다. 대구 지역 비한나라당 친박 후보 당선자 4명 모두를 배출한 대구 서부 지역은 과히 친박 돌풍의 근원지라 할 수 있다.

이 글은 대구광역시 달서구 갑·을·병의 3선거구와 서구 선거구로 이루어진 대구 서부 지역의 선거 과정과 결과를 서술·분석하는 것을 그 목적으로 하며,[2] 다음과 같이 구성되어 있다. 2절에서는 선거구 획정 및 공천 과정을 다룬다. 다음 3절에서는 이른바 '박근혜 마케팅' 으로 알려진 친박 후보들의 선거운동을 중심으로 각 후보의 선거운동을 다룬다. 4절에서는 선거 결과를 분석한다. 이 절에서는 특히 1996년 4월 11일에 치러진 제15대 국회의원 선거와 이번 선거를 비교해 본다. 마지막 5절에서는 선거구 획정, 공천 등 대구 서부 지역의 선거 과정 및 결과에서 두드러지게 나타난 몇몇 문제를 해결하기 위한 방안을 논의한다.

---

1) 전체 무소속 당선자 25명 중 13명, 그리고 영남권 무소속 당선자 13명 중 김광림(경북 안동), 강길부(울산 울주)를 제외한 11명이 친박계로 분류된다.

2) 한국정당학회에서 필자가 (뒤늦게 추가로) 할당받은 지역은 홍사덕 전 의원이 출마를 선언한 대구 서구 선거구였다. 그러나 할당받은 지 불과 몇 시간이 지나지 않아 강재섭 한나라당 대표가 불출마를 선언하는 바람에 서구 선거구에 대한 흥미가 반감되었고, 결국은 대구 서부 지역 전체를 '참여관찰' 하게 되었다. 참여관찰이라고는 하나 대상 지역이 워낙 넓어 직접적인 관찰은 제한될 수밖에 없어 많은 부분을 언론의 보도에 의존할 수밖에 없었음을 여기에서 밝힌다.

2. 선거구 획정과 공천 과정

1) 서부 지역 선거구 획정과 각 선거구의 특성

2008년 2월 14일 국회 선거구획정위원회는 달서구의 선거구를 기존 3개에서 2개로 줄이겠다는 방침을 발표했다. 획정기준인 2007년 12월 31일 현재의 인구가 591,169명으로 분구기준인 60만 명에 모자랐기 때문이다. 이렇게 되면 지난 17대 국회의원 선거 전에 달서(갑) 선거구 60%, 달서(을) 선거구 40%로 만든 달서(병) 선거구는 달서 갑과 을의 두 선거구에 흡수된다. 이 방침에 대해 달서구 한나라당 현역 의원(달서갑 박종근, 달서을 이해봉, 달서병 김석준)을 비롯한 대구 지역 출신 의원, 대구광역시 광역의원 및 기초의원들은 성명서를 발표하는 등 강력하게 대응하였고,[3] 2월 21일 국회 정치관계법특별위원회는 전체회의를 열어 대구 달서구 현행 선거구 수를 그대로 유지하는 것을 포함하는 선거구획정안을 확정하였다.[4]

〈그림 1〉에서 보듯이 달서구와 서구는 박근혜 한나라당 전 대표의 지역구인 달성군과 인접해 있다. 강재섭 한나라당 대표의 지역구인 서

3) 대구 달서구의 대단지 아파트 재건축 사업에 따른 일시적 인구 감소 현상을 감안하지 않은 근시안적인 결정이며, 수도권 선거구 증설을 위한 지방 선거구의 조정이라는 것이 반대의 주요 논리였다.

4) 이날 통과된 획정안은 인구하한선에 미달하는 전남 함평 · 영광과 강진 · 완도를 이웃 선거구와 통폐합하여 전남 의석수는 17대 13석에서 18대 12석으로 1석이 감소하고, 경기 용인, 경기 화성, 광주 광산 등 인구상한선을 초과하는 3지역은 분구하여 지역구 국회의원 수가 17대 243명에서 18대 245명으로 2명이 증가했지만 비례대표 수를 17대 56명에서 18대 54명으로 2명을 줄여 전체 국회의원 수는 17대와 마찬가지로 299명을 유지하였다. 한편 대구 달서구 외에도 인구가 분구기준에 미달하는 부산 남구와 전남 여수 등 2곳도 기존 선거구 수를 그대로 유지하도록 하였다.

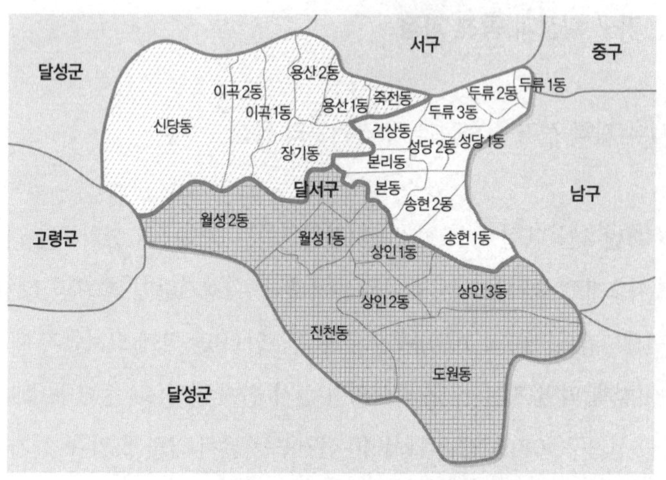

그림 1. 대구 달서구 3선거구와 그 인접 지역

구는 선거인명부 작성기준일 현재(2008년 4월 2일) 인구 235,879명에 인구수 대비 선거인수 비율이 80%로 대구광역시에서 최근 가장 급감하고 있는 인구상황을 보여준다.[5] 서구에는 서대구산업단지(일반 공단)와 염색산업단지(지방 산업단지)가 위치해 있지만, 이 두 산업단지는 섬유산업의 침체와 전반적 경기불황으로 점차 노후화되어 가고 있고, 그 고용 인원수도 급감하고 있다. 대구의 경제상황이 전국 광역단체 중 최하위 수준인데, 대구 내에서도 서구가 그간 발전이 가장 이루어지지 않은 곳으로 평가받고 있어 강재섭 대표에 대한 불만이 널리 퍼져 있다. 다음 〈표 1〉에서도 2006년 기준 서구의 사업체수 및 종사자수는 2001년에 비해 감소했음을 알 수 있다.

대구의 신개발 중심 지역인 달서구는 경부, 중앙, 88의 세 고속도로

5) 2007년 12월 31일 현재 인구수가 2006년 인구수 대비 2.33%가 감소하여 대구 최고를 기록하였다(http://www.daegu.go.kr/Plan/fileupload/2008시정현황.pdf, p.7 참조).

표 1. 선거구별 사업체수 및 종사자수

	사업체수	종사자수	평균 종사자수
달서(갑)	12,878	68,626	5.33
달서(을)	9,792	52,921	5.40
달서(병)	11,368	38,929	3.42
달서구(2006년)	34,038	160,476	4.71
달서구(2001년)	31,897	151,269	4.74
서구(2006년)	20,491	75,910	3.70
서구(2001년)	21,175	80,151	3.79

출처 : 대구광역시 달서구청, 『2007 통계연보』; 대구광역시 서구청, 『2007 통계연보』.

로 연결되는 구마고속도로가 통과하고, 지하철 1호선의 기점이 위치하는데다 지하철 2호선이 통과하는 교통의 요지이다. 1988년 월성지구를 시작으로 상인, 성서, 대곡, 용산, 장기 지구 등 대단위 아파트 단지가 조성되면서 달서구의 인구는 급증하였다. 이 중 박종근 의원의 지역구인 신당동, 이곡동, 용산동, 장기동, 죽전동 등으로 구성된 달서(갑) 선거구(인구 208,084명, 선거인수 비율 71.3%)의 성서산업단지(지방 산업단지)는 대구 경제의 중추적 역할을 담당하고 있다. 이해봉 의원의 지역구인 달서(을) 선거구(인구 217,892명, 선거인수 비율 74.0%)는 상인동, 월성동, 진천동, 도원동으로 구성되어 있으며, 대단지 아파트가 밀집해 있고 주민의 교육 및 소득 수준도 상당히 높은 곳이다. 이에 비해 김석준 의원의 지역구인 달서(병) 선거구(인구 164,933명, 선거인수 비율 78.3%)는 최근 성당동을 중심으로 재건축 및 재개발 사업이 이루어지고 있는 오래된 주거 지역으로 달서구에서 가장 낙후된 지역이다.[6] 앞의 〈표 1〉에서도 달서(병)의 사업체당 평균

6) 과거 김석준 의원 지역구 사무소의 사무장이었던 유재한 후보의 선거사무소 사무장은 "국회의원

종사자수는 3.42명으로 달서구의 3선거구 중 영세한 사업체가 가장 많다는 것을 볼 수 있다.

2) 한나라당 공천 과정과 탈당 및 출마 선언

공천을 둘러싼 이명박 대통령 당선자와 박근혜 전 대표 진영의 갈등은 대선 승리 이틀 만인 12월 21일 대권·당권 분리 문제를 놓고 고개를 들기 시작했다. 한나라당 당헌 제7조에 명시된 당정 분리 규정은 대통령이 당직 임명과 총선 공천 등 당의 인사권에 개입하는 것을 막는 것이 골자이다.[7] 이명박 후보 캠프 공동 선거대책위원장을 지낸 박희태 의원의 당과 대통령 관계를 재정립해야 한다는 주장으로 촉발된 갈등은 12월 24일 이 당선자가 "당헌·당규를 고친다든지 하는 문제는 앞으로 이야기하지 않는 게 좋겠다"고 강재섭 대표와의 회동에서 언급함으로써 일단 수면 아래로 잠복하였으나, 금방 공천 시기 문제로 다시 불거졌다.[8] 12월 29일 이 당선자와 박 전 대표의 첫 회동에서도 공천 시기 문제는 해결되지 못하였고, 그후 2008년 1월 5일 이방호 사무총장의 영남권 대폭 물갈이 발언은 친박 진영을 더욱 자극했으며, 1월 7일의 최고위원회의에서 친박 진영은 이 총장의 사퇴를 촉구했다. 1월 10일 공천심사위원회 구성 전까지 활동할 총선기획단이 친이계 5명,

---

이 딱히 지역구를 위해 내세울 특별한 공약이 없는 곳이 달서(병)이다"라고 말했다.

7) "대통령에 당선된 당원은 그 임기 동안 명예직 이외의 당직을 겸임할 수 없다"고 규정하고 있는 당헌 제7조는 대통령이 국회의원 등 당 소속 선출직 후보자 공천에 관여하거나 당 운영을 좌지우지할 수 없게 하기 위한 취지이다. 당헌은 대신 공천 결정을 할 때 공천심사위원회(제47조 및 48조)와 최고위원회의 의결(제32조)을 거치도록 했다.

8) 12월 26일 이재호 의원, 이방호 사무총장, 정종복 사무부총장 등이 공천을 2008년 2월 25일 대통령 취임식 후 확정하겠다는 발언을 하였다.

친박계 3명으로 구성되고, 1월 16일 박 전 대표가 특사 자격을 띠고 3박 4일 일정으로 중국을 방문하면서 공천갈등은 잠시 가라앉았다. 1월 21일 확정된 1차 공천심사위원회 구성안에 대해 친박 진영은 유승민 의원이 탈당까지 언급하는 등 강력 반발하였으나, 1월 23일 이 당선자와 박 전 대표의 회동에서 '공정 공천' 이란 원칙에 대한 합의가 있은 후 1월 24일 오후 공천심사위원회 구성안이 원안대로 최고위원회의에서 만장일치로 의결된다. 박 전 대표가 당과 이 당선자의 약속을 믿고 "대승적으로 양보"하였든지, 혹은 일부 언론의 보도처럼 '이-박 밀실합의' 가 이루어졌기 때문일 것이다.[9] 그러나 봉합되는 듯했던 공천갈등은 1월 29일 공천심사위원회가 2007년 9월 11일 전당대회에서 개정된「공직후보자선출규정」제3조 2항을 그대로 적용하겠다고 하자 다시 불거졌다. 제3조 2항은 "뇌물과 불법 정치자금 수수 등 부정부패와 관련한 법 위반으로 최종심에서 형이 확정된 경우, 공직후보자 추천신청의 자격을 불허한다"라고 되어 있다. 이에 따르면 1999년 알선수재죄로 벌금형을 받은 친박계의 좌장격인 김무성 최고위원은 공천신청 자격이 없어진다.[10] 김 최고위원이 "정치보복이고 토사구팽"이라며 탈당의사를 밝히며 강력 반발하자, 친박계 현역 의원 35명도 1월 30일 동반 탈당을 결의하며 배수진을 쳤다. 이후 이방호 사무총장과의 갈등 끝에 강재섭 대표가 사퇴를 언급하는 상황이 벌어지고, 이 당선

---

9) 동아일보는 1월 22일 "박근혜 전 한나라당 대표 측이 이명박 대통령 당선인 측에 4월 총선 공천 보장 희망자 85~90명의 이름이 적힌 명단을 전달한 것으로 알려졌다"고 보도했다.

10) 김영삼 전 대통령의 차남 김현철 씨를 비롯하여 친이명박계 박성범 의원(서울 중구)과 달서(병)의 김석준 의원 역시 공천신청 자격이 없어진다. 김석준 의원은 지난 2004년 17대 총선 당시 지역 시의원으로부터 두 차례에 걸쳐 후원금 명목으로 1천만 원을 불법으로 수수하였다는 죄목으로 80만 원의 벌금형을 받았다.

표 2. 공천 및 후보등록 과정

2007. 12. 11.	예비후보 등록 시작
2008. 1. 24.	한나라당 공천심사위원 11명 확정(위원장 안강민)
2. 21.	정치관계법특별위원회 선거구 획정 완료
3. 13.	한나라당 영남권 공천 결과 발표(51개 지역)
3. 16.	한나라당 유재한 달서(병) 전략공천
3. 19.	이해봉 탈당 선언
3. 21.	홍사덕 서구 출마 선언, 박종근 탈당 선언
3. 23.	박근혜 긴급 기자회견, 강재섭 불출마 선언, 홍사덕 대구 출마 기자회견
3. 24.	박근혜 대구 달성 도착, 친박연대 정식 창당, 한나라당 이종현 서구 공천
3. 25~26.	후보등록 기간
3. 26.	친박연대 달서(병) 조원진 공천
3. 27.	중앙선거관리위원회 정당후보 기호 배정, 선거운동 기간 시작
4. 8.	선거운동 기간 종료
4. 9.	투표 및 개표

자가 "서로 대화를 많이 해서 문제를 원만히 풀어야 한다"는 지침을 내린 후에야 2월 2일 최고위원회의에서 공천신청 불허 조항을 '금고형 이상' 에만 적용하기로 함에 따라 사태는 일단락되었다.

2월 5일 한나라당이 전국 243개 선거구의 공천신청을 마감한 결과 모두 1,173명이 지원해 역대 한나라당 공천 사상 가장 높은 4.8 대 1의 경쟁률을 기록했다. 공천만 받으면 당선은 보장된다는 대구 · 경북 지역에서 공천을 신청한 이는 모두 146명이며, 이 가운데 대구는 69명, 경북은 77명으로 집계되었다.[11] 대구 서부 지역의 경우 서구가 2명, 달서(갑)이 10명, 달서(을)이 8명, 달서(병)이 6명으로 나타났다.[12]

11) 오마이뉴스, 2008년 2월 9일.

한나라당 공천심사위원회는 2월 20일부터 대구를 시작으로 대구 · 경북 공천심사에 돌입했다. 하지만 공천심사에 앞서 대구 중 · 남구, 달서구 등 일부 지역에 대한 '전략공천' 가능성이 언급되고,[13] 초반 소폭 물갈이를 예상했으나 막판에 대폭 물갈이론이 대두되면서 현역 의원들의 조바심도 커졌다. 예정보다 늦은 3월 13일에 영남 지역 현역 의원 가운데 '친박' 의원 10명과 박희태, 안택수 등 '친이' 의원 14명, 그리고 중립인사로 분류되는 강길부 의원 등 25명을 대거 탈락시킨 공천 결과가 발표되었다. 대구 달서구의 경우 공교롭게도 현역 의원이 전부 탈락하였다. 친박계인 박종근 의원(3선)의 갑 선거구에는 홍지만 후보, 역시 친박계인 이해봉 의원(3선)의 을 선거구에는 권용범 후보가 공천되었고, 친이계인 김석준 의원(초선)의 병 선거구는 전략공천 지역으로 분류되었다가 3월 16일 이 선거구에 유재한 후보가 공천되었다.[14]

---

12) ▶서구(2) : 강재섭(59, 한나라당 대표), 김욱주(52, 욱일섬유 대표). ▶달서갑(10) : 곽창규(51, 한나라당 여의도연구소 부소장), 김대봉(46, 법무사), 김치영(53, 인수위원회 자문위원), 김현수(53, 한독물산 대표), 박종근(70, 국회의원), 손명숙(54, 여, 대구산업정보대학 겸임교수), 유능종(42, 변호사), 이철우(53, 전 경북 정무 부시장), 정태성(59, 전 대구시 의원), 홍지만(41, 전 SBS 기자). ▶달서을(8) : 권용범(42, VNK 네트웍스 대표이사), 김문오(58, 전 MBC 보도국장), 박상희(57, 미주오토텍 회장), 서영득(48, 변호사), 신재현(62, 국제변호사), 이상기(52, 서진산업개발 대표이사), 이철우(45, 법무법인 법여울 대표변호사), 이해봉(65, 국회의원). ▶달서병(6) : 김대희(54, 신세계교통 대표이사), 김부기(51, 서일주택개발 회장), 김석준(54, 국회의원), 서병환(58, 국제항공화물주식회사 대표), 이술이(51, 대구대 겸임교수), 차철순(56, 변호사). 이상 영남일보(2008. 2. 10.) 참고. 제17대 총선에서 무소속으로 달서(을)에 출마하여 6.1%의 득표를 한 권용범 후보를 포함하여 이들 중 상당수가 이전 선거에서 다른 당 후보 혹은 무소속으로 출마하여 한나라당 후보와 경쟁한 경력이 있다.

13) 중 · 남구는 공천을 신청했다가 청와대행을 택한 박영준 인사비서관 내정자 외에는 경쟁력 있는 후보가 없다는 이유에서 전략공천 이야기가 나왔다.

14) 그 밖에 대구에서는 친이계인 3선의 안택수 의원이 탈락하였다. 공천에서 모두 탈락했다는 점 외에 3선 의원인 안택수, 박종근, 이해봉 의원의 공통점은 모두 15대 총선 당시 TK정서에 힘입어 자민련(안택수, 박종근) 혹은 무소속(이해봉)으로 당선된 점이다.

공천 결과에 불만을 품은 이해봉 의원과 박종근 의원이 3월 19일과 21일 각각 한나라당을 탈당하고, 3월 23일 박근혜 전 대표가 "나도 속고, 국민도 속았다"고 당 공천 과정에 불만을 표시하자 선거판의 구도는 크게 요동치기 시작했다. 이날 강재섭 대표가 자신의 살신성인을 계기로 공천과 관련된 당내 각 세력의 계파 싸움은 이제 중지해야 한다고 촉구하면서 총선 불출마를 전격 선언했지만, 오히려 한나라당의 공천이 잘못되었다는 것을 인정한 꼴이 되어버렸다. 게다가 이미 홍사덕 전 의원이 강 대표의 지역구인 서구 출마를 선언한 후에 이루어진 것이라, 많은 사람들이 강 대표가 당선될 가능성이 없으니 보신책을 택한 것이라는 의견을 피력하였다. 3월 24일 강재섭 대표의 대타로 이종현 후보가 서구에 공천되었으나, 홍사덕 후보와 마찬가지로 이종현 후보 역시 지역구로 주소조차 옮기지 못해 지역구에서 투표할 자격마저 없었다.

3. 후보자와 선거운동

송영선 의원의 출마설이 나돌던 달서(병)에 친박연대가 후보등록 마지막 날인 3월 26일에 무명의 조원진 후보를 공천하면서 대구 서부 지역의 후보자 윤곽이 완전히 드러났다.[15] 다음 〈표 3〉은 대구 서부 지역에 출마한 후보자와 그 소속정당 및 주요 경력과 득표 상황을 나타내고 있다.

---

15) 하지만 조원진 후보 역시 16대 총선에서 북구(갑)에 출마하여 5,526표(7.6%)를 득표한 적이 있어 정치신인이라고 할 수는 없다.

표 3. 후보자의 소속정당, 경력 및 득표 상황

선거구 투표율(%)	후보자(나이) 득표수	소속정당 득표율(%)	주요 경력
서구 45.7	이종현(58세)	한나라당	• 경북대 전자과 교수
	27,920	32.71	• 대구 테크노파크 단장
	홍사덕(65세)	친박연대	• 한나라당 원내총무
	52,713	61.77	• 대통령 후보경선 박근혜 후보 공동선거대책위원장
	장태수(36세)	진보신당	• (전)서구의회 의원
	3,523	4.12	• (현)서구문화복지센터 대표
	오세광(34세)	평화통일가정당	• 사)세계평화청년연합 대구광역시 사무국장
	1,177	1.37	• 대구경북환경 시민연대상임이사
달서(갑) 46.0	홍지만(40세)	한나라당	• SBS 기자
	28,692	42.49	• SBS 앵커
	박종근(71세)	친박연대	• 제15, 16, 17대 국회의원
	33,624	49.80	• 친박연대 최고위원
	황성수(57세)	평화통일가정당	• 남북통일운동 중대구 상임고문
	779	1.15	• 세계평화통일가정연합 중대구 회장
	김충환(46세)	무소속	• 청와대 비서관
	4,422	6.64	• 대통령비서실 정보화 책임관
달서(을) 48.8	권용범(42세)	한나라당	• 대구경북 벤처협회 회장
	30,633	39.74	• 미래대 학장
	육태명(39세)	평화통일가정당	• UN NGO 초종교초국가연합 구지부장
	2,348	3.04	• 사)남북통일국민연합 중앙위원
	이해봉(65세)	무소속	• 대구시장
	44,100	57.21	• 국회과학기술정보통신위원회 위원장
달서(병) 42.4	유재한(53세)	한나라당	• 재정경제부 정책홍보관리실장
	25,549	47.72	• 한국주택금융공사 사장
	조원진(49세)	친박연대	• 세계한인무역협회 북경회장
	26,357	49.23	• 제13, 15대 황병태 국회의원 보좌관
	김영석(42세)	평화통일가정당	• 세계평화통일가정연합 남아프리카공화국 전 회장
	1,627	3.03	• 남북통일운동국민연합 대구시 현 사무국장

출처 : 중앙선거관리위원회 홈페이지, 제18대 국회의원선거 선거정보.

대구가 원래 한나라당의 텃밭이고 선거구도 자체가 한나라당 후보와 친박 후보 간의 대결이었기에 진보신당, 평화통일가정당, 달서(갑)의 무소속 김충환 후보는 거의 주목을 받지 못하였다. 정책공약 역시 이름만 약간 다를 뿐 내용에서 후보 간에 의미 있는 차이가 없어, 지역구 발전을 위한 후보 간 정책 대결은 초반부터 실종되었다.[16] 물론 지역구 공약의 실현능력을 두고 '힘 있는 여당 의원론', '경륜과 자질을 겸비한 후보론' 등이 맞붙었지만 판세를 좌우하지는 못하였다. 가장 중요한 쟁점은 공천의 부당성 여부였지만, 이 역시 개별 후보에 대한 부당성 여부보다는 박근혜 전 대표에 대한 부당성 여부가 초점이 되었다.[17] 이해봉, 박종근 의원이 부당하게 공천에 탈락한 것이 문제가 아니라, 박근혜 전 대표가 공천에서 부당하게 대우받았다는 것이 쟁점이었던 것이다. 친박 후보들이 내세운 공약 역시 박근혜 대통령 만들기였고, 한나라당 후보들은 이에 맞서 대구경제 살리기를 내세웠다.

이 지역의 선거 초반 구도는 여러 여론조사에서도 나타났지만, 해당 선거구에 지역구를 둔 한나라당 소속 구의원 및 시의원들의 탈당 정도에서 잘 나타난다. "달서(병)은 하나도 안 했고예, 달서(갑) 거는 일부분만 했지만, 우린 다 탈당했심더. 기초의원 정당공천제가 없어야지. 이거 원 힘들어서." 달서(을)에 지역구를 둔 한 기초의원의 말이다.[18]

---

16) 달서(을) 선거구를 예로 들면, 권용범 후보가 달비골 생태체험학습장을 조성하겠다고 하고 이해봉 후보는 달서로하스파크를 조성하겠다고 했다. 대운하 문제 역시 대운하 건설을 적극적으로 주장하는 후보가 없어 큰 쟁점이 되지 못하였다.

17) 개별 후보에 대한 공천의 부당성 논란이 없었던 것은 아니다. 여론조사에서 우세한 후보를 탈락시키고, 지역구와 별 인연도 없는 후보(홍지만 후보)나 철새(권용범 후보)를 공천했다는 비판이 선거 초반에 제기되었다. 권용범 후보의 경우 후에 열린우리당의 창당으로 연결된 '대구신당추진위원회'의 명단에 이름이 올라갔던 사실(영남일보, 2003. 9. 9.)이 문제가 되었다.

18) 달서(갑)에 지역구를 둔 기초의원(총 6명) 2명과 광역의원(총 2명) 2명이 박종근 의원과 동반 탈

이와 같이 선거 초반에는 달서(을)의 친박무소속 후보인 이해봉 의원과 서구의 친박연대 홍사덕 전 의원이 높은 인지도를 바탕으로 각각 한나라당 권용범, 이종현 후보를 앞지르고 있었고,[19] 달서(갑)에서는 방송사 앵커 출신의 한나라당 홍지만 후보가 친박연대 박종근 의원에 비해 우세를 보이고 있었으며,[20] 달서(병)에서는 주택금융공사 사장을 역임한 한나라당 유재한 후보가 뒤늦게 선거전에 뛰어든 친박연대 조원진 후보를 크게 앞서고 있었다. 이러한 초반의 구도는 홍지만 후보가 예비후보자 방송토론회 불참을 통보했다가 비난여론이 일자 참석하기로 입장을 바꾼 것과 유재한 후보의 불참으로 방송토론회가 한 번도 열리지 못한 것에서도 나타난다. 공식적인 선거운동 기간이 겨우 시작되었을 때까지의 초반 구도는 이처럼 후보자 개인의 경력, 인지도를 바탕으로 후보자의 한나라당 공천 혹은 공천탈락이 적절했는지가 쟁점이 되었다. 나이도 많고, 지역구를 위해 한 일도 별로 없다는 평가가 많은 박종근 후보가 불리할 수밖에 없었다. 상대 후보를 낙하산, 철

당했고, 달서(을)에 지역구를 둔 기초의원(총 7명) 6명과 광역의원(총 2명) 1명이 이해봉 의원과 동반 탈당했다. 달서(을)의 남은 기초의원 1명도 곧 탈당하였고, 광역의원 1명은 대구광역시의장 출마 관계로 이해봉 의원과 미리 협의하고 탈당하지 않았다고 한다.

19) 3월 22일 실시된 한국갤럽조사에 의하면 달서(을)에서는 이해봉 후보가 33.5%로 29.3%인 한나라당 권용범 후보를 오차범위 내에서 앞서고 있는 것으로 나타났지만 그 내용을 보면 블루칼라, 주부층을 제외하고는 이해봉 후보가 우세를 보이고 있다. 특히 여론 주도층이자 투표 적극층이라 할 자영업자(총 67명)의 경우에는 이해봉 후보가 57.0% 대 25.0%로 훨씬 앞서고 있었다. 한편 강재섭 대표가 불출마 선언을 하기 전 조사에서는 강 대표가 43.6%, 홍 후보가 24.8%의 지지를 얻고 있었지만, 자영업자(총 106명)의 경우 근소하지만 홍 후보가 43.2%로 41.3%인 강 대표를 앞서고 있었다. 이상 한국갤럽조사(2008. 3. 24.) 참조.

20) 3월 19일 실시된 한국갤럽조사에 의하면 한나라당 홍지만 후보(43.7%)가 박종근 후보(25.0%)를 앞섰지만, 그 내용을 보면 학생, 주부 등 모든 직업층에서 홍지만 후보가 박종근 후보에게 우세를 보였으나 자영업자(총 69명)의 경우에는 34.4% 대 31.0%로 근소하게 앞서고 있었다. 이상 한국갤럽조사(2008. 3. 21.) 참조.

새, 물갈이 대상이라고 비난하는 식의 선거운동은 3월 23일 "나도 속고, 국민도 속았다"라는 박근혜 전 대표의 기자회견 이후 급격히 박근혜 중심의 선거운동으로 변했다. 이제 억울한 사람은 공천에서 탈락한 친박 후보자가 아니라 바로 박근혜이며, 그녀의 억울함을 풀기 위해 친박 후보자가 출마했다는 식의 선거운동이 바로 그것이다.

"박근혜와 강재섭의 대리전이라는 말은 우리 홍 후보를 모욕하는 말입니다. 강재섭보다 토박이론을 내세운 이종현이 더 어려운 상댑니다." 서구 친박연대 홍사덕 후보의 홍보책임자의 설명이다. 하지만 서구 주민들 다수는 이번 선거를 박근혜와 강재섭의 대리전으로 생각하고 있었다.[21] 이해봉 후보가 "의정활동을 못한 것도 아닌데 공천에서 탈락시킨 것은 너무하다"고 하면서도, "근혜가 안타깝고 측은하다"며 "토사구팽이 따로 없다"는 사람들은 그나마 개별 후보자를 어느 정도는 평가하는 유권자라 할 수 있다. "이명박 대통령이 의리가 하나도 없고 근혜가 불쌍해서 근혜를 밀련다"는 유권자도 다수 만날 수 있었다. 이른바 '박근혜 마케팅'은 대구 서부 지역 선거의 '박근혜 대리인 대 한나라당 후보' 구도를 더욱 강화하였고, 결국 서부 지역 친박 승리의 원동력이 되었다. 박 전 대표 사진으로 도배한 선거사무소, 박 전 대표가 아예 주인공인 명함과 현수막, 기회 있을 때마다 행해진 박 전 대표의 지역구인 달성군 방문, 박근혜 전 대표의 홈페이지로 착각하기 쉬운 홈페이지. 이런 박근혜 마케팅을 통해 서부 지역 후보들은 "꼭 살아서 돌아오세요"라는 박 전 대표의 당부를 그대로 이행한 것이다.

선거운동이 본격화되자 앞서 있다고 생각하던 달서(갑)의 홍지만 후

---

21) 강재섭 대표가 출마했더라도 선거구도는 '홍사덕 대 강재섭'이 아니라 '박근혜 대리인 대 강재섭'이 되었을 것이다. 물론 이 구도가 홍사덕 후보에게는 더 편한 선거가 되었을 수도 있다.

보와 달서(병)의 유재한 후보도 초조해지기 시작했다. 4월 3일 밤 선거 사무소 앞에서 만난 달서(병)의 친박연대 조원진 후보는 한나라당 유 후보와의 지지율 격차가 대폭 줄어든 한 여론조사 결과를 언급하면서 "박풍이 계속 불고 있으니, 한번 해볼 만하다"며 인근 상가(喪家)로 발걸음을 재촉했다.[22] 아닌 게 아니라 비교적 느긋했던 한나라당 유 후보의 사무실도 바빠지기 시작했다.[23]

박근혜 마케팅은 '박근혜 대통령 만들기 선언'으로 그 절정을 이룬다. 대구와 경북의 친박무소속은 4월 4일 달서(을) 이해봉 후보 사무소에서 "박근혜 전 대표가 5년 후 대통령을 목표로 큰 틀의 정치행보를 할 수 있도록 우리는 그 초석이 될 것이다"라는 내용의 기자회견을 갖고, 5일에는 서구 홍사덕 후보 사무소에서 친박연대와 연합전선을 구축했다. 이에 맞서 한나라당 후보들은 "여당 후보가 당선되어야 대구 경제를 살릴 수 있다"며 대구 지역의 전통적인 한나라당 정서를 자극하면서 박풍 차단에 나섰다. 4월 4일 오후에는 처음으로 달서구 대동시장과 붙어 있는 월배공원 등 달서(을) 지역에 한나라당 안택수 의원과 김석준 의원이 권용범 의원의 선거지원을 위해 나타났고,[24] 이어 5일에는 김수한 전 국회의장과 안택수 의원이 달서(갑)의 홍지만 후보 지원 유세를 와룡공원에서 펼쳤다. "박 전 대표를 사랑하면 저처럼 한

22) 한나라당 부설 여의도연구소의 자체 조사에 따르면 45.1% 대 37.8%로 오차범위 내에서 유재한 후보가 겨우 앞서고 있다고 했다.

23) 사실 바빠지기는 했지만, 그래도 큰 긴장감을 느끼는 분위기는 아니었다. 유재한 후보는 공천 탈락 후 불출마를 선언한 김석준 의원으로부터 선거사무소 및 인력을 그대로 인수하였다. 그런데 필자가 방문한 4월 3일까지도 선거사무장 및 사무직원은 김석준 의원 당시의 명함을 그대로 사용하고 있어, 선거를 너무 쉽게 생각하고 있다는 느낌이 들었다.

24) 김석준 의원은 달서(을)의 선거운동원으로 등록하지 않아 선거유세를 하지 않았다. 달서(병)의 경우에는 자신이 도와줄 의향을 밝혔는데 유재한 후보 측에서 사양했다고 한다.

나라당에 남아 있어야지, 박 전 대표를 팔아 금배지를 얻으려 하면 되느냐"란 안택수 의원의 말에 홍지만 후보의 조직원 외에 얼마나 많은 사람들이 공감했는지는 알 수 없다. "듣고 보니 다 불쌍하네"라는 한 아주머니의 말에 "뭐라 카노. 불쌍하긴 뭐가 불쌍해. 점마들 다 우리보다 잘산데이. 다 지 더 잘될라 카는 거 아이가"라고 한 할아버지가 핀잔을 준 것에서 보면, 정치에 대한 냉소주의가 널리 퍼져 있다는 것을 실감할 수 있다.

4. 선거 결과 : 박근혜의 승리

달서(병)의 조원진 당선자는 총선 직전 귀국해 선거전에 뛰어들었을 정도로 선거준비도 허술했다면서 "제 능력보다는 박 전 대표를 정치 중심에 세워야 한다는 달서구 주민들의 염원 덕분에 당선됐다"고 당선 소감을 밝혔다.[25] 결국 서부 지역 유권자 다수에게는 '친박 후보자=박근혜' 라는 공식이 통했다는 것이다. 앞의 〈표 3〉에서 보면, 달서(병)의 표 차이는 겨우 808표에 불과하다. 유재한 후보를 도운 달서구의 한 기초의원은 "저희들이 미안하지예. 더 노력했어야 했는데"라며 당의 조직만 가동되었으면 이길 수 있는 선거인데 너무 안일하게 대처했다고 한다.[26] 다음 〈표 4〉는 중앙선거관리위원회에서 전체 선거인의 10.3%(3,901,220명)를 표본으로 하여 조사한 연령대별 선거인 비율과

25) 매일신문, 2008년 4월 10일.

26) 조직가동을 건의했으나 받아들여지지 않았다고 한다. 그러지 않아도 이긴다는 생각에 최선을 다하지 못한 것이 패인이라는 것이다.

표 4. 연령대별 선거인 비율과 투표율

지역/투표율		19세	20 ~24세	25 ~29세	30 ~34세	35 ~39세	40 ~49세	50 ~59세	60세 이상
전국	선거인 비율	1.7	8.6	10.5	10.4	12.0	22.6	15.7	18.6
46.3	투표율	33.2	32.9	24.2	31.0	39.4	47.9	60.3	65.5
대구광역시	선거인 비율	1.8	9.0	10.3	9.8	11.7	23.9	16.5	17.0
45.1	투표율	38.6	34.0	23.8	27.3	34.9	45.0	60.2	66.9
서구	선거인 비율	1.8	9.0	11.2	9.0	10.4	23.6	17.6	17.3
45.9	투표율	45.3	36.2	22.0	23.6	31.0	44.8	62.5	71.9
	평균 격차	120.7%	112.6%	108.0%	102.2%	106.6%	109.6%	105.1%	98.8%
달서구 갑	선거인 비율	2.3	9.6	9.9	11.1	14.2	28.5	13.3	11.1
45.5	투표율	46.6	38.3	25.7	27.9	37.2	49.3	63.3	66.1
	평균 격차	120.7%	112.6%	108.0%	102.2%	106.6%	109.6%	105.1%	98.8%
달서구 을	선거인 비율	2.0	10.3	10.3	8.1	10.1	24.4	18.2	16.6
48.6	투표율	43.9	39.4	25.6	27.1	37.8	48.8	64.2	68.7
	평균 격차	113.7%	115.9%	107.6%	99.3%	108.3%	108.4%	106.6%	102.7%
달서구 병	선거인 비율	1.6	9.6	13.1	9.4	10.5	21.4	17.9	16.5
39.8	투표율	40.5	30.7	21.5	22.3	27.6	35.5	55.4	65.9
	평균 격차	104.9%	90.3%	90.3%	81.7%	79.1%	78.9%	92.0%	98.5%
수성구 을	선거인 비율	2.7	10.7	8.4	6.9	8.7	27.0	19.8	15.9
55.2	투표율	47.8	44.1	35.2	32.6	44.3	56.0	70.8	69.6
	평균 격차	123.8%	129.7%	147.9%	119.4%	126.9%	124.4%	117.6%	104.0%
북구 갑	선거인 비율	1.7	8.8	10.3	10.8	12.3	24.0	16.7	15.5
43.5	투표율	18.9	22.0	22.0	27.5	35.2	46.1	62.2	66.2
	평균 격차	49.0%	64.7%	92.4%	100.7%	100.9%	102.4%	103.3%	99.0%

출처 : 중앙선거관리위원회, 『제18대 국회의원선거 투표율 분석』(2008).

투표율이다. 표본조사이기에 〈표 3〉에 나타난 실제 투표율과는 일정한 차이가 나지만,[27] 연령대별 투표율이 선거구별로 어떻게 달라지는가를 살펴봄으로써 선거에 대한 관심과 후보자의 유권자 동원 노력의 정도를 어느 정도는 가늠할 수 있다.

〈표 4〉에서 개별 선거구의 연령대별 '평균 격차'는 그 선거구의 연령대별 투표율을 대구광역시의 연령대별 투표율로 나누어 얻은 값이다. '중앙'에서 내려온 유시민 후보가 무소속으로 출마한 수성(을)에서는 모든 연령대에서 대구시 평균보다 높은 투표율을 보였지만, 25~29세가 47.9%나 높은 등 특히 젊은 연령대에서 대구시 평균보다 높은 투표율을 보였다. 이에 비해 달서(병)은 사회적 활동이 가장 활발하리라고 생각되는 40대의 투표율이 다른 구에 비해 가장 저조하여, 선거에 대한 관심이 저조한 가운데 후보자에 의한 선거운동도 미약하였다는 것을 간접적으로나마 확인할 수 있다. 상대적으로 젊은 한나라당 후보가 현역 의원을 상대로 출마한 달서(갑)과 달서(을)의 경우에는 젊은 층(20대 이하)의 투표율이 대구시 평균에 비해 상당히 높지만, 상대적으로 젊은 후보가 뒤늦게 친박연대 후보로 공천을 받아 한나라당 후보를 상대로 출마한 달서(병)과 북구(갑)의 경우에는 젊은 층의 투표율이 대구시 평균에 비해 상당히 낮다. 20대의 투표율이 두 선거구 모두 낮지만, 북구(갑)에 비해 달서(병)은 장년 및 노년 세대의 투표율도 낮다는 점에서 후보자, 특히 한나라당 후보자에 의한 노력이 부족했다는 것을 알 수 있다.

달서(병)은 달성군과 직접 맞닿아 있지도 않고, 친박 후보가 공천탈락한 현역 의원도 아닌데다 오히려 인물 면에서는 한나라당 후보보다 월등히 내세울 것이 없는데도 불구하고 친박 후보가 당선된 것은 그만큼 박풍이 강하게 불었다는 것이다. 이에 더해 박풍의 세기를 제대로

27) 〈표 3〉에 나타나는 곳을 제외하고 실제 투표율을 살펴보면 전국 46.1%, 대구광역시는 45.1%, 수성(을)은 48.3%, 북구(갑)은 46.1%였다.

파악하지 못한 것이 유재한 후보의 패배로 나타났다. 인물 및 인지도에서 더 유리한 다른 서부 지역의 친박 후보가 모두 당선된 것은 당연한 결과라고 할 것이다. 박풍의 위력은 진원지에서 멀어졌기에 다른 대구 지역에서는 서부 지역만큼 세지는 않았으나 그래도 상당했다. 북구(갑)의 친박연대 박영민 후보 역시 당선되지는 못하였지만 한나라당 이명규 후보(52.58%)에 맞서 34.24%라는 엄청난 득표를 한 것이다.[28)]

결국 박풍이 서부 지역에서는 개별 후보자의 부족함을 채울 정도로 강하게 불었다는 결론이 나온다. 박 전 대표가 공천 결과에 저항하지 않고 한나라당 지원 유세에 나서는 등 공천 결과를 수용했다는 반사실적 가정을 해볼 때의 결과와 실제 결과를 비교해 보면 박근혜 개인의 영향력이 어느 정도였는지 실감이 날 것이다.

이번 선거 결과는 지난 15대 총선의 대구 선거 결과와 유사하다. 한나라당의 전신인 신한국당은 대구 총 의석 13석 중 24.5%의 득표로 2석을 얻는 데 그치고, 자민련이 35.8%의 득표로 8석, 무소속이 3석을 차지했다. 신한국당이 그나마 2석을 건지게 된 것은 달성군의 구자춘 자민련 후보의 갑작스런 사망이 가장 큰 원인이라고 할 수 있다. 결과론적인 이야기지만, 자민련의 김정훈 후보가 예상 밖의 득표를 한 것에서 볼 때 구자춘 후보가 출마했더라면 당선될 가능성이 높았고, 그렇지 않더라도 이 지역의 분위기가 서구(을)로 옮겨가 강재섭 후보의 당선을 방해했을 가능성이 컸다.[29)] 15대 총선 당시의 이른바 'TK정

28) 박영민 후보 역시 뒤늦게 공천을 받았고, 조원진 당선자와 마찬가지로 박근혜 전 대표와 거의 친분이 없었다. 박영민 후보의 34.24%라는 득표율은 수성(을)에서 유시민 후보가 얻은 32.18%라는 득표율보다 높은 것이라는 점에서 "유 후보의 기대 이상의 득표가 과연 대구 지역, 특히 대구 수성(을) 지역의 지역적 보수주의에 대한 하나의 희망을 줄 수 있는 그러한 의미를 지닌 것으로 평가할 수 있는가는 논란의 여지를 가지고 있다"는 주장(안용흔, 2008)을 뒷받침한다.

서' 는 집권 후 김영삼 대통령의 대구 · 경북 출신 인사에 대한 사정에서 촉발되었다. "대구 · 경북에서 압도적 지지를 받지 않았다면 대통령이 어떻게 될 수 있었는가? 그런데도 이렇게 대구 · 경북 사람에게 정치적 보복을 하다니"라는 배신감과 아울러 대구 · 경북의 주요 인사를 제거한 자리에 자기 주변의 인물을 심었다는 불공정성에 대한 분노가 반김영삼이라는 TK정서의 상당부분을 차지한다.[30] 이번 경우는 사정은 아니지만, 공천 과정의 불공정성에 대해 배신감과 분노를 느낀 것이다. 영남 지역의 공천에서 친이 계열의 공천 탈락자가 친박 계열 탈락자보다 많고 대구는 각각 둘씩 탈락했다는 것은, 문제는 탈락자에 대한 계파안배가 아니라 공천자에 대한 계파안배이기에 오히려 얄팍하게 사람을 속이는 짓이라고 생각하는 사람들이 많았다.

한편 15대 총선 때의 TK정서가 과거지향적이라면 이번 총선에서 나타난 지역정서는 상당히 미래지향적이다. 많은 유권자들의 생각에는 이명박 대통령이 대구 · 경북 출신이라기보다는 서울 출신이라고 할 수 있는 데 비해 박근혜 전 대표는 진정한 대구 · 경북 출신의 정치인이다. 박 전 대표를 차기 대통령으로 만든다는 미래지향적 목표가 궁극적으로 친박 후보에게 표를 던지게 한 것이다.

부산의 친박 바람을 분석한 황아란(2008)은 영남에서의 친박 바람은 "다른 정당과의 경쟁이 아니라 한나라당 내부의 경쟁으로 선거구도가 틀 지어졌기에 가능하였다"고 하면서 "물론 영남에서의 친박 바람이 박근혜 전 대표에 대한 지지나 혹은 한나라당의 공천파행에 대한 심판

---

29) 강재섭 후보의 당선은 2위와 3위 사이에서 표가 분산된 것에도 기인한다.

30) 여기에 권력을 잃음으로 인한 심리적 상실감이 선거시 정치인의 활용으로 더욱 확대된 것도 원인으로 보탤 수 있다(노동일, 1995).

의 성격도 지닌다는 점을 부정하는 것은 아니다. 그렇지만 그 역시 전국적으로 한나라당의 승세가 예상되었기 때문에 친박(무소속)연대의 지지를 통해 표심을 드러낼 수 있었던 것이다"라고 하나, 필자의 견해로는 최소한 대구 서부 지역은 박근혜 전 대표에 대한 지지나 공천파행에 대한 심판의 성격이 더욱 중요했다고 본다. 박근혜 전 대표가 한나라당을 탈당했었더라면, 즉 선거구도가 실질적으로 한나라당 내부의 경쟁으로 틀 지어지지 않았더라면 박풍이 더 강하게 불어 15대 총선의 대구 결과가 최소한 대구 · 경북에서 재현되었을 가능성이 컸다. 하지만 대구 · 경북을 넘어 전국적 구도를 생각할 때 박 전 대표에게 한나라당 탈당은 차기 대통령에서 멀어지는 수순을 밟는 것이었다.

5. 맺음말

지금까지의 논의를 요약하면 다음과 같다. 불공정한 공천은 대구 서부 지역에 친박 돌풍을 일으켰고, 친박 돌풍의 근본적 이유는 박근혜 전 대표가 대구 · 경북을 대표하는 인물이라는 지역정서에서 찾을 수 있으며, 친박 돌풍의 결과 나타난 선거 결과는 박 전 대표가 대구 · 경북을 대표하는 인물이라는 기존의 지역정서를 더욱 강화하였다.

대구 서부 지역의 '박근혜 마케팅' 이라고 부를 수 있는 선거의 과정과 '박근혜의 승리' 라고 요약할 수 있는 선거 결과와 관련하여 18대 국회의원 선거의 문제점을 찾는다면 크게 인물 중심의 감성적 선거, 잘못된 공천, 낮은 투표율을 들 수 있다.

1) 인물 중심의 감성적 선거

여기서 인물이란 국회의원 개개 후보의 됨됨이에 관한 것이 아니라 최소한 정당의 대권 후보급 인사의 이미지를 의미한다. 사실 다음 〈표 5〉가 보여주듯이 17대 총선을 분수령으로 국회의원 선거에서 개별 후보자의 인물 · 능력의 표면적 중요성은 확연히 감소하였다.[31)]

즉 16대 총선까지는 최소한 선거 전의 1차 조사와 선거 중의 2차 조사에서는 후보자의 인물 · 능력이 지지후보 선택 때 압도적 1위의 고려사항이었으나, 17대 총선에서는 소속정당이 중요한 선택기준으로 부각되었고, 이번 18대 총선에서는 정책 · 공약의 중요성이 상대적으로 부각되었다.[32)] 이번 선거의 최대 승자는 박근혜 한나라당 전 대표이다. 영어로 하면 'Solidarity for Park' 정도로 번역할 수 있는 '친박연대'라는 이름의 정당이 급조되어 13.18%로 정당득표율 3위를 차지하였고, 박근혜와 친하다는 것을 내세운 이른바 친박무소속도 대거 당선되었다. 사실 지지후보 선택기준에 관한 설문조사의 결과를 해석하는 것은 매우 어려울 수밖에 없다. 선택기준이 정당이었다고 할 때, 이것이 지역주의에 기반을 둔 정당을 대표하는 정치인을 보고 한 선택인지 혹은 정당 그 자체에 대한 선택인지 불분명하며, 선택기준이 정

---

31) 17대 총선 후 실시한 3차 조사에서는 소속정당이 39.0%로 1위, 인물 · 능력이 33.9%로 2위, 정책 · 공약이 18.3%로 3위를 차지하였다(중앙선거관리위원회, 2004). 탄핵정국의 영향이 압도적이었던 것이다. 소속정당이라는 기준은 노무현 대통령의 탄핵에 대한 찬반이라는 기준과 밀접한 관계를 가지고 있다고 볼 때, 여기서 말하는 대권 후보급 인물 중심의 선거라고 할 수 있을 것이다.

32) 이는 긍정적인 현상으로만 파악할 수는 없다. 예를 들어 특목고 설치, 뉴타운 개발 같은 지방자치 수준의 지역개발 공약이 유권자의 선택기준이 되었기에 이러한 결과가 나올 수 있는 것이기 때문이다.

표 5. 지지후보 선택기준

단위 : %

총선(조사시기)	사례수	정책 · 공약	인물 · 능력	소속정당	주위의 평가	정치경력
16대 총선(1차 조사)	1,000	15.8	60.0	7.0	8.4	7.7
16대 총선(2차 조사)	1,000	13.9	61.3	10.4	5.4	6.1
17대 총선(1차 조사)	1,265	15.2	41.7	24.2	6.4	6.6
17대 총선(2차 조사)	1,331	16.9	46.2	21.0	4.1	5.4
18대 총선(1차 조사)	1,500	30.8	34.2	15.8	5.4	4.2
18대 총선(2차 조사)	1,500	30.9	28.0	15.6	6.3	5.1

출처 : 중앙선거관리위원회, 『국회의원 선거에 관한 유권자 의식조사』(각년도).

책 · 공약이라고 한 경우에도 이번 선거에서 많은 친박 후보가 '박근혜 차기 대통령 만들기'를 공약으로 내세웠다는 점에서 최소한 일부는 여기에서 말하는 인물 중심의 선택이라고 볼 수 있는 것이다.

2) 실패한 공천

지역구 의원의 공천 실패가 결국 친박연대 및 무소속의 약진으로 나타났고, 선거가 끝난 뒤에는 비례대표 공천과 관련하여 과거의 전국구(錢國區)라는 비난이 재연되었다. 그 가장 큰 원인은 상향식 공천의 후퇴에 있다고 볼 수 있다. 한편 친박연대, 창조한국당 등 신생정당의 대가성 비례대표 공천 시비는 이른바 '오세훈' 법으로 정당은 국고보조나 당비가 아니고서는 정치자금을 마련할 수 없게 된 사실에도 일부 기인한다.[33] 거대정당에 유리하게 배분되는 국고보조금 제도로 인해

33) 2004년 3월 12일에 개정된 정치자금법(법률 제7191호)의 부칙 제2조에 의하면 지구당후원회는 즉시 해산되고, 부칙 제5조에 의하면 정당의 중앙당 및 시 · 도당의 후원회는 동법 시행 후 2년 후(즉 2006년 3월 13일)에 폐지하기로 되어 있다.

신생정당 및 군소정당의 돈 가뭄은 더욱 심할 수밖에 없었고 이것이 변칙적 공천의 직접적인 원인이 되었다고 할 것이다.

3) 46.1%라는 최악의 투표율

이번 선거의 투표율이 지방선거의 투표율보다 낮은 46.1%로 역대 최하라는 것은 대선 과정에서 BBK 등의 이명박 후보와 관련된 많은 의혹, 통합민주당의 창당 과정, 강부자 중심의 내각인선 과정, 공천을 둘러싼 계파 간 갈등 등이 기존의 정치에 대한 불신과 무관심을 더욱 증폭시켰다는 것을 의미한다. 투표율이 낮은 이유는 또한 정당의 조직에 의한 동원이 그만큼 사라졌다는 것을 뜻한다. 앞의 〈표 3〉에서 달서(병) 선거구의 투표율이 낮은 이유 가운데 하나가 공조직의 가동이 제대로 되지 않았기 때문이다. 이는 긍정적으로 해석할 수도 있지만, 저소득층이 정치로부터 소외되어 결과적으로는 기존의 불평등을 심화시키는 중산층 편향의 정치가 이루어지고 있다는 해석도 가능하다.

〈표 6〉은 이제 우리나라에서도 미국을 비롯한 선진국에서 정치참여

표 6. 소득과 기권율의 관계

15대 총선		16대 총선		17대 총선		18대 총선			
생활정도	기권(%)	소득(만원)	기권(%)	소득(만원)	기권(%)	소득(만원)	기권(%)	소득(만원)	기권(%)
상	22.7	220 이상	25.8	400 이상	34.7	300 이상	17.3	400 이상	49.4
중	18.9	160~200	19.6	300~399	31.3	150~300	20.2	300~399	50.5
하	17.3	130~160	22.9	200~299	28.2	150 미만	25.4	200~299	52.5
		100~130	15.7	100~199	26.5			200 미만	42.4
		100 미만	14.1	99 이하	17.4				

출처 : 중앙선거관리위원회, 『국회의원 선거에 관한 유권자 의식조사(제3차)』(각년도).

에 관한 설명력을 가지고 있는 사회·경제적 지위 모델(SES model, Socio-Economic Status model)이 점차 들어맞고 있는 현상을 보여준다.[34] 이 모델에 따르면, 사회·경제적 지위가 높은 사람은 참여에 필요한 시간, 정보 등 능력을 더 소유하고 있으며 정치에 대한 관심 및 효능감 등 심리적 요인의 측면에서도 참여에 유리하다고 한다(어수영·곽진영, 2001). 그러나 우리의 경우에는 이 모델이 경험적으로 검증되지 않고 있을 뿐만 아니라, 최근까지는 오히려 정반대의 현상이 나타났다고까지 평가할 수도 있다.[35] 〈표 6〉에서도 16대 총선까지는 소득수준이 높을수록 기권율이 높은 것으로 나타난다. 그러나 16대 대통령 선거를 기점으로 많은 변화가 일어나기 시작했고, 〈표 6〉의 17대 총선 결과에서는 과거와는 달리 소득이 높을수록 기권율이 낮아지는 현상이 나타난다. 18대 총선에서는 17대 총선과는 달리, 통계적으로 유의하지는 않지만, 저소득층의 투표율이 상대적으로 높고 중간소득 집단의 투표율이 가장 저조한 것으로 나타났다(정준표, 2008a). 〈표 6〉은 이제는 우리 역시 대표성의 왜곡 문제에 관심을 가질 때가 되었다는 것을 보여주고 있다고 할 것이다.

정치 및 정치인에 대한 불신과 이에 따른 투표율의 하락, 특정 지도자에게 의존하는 인물 중심의 선거, 불미스러운 공천 등의 현상의 근저에는 민주화 이후에도 여전히 정당이 제구실을 다하지 못하고 있다는 사실이 놓여 있다. 정당의 개혁이 필요하다면, 그 개혁의 방향을 어떤 모델에서 찾을 수 있는가? 여기서는 정당 간의 이념적·정책적 차이가 뚜렷해야 하며 아울러 정당활동의 자유에 대한 제한을 대폭 완화해야

34) 이하 논의는 정준표(2008a)에 크게 의존했음을 밝힌다.

35) 이러한 평가가 과연 타당한지에 대해서는 정준표(2008b)를 참조하라.

한다는 전체적 방향만 제시하고,[36] 이하에서는 선거구 획정 및 공천제도의 개혁에 관하여 몇 가지 지적만을 하고 이 글을 마치고자 한다.

① 공직선거법 제24조에 따라 선거구획정안을 마련하여 당해 국회의원 선거의 선거일 전 1년까지 국회의장에게 필히 제출하여야 한다.[37]

② 현행 평균 인구수 기준 상하 50%(3:1) 허용편차를 상하 33.3%(2:1)로 인구편차 기준을 더욱 엄격하게 적용해야 한다.

③ 인구가 적은 행정구역의 국회의원 수가 인구가 더 많은 행정구역의 국회의원 수보다 많아서는 안 된다.[38]

④ 공천제도는 매우 중요한 게임의 규칙이며, 이러한 게임의 규칙은 특정 계파에의 유 · 불리가 나타나기 전에 미리 정해야 한다.

⑤ 상향식 공천의 요소가 일정 정도 이상 존재해야 한다. 그러기 위해서는 당원협의회의 활성화를 도모하든지 어떤 다른 방법을 택하든지 선거구 수준의 정당조직을 활성화해야 한다.

⑥ 지방의원의 정당공천제가 지방의원을 국회의원의 '부하'로 만들지 않기 위해서는 지방의원의 공천 역시 상향식 요소가 대폭 가

---

36) 필자는 정당조직의 측면에서는 '대중정당'보다는 '선거전문가정당'에 가깝지만, 이념이나 정책적 차별성이 뚜렷하다는 점에서는 좀 더 포괄적 이해를 대변하는 포괄정당 혹은 개별적 이슈 중심의 실용정당보다는 대중정당에 가까운 정당을 의미하는 '프로그램정당(programmatic party)'을 지향하는 것이 올바른 정당개혁의 방향이라고 생각한다. 좀 더 상세한 내용은 정준표(2008a)를 참조하라.

37) 17대 총선의 경우도 2004년 2월 27일에야 총선에 적용할 지역구의 인구 하한선과 상한선 기준이 결정되었고, 게다가 2004년 3월 9일에는 국회의원 정수를 273명에서 299명으로 26명 증원하는 내용의 선거법개정안이 선거일을 불과 38일 앞두고 국회를 통과하였다. 선거구 획정이 늦어지면 예비후보자의 등록, 공천 등에서 차질이 생길 수밖에 없다.

38) 이번 18대 총선에서 전남 여수의 경우 인구 295,000여 명에 국회의원 수는 2명이지만, 경기도 수원 권선구는 311,000여 명에 국회의원 수는 1명이다. ③은 이런 식의 선거구 획정을 막고자 하는 규정이다.

미되어야 한다.

참고 문헌

노동일, 1995, "한국정치발전과 지역정서 : TK정서의 실체, 형성요인 및 해소방안", 『대구경북정치학회보』 제3집.

안용흔, 2008, "지역주의, 그 변화의 씨앗 : 대구 수성(을)", 한국정당학회 · 한국지방정치학회 하계학술회의 발표논문집.

어수영 · 곽진영, 2001, "한국인의 정치 참여의 변화와 지속성 : 남성과 여성의 참여 변화를 중심으로", 『한국정치학회보』 제35집 제4호.

정준표, 2008a, "한국 정당 개혁의 모델 : 프로그램정당", 『21세기정치학회보』 제18집 제2호.

정준표, 2008b, "사회경제적 지위와 투표 : 제18대 총선과 제17대 총선의 비교", 『현대정치연구』 제1권 제2호.

황아란, 2008, "한나라당 공천파동과 친박(무소속)연대의 등장 : 영남 지역", 한국정당학회 · 한국지방정치학회 하계학술회의 발표논문집.

대구광역시 달서구청 홈페이지(http://www.dalseo.daegu.kr), 『2007 통계연보』.

대구광역시 서구청 홈페이지(http://www.dgs.go.kr/statistic/2007st), 『2007 통계연보』.

중앙선거관리위원회, 1996, 『제15대 국회의원 선거에 관한 유권자 의식조사』.

중앙선거관리위원회, 2000, 『제16대 국회의원 선거에 관한 유권자 의식조사』.

중앙선거관리위원회, 2004, 『제17대 국회의원 선거에 관한 유권자 의식조사』.

중앙선거관리위원회, 2008, 『제18대 국회의원 선거에 관한 유권자 의식조사』.

중앙선거관리위원회, 2008, 『제18대 국회의원 선거 투표율 분석』.

『동아일보』, 2008년 1월 22일자.

『매일신문』, 2008년 4월 10일자.

『영남일보』, 2003년 9월 9일자.
오마이뉴스(http://www.ohmynews.com), 2008년 2월 9일자.
중앙선거관리위원회 홈페이지, 제18대 국회의원선거 선거정보 (http://www.nec.go.kr:7070/abextern/index.html).
한국갤럽, http://www.gallup.co.kr

12 한나라당 공천파동과 친박(무소속)연대의 등장 : 영남 지역

황아란

1. 머리말

제18대 국회의원 선거는 낮은 투표율과 무소속의 급증을 주요 특징으로 지적할 수 있다. 역대 국회의원 선거 사상 처음으로 과반수 이하의 투표율(46.1%)은 민주화 이후 제13대 총선부터 제17대 총선까지의 전체 하락폭(15.2%)에 거의 상응한 수준인 것이다. 이에 대해서는 17대 대통령 선거가 실시된 지 불과 4개월이 되지 않은 시점에서 상대적으로 비중이 낮은 선거였다는 점과 18대 총선의 선거 과정이 정책이 실종된 선거로서 공천파동 외에는 유권자의 관심을 끌 이슈가 없었기 때문이라 볼 수 있다. 정당공천의 파행은 선거가 임박해서야 후보가 결정됨으로써 인지도가 떨어지고 지역 현안을 중심으로 공약을 제대로 개발할 시간도 부족하였다. 무엇보다 선거가 정당 간 정책경쟁 대신 정당 내 파벌경쟁으로 비쳐지는 데 따른 유권자의 정치적 불만과

---

* 이 글은 『한국정당학회보』 제7권 제2호(2008)에 실린 논문을 일부 수정한 것이다.

냉소가 높았던 것이다.

정당 내 공천문제를 둘러싼 갈등은 18대 총선에서 무소속이 크게 증가하는 결과를 낳는 데에도 중요한 영향을 미쳤다. 전체 245개 지역구 가운데 무소속이 25개의 의석을 차지하였는데, 지난 17대 총선에서 2명에 불과하였던 무소속이 이렇듯 급증한 것은 특히 한나라당의 공천 파동이 주된 요인이었다.[1] 예상과 달리 한나라당이 과반수를 약간 넘는 의석에 그쳤던 것도 한나라당 공천에 탈락한 친(親)박근혜 인사들이 결성한 친박연대와 친박무소속연대 후보들이 대거 당선된 것과 깊이 관련되어 있기 때문이다.

주목되는 점은 한나라당의 지지기반인 부산, 대구, 경북 등 영남 지역에서 그러한 현상이 강하게 나타났다는 것이다. 특히 부산과 경북은 친박무소속연대와 친박연대가 각각 5명, 1명씩 당선되었으며, 대구는 친박연대가 3명, 친박무소속연대가 1명 당선되었다. 그러나 이런 현상을 두고 영남 지역주의의 균열 조짐이나 혹은 한나라당에 대한 지지 철회로 해석하는 데는 주의를 요한다. 친박연대와 친박무소속연대(이하 친박(무소속)연대)의 후보들이 취한 주된 선거전략은 당선 후 한나라당으로의 복귀를 강조하였던 것에서 잘 나타나듯이 오히려 한나라당 지지에 크게 의존하는 양상을 보였기 때문이다. 그렇지만 오랫동안 한나라당의 의석독점이 이루어졌던 영남에서 모처럼 18대 총선을 통해 경쟁적인 선거가 이뤄졌다는 사실은 매우 흥미로운 변화임에 틀림

1) 이러한 양상은 14대, 15대 총선과 비슷한 것이라 할 수 있다. 민자당으로 3당 합당이 이루어진 뒤 치러진 1992년 14대 총선에서는 합당을 반대했거나 낙천한 인사들이 대거 무소속으로 출마하여 21명이 당선되었다. 또한 1996년 15대 총선에 16명의 무소속이 당선된 것도 신한국당의 '개혁공천'에 탈락되었던 5공, 6공 인사들이 대거 영남권에서 출마하였기 때문이다.

없다.

이 글은 친박(무소속)연대에 대한 영남의 지지에 주목하여 왜 이러한 현상이 18대 총선에서 발생하였으며, 그러한 선거환경 변화가 당선경쟁과 투표율에 어떠한 영향을 미쳤는지를 분석하는 데 목적이 있다. 특히 당선경쟁은 건강한 민주정치의 전제조건이면서 동시에 투표참여에 중요한 변인일 수 있다는 점에 주목할 필요가 있다. 18대 총선에서 한나라당의 공천파동은 경쟁이 부재하였던 영남 지역에 대안의 선택이 가능한 선거환경을 제공하였다는 점에서 당선경쟁에 중요한 영향을 미쳤을 것으로 예상할 수 있다. 또한 당선경쟁이 투표율에 밀접한 관련이 있는 변수라고 한다면, 영남의 변화된 선거환경이 당선경쟁을 통해 간접적이나마 투표율에 영향을 미쳤을 것이라 기대할 수 있다. 따라서 영남의 당선경쟁과 투표율을 분석하는 것은 18대 총선에서 친박(무소속)연대의 바람이 지닌 의미와 영향을 종합적으로 이해하고 규명하는 데 중요한 연구가 될 것이다. 이는 또 영남의 지역주의 변화를 살피고 투표참여에 선거경쟁이 주는 함의를 논할 수 있는 적절한 사례가 될 것으로 본다.

이 글의 구성과 내용을 간략히 정리하면 다음과 같다. 2절에서는 먼저 18대 총선에서 영남의 선거환경을 변화시킨 친박(무소속)연대의 등장 배경을 논의한 후, 영남의 당선경쟁 구도에 나타난 주요 특징과 변화를 살펴볼 것이다. 이를 위해 한나라당이 16대 총선부터 세 차례의 선거를 통해 영남과 전국에서 얻은 의석 점유율과 현역 의원의 재출마율, 재선율 및 당적 변경 등을 비교하고자 한다. 3절에서는 당선경쟁과 투표참여에 대한 이 글의 가설과 분석의 틀을 제시할 것이다. 현직과 소속정당이 당선경쟁에 중요한 영향을 미친다는 것이 기본 가설이며,

이를 분석하기 위한 틀로서 친박(무소속)연대가 출마한 선거구와 그렇지 않은 선거구, 그리고 현직 후보가 출마한 선거구와 그렇지 않은 선거구 등을 기준으로 선거구 유형을 나누었다. 4절에서는 선거구 유형에 따라 당선경쟁도의 차이를 경험적으로 분석하여 가설 검증을 시도할 것이다. 또한 당선경쟁도와 투표참여의 관계를 분석하여 18대 총선의 선거환경 변화가 미친 영향을 규명하고자 한다. 마지막으로 5절에서는 분석의 결과를 요약하고 시사점을 논의할 것이다. 참고로 이 분석의 자료에는 부산 지역의 참여관찰을 통해 얻은 자료와 신문 기사 등이 포함되며, 중앙선거관리위원회에서 제공한 역대 국회의원 선거의 선거구별 집합자료를 이용하였다.

2. 영남의 선거환경 변화와 당선경쟁 구도

1) 친박(무소속)연대의 등장과 선거환경의 변화

18대 총선에서 친박(무소속)연대의 등장은 한나라당 공천파동의 핵심으로서 친이명박 계열(혹은 친이재오 계열)과 친박근혜 계열의 갈등이 직접적인 요인이라 할 수 있다. 그러나 그러한 공천갈등이 존재하고 표출될 수 있었던 좀 더 근본적인 원인은 지난 17대 대선에서 찾아야 할 것이다. 즉 17대 대선에서 이명박 대통령이 압도적 지지율 차이로 당선된 것을 계기로 정치권력이 한나라당에 집중되었기 때문에 18대 총선에서는 정당 간 경쟁보다 한나라당 내의 계파 간 경쟁으로 권력 분점이 발생하게 되었던 것이다. 더욱이 새 대통령의 임기가 시작된 지 얼마 되지 않은 밀월기간에 총선이 실시되었기 때문에 비록 정권 초반의 인사문제 등으로 이명박 대통령과 한나라당의 지지율이 하락하기는 하였지만, 그렇다고 지난 대선에서 정권 심판의 대상이 되었던 제1야당의 지지가 높아지는 것은 아니었다. 다시 말해 제18대 총선 당시 한나라당에 대한 전국적인 지지는 여전히 다른 정당에 비해 높았으며[2] 과반수 이상의 지배적인 의석 점유가 예상되는 것이었다. 요컨대 공천을 둘러싼 한나라당의 계파 갈등이 친박(무소속)연대의 결성으로 표출될 수 있었던 것은 17대 대선에서의 한나라당 집권, 그리고 안정적인 의석 확보에 대한 낙관적인 승세 예측 등이 그 배경이라고 하겠다.

한편 18대 총선에서 나타난 이른바 '친박 바람'이 특히 한나라당의 지지 지역인 영남에서 강했던 이유는 무엇인가. 영남의 선거환경을 변화시킬 수 있었던 친박(무소속)연대의 특징을 선거 과정에서 찾아보면 크게 세 가지 요인을 들 수 있다.

첫째, 정당 비차별화 전략의 성공이다. 친박(무소속)연대로 출마한 대부분이 한나라당 공천에서 탈락한 후보들이었으며, 그들이 내세운 '당선 후 복귀'라는 주장이 대표하듯이 한나라당과의 비차별성을 강조하는 것이었다.[3] 즉 "우리는 선거에 임하는 방법만 다를 뿐 한 뿌리이며, 선거만 끝나면 다시 합쳐 한나라당으로 돌아가 이명박 대통령과 박 전 대표와 손잡고 경제를 회복하는 데 노력하겠다"고 약속하였다

---

2) 17대 대선에서 이명박 후보와 정동영 후보가 얻은 득표율은 각각 48.7%, 26.1%인 것과 비교하여, 18대 총선의 비례대표 정당투표의 지지율은 한나라당 37.5%, 통합민주당 25.2%, 친박연대 13.2%였다.

3) 현수막 등에 쓰인 선거구호 역시 "살아서 한나라당에 돌아가겠습니다!", "박근혜를 지키고 나라를 구하겠습니다!"로 통일되어 있었다.

(김무성 의원, 4월 3일 친박연대-무소속 합동기자회견). 이에 대해 한나라당 박형준 부산시당 선거대책위원회 전략기획본부장은 "이번 총선은 여야 대결도 없고, 지역별로 쟁점도 부각되지 않는 등 비정상적인 패턴으로 치러지고 있다"며 "무소속 후보들이 선전하고 있는 지역구의 상당수 유권자들이 선거구도를 '한나라당 대 한나라당'으로 인식하는 것이 문제"라고 곤혹스러워하였다(부산일보, 2008. 4. 3., 3면).

둘째, 조직력 등 친박(무소속)연대 후보의 경쟁력에 주목할 필요가 있다. 일반적으로 군소정당이나 무소속 후보는 선거운동 조직이 취약한 문제를 지녔지만, 이번 총선에서는 현역 국회의원과 전직 구청장 등 나름대로 조직기반을 가진 후보들이 한나라당 공천탈락 후 대거 출마하면서 과거와 다른 양상을 나타내었다. 예컨대 부산에서 친박(무소속)연대의 좌장격인 김무성(남구을) 후보는 지명도가 높은 3선 의원으로 선거 초반부터 높은 지지율을 나타냈으며, 엄호성(사하갑), 유기준(서구) 후보 역시 현직 의원의 프리미엄을 바탕으로 한나라당 후보와 치열한 경합을 벌일 수 있었다. 또한 이진복(동래), 유재중(수영), 박대해(연제구) 후보는 구청장을 역임한 경력과 업적으로 인지도가 높았으며, 지역주민과의 접촉을 강조한 '현장정치'로써 한나라당 후보와의 접전을 펼쳤다.

셋째, 통합민주당과 자유선진당, 민주노동당 등 다른 정당들이 상당수 지역에서 후보를 내지 않았던 것도 무소속 강세를 뒷받침하는 배경요인으로 지적할 수 있다. 박형준 부산시당 선거대책위원회 전략기획본부장은 "자기가 지지하는 정당에서 후보가 나오지 않은 지역구의 유권자들이 무소속 후보에게 쏠리는 경향이 뚜렷하다"며 "한나라당 지지층은 분열되고, 비한나라당 성향 유권자들은 결집하다 보니 선거가 어려워지고 있다"고 말했다(부산일보, 2008. 4. 3., 3면). 그 점에서 부산에 유일한 통합민주당 국회의원인 조경태 후보가 출마한 지역구(사하을)는 매우 흥미로운 사례라고 하겠다. 즉 정당요인과 후보요인이 상충된 지역으로서 조경태 의원은 적극적인 지역구 활동에 대한 긍정적 평가를 받았지만 지역적 정당성향을 감안해 최대한 당에 대한 언급을 자제하는 전략을 썼으며, 부산을 방문한 강금실 민주당 선거대책위원장도 부산의 유일한 현역 의원 지역구인 이곳을 들르지 않았을 정도였다(부산일보, 2008. 4. 3., 5면).

종합하면, 영남에서의 친박(무소속)연대 돌풍은 한나라당과 친박 후보가 정체성 측면에서 구별이 되지 않았던 점과 정권 초반의 잦은 인사잡음과 공천갈등 파문 등으로 이명박 대통령과 한나라당의 인기가 동반 하락하여 한나라당에 대한 충성도가 떨어진 것에 기인했다고 할 수 있다. 그러나 그 변화가 한나라당을 반대하는 영남의 민심 이반 때문으로 해석하기는 곤란할 것이다. 영남의 한나라당 지지(46.7%)는 친박연대(23.2%)를 포함하여 다른 어떤 정당보다 높았다는 점에 주목할 필요가 있으며,[4] 어쩌면 친박 바람은 오히려 한나라당의 지지가 강한 지역주의의 특성을 반증해 주는 것일 수도 있다. 즉 영남의 유권자들은 친박(무소속)연대 후보를 한나라당으로 돌아갈 사람들로 인식하였기 때문에 안심하고 뽑았을 수 있다는 것이며, 거기에 그들이 지닌 경력과 인지도 등 후보요인도 영남의 선거환경 변화에 중요한 영향을 주었다고 할 수 있다.

4) 한나라당에 대한 비례대표 정당투표의 결과를 살펴보면, 영남에서 한나라당 지역구 후보가 당선된 46개 선거구의 평균 지지율(46.6%)은 친박(무소속)연대가 당선된 17개를 포함한 22개의 비한나라당 당선 지역구의 평균 지지율(45.4%)과 거의 동일한 수준으로 유의미한 차이가 없었다.

2) 한나라당 공천파동과 영남의 당선경쟁 구도

18대 총선에서 한나라당의 영남 의석 점유율(67.7%)은 지난 17대 총선(88.2%)이나 16대 총선(98.5%) 때보다 급격히 줄어든 것이 주된 특징이라 할 수 있다(〈표 1〉 참조). 이는 전국적으로 18대 총선에서 한나라당의 의석 점유율(53.5%)이 17대 총선(41.2%)보다 상승한 것과는 대비되는 결과이다. 이렇듯 영남에서의 한나라당 지배력이 크게 약화된 것은 무소속의 당선(13명)이 민주화 이후 역대 총선에서 가장 높은 비율(19%)을 차지한 것에서도 잘 나타난다. 이러한 현상은 18대 총선에서의 한나라당 공천파동을 고려할 때, 우선 현직의 이점을 지닌 현역 국회의원의 재출마율이 한나라당의 공천탈락으로 감소하였기 때문일 수도, 혹은 현직 효과가 감소하여 현직 후보의 재선율이 감소하였기 때문일 가능성도 있다.

그러나 〈표 2〉는 그에 상반된 결과를 보여주고 있다. 먼저 영남에서 현역 의원의 재출마율은, 비록 전국보다는 크게 낮지만 17대 총선과 비교해 감소하지 않았다. 즉 17대 지역구 당선 국회의원 가운데 18대 총선에서 영남에 다시 출마한 현직 후보는 43명(63.2%)으로 17대 총선의 재출마율(61.5%)보다 높았다. 더욱이 영남에서 한나라당 의석이 줄어들었음에도 불구하고 당선된 현직 후보는 34명으로 재선율

표 1. 한나라당의 의석 점유율

단위 : %, 명

	16대	17대	18대
영남	98.5 (64/65)	88.2 (60/68)	67.7 (46/68)
전국	49.3 (112/227)	41.2 (100/243)	53.5 (131/245)

표 2. 현역 국회의원의 재출마율 및 재선율

단위 : %, 명

	지역구 의원의 재출마율			현직 후보의 재선율		
	16대	17대	18대	16대	17대	18대
영남	72.4 (55/76)	61.5 (40/65)	63.2 (43/68)	72.7 (40/55)	72.5 (29/40)	79.1 (34/43)
전국	72.3 (183/253)	64.8 (147/227)	71.2 (173/243)	60.1 (110/183)	55.8 (82/147)	67.6 (117/173)

(79.1%) 역시 17대 총선(72.5%)보다 높았던 것이다. 다시 말해 영남의 현직 재선율이 한나라당의 의석 상실에도 불구하고 증가하였다는 것은 비한나라당 현직 후보의 재선율이 높아졌음을 의미한다.

그렇다면 영남에서의 한나라당 의석 점유율 감소는 좀 더 구체적으로 한나라당이 영남에서 당선 가능성이 높은 현역 의원을 탈락시킨 공천파동의 결과로 분석해 볼 필요가 있다. 지역주의 지배 정당의 유리한 입장을 고려할 때, 영남에서 한나라당 의원이 당적을 변경하여 출마하거나 불출마한 경우는 공천에서 탈락 또는 재공천 가능성이 낮았

표 3. 한나라당 현역 의원에 대한 공천 현황

단위 : %, 명

		16대	17대	18대
영남	당적 유지	58.8(30/51)	50.0(32/64)	46.7(28/60)
	당적 변경	11.8(6/51)	9.4(6/64)	16.7(10/60)
	불출마	29.4(15/51)	40.6(26/64)	36.7(22/60)
기타	당적 유지	47.1(33/70)	60.4(29/48)	67.5(27/40)
	당적 변경	32.9(23/70)	14.6(7/48)	10.0(4/40)
	불출마	20.0(14/70)	25.0(12/48)	22.5(9/40)
전국	당적 유지	52.1(63/121)	54.5(61/112)	55.0(55/100)
	당적 변경	24.0(29/121)	11.6(13/112)	14.0(14/100)
	불출마	24.0(29/121)	33.9(38/112)	31.0(31/100)

기 때문일 것이다(이갑윤 · 이현우, 2000). 그러나 〈표 3〉의 한나라당 재공천 여부에 대한 현역 의원의 대응을 살펴보면 18대 총선의 한나라당 공천파동이 기존과는 달랐음을 확인할 수 있다. 18대 총선의 경우 영남에서 60명의 한나라당 현역 의원 가운데 28명(46.7%)만이 재공천을 받아 출마하였던 데 비해, 친박연대나 무소속 등 당적을 변경한 경우는 10명(16.7%)이었으며[5] 출마를 포기한 의원은 22명(36.7%)이었다. 이는 17대 총선이나 전국과 비교할 때 몇 가지 특징을 나타내는 것이다.

첫째, 영남에서 한나라당 의원의 불출마 비율이 전국보다 높은 점은 지난 총선의 경우에도 공통적인 특징이라 할 수 있다. 이는 한나라당 공천에서 탈락할 경우 영남에서의 당선 가능성이 매우 낮기 때문에 출마 자체를 포기한 경우가 영남에서 더 많았던 것이라 해석할 수 있다. 둘째, 전국과 비교하여 영남의 한나라당 의원 재공천 비율이 전국(55.0%)보다 낮은 것은 17대 총선과 유사한 특징을 보이지만, 주목할 점은 그 차이가 18대 총선에서 더 크다는 것이다. 즉 한나라당은 18대 총선에서 특히 영남의 현역 의원에 대한 공천교체가 매우 컸다는 것을 의미한다. 셋째, 과거와 달리 영남의 경우 한나라당 의원의 재공천 비율과 불출마 비율이 감소한 반면, 당적을 변경하여 재출마한 현직 의원의 비율은 높게 증가하여 전국보다 더 높았다는 점이다.[6] 이는 18대

5) 한나라당에서 당적 변경을 한 현직 후보는 친박연대(엄호성–부산 사하갑, 박종근–대구 달서갑) 2명, 친박무소속연대 6명, 자유선진당(곽성문–대구 중구 남구) 1명, 무소속(김명주–통영 · 고성군) 1명이다.

6) 참고로 18대 총선에서 영남의 한나라당 의원에 대한 재공천 비율이 50% 미만으로 떨어진 것은 민주화 이후 처음이면서 가장 낮은 기록이며, 당적을 변경하여 재출마한 경우는 민주화 이후 가장 높은 비율이다.

총선의 한나라당 공천이 영남의 현역 의원에 대한 물갈이가 매우 컸던 데 따른 반발로서 당적 변경을 통해 재출마한 의원들이 늘어났던 것으로 볼 수 있다. 특히 전국적으로 한나라당의 당적을 포기한 현직 후보 14명 중 10명이 영남에서 재출마한 경우라는 사실이 이를 말해 준다. 요컨대 영남에서 비한나라당 현직 후보가 증가하였다는 것은 한나라당 후보에 대항할 수 있는 경쟁력 있는 도전 후보가 증가하였다는 것을 의미하며, 이는 과거와 달리 영남의 선거경쟁이 높아질 수 있는 환경이 조성되었던 것이라 할 수 있다.

3. 연구 가설 및 분석의 틀

1) 연구 가설

이 연구는 선거구를 분석 단위로 하여 현직 후보의 출마 여부와 친박(무소속)연대의 출마 여부가 영남의 당선경쟁에 미친 영향을 분석하는 데 중점을 둔다. 특히 당선경쟁은 투표참여와의 긍정적 관계를 예상할 수 있다는 점에서 주시할 필요가 있다. 즉 경쟁이 치열할수록 선거 결과의 불확실성이 높아질 것이기 때문에 유권자는 선거 관심이 높아지고 자신의 한 표가 미치는 효능감을 크게 느끼게 되므로 투표에 참여할 동인이 증가될 것이다(Downs, 1959, pp.270~274; Riker and Ordeshook, 1968). 또한 후보들 역시 같은 이유로 경쟁이 치열할수록 유권자들이 투표장에 나오도록 선거운동에 더 많은 돈과 노력을 쏟아붓기 때문에 투표율이 높아지는 것이라 볼 수 있다(Key, 1949, p.307;

Cox and Munger, 1989). 실제 당선경쟁이 높은 선거구일수록 투표율이 높다는 점은 많은 연구를 통해 경험적으로도 입증된 바 있다(Barzel and Silbergerg, 1973; Denver and Hands, 1974, 1985; Silberman and Durden, 1975; Patterson and Caldeira, 1983; Holbrook and Van Dunk, 1993; Jackson, 1997, 2002; Endersby et al., 2002; 황아란, 1996). 또한 지역구 단위에서의 선거구도 혹은 경쟁의 양상이 투표참여에 중요한 요인임은 널리 인정되는 사실이다(Huckfeldt and Sprague, 1992; Rosenstone and Hansen, 1993; Nagel and McNulty, 1996).

이 연구의 가설에서는 당선경쟁에 중요한 영향을 미치는 요인, 즉 후보요인과 정당요인을 규명해 보고자 한다. 특히 선거구 단위의 당선경쟁에 대해 현역 국회의원의 출마 여부와 현직 후보의 소속정당, 그리고 정당경쟁의 구도로서 친박(무소속)연대의 출마 여부에 초점을 둘 것이다. 먼저 현역 국회의원은 지명도와 인지도가 높다는 점에서 다른 후보보다 당선에 매우 유리한 조건을 지닌다고 할 수 있다. 현직효과(incumbency effect)로 불리는 현직 후보의 이점은 평소 언론보도나 지역구 활동을 통해 자신을 알릴 수 있는 기회(Mann, 1978)를 비롯하여 지역구 사업 추진과 민원해결을 통해 업적을 쌓고(Fiorina, 1977; Yiannakis, 1981), 선거자금을 모금하거나 동원하는 데 유리한 위치(Jacobson, 1980, 1983)에 있기 때문이다. 실제 현직의 효과가 선거에 미치는 영향은 당선율이나 득표율(Erickson, 1972; Mayhew, 1974; Jacobson, 1987; 박찬욱 · 김형준, 1996; 박찬욱, 1993; 황아란, 1996)을 높일 뿐만 아니라 1, 2위 간의 득표율 차이로 측정하는 당선경쟁에도 매우 중요한 것으로 규명되고 있다(황아란, 1998). 그 점에서 현직 선거구의 당선경쟁은 비현직 선거구보다 낮을 것으로 예상될 수 있다(《가설 1-1》).

그러나 모든 현직 선거구가 당선경쟁이 낮다고 전제할 수는 없을 것이다. 현직 선거구라도 강력한 도전 후보가 존재할 경우에는 현직 후보와 치열한 당선경쟁이 벌어질 것이기 때문이다. 일반적으로 지역주의 정당 지지가 강하게 존재하는 선거환경에서는 후보의 소속정당이 당선경쟁에 무엇보다 중요한 변수이며, 특히 영남의 지역주의 선거환경에서는 한나라당 후보의 당선 가능성이 높게 예상되는 만큼 비한나라당 후보보다 당선경쟁력이 더 높다고 할 것이다. 따라서 영남에서는 현직 후보의 소속정당(한나라당 여부)에 따라 〈가설 1-1〉은 다음과 같이 수정될 필요가 있다. 현직 선거구의 경우 한나라당 소속의 현직 후보가 출마한 것이라면 더욱 당선이 유력하게 예상되는 만큼 경쟁은 (비현직 선거구보다) 낮다고 할 것이다. 반면에 현직 선거구라도 현직 후보의 소속정당이 무소속 등 비한나라당 후보로 출마한 선거구의 경우는 한나라당 도전 후보와의 경쟁이 (비현직 선거구보다) 매우 치열했을 것이라고 예상할 수 있다. 즉 한나라당 현직 선거구<비현직 선거구<비한나라당 현직 선거구의 순으로 당선경쟁이 높을 것이다(《가설 1-2》).

한편 경쟁의 측면에서 18대 총선에 주목되는 점은 친박(무소속)연대 후보들이 출마하여 17명이 당선될 만큼 영남의 선거경쟁에 새로운 바람을 일으켰다는 점이다. 따라서 영남에서 친박(무소속)연대 후보가 출마한 선거구가 그렇지 않은 선거구보다 당선경쟁이 치열했을 것으로 예상할 수 있을 것이다(《가설 1-3》). 참고로 이를 〈가설 1-2〉에 적용한다면, 친박(무소속)연대 후보가 출마한 선거구는 비현직 선거구보다 비한나라당 현직 선거구인 경우에 당선경쟁이 더 높았을 것이며, 한나라당 현직 선거구의 경우에는 상대적으로 비현직 선거구보다 낮았을 것이라고 예상할 수 있다. 또한 영남에서 친박(무소속)연대 후보가 출마하지 않은 경우는 한나라당의 강세를 반영하는 것이란 점에서 비한나라당 현직 선거구를 제외하고는 당선경쟁이 매우 낮을 것으로 예상할 수 있다.

끝으로 이 연구에서는 당선경쟁과 투표율의 관계를 검증해 보고자 한다. 당선경쟁이 투표율에 중요한 영향을 미친다는 선행 연구에 비추어볼 때, 18대 총선의 현직요인과 친박요인이 당선경쟁에 중요한 영향을 미쳤다면 투표율에도 직 · 간접적인 요인으로 작용하였을 것이라 예상할 수 있다. 그런데 현직과 친박 요인이 투표율에 직접적인 영향을 미치는 요인인지, 혹은 당선경쟁의 매개 변인을 통해 간접적인 영향을 미치는 것인지 규명하기 위해서는 현직 후보와 친박(무소속)연대의 출마 여부 변수가 당선경쟁과 투표율에 미친 영향과 함께 당선경쟁을 통제한 상태에서 이들 변수가 투표율에 미치는 영향을 분석해 볼 필요가 있다(Baron and Kenny, 1986). 따라서 당선경쟁과 투표율의 관계 검증은 18대 총선의 선거환경 변화가 당선경쟁과 투표율에 미친 영향 관계를 규명하기 위한 일환으로 분석을 실시할 것이다.

2) 분석의 틀 : 선거구 유형

이 분석에서는 당선경쟁에 중요한 영향을 미치는 선거구 환경으로서 현직 국회의원과 친박(무소속)연대의 출마 여부를 기준으로 선거구 유형을 나누어 연구 가설을 검증하고자 한다. 당선경쟁의 측정은 1, 2

표 4. 현직 및 친박(무소속)연대 출마 여부의 영남 선거구 유형

	친박(무소속)연대 출마	친박(무소속)연대 불출마
현직 선거구(한나라당)	① 8개	④ 20개
현직 선거구(비한나라당)	② 10개	⑤ 4개
비현직 선거구	③ 17개	⑥ 9개

위 득표율 차이를 100에서 뺀 수치, 즉 100-(1위 득표율-2위 득표율)로 조작화함으로써 당선경합이 치열할수록 당선경쟁도가 높은 것을 의미하도록 하였다. 먼저 현직 국회의원의 출마 여부를 기준으로 선거구를 분류하면, 영남의 68개 선거구 가운데 현직 국회의원이 출마한 선거구는 총 42개이며, 현직이 출마하지 않은 선거구는 26개였다(〈표 4〉 참조). 이들 현직 선거구 가운데 현직 의원이 한나라당의 재공천을 받은 선거구는 28개였는데, 이는 한나라당 현직 국회의원 60명 중 절반 이상이 교체된 것으로 영남의 '공천학살'로 비유된 한나라당의 공천파동이 매우 심각한 수준이었음을 보여준다. 따라서 영남의 현직 선거구는 한나라당의 현직 후보가 출마한 28개 선거구와 비한나라당 현직 후보가 출마한 선거구 14개로 구성되어 있다.[7]

한편 18대 총선에서 당선경쟁에 중요한 변수로 등장하였던 친박(무소속)연대의 출마 선거구는 35개에 이른다. 이 가운데 18개 선거구는 현직 선거구이며, 17개 선거구는 현직이 출마하지 않은 비현직 선거구이다. 특히 친박(무소속)연대가 출마하였던 현직 선거구 가운데 8개는 한나라당 현직 후보가 출마한 선거구이며, 나머지 10개는 비한나라당

7) 영남의 비한나라당 현직 선거구는 한나라당 공천에서 탈락한 현역 의원이 출마하였던 10개 선거구(친박(무소속)연대 8명, 자유선진당 1명, 무소속 1명)와 다른 소속정당이었던 4개 선거구(통합민주당 2명, 민주노동당 1명, 무소속 1명)가 포함된다.

현직 선거구로서 2개(통합민주당과 자유선진당)를 제외한 모두가 한나라당 공천에서 탈락한 현역 의원이 친박(무소속)연대로 당적을 바꾸어 출마한 선거구였다.

4. 당선경쟁과 투표율 분석

1) 당선경쟁 분석

영남의 68개 지역구의 당선경쟁은 〈표 4〉의 선거구 유형, 즉 현직 국회의원의 출마 여부와 친박(무소속)연대 후보의 출마 여부를 기준으로 비교 · 분석하고자 한다. 먼저 〈표 5-1〉에서는 현직 국회의원이 출마한 42개 선거구와 그렇지 않은 26개 선거구의 당선경쟁도를 살펴볼 수 있다. 현직 후보가 출마한 선거구의 평균 당선경쟁도(73.1)는 비현직 선거구의 평균 당선경쟁도(75.7)와 비교하여 약간 낮았지만 통계적으로는 유의미한 차이가 없었다(t=0.51, $d.f.$=66). 이는 현직효과만을 고려할 때, 일반적으로 현직 선거구의 당선경쟁도가 비현직 선거구보다 낮을 것으로 예상되는 〈가설 1-1〉과 배치되는 결과이다. 즉 영남에

표 5-1. 현직 선거구 여부와 당선경쟁도

	당선경쟁도	(표준편차)	N
현직 선거구	73.1	(20.7)	42
(한나라당 현직)	65.6	(20.9)	28
(비한나라당 현직)	88.0	(9.4)	14
비현직 선거구	75.7	(21.9)	26

서는 현직 후보가 출마한 선거구 역시 이번 18대 총선에서는 현직 후보의 프리미엄이 별로 작용하지 않아 비현직 선거구만큼이나 치열한 당선경쟁이 벌어졌다는 것을 뜻한다.

그 점은 특히 영남의 현직 선거구가 과거와 달리 비한나라당 현직 후보가 많아져 한나라당 도전 후보와의 경쟁이 높았기 때문일 수 있다. 따라서 현직 선거구를 현직의 소속정당, 즉 한나라당과 비한나라당으로 구분하여 비현직 선거구의 당선경쟁도와 비교해 볼 필요가 있다. 분석 결과, 〈가설 1-2〉에서 예상한 바와 같이 비한나라당 소속의 현직 후보가 출마한 선거구의 당선경쟁도(88.0)는 한나라당 소속의 현직 후보가 출마한 선거구(65.6)보다 훨씬 높았을 뿐 아니라 비현직 선거구(75.7)보다 더 높았다(F=6.27, $d.f.$=2, p<.01).[8)]

한편 〈표 5-2〉는 친박(무소속)연대 후보가 출마한 35개 선거구와 그렇지 않은 33개 선거구의 당선경쟁도를 비교한 것이다. 친박(무소속)연대 후보가 출마한 선거구의 평균 당선경쟁도(83.8)는 친박(무소속)연대 후보가 출마하지 않은 선거구의 평균 당선경쟁도(63.8)보다 훨씬 높았으며, 통계적으로도 유의미한 차이를 보였다(t=4.34, $d.f.$=45.9, p<.001). 즉 친박(무소속)연대 후보가 출마한 선거구는 〈가설 1-3〉의 예상대로 한나라당 후보와 더 치열한 당선경쟁을 벌였다는 것을 확인할 수 있으며, 그러한 특징이 바로 이번 18대 총선의 주요 변화를 말해주는 것이라고 하겠다.[9)]

---

8) 당선경쟁의 결과를 비교해 보면 비한나라당 현직 선거구(14개)에서는 한나라당 후보가 3명만 당선된 반면, 한나라당 현직 선거구(28개)에서는 23명이, 비현직 선거구(26개)에서는 20명이 당선되었다.

9) 한나라당의 당선 결과를 비교해 보면 친박(무소속)연대가 출마한 선거구(35개)에서는 17명만이 당선된 데 비해, 그렇지 않은 선거구(33개)에서는 29명이 당선되었다.

표 5-2. 친박(무소속)연대 출마 선거구 여부와 당선경쟁도

	당선경쟁도	(표준편차)	N
친박(무소속)연대 출마	83.8	(11.7)	35
친박(무소속)연대 불출마	63.8	(23.9)	33

표 5-3. 현직 및 친박(무소속)연대 출마 선거구 여부와 당선경쟁도

	친박(무소속)연대 출마	친박(무소속)연대 불출마
현직 선거구	83.9 (n=18)	65.0 (n=24)
(한나라당 현직) (비한나라당 현직)	80.2 (n=8) 86.8 (n=10)	59.7 (n=20) 91.0 (n=4)
비현직 선거구	83.7 (n=17)	60.7 (n=9)

끝으로 현직 후보의 출마 여부와 친박(무소속)연대 후보의 출마 여부를 동시에 고려할 때, 〈표 5-3〉에서는 우선 4개 선거구 유형의 당선경쟁도를 비교해 볼 수 있다. 이 가운데 당선경쟁이 낮은 선거구 유형은 친박(무소속)연대가 출마하지 않았던 선거구로서 현직 후보의 출마 여부는 그리 큰 차이를 나타내지 않았다. 이는 친박(무소속)연대 등 우수한 도전 후보들이 출마를 하지 않았을 만큼 영남에서 한나라당 후보의 당선경쟁력이 매우 강했던 선거구를 뜻하는 것일 수 있다. 반면 당선경쟁이 높았던 곳은 현직 후보의 출마 여부에 상관없이 친박(무소속)연대가 출마한 경우였다(F=6.46, $d.f.$=3, p<.001).

그런데 앞서 〈표 5-2〉의 분석에서 논의한 바와 같이 비현직 선거구의 당선경쟁이 현직 선거구와 별 차이를 보이지 않는 것은 현직 선거구의 특성이 보통의 경우와 달랐기 때문일 가능성이 크다. 즉 현직 선거구에는 비한나라당 현직 후보와 한나라당 도전 후보가 경쟁을 벌인 14개 선거구가 포함됨으로써 현직 선거구의 당선경쟁도 평균이 높아진 것이라 할 수 있다. 따라서 6개 선거구 유형으로 세분화하여 당선경쟁의 차이를 분석할 때, 비한나라당 현직 선거구의 당선경쟁도는 친박(무소속)연대가 출마한 경우(86.8)나 불출마한 경우(91.0) 모두 다른 유형의 선거구보다 훨씬 높았다는 것을 확인할 수 있다(F=6.64, $d.f.$=5, p<.001).[10)]

2) 당선경쟁과 투표율의 관계

영남에서의 당선경쟁과 투표율의 관계를 규명하기 위하여 다음은 세 가지 회귀모형을 분석하였다. 우선 투표율과 당선경쟁도를 종속변수로 삼는 두 개의 회귀모형은 현직 후보의 출마 여부 및 소속정당을 고려한 두 개의 가변수와 친박(무소속)연대 출마 여부의 가변수, 그리고 후보자 수와 유권자 수를 독립변수로 포함하였다. 또한 투표율을 종속변수로 삼되 당선경쟁도를 독립변수로 포함시킨 세번째 회귀모형을 통해 양자의 관계를 검증하는 한편, 당선경쟁도를 통제한 상태에서 현직과 친박(무소속)연대 등의 변수가 독립적인 영향을 미치는가를 분석하고자 한다. 당선경쟁도가 투표율에 중요한 영향을 미칠 것이란 가설에서 볼 때 당선경쟁 모형에 포함된 제 변수들은 투표율에 대한 두 개의 회귀모형에서도 동일한 방향의 예측이 가능할 것이다.

---

10) 당선 결과를 보면 비한나라당 현직 선거구 중 친박(무소속)연대가 출마한 곳(10개)에서 한나라당 후보가 당선된 사례는 2명에 불과하며, 친박(무소속)연대가 출마하지 않은 곳(4개)에서도 1명만이 당선되었다. 이는 특히 친박(무소속)연대가 출마하지 않았던 한나라당 현직 선거구(20개)나 비현직 선거구(9개)와 비교할 때 전자는 19명이, 후자는 모두 한나라당이 당선된 것과 큰 대조를 이룬다. 참고로 친박(무소속)연대가 출마하였던 한나라당 현직 선거구(8개)와 비현직 선거구(17개)에서는 각각 4명, 11명의 한나라당 후보가 당선되었다.

당선경쟁의 회귀모형에 대한 예상은 다음과 같다. 첫째, 비현직 선거구와 비교할 때 한나라당 현직 후보가 출마한 선거구는 당선경쟁이 떨어질 것이며, 비한나라당 현직 후보가 출마한 선거구는 당선경쟁이 높을 것이다. 둘째, 친박(무소속)연대가 출마한 선거구는 그렇지 않은 선거구보다 당선경쟁이 높을 것이다. 셋째, 후보 수가 많을수록 당선경쟁이 높을 것이다. 넷째, 선거구 크기, 즉 유권자 수가 많을수록 당선경쟁이 떨어질 것이다. 이는 선거구 크기가 곧 선거운동을 해야 할 범위를 뜻한다는 점에서 그 크기가 클수록 후보들의 선거운동이 미치는 영향이 줄어들 것인 반면, 선거구가 작을수록 그 범위가 작아져 유권자와의 접촉이 용이해질 것이기 때문에 후보 간 당선경쟁이 더 치열해질 수 있다. 참고로 유권자 수는 1천 명 단위로 측정하였다.

영남을 대상으로 한 〈표 6〉의 세 가지 회귀모형 분석 결과 가운데 첫 번째 당선경쟁에 대한 모형 분석은 비한나라당 현직 출마 선거구와 친박(무소속)연대 출마 선거구 변수, 그리고 유권자 수가 당선경쟁에 유의미한 영향을 미치는 것을 볼 수 있다. 즉 비한나라당 현직 선거구는 비현직 선거구보다 당선경쟁도가 높았으며, 친박(무소속)연대 후보가 출마한 선거구는 그렇지 않은 선거구보다 높은 것을 볼 수 있다. 그러나 한나라당 현직 출마 선거구와 후보자 수는 예상되는 부호를 나타냈지만 통계적으로 유의미한 영향을 미치지는 못하였다.

한편 당선경쟁의 모형과 동일한 독립변수로 구성한 투표율의 회귀모형 분석에서는 유권자 수를 제외한 모든 변수가 유의미하지 않았다. 이는 영남에서 현직 후보나 친박(무소속)연대의 출마 여부가 투표율에는 직접적인 영향을 미치지 못하였음을 뜻하는 것이다. 이러한 결과는 당선경쟁도를 독립변수로 포함한 마지막 열의 투표율 분석에서도 확

표 6. 영남의 당선경쟁 및 투표율의 회귀모형 분석

	당선경쟁 모형		투표율 모형1		투표율 모형2	
	회귀계수 (표준오차)	표준계수	회귀계수 (표준오차)	표준계수	회귀계수 (표준오차)	표준계수
상수	70.87*** (11.54)		63.65*** (4.15)		56.15*** (5.08)	
한나라당 현직	−1.26 (5.25)	−0.03	−2.31 (1.89)	−0.16	−2.17 (1.82)	−0.15
비한나라당 현직	12.99** (5.91)	0.25	−1.81 (2.13)	−0.10	−3.19 (2.13)	−0.18
친박(무소속)연대	15.11*** (4.84)	0.36	2.89 (1.74)	0.20	1.29 (1.81)	0.09
후보자 수	2.91 (2.20)	0.15	−0.86 (0.79)	−0.13	−1.16 (0.78)	−0.17
유권자 수(천명)	−0.13** (0.06)	−0.22	−0.08*** (0.02)	−0.43	−0.07*** (0.02)	−0.36
당선경쟁					0.11** (0.04)	0.31
R^2	.349		.297		.358	
$Adj\text{-}R^2$	.296		.241		.295	
F 값	6.63***		5.25***		5.67***	
표본수	68		68		68	

참고 : ***p<.01 **p<.05 *p<.1

인할 수 있는데, 특히 당선경쟁도가 투표율에 중요한 요인임이 검증되었다는 점에 주목할 필요가 있다. 따라서 영남에서 당선경쟁에 중요한 영향을 미친 현직 후보나 친박(무소속)연대의 출마는 투표율에 직접적인 효과를 미치지 못하였지만, 적어도 당선경쟁도라는 매개 요인을 통해 간접적인 영향을 미쳤다고 볼 수 있다.[11)]

종합하면 비한나라당 현직 후보와 친박(무소속)연대의 출마는 18대 총선의 당선경쟁도를 높이는 중요한 요인이었으나, 당선경쟁도를 통제할 때 투표율에 직접적인 영향을 준 것은 아니었다. 그러나 당선경쟁도가 투표율에 유의미한 영향을 주는 관계가 입증되었다는 점에서 비한나라당 현직 후보와 친박(무소속)연대의 출마는 적어도 당선경쟁을 통해 투표율에 간접적인 영향을 주었다고 할 수 있다.

5. 맺음말

18대 총선에서 한나라당의 공천파동은 한나라당의 현역 국회의원 출마와 당적 변경에 중요한 영향을 미쳤으며, 친박(무소속)연대 후보들의 등장에도 직접적인 요인이 되었다. 그로 인해 특히 영남은 기존과는 매우 다른 선거환경에서 후보와 정당의 경쟁이 펼쳐지게 되었다. 사실 과거의 강력한 지역주의 정당 지지는 경쟁을 약화시키는 주된 요인이기도 하였지만, 여기에는 전략상의 이유 등으로 경쟁력이 높은 우수한 도전 후보가 출마하지 않았던 것도 경쟁을 낮추는 요인이었다고 할 수 있다. 그 점에서 18대 총선은 친박(무소속)연대 등 한나라당에 대항할 수 있는 도전 후보가 대거 출마하게 됨으로써 영남의 선거 환경을 크게 변화시켰을 뿐 아니라 오랫동안 유지되었던 1당 독점 현상이 현저히 약화되는 결과를 가져오는 데 중요한 역할을 하였다.

한나라당의 공천파동이 낳은 친박연대의 창당은 한국 정당사에 매우 이례적인 사건이라고 할 수 있다. 당내 계파 간 갈등이 선거를 앞두

11) 참고로 전국을 대상으로 분석한 세 가지 회귀모형 결과 역시 당선경쟁과 투표율의 관계를 일반화시킬 수 있는 동일한 결과를 보여주었다.

고 분당의 결과를 낳은 사례는 여러 차례 있었지만, 친박연대와 같이 탈당한 정당에 대한 소속감을 여전히 표명하면서 새로운 정당을 창당한 경우는 없었다. 일종의 파벌정당이라고 할 수 있는 친박연대가 이렇게 탄생하게 된 배경에는 지난 17대 대선의 영향을 간과할 수 없을 것이다. 특히 대선에서 한나라당의 집권 성공과 다른 정당을 압도하는 높은 지지율은 18대 총선의 구도를 정당 간 경쟁의 의미보다 한나라당 내의 계파 간 경쟁으로 끌고 갈 수 있었던 주된 요인이었다고 볼 수 있다.

한나라당에 대한 높은 지지는 역설적으로 왜 친박 바람이 유독 영남에서 강하게 불었는가에 대한 설명에 중요한 단서를 제공해 준다. 즉 다른 정당과의 경쟁이 아니라 한나라당 내부의 경쟁으로 선거구도가 틀 지어졌기에 가능하였다는 것이다. 친박(무소속)연대의 후보들이 당선 후 한나라당으로의 복귀를 강조함으로써 한나라당 후보와의 비차별 전략을 구사하였던 것은 한나라당에 대한 지지 철회를 유도하기보다 한나라당 내에서의 지지 분산을 꾀하려는 것이었다고 볼 수 있다. 물론 영남에서의 친박 바람이 박근혜 전 대표에 대한 지지나 혹은 한나라당의 공천파행에 대한 심판의 성격도 지닌다는 점을 부정하는 것은 아니다. 그렇지만 그 역시 전국적으로 한나라당의 승세가 예상되었기 때문에 17대 총선과 같은 지역주의 표의 결집 현상이 발생하지 않고 친박(무소속)연대의 지지를 통해 표심을 드러낼 수 있었던 것이다.[12]

결국 영남의 지역주의 선거환경에서 친박(무소속)연대라는 대안의 세력이 존재하게 되었다는 점은, 그것이 비록 한나라당 내부의 경쟁에

12) 17대 총선의 경우, 대통령의 탄핵에는 반대하면서도 이를 주도한 한나라당에 표의 쏠림 현상이 영남에서 나타났던 것은 선거구도가 정당 간 경쟁(한나라당과 열린우리당)으로 틀 지어졌기 때문일 것이다.

서 비롯된 것이었다고 해도 영남의 선거 과정을 크게 바꾸어놓는 계기가 되었다는 점에 주목할 가치가 있다. 그 점이 바로 이 글에서 영남의 선거환경 변화가 당선경쟁과 투표율에 미친 영향을 분석하는 데 중점을 둔 이유였기도 하다. 분석 결과를 요약하면, 우선 비한나라당 현직 선거구가 비현직 선거구보다 1, 2위 간 당선경쟁이 높을 것이란 예상은 친박(무소속)연대의 출마 여부 등을 통제할 때 통계적으로 유의하였다. 그러나 한나라당 현직 선거구는 예상과 달리 비현직 선거구보다 당선경쟁이 덜 치열한 것은 아니었다. 이는 18대 총선에서 영남의 한나라당 현직 선거구의 경우도 비현직 선거구에 못지않게 경쟁이 치열한 경우가 많았다는 것을 의미한다. 또한 친박(무소속)연대가 출마한 선거구가 그렇지 않은 선거구보다 당선경쟁이 훨씬 높았으며, 현직 선거구 여부를 통제한 경우에도 통계적으로 유의미한 차이를 나타내었다.

한편 영남의 투표율 분석에서는 당선경쟁과 달리 현직 선거구와 친박(무소속)연대 모두 유의미한 차이를 나타내지 않았다. 즉 18대 총선에서 한나라당의 공천파동은 영남의 선거환경을 변화시켜 경쟁을 높이는 데는 기여했지만 투표율에 직접적인 영향을 미치지는 못하였다는 것이다. 이는 한나라당의 공천파동이 양날의 칼로 작용하였다는 것을 뜻한다. 친박(무소속)연대 등 비한나라당 현직 후보의 증가가 선거경쟁을 높이기는 하였지만 당내 권력다툼으로 유권자의 정치적 냉소를 높이게 만드는 요인이기도 하였기 때문일 것이다. 그러나 당선경쟁이 투표율에 중요한 요인이라는 검증 결과에서 비한나라당 현역 의원의 출마와 친박연대의 출마는 한나라당과의 경쟁을 높임으로써 간접적인 영향을 투표율에 미쳤다고 할 수 있다.

결론적으로 영남의 새로운 경쟁구도가 한나라당 독점체제를 약화시킨 것은 외형상의 문제로서, 내부적으로는 여전히 지역주의가 강하게 존재하는 것이었다고 할 수 있다. 지역주의와 같은 정당 지지의 심리적 기제가 쉽게 바뀌기는 어렵다는 점에서 그리고 특히 영·호남의 대립구도가 이제까지 정당경쟁의 기본적인 축을 형성해 왔다는 점에서 한 쪽에서 결집하면 다른 한 쪽에서도 결집할 수밖에 없는 상황이 언제든 재현될 수 있을 것이다. 그 점에서 영남의 당선경쟁 변화가 18대 총선에서의 일시적 현상인지 혹은 향후에도 지속될 것인지에 대해서는 좀 더 두고 보아야 할 것이다. 그러나 이번 공천파동에서 보았듯이 유권자들이 납득하기 어려운 일방적인 하향식 공천으로는 과거처럼 맹목적인 지지를 얻기 어려울 것이라고 본다. 공천의 과정이 합리적이고 투명하지 못하다면 한나라당과 친박(무소속)연대의 당선경쟁처럼 본선의 무대를 빌려 실질적인 경선의 양상이 벌어질 수 있는 것이다.

참고 문헌

박찬욱, 1993, "유권자의 선거관심도, 후보인지능력과 투표참여의사 : 제14대 선거전 설문결과를 중심으로", 『한국선거학회보』 제26집 제3호.

박찬욱 · 김형준, 1996, "제15대 국회의원 선거결과에 대한 집합자료 분석", 『한국과 국제정치』 제12권 제2호.

이갑윤 · 이현우, 2000, "국회의원 선거에서 후보자 요인의 영향력 : 14~16대 총선을 중심으로", 『한국정치학회보』 제34집 제2호.

황아란, 1996, "선거구 특성이 투표율에 미치는 영향 : 제15대 국회의원 선거분석", 『한국정치학회보』 제30집 제4호.

황아란, 1998, “국회의원 선거의 당선경쟁과 선거구 요인 : 제15대 총선 당선자의 당선경쟁도를 중심으로”, 『한국정치학회보』 제32집 제3호.
황아란, 2006, “정당경쟁과 한국 지방선거의 구조화”, 『한국과 국제정치』 제22권 제2호.
Barzel, Y. and E. Silbergerg, 1973, “Is the Act of Voting Rational?”, *Public Choice* 16–1.
Baron, R. M. and D. Kenny, 1986, “The Moderator–Mediator Variable Distinction in Social Psychological Research : Conceptual, Strategic, and Statistical Considerations”, *Journal of Personality and Social Psychology* 51–6.
Cox, G. W. and M. C. Munger, 1989, “Closeness, Expenditures, and Turnout in the 1982 US House Elections”, *American Political Science Review* 83–1.
Denver, D. D. and G. Hands, 1974, “Marginality and Turnout in British General Elections”, *British Journal of Political Science* 4–1.
Denver, D. D. and G. Hands, 1985, “Marginality and Turnout in General Elections in the 1970s”, *British Journal of Political Science* 15–3.
Downs, A. 1959, *An Economic Theory of Democracy*, New York : Harper & Row.
Endersby, J. W., S. E. Galatas, and C. B. Rackaway, 2002, “Closeness Counts in Canada : Voter Participation in the 1993 and 1997 Federal Elections”, *Journal of Politics* 64–2.
Erickson, R. S., 1972, “Malapportionment, Gerrymandering, and Party Fortunes in Congressional Elections”, *American Political Science Review* 66–4.
Fiorina. M. P., 1977, *Congress, Keystone of the Washington Establishment*, New Haven : Yale University Press.
Holbrook, T. M. and E. Van Dunk, 1993, “Electoral Competition in the

American States", *American Political Science Review* 87–4.

Huckfeldt, R. and J. Sprague, 1992, "Political Parties and Electoral Mobilization : Political Structure, Social Structure, and the Party Canvass", *American Political Science Review* 86–1.

Jackson, R. A., 1997, "The Mobilization of US State Electorates in the 1988 and 1990 Elections", *Journal of Politics* 59–2.

Jackson, R. A., 2002, "Gubernatorial and Senatorial Campaign Mobilization of Voters", *Political Research Quarterly* 55–4.

Jacobson, G. C., 1980, *Money in Congressional Elections*, New Haven : Yale University Press.

Jacobson, G. C., 1983, *The Politics of Congressional Elections.* 2nd ed., Boston : Little, Brown.

Jacobson, G. C., 1987, "The Marginals Never Vanished : Incumbency and Competition in Elections to the U.S. House of Representatives, 1952–82", *American Journal of Political Science* 31–1.

Key, V. O., 1949, *Southern Politics in State and Nation*, New York : Random House.

Mann, T. E., 1978, *Unsafe at Any Margin : Interpreting Congressional Elections*, Washington D.C. : American Enterprise Institute.

Mayhew, D., 1974, "Congressional Elections : The Case of the Vanishing Marginals", *Polity* 6–3.

Nagel, J. and J. E. McNulty, 1996, "Partisan Effects of Voter Turnout in Senatorial and Gubernatorial Elections", *American Political Science Review* 90–4.

Patterson, S. and G. A. Caldeira, 1983, "Getting out the Vote : Participation in Gubernatorial Elections", *American Political Science Review* 77–3.

Riker, W. H. and P. C. Ordeshook, 1968, "A Theory of the Calculus of

Voting", *American Political Science Review* 62-1.

Rosenstone, S. J. and J. M. Hansen, 1993, *Mobilization, Participation, and Democracy in America*, New York : Macmillian Publishing Company.

Silberman, J. and G. Durden, 1975, "The Rational Behavior Theory of Voter Participation : The Evidence from Congressional Elections", *Public Choice* 23-1.

Yiannakis, D. E., 1981, "The Grateful Electorate : Casework and Congressional Elections", *American Journal of Political Science* 25-3.

『부산일보』, 2008년 4월 3일자, 3면; 2008년 4월 3일자, 5면.

13 진보파의 몰락 : 울산

강경태

1. 머리말

과거 총선이 대통령 임기 중반이나 후반에 실시됨으로써 정부에 대한 중간평가적 성격이 강했다면, 18대 총선은 이명박 정부가 출범한 지 한 달여 만에 실시되었기 때문에 그 기본적 성격은 17대 대선의 연장선상에서 파악할 수 있다. 특히 출범 초기라는 특성상 정부에 대한 기대가 클 수밖에 없었다는 점에서 정부나 여당에 대한 견제보다는 안정적인 국정운영을 뒷받침할 수 있는 방향으로 유권자의 심리가 흐를 가능성은 매우 컸을 것이다.

이러한 기조 위에서 18대 총선의 기본적인 특징은 제도적 개선이나 변화가 거의 없었다는 점을 들 수 있다. 17대 총선의 경우 1인 2표제의 도입과 상향식 공천, 비례대표 여성 과반수 이상 공천, 매니페스토운동 등과 같은 큰 변화들이 있었지만, 18대 총선에서는 이러한 수준의 변화가 거의 없었고, 따라서 개혁적 의미도 크게 퇴색되었다고 할 수 있다.

두번째 특징은 선거 때마다 반복되었던 이합집산이 18대 총선에서도 나타난 것인데, 이런 현상은 야당에서 더욱 심해 결과적으로 한나라당의 낙승으로 연결되었다. 우선 대선에서 패배한 대통합민주신당은 민주당과 통합하여 통합민주당으로 새 출발하였지만, 지역구 의석 전체의 80%(197개 지역구)만 공천할 수 있을 정도로 위축되었다. 특히 민주당과의 통합으로 말미암아 호남색이 짙어졌는데, 이것은 정권창출 실패 요인과 함께 영남권의 38%(68개 지역구 중 26개)만 후보자를 낼 정도의 인물난도 겪게 만들었다. 또한 17대 대선에서 한나라당을 탈당해 무소속으로 출마하였던 이회창과 심대평의 국민중심당이 통합하여 자유선진당으로 출범하였으며, 민주노동당 역시 진보신당이 분당해 나감으로써 야권은 분열된 채 선거전에 임할 수밖에 없게 되었다.

한편 한나라당도 비록 정권교체에는 성공했지만, 공식 선거운동 시작 일주일 전에야 공천이 완료될 정도로 극심한 공천갈등을 겪어야만 했다. 그 과정에서 충청권의 일부는 자유선진당으로 이탈하였으며, 영

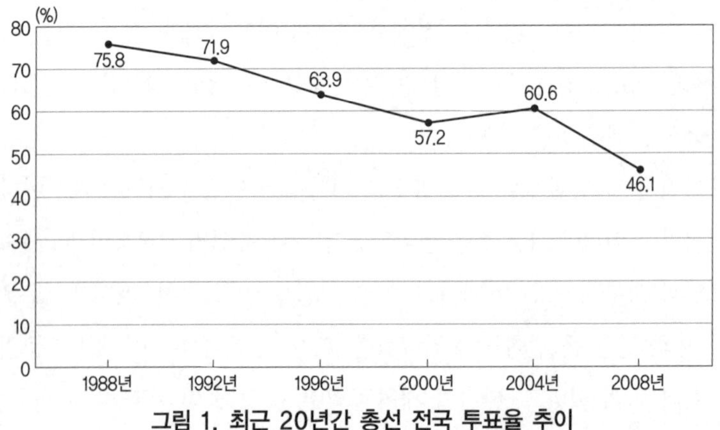

그림 1. 최근 20년간 총선 전국 투표율 추이

출처 : 중앙선거관리위원회 홈페이지, 역대선거정보시스템에서 재작성함.

남권에서 공천을 받지 못한 세력들을 중심으로 '친박연대' 라는 기형적인 정당이 출현하게 되었다.

결과적으로 강력한 야당이 부재하고 대항논리가 실종된 상태에서 치러진 이번 선거전은 한나라당의 낙승이 예상된 채 진행되었고, 과연 얼마나 의석을 많이 확보할 수 있을 것인가에 초점이 맞춰짐으로써 46.1%라는 최근 20년 동안의 총선 중에서 가장 낮은 투표율로 귀결되었다(〈그림 1〉 참조). 2008년 총선에서는 20년 전 총선의 투표율과 비교하여 무려 30% 정도, 4년 전 17대 총선과 비교해도 약 15%가 하락하였다. 총선이 대선 직후에 실시되어 선거 피로감이 누적된 이유도 있을 것이나, 노무현 정부를 거치면서 진보파에 대한 실망도 크게 기여하였을 것으로 본다.

물론 어떤 층이 투표에 참여하지 않았는가에 대해서는 별도의 연구가 필요하겠지만, 17대 총선과 비교하여 진보성향 정당들의 비중이 득표율에서는 20% 이상, 득표수에서는 거의 절반 수준으로 떨어졌다는 점에서 진보적 성향의 유권자가 불참한 유권자의 대부분을 차지할 것으로 추측할 수 있다(〈표 1〉 참조). 표에서 나타난 바와 같이, 정당명은 이합집산 등으로 달라졌지만 진보파 정당들의 득표력은 상당히 저하

표 1. 18대 총선과 17대 총선 당시 진보성향 정당의 득표율 및 정당 득표수 비교

	총 투표자	통합민주당	민주노동당	진보신당	창조한국당	계
18대	17,129,765 (100%)	4,312,491 (25.2%)	973,345 (5.7%)	504,434 (2.9%)	651,962 (3.8%)	6,442,232 (37.6%)
	총 투표자	열린우리당	민주노동당	민주당		계
17대	21,285,984 (100%)	8,145,824 (38.3%)	2,774,061 (13.0%)	1,510,178 (7.1%)		12,430,063 (58.4%)

출처 : 중앙선거관리위원회 홈페이지, 역대선거정보시스템에서 재작성함.

되었으며 이들 정당들의 17대 전체 득표율이 58.4%인 데 반하여 18대 총선에서는 겨우 37.6%에 불과하여 약 21%의 격차가 나타났다. 이 글에서는 이렇게 진보파 득표력이 전국적으로 하락한 점을 감안하여, 각종 집합 데이터와 5 · 31 지방선거 당시 참관경험을 바탕으로 민주노동당의 본당인 민주노총이 맹위를 떨쳐온 울산 지역에서 나타난 몰락의 변화를 분석하고자 한다.[1)]

2. 울산의 18대 총선 구도

울산의 인구는 100만 명을 약간 웃도는 수준으로 부산 인구의 30%에 불과하지만, 지역 내 총생산액은 부산의 90%에 달하는 우리나라 대표적인 공업도시이다. 2006년을 기준으로 1인당 지역 내 총생산액은 서울의 2배, 부산의 2.8배, 대구의 3.4배 이상이나 되고, 근로자들의 연평균 급여수준은 1인당 4,326만 원으로 전국 최고 수준이다.

사업체수는 울주군에 울산시 전체의 38.8%가 모여 있으며, 종사자수는 현대자동차가 위치한 북구에 가장 많이 밀집해 있다. 하지만 1인당 급여수준은 울산의 강남으로 불리는 남구가 4,926만 원으로 가장 높은데, 가장 낮은 중구의 2.8배에 달하는 등 구별로 편차가 심한 편이

1) 참여관찰 연구는 정치학에서 최근 새롭게 부각되는 연구방법으로 『17대 총선 현장 리포트』(김용호 외, 2004) 및 『제4회 지방선거 현장 리포트』(이준한 외, 2007) 참조. 울산의 정치, 선거나 노동자 · 진보파에 관한 연구는 그다지 많지 않은데, "신자유주의 이후 지역의 변화와 노동운동의 위기 : 울산 북구를 중심으로"(김원, 2007), "부산 · 울산 · 경남 지역 빈곤층의 정치태도와 투표행태"(박병철, 2006), "주민자치센터 운영실태분석과 발전방안 : 울산광역시 사례를 중심으로"(최근열, 2002) 등의 연구가 있다.

표 2. 울산광역시 구 · 군별 경제지표

구분	인구수 (명)	사업체수 (개)	월평균 종사자수(명)	연간 급여액 (백만원)	1인당 연간 급여액(만원)
울산시	1,099,995	1,707	145,314	6,286,584	4,326
중구	236,573	90	860	15,001	1,744
남구	342,675	372	47,896	2,359,232	4,926
동구	181,844	147	14,603	500,538	3,428
북구	155,642	436	49,102	2,371,671	4,830
울주군	183,261	662	32,853	1,040,142	3,166

출처 : 울산광역시청 홈페이지, 통계정보.

다(〈표 2〉 참조).

한편 울산은 다른 영남 지역과 마찬가지로 전반적으로는 한나라당이 우세를 보이고 있지만, 현대자동차와 현대중공업 노동자계층을 중심으로 진보성향 후보 혹은 무소속 후보가 강세를 보이면서 보수와 진보가 상대적으로 균형을 이루는 지역이다.

15대 총선의 경우 민주당이 신한국당과 같은 2석을 차지하였으며, 16대 총선에서는 한나라당의 압도적 우세 속에서도 무소속 후보가 당선되었다. 특히 민노당은 2002년 지방선거에서 기초단체장과 광역의원 각 2명, 2006년 지방선거에서는 광역의원 3명과 기초의원 11명을 배출하는 등 영남권 진보벨트의 중요한 축을 형성해 왔다.

반면 이른바 '탄핵역풍'이 불었던 17대 총선에서는 한나라당 후보가 3명이나 당선되었으며, 17대 대선에서도 이명박 후보는 54.0%를 획득하여 정동영(13.6%), 권영길(8.4%), 문국현(5.5%) 등을 압도하였다. 17.5%를 기록한 이회창 후보의 득표율을 추가할 경우 보수성향 총 득표율은 70%를 넘어서게 되어, 이 지역에서 한나라당의 지지는 영남 지역의 평균보다는 부족하지만 영남 외 지역에 비해서는 여전히 견고하다고 할 수 있다.

따라서 18대 총선에서도 그 이상의 승리가 이미 예견되고 있었는데, 이는 선거를 보름가량 앞둔 시점에서 실시된 울산 지역 여론조사 결과에서도 잘 나타나고 있다(울산제일일보, 2008. 4. 3.). 울주군에서는 여야 후보 간 혼전이었으나, 울산의 다른 선거구에서는 한나라당의 절대 우위가 예상되었다. 이런 구도 속에서는 유동층을 모두 흡수한다고 하더라도 한나라당을 넘어서기는 사실상 불가능하였다.

결국 한나라당의 공천에 관심이 집중되었는데, 한나라당은 공식적인 선거운동 시작을 불과 2주 앞둔 시점에서 영남권 현역 의원 62명 가운데 25명을 탈락시키는 충격적인 수준의 공천을 단행하였다. 부산에서만 김무성, 권철현, 정형근, 이성권, 유기준, 이재웅, 엄호성 등 7명의 현역 의원이 탈락하였다. 그 가운데 4명이 무소속 출마를 강행하여 결과적으로 한나라당 독식을 저지하는 역할을 하였다. 그러나 울산

표 3. 정당별 공천후보자 현황

구분	계	통합 민주당	한나라당	민노당	친박연대	진보신당	평화통일 가정당	무소속
합계	23	1	6	4	2	1	6	3
중구	4	임동호	정갑윤(현역)	천병태			이상용	
남구(갑)	3		최병국(현역)	이영순			박덕원	
남구(을)	4		김기현(현역)	김진석			이경순	이동해
동구	4		안효대(신진)		박정주	노옥희	이정문	
북구	4		윤두환(현역)	이영희	최윤주		전병일	
울주군	4		이채익(신진)				김성환	강길부 이정훈

출처 : 중앙선거관리위원회 홈페이지, 제18대 국회의원선거 선거정보에서 재작성함.

지역에서는 대부분의 현역 의원들이 그대로 공천되었다(〈표 3〉 참조). 다만 한나라당은 서울 동작(을)에 전략공천된 정몽준 의원의 지역구인 동구에 정 의원의 오랜 측근인 안효대를 출마하게 하고, 대통합민주신당을 탈당하여 한나라당에 입당한 울주군의 강길부 의원을 공천에서 탈락시켜 울산 남구청장을 역임한 이채익을 공천하였다. 전국 여타 지역의 높은 공천물갈이와 비교하여 이와 같이 현역 교체율이 저조한 이유는 울산에는 3선 이상의 중진이 없어 다선 우선 교체라는 한나라당의 기본적인 공천원칙을 적용하기가 쉽지 않았고, 무엇보다 한나라당이 각종 여론조사를 통해 울산 지역 내 강한 친한나라당 기류를 판단하였기 때문이다.

그리고 통합민주당은 과거 열린우리당 시절에는 6개 선거구 모두 후보를 공천하였으나, 시당위원장이던 강길부 의원이 탈당하는 등 당의 입지가 크게 축소되면서 중구 한 곳에서만 후보를 공천하였다. 민노당 역시 17대에 비해 1명이 줄어든 4명을 공천하였으며, 친박연대는 2명, 진보신당은 1명을 각각 공천하였다. 평화통일가정당은 다른 지역과 마찬가지로 6개 선거구 모두 후보를 공천했으며, 무소속으로는 3명이 출마하였다.

그 결과 울산 지역은 3.8 : 1의 경쟁률을 보였는데, 이는 부산(4.2 : 1)과 경남(4.6 : 1)에 비해 상당히 낮은 수준이라고 할 수 있다. 전체적으로 한나라당 대 비한나라당의 대결구도가 이번에도 유지되었는데, 다만 민노당과 진보신당, 친박연대의 선전 여부가 울산 지역 선거 결과를 좌우하는 주요 포인트가 되었다고 할 수 있다. 즉 울산은 민노당이 강세를 보여온 지역으로, 특히 노동자가 밀집해 있는 북구와 현역 의원이 출마한 남구(갑) 등에서 민노당이 얼마나 선전할 것인가와 정몽준이 빠진 동구에서 울산시장 출마 경력이 있는 진보신당 노옥희 후보의 활약 정도에 관심이 집중되었던 것이다. 따라서 '박근혜 효과' 가 전국적으로 나타나면서 울산에서도 보수파들이 한나라당과 친박연대로 양분되면서 진보파가 중간에서 어부지리를 얻을 수 있을 것이라는 희망을 가지게 되었다.

이러한 구도 아래 역대 선거 결과를 통해 예측할 수 있는 울산의 18대 총선은 비한나라당 후보가 선전할 수 있는 선거구, 즉 동구 · 북구 · 울주군의 결과에 크게 좌우된다(<표 4> 참조). 이 선거구들은 역대 선거에서 검증된 정당의 득표력과 한나라당 후보에 대항할 수 있는 후보의 존재, 그리고 여권성향 후보 동반 출마라는 공통점을 갖고 있다.

표 4. 울산광역시 역대 선거 결과

단위 : %

구분	국회의원 선거			기초단체장 선거		대통령 선거*	
	1996년	2000년	2004년	2002년	2006년	2002년	2007년
중구	신한국당 38.3	한나라당 47.9	한나라당 46.8	한나라당 59.8	한나라당 75.3	한 : 57.2 민 : 31.2	한 : 56.1 무 : 18.2
남구	신한국당 44.6 민주당 47.8	한나라당 52.2	한나라당 48.4 한나라당 45.3	한나라당 65.9	한나라당 63.8	한 : 58.5 민 : 32.2	한 : 57.0 무 : 18.6
동구	무소속 71.0	무소속 61.5	국민통합21 65.2	민노당 34.7	무소속 41.7	민 : 47.6 한 : 36.2	한 : 49.5 민 : 18.4
북구	-	한나라당 43.0	민노당 46.9	민노당 51.8	한나라당 50.2	한 : 42.9 민 : 34.0	한 : 47.2 노 : 16.7
울주군	민주당 53.8	한나라당 68.5	열린우리당 42.6	한나라당 44.3	한나라당 52.3	한 : 58.2 민 : 32.7	한 : 55.6 무 : 19.6

참고 : *2002년 대통령 선거의 '한' 은 한나라당, '민' 은 민주당을 나타냄. 2007년 선거에서 '한' 은 한나라당, '민' 은 대통합민주신당, '노' 는 민노당, '무' 는 무소속을 나타냄.
출처 : 중앙선거관리위원회 홈페이지, 역대선거정보시스템에서 재작성함.

3. 울산 지역의 총선 결과

울산 지역의 18대 총선에서 나타난 특징은 기본적으로 보수와 진보 성향 후보 간의 경쟁으로 요약할 수 있다. 여기에 친여 보수성향의 친박연대와 무소속 후보들이 가세함으로써 보수–진보, 보수–진보–보수 혹은 보수–보수라는 세 가지 유형의 대결구도를 만들어냈다. 보수–진보의 구도는 중구와 남구 갑·을, 보수–진보–보수는 동구와 북구, 보수–보수는 울주군이 각각 해당된다.

1) 보수–진보의 대결

보수–진보의 대결이 펼쳐진 선거구는 모두 한나라당 현역 의원이

표 5. 울산 중구 주요 후보자

구분	소속 정당	성명	연령	직업	학력	경력
진보	통합 민주당	임동호	39세	정당인	성균관대 대학원 (공학 박사)	• (전)열린우리당 울산광역시당 위원장 • (전)대통령직속 국가균형발전위원회 자문위원
	민노당	천병태	45세	정당인	울산대 영어영문학과	• (전)울산광역시의회 의원 • (현)민노당 울산시당 대표
보수	한나라당	정갑윤	57세	국회의원	울산대 산업대학원 (산업관리공학석사)	• (전)제16대 국회의원 • (현)제17대 국회의원

출처 : 중앙선거관리위원회 홈페이지, 제18대 국회의원선거 선거정보에서 재작성함.

출마한 곳이며, 전통적으로 한나라당이 압도적인 승리를 거두었다는 공통점이 있다. 따라서 진보성향의 후보들은 모두 새로운 변화나 서민의 대변자를 슬로건으로 내세우면서 한나라당의 독주를 견제하려 하였다. 반면 한나라당 후보들은 믿음이나 성실과 같은 기본 감성에 호소하면서 현상을 유지하려는 다소 소극적인 선거운동을 펼쳤다.

① 중구

중구는 통합민주당이 유일하게 공천한 선거구로 한나라당과 민노당, 평화통일가정당 후보들과 경쟁하였다. 한나라당은 현역 의원인 정갑윤 의원을 후보로 공천하였으며, 통합민주당은 울산광역시당 위원장인 임동호를, 민노당은 울산광역시의회 의원을 지낸 천병태를 각각 후보로 내세웠다(〈표 5〉 참조)[2].

공약에서 후보자들은 모두 경제와 교육 · 문화 · 복지, 도시개발 등 분야별로 비슷한 내용을 담고 있어 차별성을 찾아보기는 어렵다. 다만 임동호 후보는 구역별 시장을 단위로 물류와 시장을 통합하는 시장통합시스템을 공약했으며, 정갑윤 후보는 이 지역 선출직을 모두 한나라당이 장악하고 있다는 이점을 이용해 국회의원-구청장-시 · 구의원을 연결하여 정기적 혹은 현안별로 당정협의회를 개최하겠다고 공약하였다. 천병태 후보는 민노당의 주요 공약인 대학등록금과 비정규직 문제와 함께 중구를 역사 · 문화 도시로 만들기 위한 100년 도시계획 수립에 중점을 두었다(〈표 6〉 참조).

그러나 한나라당 정갑윤 후보는 선거운동 초반부터 압도적 우세를

2) 〈표 5〉부터 소개되는 후보들은 지면관계상 선거 당락에 큰 영향을 미친 주요 후보들만 소개하였다.

표 6. 울산 중구의 후보자별 주요 공약

<table>
<tr><th colspan="2">구분</th><th>슬로건</th><th>주요 공약</th></tr>
<tr><td rowspan="2">진보</td><td>임동호
(통합
민주당)</td><td>• 강력한 추진력
새로운 변화
정치경제 1번지
• 중구인의 자존심을
되찾겠습니다</td><td>• 경제 : 학성로 왕복 통행 추진, 시장통합 시스템 운영 등
• 교육 · 문화 · 복지 : 오픈도서관 · 오픈스쿨을 통한 평생교육, 중구 노인복지센터 건립 등
• 도시개발 : 혁신도시와 구도심의 연계 교통망 확충, 학성공원 테마파크 조성 등</td></tr>
<tr><td>천병태
(민노당)</td><td>• 부자만 성공시대!
서민도 좀 먹고 삽시다
• 민생지킴이</td><td>• 대학등록금, 150만 원 시대
• 비정규직 노동자, 4대 긴급대책 실현
• 재래시장 활성화
• 중소기업 적정납품가 보장 특별법 제정
• 역사 · 문화 도시 중구 : 100년 도시 계획 수립</td></tr>
<tr><td>보수</td><td>정갑윤
(한나
라당)</td><td>• 살기 좋은 으뜸중구
• 울산의 힘</td><td>• 경제 : 재래시장 진입로 및 주차공간 확대, 에너지 분야 기업 · 연구소 유치 등
• 도시개발 : 구시가지 전선 지중화사업 확대, 도심지 공원 조성 등
• 문화 : 문화벨트 조성, 중구 3개 권역별 도서관 건립 등
• 기타 : 국회의원－구청장－시 · 구의원 간 당정협의체 구성, 지방재정 확충 등</td></tr>
</table>

출처 : 중앙선거관리위원회 홈페이지, 선거정보센터의 '국회의원 선거공보'에서 재작성함.

유지하였으며, 이에 따라 유권자들의 관심도 상대적으로 떨어질 수밖에 없었다. 결국 중구의 투표율은 42.5%로 '남구(을)' 선거구와 함께 가장 낮은 투표율을 기록하였으며, 정갑윤 후보가 64.9%라는 울산 지역 최고 득표율로 당선되었다.

② 남구(갑)

남구(갑)은 현역 국회의원들의 대결이 펼쳐진 선거구로 관심을 모았

표 7. 울산 남구(갑) 주요 후보자

구분	소속정당	성명	연령	직업	학력	경력
진보	민주 노동당	이영순	46세	국회의원	고려대 사학과	• 울산 동구청장 역임 • 제17대 국회의원
보수	한나라당	최병국	66세	국회의원	서울대 법학과	• (현)제17대 국회의원 • 국회 법제사법위원장

출처 : 중앙선거관리위원회 홈페이지, 제18대 국회의원선거 선거정보에서 재작성함.

표 8. 울산 남구(갑) 후보자별 주요 공약

구분		슬로건	주요 공약
진보	이영순 (민주 노동당)	• 일 잘하는 사람으로 바꿉시다!	• 희망정치 : 중소기업과 상생하는 울산, 중소 영세상인 및 재래시장 활성화 등 • 생활정치 : 교육비 부담 감소, 21세기형 청소년 문화체육공원 조성 등 • 나눔정치 : 노인과 장애인 지원 강화 • 여성정치 : 여성의 고용과 승진 확대, 청년 실업자 및 여성가장 취업 알선 등 • 진보정치 : 비정규직보호법 제정, 국회의원 소환제 도입 등
보수	최병국 (한나라당)	• 울산, 자존심! • 큰 약속, 큰 믿음	• 지역경제 활성화, 일자리 창출 : 재래시장 경쟁력 강화사업 확대, 울산 자유무역지역 지정 등 • 중소기업 경쟁력 강화 : 지역 중소기업 육성 기금 지원 확대, 규제 완화 지원 등 • 환경 : 무거천 복개구조물 개복, 여천천 생태하천 조성 등 • 동북아 산업기지 울산을 산업특별시로 • 교육 : 국립종합과학관 유치, 옥동 교육지원 기관 설립 등

출처 : 중앙선거관리위원회 홈페이지, 선거정보센터의 '국회의원 선거공보' 에서 재작성함.

다(〈표 7〉 참조). 민노당의 이영순 후보는 울산 지역의 대표적인 교육·노동운동가로서 1999년 보궐선거를 통해 동구청장에 당선되었으며, 비례대표로 17대 국회에 진입하는 등 다른 선거구에 비해 당선 가능성이 높았다고 할 수 있다. 반면 한나라당의 최병국 후보는 오랜 공직생활을 거친 후 16대 국회의원을 시작으로 3선에 도전한 중진이었으며, 역시 당선이 확실시된 후보 가운데 하나였다.

특히 이영순 후보는 여러 시민단체로부터 우수 의정활동을 인정받은 경력을 바탕으로 "일 잘하는 사람으로 바꿉시다!"라는 슬로건을 내세우고, 여성 후보로서 여성과 청년, 노인과 장애인 등 소외계층에 대한 많은 공약을 제시하여 경제와 환경 및 교육에 역점을 둔 최병국 후보와 대비되었다(〈표 8〉 참조).

선거 결과 울산 지역 낙선자 중에서는 이영순 후보가 가장 높은 36.8%의 득표율을 기록하는 등 선전했지만, 3선에 도전한 최병국 후보의 벽(60.8%)을 뛰어넘기에는 역부족이었다.

③ 남구(을)

남구(을) 선거구는 재선에 도전하는 한나라당 김기현 후보, 노동운동가 출신인 민노당의 김진석 후보, 평화통일가정당의 이경순 후보, 무소속의 이동해 후보 등 4명이 경쟁한 곳이다(〈표 9〉 참조). 김기현 후보는 한나라당과 NGO들에게 여러 차례 국정감사 우수의원으로 선정될 만큼 활발한 의정활동을 펼쳐왔기에 역시 당선이 확실시되었다.

김진석 후보는 "서민의 대변자"라는 슬로건에 걸맞게 중소기업과 재래시장에 대한 지원, 비정규직과 대학등록금 문제 해결 등과 함께 작은 (마을)도서관 30개 만들기, 서민의 주거안정대책 마련, 여성·노

표 9. 울산 남구(을) 주요 후보자

구분	소속정당	성명	연령	직업	학력	경력
진보	민주 노동당	김진석	44세	정당인	울산대 전자 및 전산기공학과	• 제2대 남구의회 의원 • 울산소상공인 포럼감사
보수	한나라당	김기현	49세	국회의원	서울대 법학과	• (현)제17대 국회의원 • (현)울산종합자원봉사자센터 이사장

출처 : 중앙선거관리위원회 홈페이지, 제18대 국회의원선거 선거정보에서 재작성함.

표 10. 울산 남구(을) 후보자별 주요 공약

구분		슬로건	주요 공약
진보	김진석 (민주 노동당)	• 꼭! 필요한 서민의 대변자	• 중소기업 보호 및 육성, 재래시장 활성화, 비정규직 문제 해결, 대학등록금 150만 원 • 작은 (마을)도서관 30개 만들기 • 아토피 · 환경클리닉센터 설치 • 여천천의 생태하천 복원 • 서민 주거안정대책 마련 • 여성 · 노인 · 장애인 등 사회적 약자 돌봄 정책 추진
보수	김기현 (한나 라당)	• 울산대표, yes! 김기현 • 4년 연속 NGO선정 국정감사 우수의원!	• 교육 · 복지 : 초 · 중 · 고 교육환경 개선, 장애인 자립생활 지원과 사회참여 증진 등 • 경제 : 울산 자유무역지역 지정 및 산업인프라 확충, 전선 지중화사업 확대로 전봇대 없는 울산 만들기 등 • 문화 · 관광 : 장생포 고래특구 지정 및 세계적 고래관광 명소화, 남구 국민체육센터 건립 등 • 환경 : 쓰레기매립장의 생태공원 조성, 선암댐 수변공원화 시설 및 관광자원화 등 • 도시인프라 : 장생포 순환도로 확장, 울산대교(남구–동구) 건설 등

출처 : 중앙선거관리위원회 홈페이지, 선거정보센터의 '국회의원 선거공보' 에서 재작성함.

인 · 장애인 등 사회적 약자 돌봄정책 추진 등과 같은 민생 위주의 정책들을 제시하였다. 이에 대해 김기현 후보는 장생포 고래특구 지정, 전선 지중화사업으로 전봇대 없는 울산 만들기, 선암댐 수변공원화 등 지역과 밀착한 공약들을 발표하였다(〈표 10〉 참조).

선거 결과 김기현 후보가 62.0%, 김진석 후보가 26.7%, 이동해 후보가 8.7%를 획득하는 등 김기현 후보가 여유 있게 당선되었다. 무소속 이동해 후보의 경우 노조간부 출신으로 울산시의원 선거에 세 번이나 출마한 경력을 갖고 있으나 결국 큰 표 차이로 낙선하였다.

2) 보수 – 진보 – 보수의 대결

보수–진보–보수의 대결이 펼쳐진 선거구는 동구와 북구이다. 이들 지역은 전통적으로 비한나라당 후보가 강세를 보여왔으며, 17대 총선에서도 한나라당 후보가 모두 낙선하였다는 공통점이 있다. 동구에서는 정몽준 의원이 13대부터 5번 연속 당선되었으며, 구청장도 민노당과 무소속 후보가 당선되었다. 또한 2002년 대선에서 울산에서는 유일하게 노무현 후보가 이회창 후보보다 앞섰던 곳으로 진보성향 후보의 선전이 기대되었던 지역이다. 북구 역시 17대 총선과 2002년 지방선거에서 민노당이 승리한 지역이다. 따라서 한나라당 후보의 당선이 확실시되었던 중구와 남구 갑 · 을 선거구와는 달리 한나라당 후보의 열세 지역으로 분류되었던 곳이다.

이런 특징을 반영해 진보성향의 후보들은 "힘내라 노동자!" 혹은 "북구는 민주노동당입니다"라는 슬로건으로 이들 지역에 밀집해 있는 현대와 유관 기업들의 노동자 지지를 유인하려 하였다. 반면 한나라당 후보들은 지역과 밀착한 공약으로 맞섰으며, 친박연대 후보들은 박근혜 후보에 대한 이 지역 유권자들의 애정, 공천 과정에서의 부당성을 강조하는 정서적인 선거운동을 펼쳐나갔다.

① 동구

동구는 한나라당의 안효대 후보, 친박연대의 박정주 후보, 진보신당의 노옥희 후보의 3파전으로 진행되었다(〈표 11〉 참조). 한나라당에서는 당초 정몽준 의원의 출마가 기정사실화되었던 곳이지만, '서울 동작(을)'로 전략공천되면서 그의 오랜 측근인 안효대 후보가 갑작스럽게 공천되었다. 당시에 많은 공천후보자들이 거론되기도 했는데, 그 과정에서 탈락한 박정주 후보가 친박연대로 출마하게 되었다. 그리고 노옥희 후보는 2006년 지방선거에서 민노당 후보로 울산시장 선거에 출마했던 인물로, 민노당과 진보신당의 분당으로 울산 지역에서 유일한 진보신당 후보로 출마하였다.

표 11. 울산 동구 주요 후보자

구분	소속정당	성명	연령	직업	학력	경력
진보	진보신당	노옥희	49세	정당인	부산대 수학과	• 울산광역시장 후보 • 진보신당 울산추진위원회 공동대표
보수	한나라당	안효대	52세	정당인	계명대 경영학과	• 현대중공업 근무 • 정몽준 국회의원 사무국 사무국장
	친박연대	박정주	55세	정당인	부산 동성고	• 울산시청 서기관 • 한나라당 정책위원회 부위원장

출처 : 중앙선거관리위원회 홈페이지, 제18대 국회의원선거 선거정보에서 재작성함.

안효대 후보는 현대중공업에 입사한 뒤 오랜 기간 동안 정몽준 의원의 측근으로 활동해 왔으며, 국민통합21을 통해 정치계에 입문하였다. 따라서 이 지역에 위치한 현대중공업과 선거구를 아우를 수 있는 적임

표 12. 울산 동구 후보자별 주요 공약

구분		슬로건	주요 공약
진보	노옥희 (진보 신당)	• 힘내라 노동자! 동구를 바꾸자!	• 비정규직 문제 해결 : 비정규직 정규직화, 다단계 하도급 근절, 공공임대주택 보급 등 • 노동 : 퇴직준비 프로그램 입법화, 사회적 기업을 통한 고용 창출 등 • 교육 : 국 · 공립대 수준 향상, 학력 · 학벌 차별 금지 등
보수	안효대 (한나 라당)	• 성실한 사람 지역과 회사를 잘 아는 사람	• 자연생태형 고래체험장 조성 • 복지 : 협력사 근로자 권익 대변 및 처우 개선, 울산대학병원 증축 등 • 도시 · 교통 : 울산대교 · 염포산터널 개통, 아산로 녹화사업 추진 등 • 교육 : 평생학습도시 지정 추진, 울산과학대학 내 평생학습원 신축 등 • 환경 · 에너지 : 명덕저수지 수변공원 개발, 주전고개 생태관광자원화 등
	박정주 (친박 연대)	• 동구민의 진정한 자존심 • 꿈과 희망이 넘치는 동구를 만들겠습니다	• 쾌적한 주거공간 확충 : 남목 지역 일원과 공원 지역 구분 완화, 주거 지역 확보 • 지역개발사업 적극 개발 : 어촌 관광단지, 대왕암공원 조성 등 • 환경오염에 따른 제도 개선 : 비산먼지 제도 개선, 생활소음 국제기준 강화 • 문화사업 : 청소년 문화시설 확충, 여성문화회관 건립 • 지방재정 확충 : 지방교부세 조정 • 울산대교 · 염포산터널 조기 개통과 무료화 추진

출처 : 중앙선거관리위원회 홈페이지, 선거정보센터의 '국회의원 선거공보'에서 재작성함.

자로서 "지역과 회사를 잘 아는 사람"이라는 슬로건을 내세웠다(〈표 12〉 참조). 반면 박정주 후보는 2006년 지방선거에서 한나라당 공천으로 동구청장 선거에 출마한 경력을 갖고 있었지만 한나라당 후보로 공천되지는 못하였다. 따라서 그는 한나라당 공천이 계파의 이해에 따라 잘못 이루어진 것이며, 자신이 진정한 한나라당 후보임을 암시하는 듯한 "진정한 자존심"을 주장하였다.

선거 결과 안효대 후보가 51.4%의 득표로 당선되었다. 노옥희 후보는 32.3%를 얻어 1위와 가장 적은 득표율 차이(19.1%)를 보인 데 그쳤으며, 박정주 후보도 14.6%로 3위에 그침으로써 울산 지역에서 진보와 친박연대의 바람을 몰고 오는 데 실패하였다. 결국 정몽준 의원이 떠났지만 현대중공업과 정몽준 의원의 아성은 매우 굳건한 난공불락이었다.

② 북구

표 13. 울산 북구 주요 후보자

구분	소속정당	성명	연령	직업	학력	경력
진보	민노당	이영희	45세	노동자	울산과학대 사회복지과	• 현대그룹노동조합총연합 7기 의장 • 전국민주노동조합총연맹 정치위원장
보수	한나라당	윤두환	53세	정당인	중앙대 행정대학원 (행정학 석사)	• 제16대 국회의원 • 한나라당 울산광역시당 위원장
	친박연대	최윤주	41세	기업인	울산대 대학원 수료 (행정학 박사과정)	• 북울산포럼 이사장 • (사)의회를 사랑하는 사람들 전국공동대표

출처 : 중앙선거관리위원회 홈페이지, 제18대 국회의원선거 선거정보에서 재작성함.

북구도 한나라당의 윤두환 후보, 친박연대의 최윤주 후보, 민노당의 이영희 후보 간의 3파전으로 진행되었다(〈표 13〉 참조). 윤두환 후보는 북구의회 의원을 시작으로 16대 국회의원을 지냈으며, 17대 총선에서 민노당의 조승수 후보에게 패배했다가 보궐선거를 통해 17대 국회에 재진입하였다. 최윤주 후보 역시 한나라당 공천을 신청했으나 탈락하면서 친박연대 소속으로 출마하였다. 이영희 후보는 현대자동차노조 기획실장 출신으로 민노당 정치위원장과 최고위원을 지낸 인물이다.

윤두환 후보는 이 지역에서만 일곱번째 선거에 출마했기 때문에 지역 현안에 대해서는 어떤 후보보다 잘 파악하고 있다고 할 수 있다. 윤 후보의 "교육 · 산업 · 복지 · 환경 · 문화 · 주거 · 교통 7관왕 명품북구"라는 슬로건에서 잘 나타나고 있으며, 울산 지역 모든 후보자 가운데 가장 많은 공약을 내세우고 있다(〈표 14〉 참조). 반면 이영희 후보는 "북구는 민주노동당"이라는 선언을 통해 이 지역 노동자들이 전통적으로 민노당을 지지해 왔다는 사실을 부각시키고 있다. 그리고 최윤주 후보는 자신이 여성임을, 또 한나라당 공천에서 탈락한 점을 "리틀 박근혜"라는 이미지로 연상시키고자 하였다. 특히 선거공보 전면에 공천탈락한 이른바 친박 의원과 관련한 기사를 배치함으로써 박근혜 후광효과를 누리고자 하였다.

이 선거구는 울산에서 가장 치열한 경쟁이 벌어졌는데, 윤두환 후보가 한나라당 당선자 중에서는 가장 낮은 46.2%를 득표하였다. 반면 민노당의 이영희 후보는 31.8%를 얻는 데 그쳐, 그동안 민노당의 텃밭 역할을 해온 북구의 위상을 이어가지는 못하였다. 그리고 친박연대의 최윤주 후보는 21.0%라는 비교적 높은 득표율을 기록했지만, 역시 친박연대 바람을 불러오는 데는 실패하였다. 따라서 친박연대 후보가 당선에는 실패하였으나 가장 큰 영향력을 발휘하면서 한나라당 후보의 득표력을 삭감하는 결과를 초래하였다. 가장 큰 패배자는 이영희 후보

표 14. 울산 북구 후보자별 주요 공약

구분		슬로건	주요 공약
진보	이영희 (민주 노동당)	• 북구는 민주노동당 입니다 • 능력과 뚝심	• 교육 : 등록금 상한제, 등록금 국가책임후불제, 학원수강료 자율화 폐지 등 • 노동 : '중간착취 금지법' 제정, 주간연속 2교대제 정착 등 • 경제 : 대형마트 규제 강화, 단체협약 효력 강화 등 • 주민생활 : 염포로 상습 침수구간 완전 해소, 양정염포 주택 재개발 지원 등
보수	윤두환 (한나 라당)	• 함께 가요, 희망시대! • 교육 · 산업 · 복지 · 환경 · 문화 · 주거 · 교통 7관왕 명품북구를 만들겠습니다	• 교육 : 특목고 벨트 조성, 북구교육진흥재단 설립 등 • 환경 : 레일파크벨리 조성, 무룡산-동대산 테마공원벨트 조성 등 • 경제 : 미래형 자동차기술 개발 및 기업 지원 • 교통 : 동해남부선 조기 이설, 오토벨리로 2구간 조기완공 추진 등 • 기타 : 효문국가공단 재개발, 공항 고도제한 완화, 강동 국제관광단지 조성 등
	최윤주 (친박 연대)	• 리틀 박근혜	• 도시개발 : 무룡산종합개발계획 수립, 동천강 정비사업 활성화 등 • 복지 : 2IN1 복지플랜 추진, 국민연금 · 의료보험료 부담 감소 등 • 교통 : 경전철 1호선 연장, 화물터미널 건설 • 교육 : 공익적 사립고, 영어마을, 국제외고 유치 등 • 환경 : 송정저수지 호수공원 조성, 농서 지역 전원주택단지 조성 등 • 기타 : 한반도 대운하 반대, 종부세 경감 등

출처 : 중앙선거관리위원회 홈페이지, 선거정보센터의 '국회의원 선거공보'에서 재작성함.

로 동구 노옥희 후보의 득표력보다 상당히 뒤떨어진다. 그동안 과격노조에 대한 부정적인 이미지가 확산되면서 노조원들 간 단결력이 많이 저하되었기 때문으로 볼 수 있으며, 진보파의 분열이 자초한 결과로 볼 수 있다.

3) 보수-보수의 대결 : 울주군

현역 의원이 공천을 받지 못한 울주군에서는 보수-보수의 대결이 펼쳐졌다. 한나라당에서는 두 번에 걸쳐 민선 남구청장을 지낸 이채익 후보를 공천하였으며, 무소속으로 출마한 강길부 후보와 이정훈 후보 등 군소 후보 4명이 출마하였다(〈표 15〉 참조).

강길부 후보는 17대 총선에서 열린우리당 소속으로 출마하여 당선되었지만 17대 대선에서 이명박 후보를 지지했으며, 2008년 1월 17일 대통합민주신당을 탈당하여 한나라당에 입당하였다. 그러나 공천심사 과정에서 과거 탈당전력 때문에 낙천하게 되었는데, 남구청장을 지낸 이채익 후보가 울주군으로 옮겨서 출마하게 되어 울주군 선거운동 과

표 15. 울산 울주군 주요 후보자

구분	소속정당	성명	연령	직업	학력	경력
보수	한나라당	이채익	52세	정당인	울산대 대학원 수료 (행정학 박사과정)	• (전)민선 초대, 2대 울산광역시 남구청장 • (현)한나라당 울주군 조직위원장
	무소속	강길부	65세	국회의원	서울대 환경대학원 (도시계획학 석사)	• (현)제17대 국회의원 • (전)건설교통부 차관

출처 : 중앙선거관리위원회 홈페이지, 제18대 국회의원선거 선거정보에서 재작성함.

정은 철새논쟁이 주류를 이루었다.

따라서 이 지역은 울산에서는 유일하게 최경합 지역으로 분류되었는데, 그런 만큼 유권자들의 관심도도 비교적 높았으며, 투표율 또한 50.4%로 유일하게 절반을 넘어선 곳이다. 이런 특징을 반영해 후보자 간 '일꾼' 경쟁이 펼쳐졌는데 이채익 후보는 "신의와 정직"한 일꾼, 강길부 후보는 현역 의원으로 "검증된" 일꾼임을 부각시켰다(〈표 16〉 참조).

선거 결과 강길부 후보가 48.2%를 얻어 36.0%를 얻는 데 그친 이채익 후보를 누르고 당선되어 이 지역의 비한나라당 정서를 여실히 보여주었다.

표 16. 울산 울주군 후보자별 주요 공약

구분		슬로건	주요 공약
보수	이채익 (한나라당)	• 신의와 정직 • 실천하는 일꾼	• 이명박 대통령 울산 10대 공약 완수 • 경부고속도로 울산-경주 구간 6차선 조기 확장 • 울주7봉과 동해안 연계 관광벨트 구축 • 중소규모 공단 조성 • 전통시장 현대화 • 특목고, 자립형 사립고 유치 • 울산신항만 조기 완공 • 공동주택 공용부문 지원사업 확대 • 노인 · 아동종합복지센터 설립
	강길부 (무소속)	• 울주발전을 위해 마지막으로 봉사할 기회를 주십시오 • 울주발전의 검증된 일꾼	• 울주군 그린벨트 전면 재조정 • 울주군 전 학교, 방범 CCTV 설치 • 어르신 일자리 약 2,200개 창출 • 지역 : 범서읍 인근 울산국립대 대학촌 건립, 언양소도읍 육성사업 선정, 남부권 산업공단 조성 및 주거용지 확보 등

출처 : 중앙선거관리위원회 홈페이지, 선거정보센터의 '국회의원 선거공보'에서 재작성함.

4. 맺음말

18대 총선은 전국적으로 46.1%의 저조한 투표율을 보인 가운데 울산 지역 역시 45.8%의 낮은 수치를 기록하였다. 선거구별로는 중구(42.5%)와 남구(43.35%)가 울산 평균보다 더 낮은 투표율을 기록하였다. 이들 지역은 선거 초반부터 한나라당의 우세가 드러났는데, 선거전의 양상과 투표율의 상호 관련성을 짐작하게 한다. 흥미로운 점은 울주군과 북구, 동구 등의 투표율이 다른 선거구에 비해 높았다는 것인데, 이것은 여권성향의 후보가 난립하면서 접전을 벌였기 때문으로 해석할 수 있다. 즉 울주군에는 한나라당 공천탈락 후 탈당해 무소속

표 17. 18대 총선 울산시 선거 결과

구분	투표율	통합민주당	한나라당	민주노동당	친박연대	진보신당	무소속	
전체	45.8%	8,309 2.2%	196,218 52.8%	67,185 18.1%	20,347 5.5%	20,709 5.6%	46,864 12.6%	
중구	42.5%	8,309 11.1%	48,483 64.9%	15,994 21.4%				
남구(갑)	44.6%		35,754 60.8%	21,610 36.8%				
남구(을)	42.1%		30,077 62.0%	12,960 26.7%			4,216 8.7%	
동구	47.7%		32,923 51.4%		9,370 14.6%	20,709 32.3%		
북구	47.8%		24,135 46.2%	16,621 31.8%	10,977 21.0%			
울주군	50.4%		24,846 36.0%				33,227 48.2%	9,421 13.7%

출처 : 중앙선거관리위원회 홈페이지, 제18대 국회의원선거 선거정보에서 재작성함.

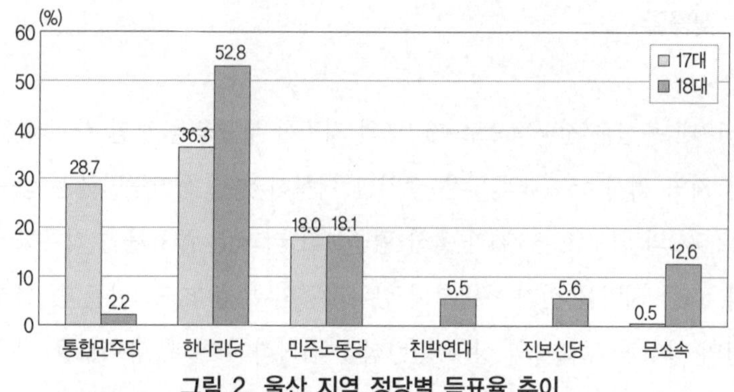

그림 2. 울산 지역 정당별 득표율 추이

참고 : 통합민주당의 17대 득표율은 열린우리당과 민주당을 합한 것임.

출처 : 중앙선거관리위원회 홈페이지, 역대선거정보시스템 및 제18대 국회의원선거 선거정보에서 재작성함(2008년 10월 17일 검색).

으로 출마한 후보가 있었으며, 북구와 동구에는 친박연대 소속의 후보가 출마하였던 것이다. 민노당이나 진보신당 후보의 출마로 투표율이 크게 영향을 받지 않은 점이 진보파 후보들의 한계를 암시한다고 볼 수 있다.

한편 이미 예견된 대로 한나라당이 6개 의석 가운데 5개를 획득하였으며, 나머지 1개 의석도 한나라당을 탈당했던 무소속 후보가 차지함으로써 사실상 한나라당이 전 의석을 싹쓸이하는 결과를 낳았다(〈표 17〉 참조). 득표율에서도 한나라당은 17대 총선보다 16.5%나 증가하는 등 분열된 야당을 압도하였다(〈그림 2〉 참조). 반면에 통합민주당은 1개 선거구에서만 후보를 내는 등 17대에 비해 크게 위축되었는데, 득표수에서 과거 열린우리당과 민주당을 합한 선거구별 평균 득표수(18,874명)에 비해 1만 명 이상 감소하면서 울산 지역에서 대안정당으로서의 위상을 상실하였다. 민노당은 17대와 비교하여 비슷한 수준의 득표율을 기록하였으나 당선자를 내지 못하였으며, 진보신당 역시 동구에서 32.3%의 비교적 높은 득표율을 얻으며 선전하였지만 의석 획득에는 실패하였다.

한편 친박연대는 대구에서 3명, 부산 · 경북에서 각 1명이 당선되었으며, 친박성향의 무소속도 부산 5명, 경북 4명, 대구 · 경남 각 1명씩 당선되는 등 큰 위력을 발휘하였다. 그러나 울산 지역에서는 5.5% 득표에 그치면서 '박근혜 효과' 는 나타나지 않았다.

비례대표 득표에서도 한나라당은 42.9%를 기록하는 등 17대에 비해 6.5%가 증가하였다. 반면 통합민주당은 23.4%나 줄어들었으며, 민노당도 7.7% 감소하였다. 그리고 친박연대는 18.7%를 얻었지만 대구의 32.7%, 경북 23.6%, 부산 22.6%에 비해 낮은 수치를 기록하면서 역시 울산 지역에서 큰 힘을 발휘하지 못했다는 것을 확인할 수 있다.

따라서 울산 지역에서 나타난 18대 총선의 특징은 진보 약세 및 보수 강세로 말할 수 있다. 물론 전국적으로 진보와 보수 사이의 균형이 붕괴되었지만, 울산 지역 보수성향 후보자들이 획득한 득표율은 60%를 넘어설 정도이다. 보수 중에서도 친박연대 소속 후보(남구갑)가 선거운동 초반에 사퇴하는 등 영남의 다른 지역에서는 한나라당의 영향력이 상대적으로 위축된 점을 감안하면, 울산에서 한나라당의 위상은 오히려 크게 신장되었다.

진보파의 입장에서는 울산의 동구와 북구는 대기업 노동자의 역량이 강할 뿐만 아니라, 울산 친박연대가 출마하여 보수표가 분리되는 절호의 기회가 나타난 보수–진보–보수 구도였으나 민노당과 진보신당은 유권자의 표심을 얻는 데 실패하였다. 이들 진보파 몰락의 간접적 원인은 최근 몇 년간 나타난 비정규직 노동자들의 불만과 각종 노동계 비리에 대한 대중의 거부감을 들 수 있으며, 직접적 원인은 이번 총선을 앞둔 시점에 민노당의 분열을 들 수 있다. 분열만 하지 않았더라도 시너지 효과에 의한 득표율의 상승 내지는 1석 정도의 확보는 가능하였을 것으로 유추할 수 있다. 결국 한나라당의 우세가 확실시되는 가운데 적절한 대안을 찾지 못한 진보성향 유권자들이 대거 기권한 것으로 해석할 수 있다.

그럼에도 불구하고 울산 지역에서 야당으로서의 역할은 몰락한 통합민주당보다는 민노당과 진보신당에서 그 역할을 찾아야 한다. 이번 총선에서 통합민주당은 울산에서 당의 존립마저 상실하였으나, 민노당과 진보신당의 득표율을 합할 경우 지역구 득표율이 18.0%에서 23.7%로 증가하는 성과를 거두었기 때문에 민노당과 진보신당에 의존할 수밖에 없다. 한나라당 강세 지역인 남구(갑)에서 득표율이 21.8%나 상승하였으며, 남구(을)에서도 11.5% 상승하는 등 한나라당의 강세 속에서도 어느 정도 선전한 것으로 평가할 수 있다. 이번 선거를 통해 울산 지역 진보파의 표심은 크게 저하되었음이 확인되었으나, 향후 노동운동의 진로, 진보파 정당 간 단결 여부 및 한나라당 의원들의 활약 성과에 따라 진보파가 다시 부활할 수 있는 가능성은 제시하였다고 본다.

참고 문헌

김용호 외, 2004, 『17대 총선 현장 리포트』, 서울 : 푸른길.

김원, 2007, "신자유주의 이후 지역의 변화와 노동운동의 위기 : 울산 북구를 중심으로", 『담론 201』 제10권 제3호, pp.175~206.

박병철, 2006, "부산 · 울산 · 경남 지역 빈곤층의 정치태도와 투표행태",

『21세기정치학회』 제16권 제2호, pp.195~219.
이준한 외, 2007, 『제4회 지방선거 현장 리포트』, 서울 : 푸른길.
최근열, 2002, "주민자치센터 운영실태분석과 발전방안 : 울산광역시 사례를 중심으로", 한국지방자치학회 하계학술대회 논문, 8월 30~31일, 경주교육문화회관.
『울산제일일보』, 2008년 4월 3일자(2008년 10월 2일 검색).
울산광역시청 홈페이지, 통계정보
(http://www.ulsan.go.kr/: 2008년 10월 13일 검색).
중앙선거관리위원회 홈페이지, 역대선거정보시스템
(http://www.nec.go.kr/sinfo/index.html/: 2008년 10월 10일 검색).
중앙선거관리위원회 홈페이지, 선거정보센터의 '국회의원 선거공보'
(http://elecinfo.nec.go.kr/: 2008년 10월 17일 검색).
중앙선거관리위원회 홈페이지, 제18대 국회의원선거 선거정보
(http://www.nec.go.kr:7070/abextern/index.html/: 2008년 10월 13일, 17일 검색).

I

II

III

IV

총선 과정: 후보선출, 선거운동 그리고 유권자의 반응

14 공천방식의 변화 혹은 지속 : 후보공천과 정당조직

박경미

1. 머리말

18대 총선의 공천은 민주화 이후 흐름과는 구분되는 형태로 진행되었다. 지방자치 선거까지 확대되었던 국민경선제는 18대 총선에서 사라졌고 공천을 둘러싼 갈등은 공천완료 이후에도 지속되었다. 이를 둘러싼 당내 분열은 압도적 승리를 예상한 한나라당에서는 분당론 대두와 현역 의원들의 일부 탈당으로, 반면 선거 패배의 분위기가 짙던 통합민주당에서는 당선 가능성이 높은 지역구 공천의 경쟁과 논쟁이 끊이지 않았다.

이 글은 국민경선제 없이 진행된 18대 총선 공천 과정을 한나라당과 통합민주당을 중심으로 분석하고, 그것이 이전 정당의 공천 과정과 어떤 차이가 있는지 살펴보는 것을 목적으로 한다. 1990년 전후 확대된 정당 민주주의, 즉 후보선출 과정의 탈집중화 현상은 서유럽 정당정치

* 이 글은 『한국정당학회보』 제7권 제2호에 게재된 논문을 일부 수정한 것이다.

에서 보편적 현실로 인정되고 있다(Bille, 2001, p.378). 그 방식으로서 직접투표제(directing balloting system), 우편투표제(postal ballot system), 유보배치장치(reserved place mechanism) 등이 정당의 특성에 따라 다양하게 실시되고 있다. 이러한 제도의 선택은 정당의 대중성과 선거 승리 가능성을 높이기 위한 전략으로 고안되었다는 것이 일반적 평가이다(Pennings and Hazan, 2001, p.268). 후보선출 방식의 변화는 정당에게는 규율과 통합기능의 약화, 원내 정당의 의제장악력 약화 등 문제를, 후보자 개인에게 정당으로부터의 정당성과 대중적 정당성 모두를; 확보해야 하는 딜레마를 야기한다(전용주, 2005, pp.232~233; Rahat and Hazan, 2001, pp.313~314). 이러한 문제점에도 불구하고 정당 민주주의는 현재 보편적 현실이 되었다.

한국 정당의 후보선출 방식 변화는 밀실공천, 전략공천 등과 정당 민주주의에 대한 비판에서 시작되었다. 그 결과 추대나 임명으로 결정되던 기존의 방식은 '국민경선제' 라는 당내 민주주의 도입으로 대체되었다(박홍엽, 2004, p.290). 1992년 당내 경선을 통한 대통령 후보 선출을 시작으로 하여, 그 다음 1997년 15대 대선에서도 유지되면서 국민경선제가 보편화되었다. 대의원만 참여하였던 두 선거에서의 제한적 경선 실시는 2002년 16대 대선에서 노무현 후보의 선거 승리로 효과적인 선출방식이라는 평가와 더불어 2004년 17대 총선, 2006년 지자체 선거로까지 확대되었다(손병권, 2007, p.23). 이른바 '선거지상주의(electoralism)' 의 등장이라는 비판에도 불구하고 국민경선제는 후보자가 선거경쟁력을 갖는 효과를 갖는다는 점에서 정당의 효과적인 선거전략으로 작용하였기 때문이다(모종린 · 전용주, 2004). 17대 대선에서도 그 방식에 대한 논란은 있었지만 경선방침에 관해서는 일정 정도의 합의가 존재할 정도로 제도화된 듯 보였다.

이번 18대 총선의 후보선출은 이러한 정당 민주주의 확대의 흐름에서 벗어난 방식으로 진행되었다. 각 정당에서 경선실시의 의지를 일부 표출하기는 하였지만 대부분의 정당은 경선 없이 후보공천을 마쳤다. 경선에 대한 일정 정도의 당내외 합의와 보편화에도 불구하고 각 정당들은 중앙당 중심의 공천을 실시하였다. 이와 같은 국민경선제 실시 없이 치러진 18대 총선의 후보선출 과정의 특징은 무엇인가? 주요 정당이 국민경선제를 실시하지 않았던 것은 어떤 기반 위에서 가능하였으며, 그리고 이는 이전의 선출방식과 단절적인가?

이러한 현상과 문제의식에 초점을 맞추어 이 글에서는 18대 총선에 참여한 주요 정당인 한나라당과 통합민주당의 공천 과정의 특성을 분석하고자 한다. 총선에 참여한 정당은 모두 18개 정당이지만 분석대상으로 두 정당을 선택한 이유는 두 가지이다. 우선 대부분의 정당은 경선을 실시하지 않아 정당별로 큰 차이가 없다는 점이다. 게다가 두 정당은 민주화 이후 집권당과 관련을 갖는 주요 정당으로, 18대 총선을 포함한 선거정치의 주축이었고 선거 결과 역시 두 정당의 압도적 우위를 차지한 주요한 정치세력이었다. 이념, 당원비율, 재정구조 등 정당의 조직적 차이를 배제한다면, 두 정당만을 대상으로 한 공천 과정 비교로 18대 총선의 공천 과정에 대한 전반적인 평가가 가능할 것이라고 본다. 이러한 관점에서 이 글은 후보선출권(selectorate)과 후보자격(candidacy)에 초점을 두고 18대 총선의 공천 과정과 그 결과를 분석함으로써 한국의 정당유형에 대한 논의를 분석적 함의로 제시한다.

2. 후보선출권과 후보자격

후보선출은 '지지기반으로서의 정당(party on the ground)'과 '의회 안에서의 정당(party in public office)'을 매개하는 핵심적 과정으로, 다양한 요인의 영향을 받는다. 그만큼 당헌·당규의 수정 없이도 선출방식은 달라질 수 있는 유동적이기 때문이다(Bille, 2001, p.369). 따라서 정당마다 후보선출 과정은 달라진다.

초기의 후보선출에 대한 연구는 그 절차보다는 당내 권력분배를 중심으로 논의되었다. 이들 연구는 공통적으로 후보선출과 당 지도부의 집중성(centrality)을 강조하는 경향이 있다(미헬스, 2002; Kirchheimer, 1996; Schattschneider, 1942). 정당활동은 리더를 중심으로 한 권위분배(distribution of authority)의 사적 성격이 반영될 수밖에 없는 집중성을 보이기 때문에, 정당이 발전할수록 과두제가 지배적인 경향이 우세하게 된다는 것이다(미헬스, 2002, p.389; Schattschneider, 1942, pp.134~137). 이러한 연구의 특징은 리더 중심의 후보선출 방식 결정에 영향을 미치는 정당활동의 다양한 요인들에 주목한다.

최근 후보선출 방식에 대한 연구가 증가하고 있는데, 이는 정당조직의 변화와 무관하지 않다. 대부분의 민주주의 국가에서 정당과 유권자의 관계가 약화되는 가운데, 당원조직률의 가시적 하락은 정당에게 재정적 약화와 후보충원의 어려움이라는 문제를 안겨주었다(Pennings and Hazan, 2001, p.268). 지지기반이 약화된 정당은 선거에서 대중적 지지를 얻을 수 있는 방식을 고민하게 되었고 그것이 '후보선출의 민주화'였다. 이러한 변화가 반영되어 후보선출 방식 연구는 정당 연구의 중요한 분야를 구성하게 되었다.

최근 연구경향의 특징은, 첫번째로 당내 권력분배, 선출기구의 구성 등 조직적 성격(Katz and Mair, 1992; Panebianco, 1988; Ware, 1996)에 초점을 맞추는 것이다. 이들 연구는 당내 권력분배가 의사결정 구조에 반영되어 후보자격이나 후보선출권에 영향을 미치며, 이는 다시 당내 권력분배의 변화를 가져온다고 본다. 파네비안코(Angelo Panebianco)는 후보충원이 분산적일 경우, 기존의 권력분배에 불만을 갖는 당원들이 선호지점(preference point)을 고정할 수 없기 때문에 지도부에 대한 당원의 저항을 최소화할 수 있다고 지적한다(Panebianco, 1988, p.170). 두번째 연구경향은 후보자선출 방식을 분류하는 주요한 기준과 그 사례에 관한 것이다(Bille, 2001; LeDuc, 2001; Lundell, 2001; Rahat and Hazan, 2001). 이들이 제시한 기준은 후보자격/선거인단 구성의 특성/탈집중화/투표 · 임명 체제, 포괄성/배타성 등이다. 첫번째 기존 연구가 후보선출을 당내 갈등과 분배의 결과물에 초점을 맞추어 분석하는 데 반해, 두번째 연구경향에서는 그 구체적 기준이 중점을 이룬다는 차이가 있다.

이러한 기존 연구는 후보선출 방식에 대한 일반적인 패턴을 제시하기 어렵다는 사실을 전제하고 있다. '정당마다 그리고 국가마다 왜 선출방식이 다른가' 하는 문제를 다룬 룬델(Krister Lundell)은 정당이 처한 상황적 요소나 이념과 선거제도의 차이로 그러한 차이를 설명할 수 없다고 결론짓고 있다(Lundell, 2004, p.41). 이는 후보선출 방식이 정당의 정체성과 '조직으로서의 정당(the party as organization)'의 성격과 관련이 있다는 카츠(Richard S. Katz)의 논의와 맥을 같이한다. 그는 선출방식의 차이는 정당의 다른 요소와 후보들에게 특권을 주는 경향이 있기 때문에 장기적으로 조직에 영향을 준다고 본다(Katz, 2001, p.277). 이는 후보선출 방식의 선택이 정당의 조직적 특성의 영향을 받으며 정당이 서로 다른 방식의 선출방식을 선택하는 이유를 함축하고 있는 것이다.

후보선출 방식은 정당유형, 즉 정당의 조직적 특성에 따라 차이가 있다. 가장 고전적 정당유형인 간부정당(cadre party)은 자신이 스스로를 선출하는 특징(self-selecting)이 있으며, 대중정당(mass party)은 당원을 중심으로 한 지지계급과 밀접한 후보를 선출하는 부문적 대표성(sectoral representation)을 띤다(Hopkin, 2001, p.344). 그 이후에 등장한 포괄정당(catch-all party)은 선거 승리와 이탈하려는 당원의 통합이라는 두 가지 목적에서 후보선출에 당원을 참여시킨다(Kirchheimer, 1966, p.198). 이와 같은 후보선출에 대한 당원의 영향력 확대는 사회적 동원력이 저하된 카르텔정당(cartel party)에서 극대화되어 강력한 리더의 영향력과 공존하는 고유한 특성으로 자리하였다고 평가된다(Mair, 1994, pp.16~17). 즉 후보선출 방식은 당원-리더 간의 권력분배 변화를 반영하며 정당유형의 변화에 따라 달라지는 유동적인 것이다.

〈그림 1〉과 같이 후보선출 방식은 후보자격과 후보선출권 부여로 나눌 수 있다. '포괄성(inclusiveness)-배타성(exclusiveness)' 의 연속선상에서 후보자격은 '시민-당원-특정 조건에 부합하는 당원' 순으로 구분되며, 후보선출권은 '유권자-당원-선출된 정당기구-비선출 정당기구-정당리더가 제시한 명부에서 선출된 사람-정당리더가 임명한 사람' 으로 배열된다.

간부정당은 지도부의 높은 배타성이 작용하는 정당유형인 데 반해,

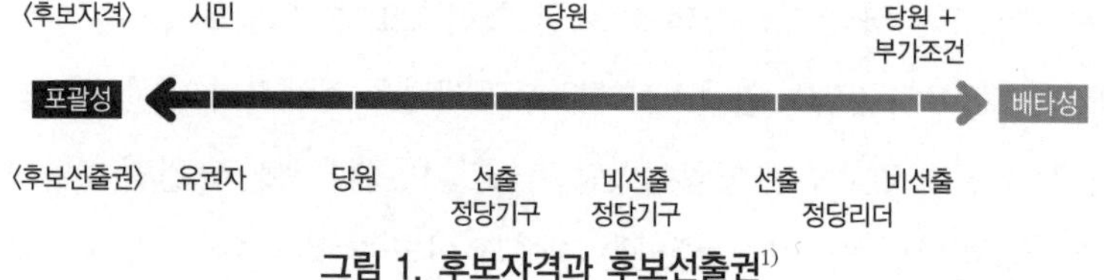

그림 1. 후보자격과 후보선출권[1)]

대중정당은 당원이 후보자격과 후보선출권을 갖는 경향이 있다. 이후 대중정당의 당원 중심의 선출방식은 정당유형이 변화함에 따라 포괄적 성격을 띠는 방향으로 변화한다. 그 이후 등장한 정당유형인 포괄정당은 '당원–시민'의 중간 지점에서 권한을 부여한다. 반면 지지기반으로서의 정당과 의회 내에서의 정당 간의 관계가 약화된 카르텔정당은 역설적으로 국고보조금을 토대로, 리더십의 당내 영향력이 강화되는 동시에 당원의 역할은 주변화되는 특징을 갖는다(Katz, 2001, p.290; Katz and Mair, 1995, p.21). 당원의 영향력 약화는 당내 민주주의 도입을 통한 후보선출권 부여로 대체시키는 경향이 있다. 다시 말해 카르텔정당은 강한 리더십이 작용하는 가운데 후보 충원과 선출에 대한 중앙당의 개입 정도가 커지지만 선거인단의 구성은 그 범주를 확대하는 특성을 갖는 정당유형이라는 것이다. 따라서 카르텔정당의 후보자격과 후보선출권 부여의 범주가 포괄적인 방향으로 변화하게 된다(Katz, 2001, pp.292~293).

당내 민주주의의 확대는 적극적 당원의 영향력을 축소, 지도부에 대한 도전 가능한 세력을 약화시키려는 제도적 장치로 작용할 수 있다(Pennings and Hazan, 2001, p.270). 그 사례로는 극심한 당내 분열

---

1) 〈그림 1〉은 라핫(Gideon Rahat)과 하잔(Reuven Y. Hazan)이 제시한 〈그림 1〉 후보자격과 〈그림 2〉 후보선출권의 그림을 재구성한 것이다(Rahat and Hazan, 2001, p.301).

로 고심하던 영국 노동당의 1981년 '1인 1표제' 도입을 들 수 있다(Bille, 2001, p.372). 역설적이게도 도전세력을 견제하기 위한 제도적 장치가 당내 민주주의 도입이었던 것이다. 이른바 핵심 당원의 영향력 축소와 리더의 영향력 증대라는 점에서 이러한 정당유형은 간부정당이나 엘리트정당과 맥을 같이한다(Katz, 2001, p.282). 카르텔정당과 두 정당유형의 공통점은 선출권한의 배타성이 높은 강한 지도부의 영향력이 작용한다는 점이다. 이와 같이 후보선출 과정은 정당의 특성을 보기 위한 하나의 준거로 작용할 수 있다. 이러한 관점에서 이 글은 18대 총선에서 한나라당과 통합민주당의 후보공천 과정을 후보선출권과 후보자격을 중심으로 분석하고, 그것이 이전의 공천방식과 어떤 연관성을 갖는지 살펴보도록 하겠다.

3. 후보선출 과정과 특징

1) 후보선출권의 부여

한나라당과 통합민주당의 후보선출은 각각 1월 24일과 2월 19일에 선출기구를 구성함으로써 시작되었다. 공천심사위원회(이하 공심위) 구성은 오랜 논란을 불러일으켰다. 경선실시 여부 결정이 지연되는 상황에서 사실상의 후보선출권을 갖는 공심위가 구성되었기 때문이다. 따라서 누가 심사위원으로 참여하는가 하는 문제는 후보자격을 갖는 공천신청자나 당내 권력분배에 관심이 있는 지도부에게 중요한 쟁점으로 등장하게 되었다.

표 1. 후보선출 관련 규정

	한나라당	통합민주당
기구명	공직후보자추천심사위원회	공직선거후보자추천심사위원회
선출기구 구성권한	최고위원회 의결, 대표최고위원 임명	최고위원회 의결, 대표 임명
공심위 위원수	당내외 인사 20명 이내 (최고위원은 공천심사위원 겸임 불가)	12명 이내 (과반수는 당 외부 인사 임명)
공심위 심사결과 의결	최고위원회	최고위원회

출처 : 한나라당, 2007a, 「당헌」 제47조; 통합민주당, 2008a, 「당규」 제2호에서 작성함.

당헌 · 당규에서 나타나는 공심위 구성에 관한 규정은 〈표 1〉과 같이 두 정당이 유사한 형태였다. 제도적 절차는 최고위원회 의결을 통해 공심위를 구성, 각각 대표최고위원과 대표가 임명하며 최고위원회가 후보심사 결과를 의결하는 과정으로 규정되어 있었다(한나라당, 2007a, 제47조; 통합민주당, 2008a, 제4조). 공천위원 구성에 당내 인사 이외의 인사를 포함한다는 점에서 두 정당은 공통점이 있었다. 두 정당의 차이는 공천위원의 수를 각각 20명과 12명 이내로 한다는 규정과 당 안팎의 위원 비중이다. 통합민주당은 과반수를 외부 인사로 임명하도록 규정하고 있어, 그러한 규정이 없는 한나라당과 구분된다. 이것은 통합민주당의 공천기구가 한나라당보다 상대적으로 높은 포괄성을 띠고 있음을 의미한다.

이러한 제도규정을 토대로 구성한 공심위 구성은 〈표 2〉와 같다. 공천심사 기구의 첫번째 특징은 공심위가 선출된 조직이 아닌 '비선출 선거기구(non-selected party agency)' 라는 점에서 배타성을 띠는 것이었다. 사실상의 선출을 갖는 공심위는 당원과 비당원이 비슷한 비율

표 2. 공천심사위원회의 구성[2)]

	한나라당	통합민주당
위원장	안강민(전 서울지검장)	박재승(전 대한변호사협회장)
위원 (내부)	강창희(의원, 인재영입위원장) 김애실(의원) 이방호(사무총장) 이종구(의원) 임해규(의원)	김부겸(의원) 김충조(전 의원) 이인영(의원) 최인기(의원)
위원 (외부)	강정혜(서울시립대 교수) 강혜련(이화여대 교수) 김영래(한국매니페스토실천본부 공동대표) 양병민(전국금융산업노조 위원장) 이은재(건국대 교수)	김근(전 한국방송광고공사 사장) 박경철(대한의사협회 정책이사) 이이화(동학농민혁명기념재단 이사장) 인병선(시인) 장병화(가락전자 대표이사) 정해구(성공회대 교수) 황태연(동국대 교수)

참고 : 명단은 동아일보(2008. 1. 25.)와 세계일보(2008. 2. 20.)를 참조, 가나다 순으로 작성.

로 구성되었다. 한나라당은 당내 인사 5명과 정당 밖의 인물 5명으로 구성하였으며, 통합민주당에는 당내 인사 4명과 조직 밖에서 7명이 참여하였다. 후보선출권은 '선출되지 않은' 당내 중진급과 비당원에게 주어졌다. 후보선출에 참여한 전문직 인사들은 비당원이지만 최소한 '심정적 지지자(sympathetic supporter)' 라는 점에서 이들을 일반 유권자로 분류하는 것은 무리가 있다. 그렇지만 정당 밖 인사들의 참여는 포괄적 형태를 일부 포함하는 것으로 '시민-당원' 사이의 후보선출

2) 통합민주당의 경우 비례대표는 '비례대표 추천심사위원회' 를 별도로 구성하여 공천하였다. 박재승 공천심사위원장이 위원장을 겸임하였고 당내 인사로 강금실 최고위원, 김영주 사무부총장, 김민석 최고위원, 신계륜 사무총장, 외부 인사로 김규섭(변호사), 김수진(이화여대 교수), 박명서(전 경기대 정치대학장), 신명자(사회복지법인 보금자리 상임이사), 정일용(한국외대 교수) 등 모두 11명이 참여하였다.

권이 부여된 포괄성을 띤다고 볼 수 있다.

또 다른 특징은 공천심사위원장이 모두 두 정당에서 적극적으로 활동한 당원이 아니라 당 밖의 인사였다는 점이다. 안강민 위원장과 박재승 위원장은 각각 서울지검장과 대한변호사협회장을 지낸 법조인으로 정당 밖에서 영입된 인물이다. 공천심사 과정을 총괄하고 책임을 지는 위원장이 모두 비당원으로 구성된, 포괄성이 높은 형태였다. 그러나 정당 지도부들의 논의를 통해 임명된 비선출직이라는 점에서 공심위 운영은 배타적인 형태였다고 평가할 수 있다.

이와 같은 공심위의 구성은 표면적으로 포괄성과 배타성을 혼합한 형태를 띠고 있다. 후보선출권을 갖는 이 기구의 특성을 포괄적이라거나 배타적이라고 단언하기는 어렵다. 그 이유는 시민에게 개방된 참여의 형태가 아니라 지도부가 공심위를 구성한 비선출직 임명직이었기 때문이다(Rahat and Hazan, 2001, p.301). 적극적인 당원을 포함한 일반 당원의 참여는 배제되었고, 당원의 선출권은 정당 밖의 전문직 인사들의 공심위 참여로 대체되었다. 이러한 구성은 현역 의원을 비롯한 당내 도전세력의 영향력을 견제하는 동시에 공천 과정에 대한 지도부의 영향력이 확대될 수 있었던 구조였다고 볼 수 있다. 이것은 리더십의 당내 영향력이 강화되는 한편, 당원의 역할은 주변화되는 카르텔 정당적 특징을 띠는 정당이 선택할 수 있는 선출방식이었다(Katz, 2001, p.290; Katz and Mair, 1995, p.21).

2) 후보자격의 부여와 그 기준

두 정당의 후보자격 부여는 규정상으로 당원에게 부여하도록 규정

표 3. 후보자격 관련 규정

	한나라당		통합민주당
• 제3조1항 • 제2조	• 등록신청일 현재 책임당원 • 비당원의 추천신청한 경우, 예비후보등록 개시일까지 입당, 중앙당 공심위가 정한 당비 납부로 책임당원 자격을 부여	• 제9조	• 신청일 현재 당적 보유
• 제9조	1. 피선거권 2. 1개의 선거구에 신청 3. 당적 이탈 · 변경 없을 경우 4. 1개 정당의 당적만 보유 5. 금고형 미만, 재판진행 없을 것 6. 서류에 정확한 기재 7. 파렴치한 범죄전력 없을 것 8. 부정 · 비리 등 관련이 없을 것 9. 해당 행위 없을 것 10. 최소한의 유권자 신망	• 제12조	1. 피선거권 2. 1개의 선거구에 신청 3. 당적 이탈 · 변경 없을 경우 4. 1개 정당의 당적만 보유 5. 학력, 경력 등의 정확한 기재 6. 정강 · 정책, 당헌 · 당규, 당론 · 당명에 명백히 어긋나는 전력이 없을 것 7. 요청한 서류의 제출 8. 기타 부적합 사유가 없을 것

출처 : 한나라당, 2007a, 2007b; 통합민주당, 2008a에서 참조하여 재작성함.

된, '포괄성-배타성'의 중간범주에 속하는 형태였다. 한나라당의 경우, 「공직후보자추천규정」 제3조 1항은 후보자격을 "후보자 등록신청일 현재 책임당원"으로 규정, 당원 중심의 공천을 강조하고 있다(한나라당, 2007a). 통합민주당도 "공직선거법상 피선거권이 있고 신청일 현재 당적을 보유하여야 한다"고 「당규」 제2호 제9조에 명시함으로써 당원만이 후보가 될 수 있도록 하였다.

문제는 당원으로서의 권한을 획득할 수 있는 시점이다. 두 정당은 모두 당원자격 조건으로서 후보신청 등록일을 기준으로 하였다. 총선에 참여하고 싶은 사람이 후보자격을 심사받기 위해서는 등록일 이전에 입당하면 되는 것이었다. 한나라당의 경우 6개월간 당비를 납부한 '책임당원'으로 규정하고 있지만 이것은 후보자격 부여와는 직접적으로 관련성이 없었다. 한나라당의 후보가 되고자 하는 사람은 「당원규정」 제2조 5항에 따라 "중앙당 공심위가 정한 당비를 납부"한 시점부터 책임당원의 자격을 획득할 수 있었다(한나라당, 2007b). 통합민주당의 경우, 이에 대한 별도의 규정 없이 신청일 당시 당적을 요건으로 제시하고 있다. 두 정당의 후보자격 획득은 형식적으로는 당원을 중심으로 한 대중정당의 특성을 보이는 것이었지만, 사실상 모든 유권자가 후보자격을 얻을 수 있는 것이었다(Hopkin, 2001, p.344).

실질적으로 당원이라는 요건은 후보신청일 당시 서류제출과 함께 당원 가입을 허용하도록 하는 방식으로 운영되었다. 한나라당은 당원이 아닌 사람이 후보심사 신청을 할 경우, 6개월치 당비를 납부하면 책임당원이 되도록 하였고, 통합민주당은 신청일 당일 입당원서를 제출하도록 하였다(한나라당, 2008; 통합민주당, 2008b). 공천받을 의사가 있는 모든 유권자가 후보자격이 있는 후보자격 부여가 포괄성을 띠는 것이었다.

18대 총선에서 이러한 당원 여부는 신청 과정에서 필요한 요건이었을 뿐이고 좀 더 중요한 기준은 공심위 구성 시점부터 논의된 공천기준이었다.[3] 〈표 4〉와 같이 한나라당의 공천기준은 공심위가 구성된 다음날인 1월 25일 처음으로 제시되었다. 강재섭 대표는 '계파 배제, 시

3) 후보자격에 대한 당내 논의는 접근할 수 있는 자료가 제한적이라는 한계를 갖는다. 따라서 여기에서는 신문에 보도된 기사를 중심으로 그 흐름을 살펴보도록 하겠다.

표 4. 한나라당의 공천기준 관련 발언

일자	공천기준	발언
1월 22일	공정, 실적, 국민공천	강재섭(대표)
1월 25일	계파 배제, 시대정신 부합, 당선 가능성, 능력, 실용성	공심위
1월 25일	당헌, 당규, 윤리강령, 시대정신	인명진(윤리위원장)
2월 28일	당선 가능성, 전문성, 도덕성, 의정활동 역량, 당 기여도	공심위

출처 : 세계일보(2008. 1. 25.), 한겨레신문(2008. 1. 26.), 세계일보(2008. 2. 29.) 기사에서 재작성함.

대정신 부합, 당선 가능성, 능력, 실용성' 이라는 다섯 가지 원칙을, 여기에 인명진 윤리위원장은 한나라당의 정체성과 "도덕적으로 흠집이 없는" 인물의 공천을 강조하였다(한겨레신문, 2008. 1. 26.). 이러한 공천기준은 많은 논란을 야기하였다. 공천내정자가 안팎으로 알려지기 시작하면서 '계보정치의 부활', '개혁공천의 실종' 이라는 비판이 쇄도하였다(동아일보, 2008. 2. 6.). 특히 '당 기여도' 를 공심위가 하나의 기준으로 제시한 데에서 시작된 논란이었다. 공천기준에 대한 비판과 옹호를 둘러싼 당내 갈등이 증폭되었고, 여기에 객관적인 기준에 의한 투명한 공천이 되어야 한다는 목소리도 가세하였다.

핵심적인 논란이 되었던 공천기준은 공심위가 제시한 '부정부패 연루자의 공천배제 원칙' 이었다(국민일보, 2008. 1. 29.). 이러한 기준은 「공직후보자추천규정」 제3조 2항에 명시된 "뇌물과 불법 정치자금 수수 등 부정부패와 관련한 법 위반으로 최종심에서 형이 확정된 경우, 공직후보자 추천신청의 자격을 불허한다"는 조항과 관련된 것이었다(한나라당, 2007a). 이에 대해서 강재섭 대표와 김무성 의원의 반발로 한나라당 내 논란은 가중되기도 하였다. 이를 둘러싼 갈등은 1월 30일 공심위가 당규대로 공천을 하기로 결정함에 따라 일시적으로 당내 반발이 증폭되었지만, 2월 2일 벌금형을 받은 경우에 한에서는 공천신청을 허용하면서 후보자격에 대한 논란은 일단락되었다(한겨레신문, 2008. 1. 30.).

통합민주당의 공천기준도 한나라당과 유사하였다. 기준에 관한 논란은 손학규 대표가 1월 11일 취임식 기자회견에서 "경륜과 쇄신의 조화"라는 원칙을 제시하는 것으로 시작되었다. 이후 후보자격 논의는 공천심사위원장 임명, 심사위원 구성을 시작한 1월 29일 이후 본격화되었다. 박재승 공천심사위원장은 계파 · 지역 안배를 배제, 국민의 뜻을 반영, 후보의 이력과 민주주의 비전, 현역 의원인 경우에는 의정활동에 대한 평가를 토대로 하겠다고 하였다. 당 정체성에 대한 규정은 2월 19일 손학규 대표도 언급하였지만, 중요한 기준이었다고 판단하기는 어렵다. 비선출기구의 영향력이 강한 후보선출권 아래에서 당원의 중요성보다는 당선 가능성이나 지도부의 향방에 달려 있었기 때문이다. 이와 같은 경향은 리더의 강한 영향력이 작용하는 간부정당이나 카르텔정당적 특성과 유사하다고 볼 수 있다.

공심위가 2월 22일 최종 확정한 심사기준은 「당규」 제2호 「18대국회의원선거후보자추천규정」으로 명문화되었다. 제15조에 따르면, 기준은 ① 정체성 : 당이 지향하는 가치와 비전, 철학을 가진 자, ② 기여도 : 당, 국가, 지역사회 발전에 기여했거나 기여할 능력이 있는 자, ③ 의정활동 능력 : 의정활동을 잘 수행했거나 충분히 수행할 능력이 있는 자, ④ 도덕성 : 사회지도층으로서의 도덕적 품성을 갖춘 자, ⑤ 당선 가능성 : 당선 가능성이 높은 자로 규정되어 있었다(통합민주당,

표 5. 통합민주당의 공천기준 관련 발언

일자	공천기준	발언
1월 30일	계파 · 지역 안배 배제, 국민의 뜻, 이력, 민주주의 비전, 의정활동	공천심사위원장
2월 10일	가치(기회, 배려, 책임)를 실현할 능력 있는 미래 세력	손학규(대표)
2월 19일	정체성, 기여도, 의정활동 능력, 도덕성, 당선 가능성	손학규(대표)
3월 5일	부정 · 비리 전력자 배제(금고형 이상)	공심위

출처: 국민일보(2008. 1. 30.), 문화일보(2008. 2. 19.), 한겨레신문(2008. 3. 5.)에서 재작성함.

2008a). 이러한 기준은 〈표 5〉에서와 같이 그대로 반영되었다. 이는 공천기준에 대한 별도의 규정이 없는 한나라당과 차이가 있다. 이는 통합민주당이 합당을 통해 창당한 이후 18대 총선 준비 과정에서 당규를 제정, 그 기준을 반영한 데에서 기인한다.

한나라당과 통합민주당의 후보자격 부여는 형식적으로는 당헌 · 당규상 당원 혹은 책임당원으로 제한하였다. 그러나 이를 당원을 중심으로 후보자격을 부여하여 부문적 대표성의 형태를 띠는 대중정당적 자격부여로는 볼 수 없다(Hopkin, 2001, p.344). 당원의 범주를 후보등록일 현재로 규정함으로써 당원 등록과 함께 후보자격을 획득할 수 있었기 때문이다. 두 정당의 후보로 출마할 의사가 있는 유권자 모두가 후보자격을 가질 수 있었다는 것이다. 따라서 두 정당의 후보자격 부여는 모든 시민에게 열려 있는 포괄성을 띠는 것이었다고 볼 수 있다. 당내 민주주의를 확대 실시는 하지 않았더라도 후보선출 기준에 리더의 영향력이 작용하는 가운데, 두 정당의 후보선출 방식은 일부 후보자격을 유권자에게 개방한 카르텔정당적 형태라고 볼 수 있다(Mair, 1994, pp.16~17).

4. 후보공천 결과와 그 특징

부분적인 여론조사 실시를 토대로 한 두 정당의 후보선출은 비선출 정당기구가 선출하는 포괄성과 배타성이 혼재된 형태로 진행되었다. 이러한 과정을 거쳐 선출된 18대 총선 후보의 최종 선정은 후보등록 하루 전날인 3월 24일에 완료하여 한나라당 295명, 통합민주당 242명을 공천하는 것으로 마감되었다.

두 정당 모두 현역 의원과 당원을 포함한 정치인을 공천한 비율이 가장 높았다. 〈표 6〉과 같이 17대 국회의 제1당이었던 통합민주당은 현역 의원이 95명(39.2%)으로 가장 높았고 정치인은 82명(33.8%)을 공천하여 두번째로 높은 비중을 차지하였다. 한나라당도 이와 유사하다. 현역 의원 84명(28.5%), 정치인 67명(22.7%)을 후보로 선출하였다. 18대 총선에서 등록을 마친 후보자 중에서 지방의원의 경력을 가진 후보자가 단 한 명도 없었다는 사실을 고려하면, 대부분이 전직 국회의원이거나 당원으로 활동하였던 적극적 활동가로 간주할 수 있다

표 6. 18대 총선의 직업별 후보자수

		현역 의원	정치인	전문직종	기타 직종	합계
18대 전체	수(명)	198	524	185	394	1,301
	비율(%)	15.2	40.3	14.2	30.3	100
한나라당	수(명)	84	67	127	17	295
	비율(%)	28.5	22.7	43.1	5.8	100
통합민주당	수(명)	95	82	48	17	242
	비율(%)	39.2	33.8	20.0	7.0	100

출처 : 중앙선거관리위원회 홈페이지, 제18대 국회의원선거 선거정보; 동아일보, 2008년 3월 25일자를 분류하여 작성함.

(중앙선거관리위원회 홈페이지, 제18대 국회의원선거 선거정보, 2008년 6월 11일 검색). 다시 말해 두 정당의 후보선출에서 적극적인 당원으로 간주되는 이들의 비중이 50% 안팎을 차지하였다는 것을 의미한다. 특히 현역 의원 공천비율은 18대 총선 전체 후보자 1,301명의 비율 15.2%보다 높은 것으로 두 정당이 현역 의원이 많은 이번 총선의 주요 정당이었음을 반영하는 것이다.

두 정당의 공천에서 발견되는 또 다른 공통점은 전문직 전직 종사자의 공천비중이 높다는 것이다. 그 비중에 다소 차이가 있지만 두 정당이 가장 많이 공천한 직종은 법조인, 공무원, 교수, 기업인, 언론인 등의 전문직종이었다. 한나라당의 경우 법조인의 비중이 가장 높아 37명 12.5%를 차지하였고, 통합민주당에서는 공무원이 16명 6.6%로 가장 큰 비율을 나타내었다(동아일보, 2008. 3. 25.). 10% 미만의 비율을 나타낸 기타는 노동계, 군인, NGO 활동가 등을 포함한 수치이다. 이러한 결과는 18대 총선 전체 후보자 중 14.2%를 차지하는 전문직종의 비율보다 높은 것이다.

이러한 공천 결과는 두 정당이 공천 과정에서 선택한 후보선출권과 후보자격 부여의 특성이 반영된 것이었다. 비선출 정당기구인 공심위는 대체적으로 당내외 인사가 모두 참여하는 배타성과 포괄성이 혼재된 형태를 띠었고, 후보자격은 당원 가입을 용이하게 함으로써 후보자격을 갖는 인적 자원을 확대하는 포괄성을 띠는 것이었다. 이는 공천 결과에서 나타난 직업별 후보자 구성에서 확인되었다. 공천 시작 이전에 당원이었던 것으로 간주할 수 있는 현역 의원과 정치인 이외에도 새로운 인물들을 대거 후보로 공천하였다. 두 정당이 후보공천을 둘러싼 논쟁과 선거전망은 달랐음에도 불구하고 유사한 선출방식을 선택

표 7. 민주화 이후 직업별 후보자수

		현역 의원	정치인	전문직종	기타 직종	합계
13대	수(명)	159	378	140	363	1,040
	비율(%)	15.3	36.3	13.5	34.9	100
14대	수(명)	217	374	134	327	1,052
	비율(%)	20.6	35.6	12.6	31.2	100
15대	수(명)	219	487	215	468	1,389
	비율(%)	15.7	35.1	15.5	33.7	100
16대	수(명)	205	434	158	218	1,015
	비율(%)	20.2	42.8	15.6	21.4	100
17대	수(명)	162	453	235	325	1,175
	비율(%)	13.8	38.6	20.0	27.6	100

출처 : 중앙선거관리위원회 홈페이지, 역대선거정보시스템에서 분류하여 작성함.

한 것이었다. 이는 두 정당이 유사한 형태의 정당유형에 속한다는 것을 함축한다.

이러한 18대 총선의 결과는 이전과 단절적 형태로 볼 수 있는가? 18대 후보자의 직업별 구성은 민주화 이후의 그 흐름과 크게 다르지 않다. 〈표 7〉에서 보는 것처럼 13~17대 총선의 후보자 중 현역 의원의 공천비율은 13.8~20.6%였으며, 정치인 35.1~42.8%, 전문직종 12.6~20.0%, 기타 직종 21.4~34.9%를 차지하였다. 18대 총선의 공천 결과는 이 범주 내에 속하는 것이었다. 게다가 국민경선제를 통해서 후보를 공천한 17대 총선과도 두드러진 차이가 보이지 않는다. 기타 직종의 비율이 점차적으로 감소하는 가운데, 전문직종은 15대 및 16대와 유사한 수준에서 공천되었다. 이는 이번 총선에 참여한 주요 정당이 이전과 유사한 형태의 조직적 기반 위에 있으며 민주화 이후 변화 흐름의 연속선상에 있음을 의미한다.

5. 맺음말 : 선거전략과 정당조직

이 글은 최근 선거와는 다른 방식으로 진행된 18대 총선의 공천 과정의 특징을 후보선출권과 후보자격 부여를 중심으로 한나라당과 통합민주당을 분석하였다. 18대 총선은 보편화된 공천방식인 국민경선제를 실시하지 않은 채 공천을 실시하였다는 점에서 특징적인 선거였다. 이는 전체적인 공천 과정 자체가 유권자의 참여를 확대하는 포괄성이 제거되고 지도부 중심의 공천이 부활됨으로써, 당내 민주주의 도입 이전의 정당정치로 회귀한 것이 아닌가 하는 회의를 들게 하는 것이었다. 이에 대해서 이 글은 18대 총선의 후보선출권과 후보자격 부여, 그리고 공천 결과 분석을 통해서 이번 총선이 민주화 이후 선거정치의 흐름과 다르지 않은 연속선에 있는 것으로 본다.

한나라당과 통합민주당에서 발견되는 공통점은 두 가지이다. 첫째, 사실상의 후보선출권을 공심위가 갖는 배타적인 것이었다는 점이다. 이는 두 정당의 당헌과 당규 규정에 따라 구성된 것이었다. 공심위는 당내외 인사가 참여하는 포괄성과 배타성이 혼재된 형태였지만, 그 구성에 두 정당 지도부의 영향력이 컸다는 점에서 배타성이 높은 방식이었다. 둘째, 후보자격은 당헌 · 당규상 당원으로 제한하였으며 당원등록을 마친 신청자에 한해서 후보자격을 부여하였다. 공천확정 전까지 후보자격에 대한 논란은 계속되었다. 그 기준은 다양하게 제시되었지만, 그러한 기준과 공천된 후보가 어느 정도 부합하는지를 이 글에서 평가하기는 어려우나 두 정당의 후보자격에 대한 기준은 포괄성을 띠는 것이었다고 볼 수 있다. 그 이유는 후보심사 신청 전까지 당원이 아니었다고 하더라도 당원등록을 마친 후보심사를 원하는 유권자에게 후보자격을 부여할 수 있었기 때문이다. 이러한 측면에서 후보자격 부여는 포괄성, 구체적으로 당원요건을 갖추게 되면 자격을 얻을 수 있는 범주적 포괄성을 나타낸다고 볼 수 있다. 두 정당을 포함한 18대 총선의 공천 결과는 민주화 이후의 흐름과 유사한 것이었다. 후보자격은 선거마다 반복되는 공천기준 논란과 다르지 않았으며, 후보선출권 부여는 국민경선제를 통해 후보를 선출한 17대 선거를 제외한 여느 선거와 유사하였다.

이러한 후보선출 방식은 카르텔정당적 공천특성과 유사한 것으로 보인다. 간부정당이나 엘리트정당과 유사성을 갖는 카르텔정당의 후보선출은 기본적으로 정당 지도부의 영향력이 크게 작용하는 방식이다. 시민사회-정당 간의 연계가 약화되면서 등장하게 된 카르텔정당은 정당 내 지배엘리트 간의 카르텔을 형성, 이들의 도전세력 배제를 특징으로 한다. 이들 정당유형의 지도부는 당내 도전을 배제하기 위해서 의제를 통제하고 규칙과 절차를 활용한다(Pennings and Hazan, 2001, p.270). 보상분배체계(incentive system) 중 하나인 후보선출 방식이 그 핵심적인 방식인 것이다. 이는 정치인 간 카르텔을 통해서 극대화된다. 때로는 지도부가 적극적인 당원이나 자신에게 도전세력이 될 가능성이 높은 당 중진들을 견제하기 위해서 정당 민주주의를 도입하게 된다. 그러나 후보선출을 둘러싼 정치인 간 카르텔 전략은 정책과 이념을 중심으로 결집한 당원이 많을수록 활용할 수 있는 여지가 줄어든다(Katz, 2001, p.290). 이것은 당원조직이 취약한 한국의 정당정치에서 카르텔정당적 선거전략이 효과적으로 활용되기 쉬운 조직적 조건에 있음을 의미한다.

두 정당이 18대 총선으로 말미암은 당내 논란이 컸다는 사실을 고려한다면, 지도부가 공심위에 상당한 영향력을 행사하였을 것으로 추측되지만 명확히 확인할 수는 없다. 게다가 두 정당 중에서 어느 정당의 지도부가 더 많이 개입하였는지도 비교하기 어렵다. 물론 양분된 한나라당 공심위가 계파 간 안배 혹은 배제를 중요한 문제로 고려하였고 일부가 탈당하였다는 사실은 지도부 중심의 배타적인 과정이었을 가능성이 높았을 것이라는 추측을 충분히 가능케 한다. 그렇지만 상대적으로 응집성이 약한 통합민주당 지도부가 공천 과정에 덜 개입하였다고 말하기도 어렵다. 따라서 18대 공천은 후보자격과 후보선출권을 중심으로 분석할 수밖에 없다.

이번 총선은 포괄적 형태 혹은 배타적 형태 어느 하나로 결론지어 말하기 어려운 혼재된 형태였다. 후보자격은 다른 나라에 비해서 매우 포괄적인 특성이 두드러진다. 포괄적 · 배타적 후보자격 부여의 극단적 사례는 미국의 일부 주와 벨기에 사회당의 공천을 들 수 있다. 벨기에 사회당은 5년 이상의 당원자격을 기본 조건으로 하여 당 기관지의 정기구독, 자녀의 공립학교 취학 등 비교적 엄격한 요건을 적용하는 배타적인 정당인 데 반해, 미국의 일부 주에서는 유권자면 모두 후보자격을 부여하는 포괄적 공천을 특징으로 한다(Rahat and Hazan, 2001, pp.300~301). 한국에서 당원이라는 공천기준은 강한 조건으로 작용하고 있지 않다. 게다가 후보선출권 역시 선거마다 동일한 형태를 취하지 않은 유동적인 형태로 진행되고 있다. 정당마다 조금씩의 차이는 있지만, 선거인단과 원내 코커스로 후보선출권을 부여하는 영국, 지역 코커스로부터 원내 코커스까지 다양한 형태로 선출권이 부여되는 캐나다 등에서 선출권은 선거마다 일관된 방식으로 부여된다(LeDuc, 2001, p.325). 한국 정당의 선출권 부여는 이들과 달리 선거마다 다른 방식을 선택하고 있다.

왜 정당들이 국민경선제를 실시하지 않았는데 카르텔정당적 특성을 띠는 것이라고 볼 수 있는가 하는 의문이 제기될 수 있다. 이는 선거 결과 예측과 관련이 있다. 한나라당은 공천이 곧 당선이라는 인식으로 인해, 통합민주당은 고정적 지지층이 밀집한 지역구 공천을 받기 위해 치열한 공천경쟁이 과열되었다. 이러한 치열한 공천논쟁이 지도부의 영향력 확대와 견제의 기회를 부여하였던 것이다. 이는 한나라당의 공천 과정에서 확연하게 드러난다. 두 개의 강한 계파로의 분열이라는 당내 조건 속에서 우위를 점하고 있는 한나라당 지도부 내 한 계파에게 도전세력을 효과적으로 제어하기 위한 전략이 필요하였다. 그 방식이 국민경선제를 실시하지 않고 공천 과정을 통제하는 것이었다(Pennings and Hazan, 2001, p.270).

이와 달리 통합민주당은 상대적으로 지도부 내 분열이 심하지 않았다. 그렇다면 통합민주당의 공천방식 선택은 한나라당과 유사한 이유로 해명이 될 수 있는가? 통합민주당의 중앙당 중심의 공천은 현역 의원이나 당 중진들의 선거 패배를 최소화할 수 있는 효과적인 지대추구(rent-seeking) 방식으로 보는 것이 적절할 것이다(Katz, 2001, p.289). 고정 지지층이 많은 지역구에서의 공천은 패색이 짙은 선거에서 당선될 가능성을 높이는 것이었기 때문이다. 따라서 통합민주당의 공천은 당선 가능성이 높은 지역을 둘러싼 경합이 치열하였고, 그에 따라 공심위를 둘러싼 당내 갈등이 컸다고 볼 수 있다. 따라서 이러한 두 정당의 공천 과정은 유사한 형태로 나타나게 되었다. 결론적으로 이 글은 18대 공천 과정과 그 결과를 참여의 확대를 제도화한 17대 총선의 공천방식과 연속선상에 있는 것으로 본다. 비록 이번 선거에서 지도부의 강력한 영향력이 작용하였지만, 공천 과정을 둘러싼 후보선출권과 후보자격 부여는 이전 선거와 다르지 않은 유사한 성격을 띠는 것이었다.

참고 문헌

로베르트 미헬스, 김학이 역, 2002,『정당사회학 : 근대 민주주의 과두적 경향에 관한 연구』, 서울 : 한길사.

모종린 · 전용주, 2004, "후보경선제, 본선경쟁력 그리고 정당 민주화 : 2002년 6 · 13 기초자치단체장선거를 중심으로",『한국정치학회보』 제38집 제1호, pp.233~254.

박홍엽, 2004, "국민경선제 분석모형 구축에 관한 연구 : 2002년 민주당 국민경선제를 중심으로",『정부학연구』 제10권 제1호, pp.286~325.

손병권, 2007, "대통령선거의 정당후보 선발제도 : 미국, 대만, 멕시코의 예비선거 도입과정", 2007년 한국정치학회 특별학술회의 '2007년 대통령선거와 한국정치' 발표논문집, pp.23~45.

전용주, 2005, "후보공천 과정의 민주화와 그 정치적 결과에 관한 연구 : 제17대 국회의원 선거를 중심으로",『한국정치학회보』 제39집 제2호, pp.217~238.

통합민주당, 2008a,「당규」 제2호「18대국회의원선거후보자추천규정」(2008년 2월 22일 제정).

통합민주당, 2008b,「통합민주당 제18대 국회의원선거 비례대표 국회의원 후보자 추천신청 공고」.

한나라당, 2007a,「공직후보자추천규정」(2003년 12월 26일 제정, 4차 2007년 9월 11일).

한나라당, 2007b,「당원규정」(2005년 11월 28일 제정, 2차 개정).

한나라당, 2008,「제18대 국회의원선거 후보자 추천신청 공고」.

Bille, Lars, 2001, "Democratizing a Democratic Procedure : Myth or

Reality? : Candidate Selection in Western European Parties, 1960~1990", *Party Politics,* Vol. 7 no. 3, pp.363~380.

Hopkin, Jonathan, 2001, "Bringing the Members Back in : Democratizing Candidate Selection in Britain and Spain", *Party Politics,* Vol. 7 no. 3, pp.343~361.

Katz, Richard S., 2001, "The Problem of Candidate Selection and Models of Party Democracy", *Party Politics,* Vol. 7. no. 3, pp.277~296.

Katz, Richard S. and Peter Mair eds., 1992, *Party Organization: A Data Handbook on Party Organization in Western Democracies, 1960~1990,* London : Sage.

Katz, Richard S. and Peter Mair, 1995, "Changing Models of Party Organization and Party Democracy : the Emergence of Cartel Party", *Party Politics,* Vol. 1 no. 1, pp.5~28.

Kirchheimer, Otto, 1966, "The Transformation of the Western European Party System", in Joseph LaPalombara and Myron Weiner eds., *Political Parties and Political Development,* Princeton : Princeton University Press, pp.177~200.

LeDuc, Lawrence, 2001, "Democratizing Party Leadership Selection", *Party Politics,* Vol. 7 no. 3, pp.323~341.

Lundell, Krester, 2004, "Determinants of Candidate Selection", *Party Politics,* Vol. 10 no. 1, pp.25~47.

Mair, Peter, 1994, "Party Organizations : From Civil Society to the State", in Richard S. Katz and Peter Mair eds., *How Parties Organize: Change and Adaptation in Party Organization in Western European Party Systems : Continuity and Change,* London : Sage, pp.1~22.

Panebianco, Angelo, 1988, *Political Parties : Organization and Power,* Cambridge : Cambridge University Press.

Pennings, Paul and Reuven Y. Hazan, 2001, "Democratizing Candidate Selection : Cause and Consequences", *Party Politics,* Vol. 7 no. 3, pp.267~275.

Rahat, Gideon and Reuven Y. Hazan, 2001, "Candidate Selection Methods : an Analytical Framework", *Party Politics,* Vol. 7 no. 3, pp.297~322.

Schattschneider, Elmer Eric, 1942(2004), *Party Government,* New Brunswick and London : Transaction Publishers.

Ware, Alan, 1996, *Political Parties and Party Systems,* Oxford : Oxford University Press.

『경향신문』, 2008년 3월 6일자, "박지원, 김홍업 공천 탈락 : 민주, 금고형 이상 배제 확정… 심사 돌입".

『국민일보』, 2008년 1월 29일자, "한나라당 공천심사위, 당규 원칙 엄격히 적용".

『국민일보』, 2008년 1월 30일자, "박재승 신당 공천심사위원장, 계파 · 지역 안배 없다".

『동아일보』, 2008년 1월 25일자, "한나라 공천심사위원 확정…안강민 '계파 안배 없다' ".

『동아일보』, 2008년 2월 6일자, "지난 총선 때는 공천 어땠나".

『동아일보』, 2008년 3월 25일자, "한나라당-민주당 공천자 살펴보니".

『문화일보』, 2008년 2월 19일자, "통합민주당도 공천혈전 스타트".

『서울신문』, 2008년 2월 2일자, "벌금형 전력자 공천 신청 허용".

『세계일보』, 2008년 1월 25일자, "親李 4명 · 親朴 2명. 한나라 공심위 11명 확정".

『세계일보』, 2008년 2월 20일자, "통합민주도 공천 레이스 본격화".

『세계일보』, 2008년 2월 29일자, "한나라당 2차 공천심사 진행".

『한겨레신문』, 2008년 1월 26일자, " '이런 인물 안 돼' 인명진 윤리위원장 기준 제시".

『한겨레신문』, 2008년 1월 30일자, "공천심사위 당규대로 비리 정치인 공천 배제".
『한겨레신문』, 2008년 3월 5일자, "민주 공심위 '금고형 이상 공천배제'… 박지원 · 김홍업 등 탈락 대상".
중앙선거관리위원회 홈페이지, 제18대 국회의원선거 선거정보 (www.nec.go.kr:7070/abextern/index.html/: 2008년 6월 11일 검색).
중앙선거관리위원회 홈페이지, 역대선거정보시스템 (http://www.nec.go.kr/sinfo/index.html).

15 2008년 총선의 유권자 평가와 선거제도 운용

고선규

1. 머리말

현대 민주주의 정치에서는 다양하게 분출되는 이해관계를 수렴하는 제도적 장치가 필요하다. 민주주의 국가에서 정치 과정은 정책결정을 둘러싸고 다양한 집단이 표출하는 이익이나 요구를 조정 · 통합하는 과정이라고 볼 수 있다. 그러나 정치 과정에서 이루어지는 정책결정에는 언제나 대화와 타협을 통해서 이해관계가 조정되는 것은 아니기 때문에 공동체의 의사를 결정하는 대표자를 선출하고 다양한 집단이 표출하는 이익이나 요구를 조정 · 통합하는 대표적인 정치 과정이 바로 선거이다.

선거는 국민의 대표를 선출하는 기능과 더불어 사회적 통합, 정치권력에 대표성이나 정통성을 부여하는 기능 등 다양한 역할을 수행한다. 동시에 선거는 정치사회의 구성원에게 자신에 부여된 정치적 역할을 학습하는 기회를 제공하기도 한다. 더 나아가 정치적 관심의 증대, 정치에 대한 신뢰감 조성, 지지하는 정당과 일체감을 느끼게 하는 기회가 되기도 한다.

주기적이고 자유로운 선거는 민주주의를 개념 규정하는 최소한의 조건이다. 선거 과정에 시민참여를 확대하고 유권자의 정치적 관심을 고조시켜 투표참여가 증가되어야만 민주주의는 제대로 기능하게 된다. 한국은 민주화 이후 주기적이고 자유로운 선거가 정착되어 가면서 절차상의 민주주의 확보는 물론 제도적 공고화에도 크게 기여하였다.

1948년 이후 18차례의 국회의원 선거가 실시되었다. 한국의 선거에는 '부정선거'와 '과열 · 혼탁 선거'라는 수식어가 언제나 붙어다녔다. 그러나 1980년대 민주화 이후 선거민주화와 시민의식의 성장은 한국에서 부정선거나 불공정선거 등의 후진국적 선거문화는 척결되는 성과를 거두었다. 이러한 민주적인 선거제도와 문화의 발전에 따라 한국의 민주주의 척도는 매년 상승하고 있으며[1], 공명선거나 선거관리의 공정성에 대한 유권자의 평가는 매우 높아졌다.

그러나 이러한 발전에도 불구하고 최근 한국 선거에서 나타나는 여러 가지 문제점은 민주주의의 기반을 위협하고 있다. 정치적 무관심은 증가하고 정치불신의 팽배로 선거를 통한 정치참가는 감소하고 있다.

최근 한국 선거에서는 투표율이 지속적으로 감소되어 왔다. 정치적인 대표성을 강화하고 효과적인 민주제도를 도입하고자 했던 대의민주주의는 투표율 하락이라는 난관에 직면하고 있다. 특히 이번 2008년 총선에서 사상 최저의 투표율을 기록하면서 정치참여와 선거의 본래적 기능에 대한 본질적인 문제제기가 이루어지고 있다.

1) 2008년 Economist Intelligence Unit's(EIU)가 평가한 세계 각국의 민주주의 지수 평가에서 한국은 '완전한 민주주의 국가'로 평가되었다. 전체 순위를 살펴보아도 2006년 31위에서 2008년 28위로 상승하고 있다.

현대 민주주의를 '관객민주주의' 라고 부르기도 한다. 이 말은 정치에 관심은 있지만 실제로 참여하지는 않는다는 의미에서 쓰인다. 관객민주주의란 유권자는 참여의 주체가 아니라 언제나 구경만 하는 관객에 불과하다는 의미를 갖는데, 지난 대선에 이은 이번 총선에서의 낮은 투표율도 관객민주주의의 결과라고 볼 수 있다.

2007년 12월 대통령 선거와 2008년 4월 국회의원 선거가 끝나고 유권자들의 정치적 무관심과 불신, 정당정치의 쇠퇴, 낮은 투표율 등 한국 선거의 구조적이고 본질적인 문제에 관련된 다양한 문제제기가 이루어졌다. 그런데 이러한 문제제기와 더불어 선거라는 정치적 게임이 공정하게 이루어지고 있는지, 선거법이 정당과 후보자 그리고 유권자들에게 공평하고 합리적으로 적용되고 있는지, 선거제도의 운용은 적절하게 운용되고 있는지에 대한 평가도 향후 한국 선거정치의 발전을 위해서 반드시 필요한 작업이라고 본다.

그러므로 이 글에서는 2008년 국회의원 선거에서 유권자의 선거 과정에 대한 평가를 먼저 살펴보기로 하겠다. 그리고 선거제도 관련 주요 쟁점을 토대로 이번 선거의 운용 과정을 평가하고 문제점을 제시하고자 한다.

2. 2008년 국회의원 선거의 공정성 평가

2008년 4월 실시된 국회의원 선거는 공명정대하고 깨끗한 선거라고 평가되고 있다. 한국 선거의 고질적인 병폐인 돈선거, 비방, 흑색선거, 돈봉투, 선물, 선심관광, 음식물 제공 등의 불법선거와 정책경쟁 부재,

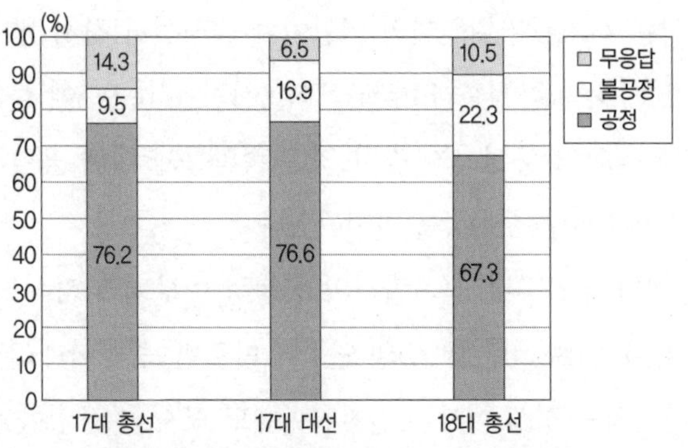

그림 1. 선거관리위원회의 단속활동 평가

출처 : 중앙선거관리위원회, 『제18대 국회의원선거 유권자 의식조사 결과』(2008).

정당이나 후보자 간의 과열경쟁과 정당정치의 부재는 한국의 선거문화를 병들게 만들고 있었다. 그러나 이번 총선에서는 일부 지역에서 돈봉투, 비방, 흑색선전 등이 나타났으나 선거운동과 선거관리의 공정성 평가에서 부정적인 평가나 문제점을 지적하는 경우는 많지 않았다. 물론 여러 가지 개선점과 과제를 부여한 선거라는 점에서는 이론의 여지가 없다.

선거관리위원회의 선거법 위반 행위에 대한 단속활동의 공정성 평가(월드리서치, 2008)에서 공정하다는 평가(67.3%)가 불공정 평가(22.3%)보다 매우 높게 나타나고 있다.[2] 지난 17대 국회의원 선거나 대통령 선거보다 불공정 비율이 다소 높아지긴 하였으나 공정성 자체가 문제되는 상황은 아니라고 본다. 지난 2007년 대선에서도 선거관리

2) 이 글에서 사용하는 2008년 국회의원 선거 유권자 의식조사는 전국 만 19세 이상의 일반 성인 남녀 유권자 1,500명을 대상으로 2008년 4월 14일부터 5월 2일까지 실시한 여론조사 데이터를 활용하였다. 조사방법은 대인 면접조사이며 표본추출은 인구구성비에 근거한 비례할당 추출을 실시하였다. 허용오차는 95% 신뢰수준에서 최대 허용오차 ±2.5%이다.

를 담당하는 선거관리위원회의 역할이나 공명선거 감시 및 단속활동에 대한 평가도 불공정하다고 생각하는 사람은 16.9%에 불과하였고, 선거관리위원회의 공명선거 감시 및 단속활동에 대해 공정하다고 평가하는 유권자는 60% 이상을 차지하였다.

선거문화나 투표율은 선거관리의 공정성 여부에 따라서도 큰 영향을 받는다. 부스(Booth, 1995)의 연구에 따르면, 중앙아메리카 국가에서 선거관리의 공정성 여부는 선거참여에도 적지 않은 영향을 주는 것으로 조사되었다. 유권자는 선거관리가 공정하게 이루어지지 않아 자신의 한 표가 정확하게 의석결정에 반영되지 않는다면 선거에 참여할 동기가 떨어지게 될 것이다. 실제로 한국의 대통령 선거를 사례로 분석한 강경태(2003)의 연구에서는 제14대 대선과 제15대 대선에서 선거관리위원회의 공정성 여부가 투표참여에 분명하게 영향을 미치고 있음이 확인되었다. 이러한 결과는 한국의 유권자들에게 선거참여를

표 1. 불법 선거운동 경험 유무

단위 : %

	17대 대선	17대 총선	18대 총선
후보자 간 인신공격, 비방, 흑색선전 행위	20.0	13.3	10.5
사조직의 선거운동 관여 행위	1.6	5.4	2.0
향우회, 동창회, 종친회, 종교단체 등에서 누구를 찍어주자고 하는 행위	2.5	5.4	2.9
돈을 받고 정당과 선거행사에 참여하는 일	1.2	–	0.9
돈봉투, 선물, 선심관광, 음식물 등을 주고받는 행위	0.9	2.9	0.5
공무원, 통 · 리 · 반장의 선거운동 행위	0.7	3.4	0.2

출처 : 중앙선거관리위원회, 『제18대 국회의원선거 유권자 의식조사 결과』(2008).

결정할 때 선거가 얼마나 공정하게 실시되고 있는가에 대한 판단이 중요한 역할을 한다고 볼 수 있다.

결국 한국의 선거관리와 관련된 공정성은 매우 높다고 볼 수 있고 유권자의 투표참여에 긍정적 기여를 하고 있다는 추론이 가능하다.

실제로 선거 과정에서 경험한 부정선거의 경험을 살펴보더라도 후보자 간 인신공격, 비방, 흑색선전 이외에는 비율이 그다지 높지 않게 나타났다. 또한 향우회, 동창회, 종친회 등에서 누구를 찍어주자고 하는 행위나 사조직의 선거운동 관여 행위 등에 대해서도 비율이 높지 않다.

18대 총선 기간 동안 선거법 위반 건수는 이전 선거에 비해 크게 줄어들었다. 실제로 전체 위반 건수는 1,905건으로 2004년 17대 총선의

표 2. 선거법 위반 건수

총선 대 / 건수 / 위반 유형	18대 총선 (2008년 5월 14일 현재)				17대 총선 (2004년 4월 14일 현재)			
	계	고발	수사 의뢰	경고 등	계	고발	수사 의뢰	경고 등
계	1,905	210	133	1,562	6,126	405	354	5,367
금품 · 음식물 제공	244	85	54	105	975	221	102	652
비방 · 흑색선전	26	3	9	14	54	4	15	35
유사기관 · 사조직	22	14	1	7	46	22	8	16
공무원 선거 개입	36	2	3	31	142	10	3	129
불법 시설물 설치	171	1	4	166	1,067	11	8	1,048
불법 인쇄물 배부	556	26	25	505	1,940	54	118	1,768
의정활동 관련	19	1	0	18	112	3	0	109
정당활동 관련	3	0	0	3	44	0	1	43
집회 · 모임 이용	109	10	4	95	254	12	1	241
선거관리 침해	3	1	0	2	27	19	2	6
사이버 이용	41	3	5	33	298	12	58	228
기타	675	64	28	583	1,167	37	38	1,092

출처 : 중앙선거관리위원회, 『제18대 국회의원선거 총람』(2008).

6,126건에 비해 무려 3분의 1 이하로 감소하였다. 위반 유형별로 보아도 금품 · 음식물 제공부터 기타까지 모든 유형에서 위반 건수가 줄었다. 유형 간 차이를 비교해 보면, 기타 건수를 제외할 경우 불법 인쇄물 배부에서 상대적으로 가장 많은 위반 건수(556건)가 조치되었고 금품 · 음식물 제공(244건), 불법 시설물 설치(171건), 집회 · 모임 이용(109건)이 그 뒤를 이었다. 위반 건수 1,905건 중 고발(210건)이나 수사의뢰(133건)는 경고 등(1,562건)에 비해 크게 적어서 전반적으로 볼 때 위반 정도가 그리 크지 않다.

2008년 국회의원 선거에서 유권자에게 제공된 후보자 관련 정보제공에 대해 과반수 이상의 유권자가 부족하였다고 평가하였다. 유권자가 평가하는 후보자 정보의 부족은 선거관리위원회의 유권자 정보제공의 수단이나 양적인 문제도 고려될 수 있지만, 이번 선거에서는 공천지연으로 후보자 결정이 늦어진 이유도 큰 이유 가운데 하나라고 생각된다. 더구나 쟁점부재 속에서 치러진 선거분위기로 말미암아 후보자와 정당의 공약이나 후보자의 인적사항 및 경력에 대한 정보가 부족

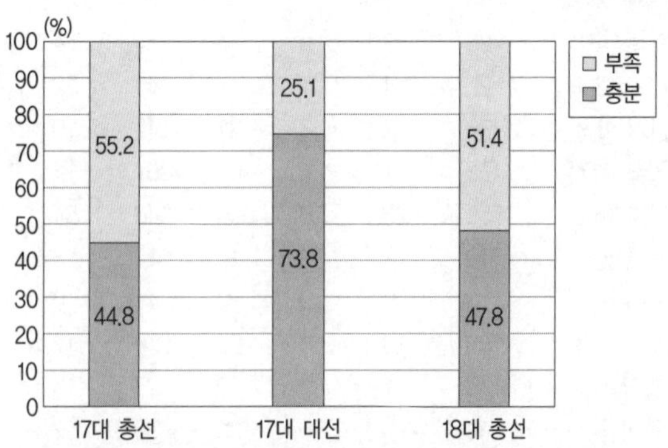

그림 2. 제18대 국회의원 선거 후보자 정보의 충분성

출처 : 중앙선거관리위원회, 『제18대 국회의원선거 유권자 의식조사 결과』(2008).

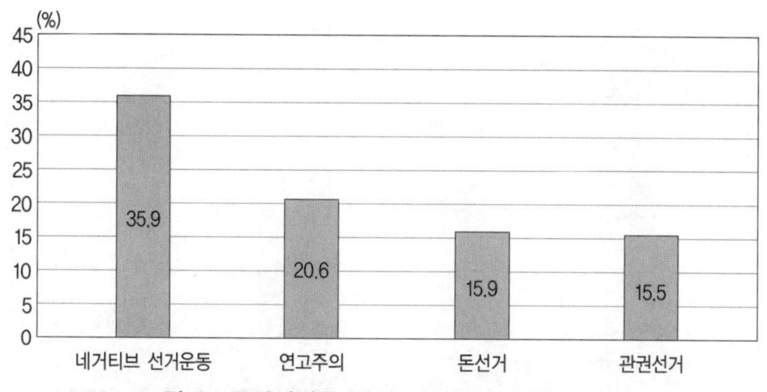

그림 3. 공명선거를 위해 개선되어야 할 선거법

출처 : 중앙선거관리위원회, 『제18대 국회의원선거 유권자 의식조사 결과』(2008).

했을 수도 있을 것이다. 선거 종료 후, 비례대표 당선자의 경력문제로 소송이 제기되는 상황을 통해서도 후보자 정보에 대한 불충분성을 알 수 있을 것이다.

선거관리위원회에서는 후보자 관련 선전벽보를 91,670개소에 첩부하였으며 2억 4,200만여 부를 발송하였다. 기존의 오프라인 정보제공과는 달리 대형 포털사이트인 네이버에 홍보섹션을 구축하여 유권자의 접근성을 제고하고 다양한 선거정보를 제공하였다. 더구나 중앙선거관리위원회 홈페이지에 e-선거정보시스템을 구축하여 선거구별 후보자의 다양한 선거정보를 제공하였다. 이러한 노력에도 불구하고 결과적으로 유권자는 후보자 정보의 부족감을 느끼고 있으므로 좀 더 효율적인 정보제공 시스템이 마련되어야 할 것이다.

유권자는 이번 국회의원 선거를 통하여 개선되어야 할 선거법 및 선거운동은 네거티브 선거운동이라는 의견이 35.9%로 가장 많았다. 그 다음이 연고주의 20.6%, 돈선거 15.9%, 공무원의 선거 관여 15.5% 등으로 나타났다. 또한 선거운동의 자유 확대를 위하여 개선되어야 할

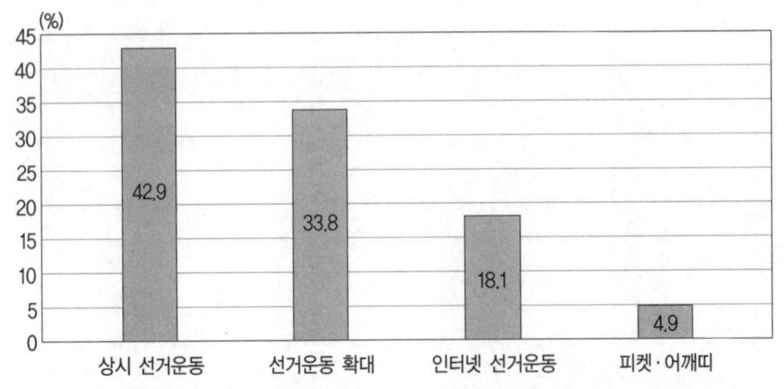

그림 4. 선거운동의 자유를 확대하기 위해 개선되어야 할 선거법

출처 : 중앙선거관리위원회, 『제18대 국회의원선거 유권자 의식조사 결과』(2008).

선거법은 상시 선거운동의 허용이 42.9%로 가장 많았다. 선거운동 확대 33.8%, 인터넷 선거운동의 확대 18.1%가 그 뒤를 이었다. 이러한 결과는 이번 선거 과정에서 쟁점이 된 선거운동 관련 문제에 대하여 유권자는 좀 더 자유로운 허용을 요구하고 있다는 것을 알 수 있다.

3. 예비후보자 제도와 비례대표 추천제도

1) 예비후보자 등록제도

공직선거법에 따르면 대통령 선거 입후보 예정자는 선거일 전 240일, 국회의원 선거에서는 120일, 지방선거에서는 60일 전부터 예비후보자 등록을 신청할 수 있으며, 등록한 후에는 예비후보자로 활동할 수 있다(제60조 제2항). 즉 공식적인 등록에 의해 입후보 예정자는 예비후보자로 지위가 변동되며 제한적인 범위에서 선거운동을 할 수 있는 자격이 생긴다.

선거운동은 공식 선거운동 기간인 후보자등록 마감일 다음날부터 투표 전날까지 할 수 있으며, 그 이전에는 법으로 허용된 행위만 가능하고 일체의 선거운동은 사전 선거운동으로 위법에 해당된다(제254조). 그러나 예비후보자로 등록을 하면, 2004년 새로 도입한 예비후보자 제도에 의해 제한적이나마 선거운동의 기회가 주어진다.

예비후보자 제도를 도입한 배경은 후보들이 자신이 속한 정당에 의존하는 것이 아니라 자신의 의지와 능력에 따라 선거운동을 전개하고 동시에 신인 후보자에게 선거운동의 기회를 확대하기 위한 데 목적이 있다. 2004년과 2008년의 예비후보자 수와 예비후보자 중에서 정식

표 3. 2004년 총선에서 예비후보자 현황

구분	예비후보자 등록수	예비후보자 중 후보자로 등록한 수	예비후보자 등록 없이 후보자로 등록한 수
계	1,419	1,137	37
한나라당	231	215	3
새천년민주당	255	175	7
열린우리당	301	242	1
자민련	126	111	12
국민통합21	5	3	–
민주국민당	7	7	–
공화당	5	5	–
구국총연합	1	–	1
기독당	2	7	2
노년권익보호당	2	2	–
녹색사민당	25	25	3
민주노동당	131	123	–
사회당	6	6	–
무소속	322	216	8

표 4. 2008년 총선에서 예비후보자 현황

정당명	예비후보자 등록수	전체 후보자 수	정식 후보자로 등록한 수
계	2,014	1,113	1,052
통합민주당	436	197	190
한나라당	747	245	240
민주노동당	107	103	100
자유선진당	143	94	80
친박연대	38	50	34
창조한국당	25	12	9
국민실향안보당	3	2	2
기독당	3	3	2
구국참사람연합	2	1	1
진보신당	33	34	32
통일당	3	1	1
평화통일가정당	251	245	244
직능연합당	1	2	1
무소속	222	124	116

후보자로 등록한 수를 보면, 거의 대부분의 정당 후보자는 예비후보자 중에서 충원되는 것을 알 수 있다.

더구나 2008년 선거에서는 전체 예비후보자 등록수는 2,014명이었으나 이 중 정식 후보자로 등록한 수는 1,052명으로 52.2%만이 실제 후보자로 등록되었다. 이러한 결과는 정당의 공천지연 등 다양한 문제가 내재되어 있으리라 짐작되지만 적어도 출마에 뜻을 둔 많은 후보자들이 예비후보자 제도를 활용하고 있음을 알 수 있다. 그리고 예비후보자로 등록한 후 일정 정도의 선거운동이 허용되면서 사전 선거운동이 감소한 점은 긍정적 효과로 볼 수 있다.

그러나 예비후보자 등록기간 중 정당공천을 받기 위해 예비후보자

간 치열한 경쟁을 벌이면서 당내 경선 과정을 중심으로 비리가 늘어난 점은 개선점으로 지적할 수 있다. 또한 선거운동의 장기화에 따라 후보자 간 흑색선전이 늘어나고 유권자의 후보자에 대한 금품 또는 향응제공 요구가 증가할 수 있는 가능성에 대해서도 대책이 필요하다고 본다.

2) 비례대표 입후보 순위와 성별 비율

이번 2008년 국회의원 선거에서 정당은 비례대표 국회의원 후보자를 추천하게 되었다. 정당은 이외에도 비례대표 시 · 도의회의원 선거에서와 마찬가지로 2006년 지방선거부터 새롭게 신설된 비례대표 구 · 시 · 군의회의원 선거에서도 비례대표 후보자 명부를 제출하고 있어서, 정당이 비례대표 국회의원 입후보자를 내세울 때는 후보자 중 100분의 50 이상을 여성으로 추천하되 그 후보자 명부 순위의 매 홀수에는 여성을 추천하도록 하고 있다.

그리고 임기만료에 의한 지역구 국회의원 및 지역구 지방의회의원(지역구 시 · 도의원 및 지역구 자치구 · 시 · 군의원을 말함) 선거의 후보자를 추천하는 경우, 전국 지역구 총수의 100분의 30 이상을 여성으로 추천하도록 노력하여야 한다고 규정하고 있다. 여성 후보의 추천비율과 관련하여 선거에서 여성 후보자를 추천한 정당에 대해서는 정치자금법 제26조(공직후보자 여성추천보조금)의 규정에 의하여 보조금이 지급된다.

공직후보자 여성추천보조금은 최근 실시한 임기만료에 의한 국회의원 선거의 선거권자 총수에 100원을 곱한 금액을 여성추천보조금의 배분, 지급 기준에 따라 후보자등록 마감일 후 2일 안에 지급한다. 공직후보자 여성추천보조금의 지급기준은 여성 후보자를 전국 지역구 총수의 100분의 30 이상 추천한 정당이 있는 경우에는 여성 후보자 추천보조금 총액의 100분의 50은 지급 당시 정당별 국회 의석수의 비율에 따라 배분, 지급한다. 나머지 잔여분은 최근 실시한 임기만료에 의한 국회의원 선거의 득표수 비율에 따라 배분, 지급한다.

그러나 전국 지역구 총수의 100분의 30 이상 추천한 정당이 없는 경우, 여성 후보자를 100분의 15 이상 100분의 30 미만 추천한 정당에는 총액의 100분의 50을 앞의 기준에 따라 배분한다. 그리고 100분의 5 이상 100분의 15 미만을 추천한 정당에는 총액의 100분의 30을 앞의 기준에 따라 배분한다.

2008년 총선에서 여성 후보자의 비율은 지역구 전체 후보자 1,113명 중에서 132명으로 11.9%를 기록하고 말았다. 각 정당별 여성 후보자의 비율을 살펴보면 통합민주당은 7.6%, 한나라당은 7.3%, 자유선진당은 2.1%에 불과하다. 주요 정당 중에서 여성 후보자의 비율이 가장 높은 정당은 민주노동당의 44.7%로 다른 정당과 비교하여 압도적으로 높게 나타나고 있다.

이러한 결과는, 국회의원 선거에서 전국 지역구 총수의 100분의 30 이상을 여성으로 추천하도록 노력하여야 한다고 규정하고 여성 후보의 추천비율과 관련하여 선거에서 여성 후보자를 추천한 정당에 대하여 공직후보자 여성추천보조금을 지급하고 있음에도 불구하고, 민주노동당 이외의 정당에서는 거의 지키지 않고 있음을 보여주는 것이라고 할 수 있다.

2008년 국회의원 선거에서 통합민주당과 한나라당은 100분의 5 이상 100분의 15 미만을 추천한 정당 기준에 머무르고 있다. 이러한 공

표 5. 2008년 총선에서 정당별 여성 후보자의 비율

	여성 후보자 수	전체 후보자 수	여성 비율(%)
통합민주당	15	197	7.6
한나라당	18	245	7.3
자유선진당	2	94	2.1
민주노동당	46	103	44.7
창조한국당	0	12	0.0
친박연대	2	50	0.4
진보신당	9	34	26.5
평화통일가정당	37	245	15.1
직능연합당	1	2	50.0
무소속	2	124	1.6

직선거법의 규정에도 불구하고 여성 후보자 추천비율이 지켜지고 있지 않은 이유는 이 규정이 강제조항이 아니라 권고조항이므로 각 정당이 당내 사정과 선거전략상 무시하고 있기 때문이다.

다음으로는 비례대표 후보자의 여성 추천 순위 상황을 살펴보기로 한다. 앞에서 설명한 바와 같이 국회의원 선거에서 정당은 비례대표 국회의원의 후보자 명부 제출시, 후보자 중 100분의 50 이상을 여성으로 추천하고 그 후보자 명부 순위의 매 홀수에는 여성을 추천하도록 되어 있다.

그럼 지난 2004년 총선과 2008년 총선의 비례대표 후보자의 여성 추천 순위 상황과 비율을 살펴보기로 한다. 2004년의 경우 새천년민주당, 열린우리당, 민주노동당은 비례대표 후보자의 여성 추천 비율이 50%를 상회하고 있다. 2008년 총선에서 비례대표 후보자의 여성 추천 비율을 50% 이상으로 유지한 정당은 자유선진당, 민주노동당, 친박연대 등이다.

표 6. 2004년 총선에서 비례대표 순위의 성별 현황

정당	한나라당	새천년 민주당	열린 우리당	자민련	민주 노동당	기타(후보자 수)
규정 대로	1~40 순위	1~10, 13~17, 19~22, 25순위	1~25 순위	2, 4, 7, 8, 10, 12, 13, 15 순위	1~16 순위	구국총연합(2) 사회당(1)
규정 위반	41~43 순위	11, 12, 18, 23, 24, 26 순위	26~51 순위	1, 3, 5, 6, 9, 11, 14순위	–	국민통합21(4) 가자희망2080(6) 노년권익보호당(3) 녹색사민당(6) 공화당(2) 민주화합당(1) 기독당(14)
여성 비율	48.8%	57.7%	51.0%	33.3%	50.0%	–

표 7. 2008년 총선에서 비례대표 순위의 성별 현황

정당	통합 민주당	한나라당	자유 선진당	민주 노동당	창조 한국당	친박 연대	기타(후보자 수)
규정 대로	1~30 순위	1~40 순위	1~20 순위	1~10 순위	2, 4, 5~7, 10, 12순위	1, 2, 5~14 순위	진보신당(11) 한국사회당(2)
규정 위반	31순위	41~49 순위	–	–	1, 3, 8, 9, 11 순위	3, 4, 15 순위	국민실향안보당(4) 기독당(10) 문화예술당(7) 시민당(1) 신미래당(1) 직능연합당(4) 평화통일가정당(13)
여성 비율	48.38%	48.97%	50.0%	50.0%	25.0%	50.0%	–

그러나 비례대표 후보자의 순위 결정에서 홀수에 여성을 추천한 정당은 2004년 총선에서는 민주노동당이 유일하게 이 규정을 지키고 있을 뿐이다. 2008년 총선에서는 민주노동당과 자유선진당이 여성 후보를 매 홀수에 추천한 것으로 나타났다. 통합민주당과 한나라당은 비례대표 후보자의 순위 추천에서 앞 순위에서는 홀수 여성 배정을 지키고 있으나 후반 순위에서는 지키지 않은 것으로 나타났다.

결국 2008년 총선에서 정당이 비례대표 국회의원 입후보자를 내세울 때 후보자 중 100분의 50 이상을 여성으로 추천하고, 그 후보자 명부 순위의 매 홀수에는 여성을 추천하도록 한 선거법 규정은 제대로 지켜지지 않고 있는 것으로 나타났다.

2008년 총선에서 주요 정당이 상위 순위 홀수에 여성을 추천한 결과, 한나라당과 통합민주당은 모두 홀수에 여성이 당선되었다. 그리고 전체 당선자 중에서 여성 의원의 비율은 41명으로 전체 의원의 13.7%로 나타났다. 18대 총선에서 여성 의원의 지역구 당선수는 14명으로, 2000년 16대 총선에서 6명, 2004년 17대 총선에서 10명과 비교하여 증가한 것으로 나타났다.

4. 투표참여자 우대제도 도입

1) 도입배경과 내용

최근 한국 선거에서는 투표율이 지속적으로 감소되어 왔다. 안정적인 선거제도의 도입과 민주적인 발전에도 불구하고 현대 민주주의는 투표율(turnout) 하락이라는 딜레마에 빠져 있는 것이다. 정치적인 대표성을 강화하고 효과적인 민주적 제도를 도입하고자 했던 대의민주주의는 이처럼 국가의 주인이라 할 수 있는 시민의 참여 감소, 특히 투표율 하락이라는 위기에 직면하게 되었다.

이러한 투표율 하락현상은 한국만의 독특한 현상은 아니다. 서구 유럽국가에서도 1960년대 이후 투표율은 지속적으로 감소하는 현상이 공통적으로 나타나고 있다. 한국의 투표율 감소에는 사회적 유동성의 증가, 정당일체감의 약화, 정치적 효능감 저하와 정치적 불신과 무관심의 증대가 주요한 원인으로 지적되어 왔다. 그 밖에 투표 이외의 정치참가 방법이나 수단이 확대되면서 투표참가는 감소하고 있다는 주장이 제기되고 있기도 하다.

이렇게 하락하는 투표율을 방치할 경우 민주주의 구현에 심각한 위기를 초래할 수 있다는 정치권과 여론의 공감대가 형성되었고, 특단의 대책이 마련되어야 한다는 필요성이 제기되어 국회정치개혁특별위원회에서 논의가 시작되었다. 결국 2008년 2월 26일 공직선거법 개정이 이루어짐에 따라 투표참여자 우대제도가 법제화되었다.

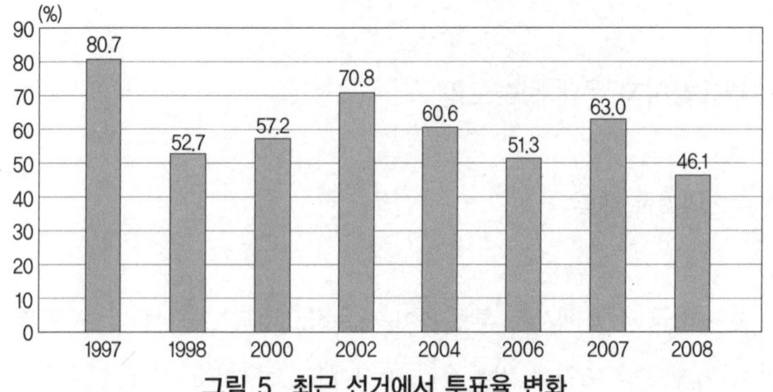

그림 5. 최근 선거에서 투표율 변화

구체적으로 공직선거법 제6조(선거권 행사의 보장) 제2항이 신설되었다. 신설된 내용을 살펴보면, 각급 선거관리위원회(읍 · 면 · 동 선거관리위원회는 제외한다)는 선거인의 투표참여를 촉진하기 위하여 교통이 불편한 지역에 거주하는 선거인 또는 노약자 · 장애인 등 거동이 불편한 선거인에게 교통편의를 제공하거나, 투표를 마친 선거인에게 국 · 공립 유료시설의 이용요금을 면제 · 할인하는 등의 필요한 대책을 수립 · 시행할 수 있다고 명시하였고, 투표참여자 우대제도를 실시하기 위해서는 공정한 실시방법 등을 정당 · 후보자와 미리 협의하여야 한다고 규정하였다.

〈투표참여자 우대제도의 내용과 투표확인증〉

선거법 개정이 확정된 이후 중앙선거관리위원회는 문화체육관광부, 문화재청, 행정안전부 등 관계 행정기관과 협의를 거쳐 투표자에게 박물관, 미술·과학관, 유적지, 공영주차장 등 약 1,500개 국·공립 유료 시설의 이용요금을 면제 또는 할인해 주도록 하였다. 다만 국립중앙박물관 등은 2008년 5월 1일부터 실시하는 입장 무료화 계획으로 사용기간을 4월 30일까지로 한정하게 되었다.

실제로 이번 2008년 총선에서 투표소(부재자 투표소 포함)에서 투표를 마친 선거인에게 2008년 4월 9일부터 2008년 4월 30일까지 국·공립 유료시설을 이용할 때 사용할 수 있는 투표확인증을 제시하여 면제 또는 2천 원 이내의 할인을 받을 수 있도록 하였다.

이에 따라 2008년 총선에서 중앙선거관리위원회는 약 3억 원 정도의 예산으로 투표확인증을 인쇄·배부하였다. 그리고 정책홍보를 위해 2,700만 매의 홍보전단을 각 세대에 발송하였고 미디어를 통해서도 다양한 홍보를 실시하였다. 그러나 투표율은 46.1%로 역대 최저 투표율을 기록하여 별 효과를 거두지 못하게 되었다.

2) 시행 결과와 문제점

2008년 총선에서 최초로 도입된 투표참여자 우대제도는 투표율 제고에 별 효과를 내지 못하고 말았다. 투표율이 감소한 이유는 유권자의 정치적 무관심의 증대나 정치적 유효성 감각의 약화, 개인적인 요인 등이 복합적으로 작용한다. 그러나 결과적으로 투표확인증 제도는 수억 원의 막대한 예산과 2,700만 매에 달하는 정책홍보 전단지 인쇄·발송 비용 등에 투입된 비용에 비해 효과는 그다지 크지 않은 것

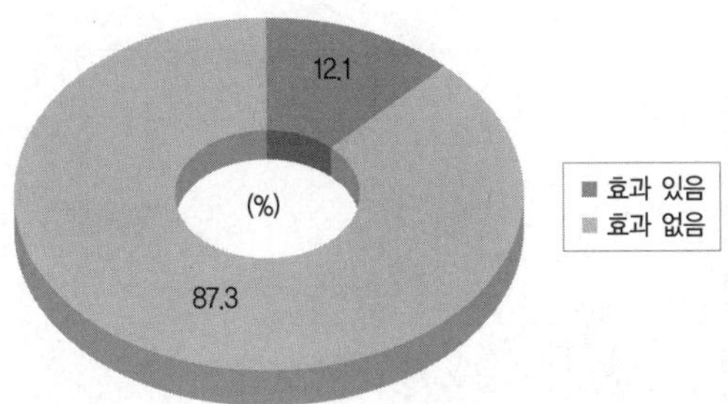

그림 6. 2008년 총선에서 투표참여자 우대제도에 대한 유권자 평가
출처 : 중앙선거관리위원회, 『제18대 국회의원선거 유권자 의식조사 결과』(2008).

으로 평가되고 있다.

2008년 2월에 선거법이 개정되고 4월에 제도가 전면적으로 도입됨으로써 준비하는 데 절대적인 시간이 부족하였다는 점도 문제점 가운데 하나였다. 국 · 공립 유료시설을 무료 또는 할인 받기 위해서는 관련 법규 및 조례의 개정이 필요하다. 그러나 시행시기가 촉박하여 현실적으로 법규 및 조례 개정이 어려워 자치단체의 협조 아래 우선 시행하게 되었다. 따라서 조례개정 사항은 지방자치단체별 개정의지 및 협조 정도에 따라 자치단체 간 수혜의 형평성 문제를 일으키게 되었다.

또한 협의 과정에서 국립중앙박물관과 그 소속 지역박물관 등 일부 시설은 선거 당일에 한하여 이용이 허용되었다. 게다가 서울 도심의 5대 궁궐은 재정수입 감소 및 문화재 훼손 등을 이유로 협의대상에서 제외되었다가, 선거 이후 투표확인증 사용이 불가능하다는 언론보도 및 민원발생으로 4월 11일부터 서울 도심의 5대 궁궐에서는 이용이 가능하게 되었다.

그리고 공영주차장은 민간에 위탁하는 시설이 많아 다수의 시설이

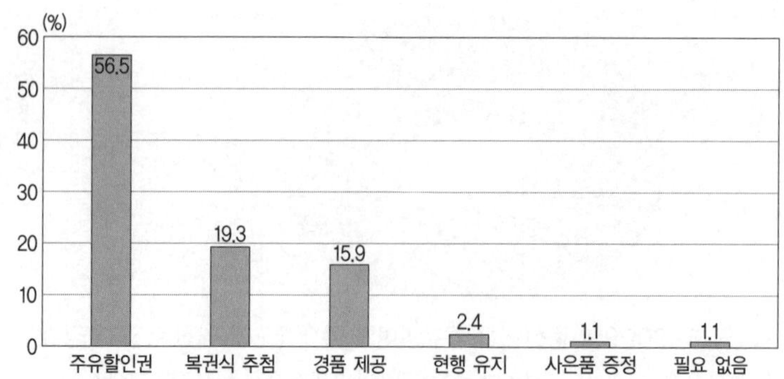

그림 7. 유권자가 기대하는 투표참여자 우대제도

출처 : 중앙선거관리위원회, 『제18대 국회의원선거 유권자 의식조사 결과』(2008).

제외되었으며, 사용기간이 지방자치단체에 따라 달라서 이용시설이 축소되었다. 공영주차장을 제외한 대다수 국 · 공립 유료시설이 65세 이상은 이미 면제대상으로 되어 있고, 공영주차장의 경우 20대 젊은 층은 차량소유 비율이 낮아 효용성 측면에서 한계를 가지고 있었다.

이러한 문제점 때문에 유권자의 반응도 그다지 높지 않아서 투표참여자 우대제도가 효과가 있다고 평가하는 유권자는 12.1%에 불과한 것으로 나타났다.

투표참여자에게 물질적 · 금전적 보상을 제공하자는 논의는 오래전부터 이루어져 왔다. 예를 들면 재보궐선거에 참여할 때 지하철표, 식권, 문화상품권 또는 영화표 등을 제공하는 것이었다. 또한 공무원이나 공기업 채용 때 투표참여 여부를 일정 부분 반영하는 방안도 제기되었다. 공직선거에 입후보하는 사람의 투표참여 여부를 확인하여 공개하는 제도의 도입도 검토되었다. 선출직 공직에 진출하려는 사람과 공무원이 되고자 하는 사람의 경우 일정 수준 이상의 시민의식이 전제되어야 한다는 차원에서 고려되었다(박명호, 2005).

실제로 지방 단위의 재보궐선거에서 투표자 인센티브 제도는 부분적으로 도입·실행되었다. 우선 1999년 울산 동구청장 선거에서 경품행사를 개최한 사례가 있으며 이때의 투표율은 56.3%를 기록하였다. 울산 동구의 경우, 보궐선거에 29인치 TV, 김치냉장고, 전기밥솥 등 10개의 가전제품을 경품으로 내걸었다. 그리고 2000년 9월 전국에서 동시에 지방선거가 치러진 48개 지역 중 충북 진천군은 국내 선거사상 처음으로 선거참여 포상금을 내걸었다. 충북 진천군 선거관리위원회는 이날 치러진 진천 1·2선거구 도의원 보궐선거에서 최고 투표율을 보이는 읍·면에 주민 숙원사업비 2천만 원을 지급하기로 했던 것이다.

다른 사례로는 2005년 4·30 재보궐선거에서 경기도 성남시 중원구 등 일부 선거구에서는 투표율에 따른 소년·소녀 가장 돕기 행사를 마련하였다. 투표율이 40%를 넘으면 소년·소녀 가장 한 명당 16만원, 30%대는 11만 원씩 지급한다며 유권자들의 참여를 호소하기도 하였다. 또한 3대 이상 가족이 모두 투표한 가정에 포상금을 준다며 관심을 불러일으키려는 지역도 있었다.

2006년 10·25 재보궐선거에서도 '투표 인센티브' 제도가 도입되었다. 인천 남동(을) 국회의원 보궐선거에서는 인천시 선거관리위원회가 투표율을 높이기 위해 이 지역 백화점에 투표확인증을 가져가면 물품을 구매할 때 20~30% 할인을 받을 수 있게 하는 등의 인센티브 제도를 도입했다.

외국에서 투표 인센티브 제도를 실시하고 있는 나라로는 이탈리아, 러시아 등이 있다. 이탈리아는 하원의원선거법 제116조 및 제118조에서 투표 인센티브 제도를 규정하고 있다. 이탈리아 총선의 경우, 투표소까지 왕복하는 국영철도 요금을 70%까지 할인해 주는 제도를 실시하고 있다. 그리고 해외 근로자가 투표하기 위해 귀국하는 경우에 국경 내에서부터 투표지까지 왕복철도를 무상으로 이용하도록 편의를 제공하고 있다. 국가공무원, 군인 및 지방자치단체 공무원이 투표를 위하여 근무지를 벗어나 다른 구 · 시 · 군으로 가는 경우에는 재무부장관이 재무부령으로 정하는 범위 안에서 여비 및 근무수당을 지급한다. 동시에 투표권 카드에 도장을 찍어오면 법적으로 3시간 휴무를 인정하고 있다.

러시아의 야쿠티아 자치공화국에서는 자동차 복권 및 공공요금을 150루블(6,300원 정도) 할인해 주기도 한다. 블라디보스토크 선거관리위원회에서는 지방선거에 경품을 제공하기도 하였다.

일본의 투표자 우대제도는 민간 중심의 '선거세일' 형태로 이루어지고 있다. 일본의 투표자 우대제도는 한국과는 달리 투표확인증의 활용용도를 확대시킨 형태로 정착되고 있다. 그리고 선거관리위원회, 시민단체 · NGO, 상점 또는 상가협회 등이 상호 협력하여 이루어지고 있다. 각 시군 선거관리위원회는 투표소에 온 유권자에게 배부할 투표확인증을 준비한다. 청년회의소와 NGO 단체는 '선거세일'의 필요성을 역설하고 이를 기획, 홍보하는 역할을 담당한다. 또한 '선거세일'에 참여할 상점이나 상가협회를 모집한다. 마지막으로 지역의 상가나 상점협회는 투표확인증을 지참하고 상점에 오는 유권자에게 할인혜택과 경품 등을 제공하고 있다.

이와 같은 투표참여를 매개로 일정 부분 금전적 보상을 제공하는 것은 투표참여 제고를 위한 고육지책의 일환일 것이다. 그만큼 투표율 하락이 심각하고 이 문제를 해결하는 것이 무엇보다도 중요하기 때문이다. 투표참여자 우대제도 도입에 대해 재정적인 부담이 증가하고 국민의 신성한 참정권을 상품화한다는 비난도 존재한다. 그렇지만 일단 도입된 제도의 정착을 위하여 관련기관, 시민단체, 정당 등과의 상호 긴밀한 협조와 좀 더 실효성 있는 우대제도의 도입이 요구된다.

현행 투표참여자 우대제도가 더욱더 실효성을 가지려면 국·공립 유료시설이나 공영주차장에 대한 할인·면제 혜택을 좀 더 확대해야 하고, 수혜대상에 전체 유권자가 광범위하게 포함될 수 있는 우대방안이 강구되어야 한다. 2008년 총선 이후 실시한 여론조사(월드리서치, 2008. 5.)에서 유권자들은 주유할인권을 가장 선호하는 우대제도로 선택했다. 그리고 소득세 연말정산 때 소득공제 혹은 세액공제 우대제도나, 공무원 또는 공기업 채용 때 투표참여 여부를 일정 부분 반영하는 방안 등은 20대 유권자에게 실효성 있는 방안으로 제기되고 있다.

5. 사이버 선거 규제와 2008년 총선

한국에서는 2002년 대통령 선거에서 인터넷 커뮤니티 '노사모'의 동원화가 기대 이상의 효과를 초래하면서 인터넷이 유효한 선거운동의 수단으로 인식되었다. 이와 유사한 효과가 2004년 17대 국회의원 선거에서도 대통령의 탄핵문제를 둘러싸고 찬성과 반대 진영이 인터넷 포털사이트를 공론장으로 활용하면서 나타나 선거 결과에도 적지 않은 영향을 미치게 되었다. 특히 젊은 유권자의 정치적 동원화가 높아지고 대통령 탄핵논쟁이 가열된데다, 기성 정당체계의 붕괴와 새로

표 8. 인터넷 선거운동 관련 규제조항

관련 법규 및 가이드라인	내용
공직선거법 제8조의 5 · 6항	인터넷선거보도심의위원회 설치
공직선거법 제10조의 3항	사이버선거부정감시단 설치
공직선거법 제82조의 4 · 5항	정보통신망을 이용한 선거운동 규제
공직선거법 제82조의 6항 및 제261조	인터넷 실명제 시행
공직선거법 제93조의 1항, 제251조 및 제255조의 2항	정당과 후보에 대한 지지 · 반대 표현 규제
선거 UCC 운용 기준	UCC 게시 · 전송 규제

출처 : 장우영(2008).

운 정당 리더십의 등장 등 선거를 앞두고 다양한 변화가 일어나면서 인터넷 선거운동에 대한 관심을 불러일으켰다. 이에 따라 인터넷 선거운동이 저비용 고효율의 정치 커뮤니케이션 수단이라는 인식이 확산되었고, 2007년 대통령 선거와 2008년 총선에서도 인터넷 선거운동은 후보자와 각 정당의 유효한 선거운동의 수단으로 기대를 모으게 되었다.

그러나 이러한 기대는 인터넷 실명제 도입과 UCC를 비롯한 사이버 선거운동에 대한 규제로 인하여 무산되고 말았다. 인터넷 실명제 도입과 UCC를 비롯한 사이버 선거운동에 대한 규제는 인터넷 매개 정치참여의 침체와 정치적 권리 제한이라는 사회적 논쟁을 초래하고 말았다.

공직선거법 제93조에서 탈법방법에 의한 문서 · 도화의 배부, 게시 등의 금지를 규정하고 있는데, 설사 개인 사이에 주고받는 패러디나 UCC 관련물이라도 개인 홈페이지에 올리거나 누군가가 퍼가서 여기저기에 알려지게 되었을 때, 결과적으로는 '후보자를 지지 · 추천하거나 반대하는 내용이 포함되어 있는 사진, 문서, 도화, 녹화테이프, 기

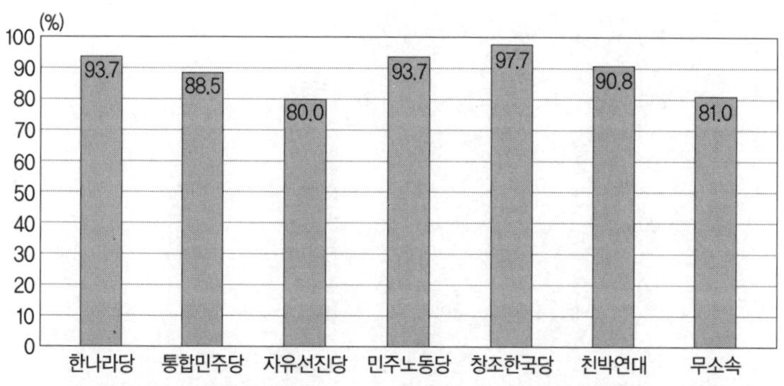

그림 8. 2008년 국회의원 선거에서 후보자 홈페이지 개설 비율

타 이와 유사한 것을 배포, 첩부, 살포, 상영 또는 게시할 수 없다'는 규정에 저촉될 수 있다. 이러한 규정 때문에 공직선거법 제93조 조항 자체가 지나치게 선거운동의 방식을 규제하는 문제 있는 조항으로 비판받게 되었다.

현재 현역 정치인들은 물론이고 예비후보자 등도 개인 홈페이지, 블로그, 인터넷상의 카페 등에 개인적인 홍보공간을 만들어두고 이를 적극적으로 활용하여 선거운동을 전개하고 있다. 인터넷상의 홈페이지, 블로그, 인터넷 카페 등은 후보자의 홍보 수단인 동시에 지지자나 사이트 방문객들과의 상호 커뮤니케이션의 장으로 활용되고 있다. 최근의 선거에서 인터넷 선거운동과 온라인 미디어의 활용은 보편화되고 있는 경향이다. 2008년 국회의원 선거에서 주요 정당의 후보자 중 90% 이상은 선거운동을 위한 자신의 홈페이지를 제작, 운영하고 있다. 자유선진당 후보자와 무소속 후보자의 홈페이지 개설 비율이 80% 이상으로 다른 정당과 차이가 있지만 결코 낮은 비율은 아니다.

인터넷 홈페이지는 거리유세에서 명함 배포 혹은 이메일이나 휴대

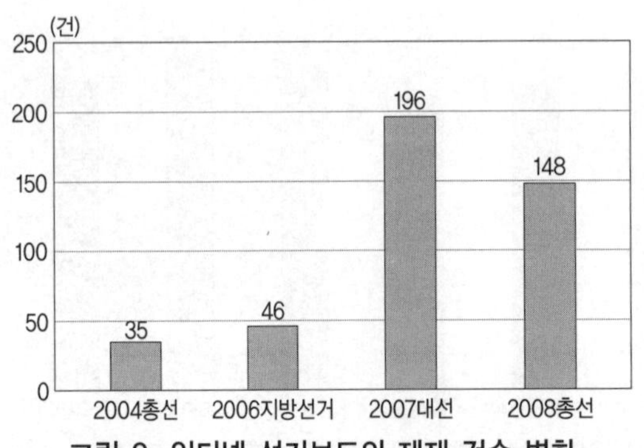

그림 9. 인터넷 선거보도의 제재 건수 변화

폰 문자의 대량 발송과는 달리 관심을 가진 유권자가 그 사이트를 스스로 접속해서 찾아봐야만 그 내용을 확인할 수 있다는 점에서 적극적인 선거운동으로 보기 어려운 측면도 있다. 다시 말해 유권자가 정치적 정보를 얻기 위해서는 직접 그 사이트를 찾아 들어가봐야 한다는 점에서 명함을 뿌리고 다니는 것과는 다른 상황이라고 할 수 있다. 그러나 인터넷을 통한 선거운동에 대한 규정은 아직도 지나치리만큼 엄격하다고 본다(김형준, 2008).

더구나 2006년 12월 22일 '정보통신망이용촉진 및 정보보호 등에 관한 법률' 개정안이 국회를 통과하면서 주요 사이트에 대한 제한적 인터넷 실명제가 도입되었다. 이에 따라 공직선거법 제82조 제6항에서도 인터넷 언론사는 선거운동 기간 중 당해 인터넷 홈페이지의 게시판, 대화방 등에 정당과 후보자에 대한 지지 · 반대의 글을 게시할 수 있도록 하는 경우에는 행정자치부 장관이 제공하는 실명인증 방법으로 실명을 확인받도록 하는 기술적 조치를 하여야 한다고 규정하게 되었다.

결국 2008년 총선에서도 이러한 인터넷 선거운동에 대한 규제와 인터넷 실명제는 인터넷을 이용한 의사표현을 지나치게 규제한다는 논란을 초래하였다. 2007년 대선과 2008년 총선에서 인터넷 선거보도 관련 제재 건수도 이전과 비교하면 증가한 것으로 나타났다. 2008년 총선에서 1,431개 인터넷 언론사 중 게시판 미운영사 등을 제외한 834개 언론사에서 실명제가 실시되었다. 단속활동도 총 7,925개 사이트를 대상으로 실시간 검색 및 단속이 실시되었다. 이러한 단속 결과 총 10,604건을 적발하여 고발 3건, 수사의뢰 5건, 경고 등이 33건, 삭제 10,563건을 조치하였다. 2004년 17대 총선의 13,208건과 비교하여 19.7%가 감소하였으나 적은 숫자는 아니다.

이러한 선거관리위원회의 단속과 규제에 대해 비판적인 입장에서는 인터넷 실명제의 적용대상이 지나치게 광범위하고 모호하여 개인 사생활, 국민의 알 권리, 표현의 자유를 침해하고 있다고 비판하고 있다. 또한 인터넷상 표현의 자유는 광범위하게 허용되어야 하나 댓글 등을 사전 선거운동으로 규제하는 것은 인터넷의 특성을 무시한 과잉규제라는 비판이 제기되었다.

2008년 총선에서 실제로 인터넷 선거운동에 의한 바람이 미약했다는 평가이다. 웹 사이트 분석기업 랭키닷컴에 따르면, 2004년 총선과 비교하여 대부분의 사이트에서 방문자 수가 감소한 것으로 나타났다. 2004년 17대 총선에서의 인터넷을 통한 네티즌들의 활발한 논쟁을 이번 2008년 총선에서는 찾아볼 수 없었다. 이렇게 인터넷 선거운동이 소극적으로 전개된 배경에는 인터넷 선거운동에 대한 규제와 인터넷 실명제의 위력 때문이라고 보고 있다.

인터넷 선거운동에 대한 규제는 선거운동을 위축시키는 결과를 초래할 수 있다. 실제로 2008년 국회의원 선거가 종료되고 실시한 유권자 조사에서는 자유로운 선거운동을 위하여 인터넷 선거운동이 확대되어야 한다는 비율이 18.1%로 나타났다. 이러한 비율은 무시하기 어려운 여론이 될 수도 있다. 향후 비방 · 흑색선전을 제외한 인터넷상의 선거운동을 상시 허용하는 방향으로 제도개선이 필요하고, 이것은 유권자의 선거참여를 활성화시키는 계기가 될 것이다.

6. 맺음말

18대 총선은 2007년 12월에 실시된 대통령 선거 이후 4개월 만에 시행된 까닭으로 여러 가지 문제점을 안고 선거 과정이 전개되었다. 본격적인 선거운동이 시작되기 이전부터 주요 정당의 공천이 계파갈등으로 늦어지면서 정책이슈와 상호 검증 과정이 실종되었다. 더구나 기존의 한국 정당정치의 고질적인 문제점들이 공천 과정과 선거 과정에서 부각되면서 정당정치의 부재가 유권자를 절망적으로 만들었다.

선거관리위원회의 공명선거 감시 및 단속활동에 대해서는 공정하다고 평가하는 유권자가 대부분으로 나타났다. 한국의 선거관리와 관련된 공정성은 매우 높다고 볼 수 있고, 유권자의 투표참여에 긍정적 기여를 하고 있다는 추론이 가능하다. 그러나 선거 과정에서는 후보자 정보에 대해 부족감을 느끼는 유권자가 많게 나타났다. 그러므로 좀 더 효율적인 정보제공 시스템이 마련되어야 할 것이다.

여성 후보자 추천비율과 순위에 관련해서는 공직선거법의 규정에도 불구하고 여성 후보자 추천비율이 지켜지고 있지 않은 것으로 나타났다. 그 이유는 이 규정이 강제조항이 아니라 권고조항이므로 각 정당이 당내 사정과 선거전략상 무시하고 있기 때문으로 생각된다. 제도도입의 목적을 고려한다면 더욱 강제적인 규정준수를 제도화하는 조치가 요구된다.

2008년 총선에서 최초로 도입된 투표참여자 우대제도는 투표율 제고에 별 효과를 내지 못하고 말았다. 현행 투표참여자 우대제도가 좀 더 실효성을 가지려면 국 · 공립 유료시설이나 공영주차장에 대한 할인 · 면제 혜택을 더욱 확대해야 하고, 수혜대상에 전체 유권자가 광범위하게 포함될 수 있는 우대방안이 강구되어야 한다.

또한 이번 국회의원 선거를 통하여 개선되어야 할 선거법 및 선거운동은 네거티브 선거운동이라는 유권자의 의견이 가장 많았다. 또한 선거운동의 자유 확대를 위하여 개선되어야 할 선거법은 상시 선거운동의 허용을 요구하고 있다. 더구나 인터넷 선거운동의 확대에 대하여 유권자는 좀 더 자유로운 허용을 요구하고 있다는 것을 알 수 있다.

참고 문헌

강경태, 2003, "한국 대통령선거 어떤 유권자가 참여하나 : 선거관심도를 중심으로", 『한국정치학회보』 제37집 제1호.

고선규, 2008, "제18대 국회의원선거 투표율 제고방안", 투표참여 제고 토론회 발표논문.

김욱, 2008, "투표율 제고를 위한 과제", 한국정당학회, 2008 춘계학술회의 발표논문.

김형준, 2008, "중앙선거관리위원회의 선거관리 공정성 평가", 한국정치학회 특별학술회의 발표논문.

김형준, 2008, "선거운동 양상과 개선방향 : 제18대 국회의원 선거를 중심으로", 제18대 국회의원선거 평가논문.

김형준, 2008, "중앙선거관리위원회의 공명선거 홍보활동 평가", 한국정치학회 특별학술회의 발표논문.

박명호, 2005, "재보궐선거 투표율 제고방안", 중앙선거관리위원회, 『세계 각국의 재보궐선거제도 이해와 투표율 제고방안』.

이정희, 2008, "제18대 국회의원선거 평가와 정책적 함의", 제18대 국회의원선거 평가논문.

임성호, 2008, "선거관리위원회 단속활동 및 규제의 실효성 : 심층면접을 통한 제18대 국회의원선거의 관찰", 제18대 국회의원선거 평가논문.

장우영, 2008, "인터넷과 선거캠페인 : 17대 대선 UCC 활용을 중심으로", IT정치학회 발표논문.

중앙선거관리위원회, 2008, 『제18대 국회의원선거 유권자 의식조사 결과』.

중앙선거관리위원회, 2008, 『제18대 국회의원선거 총람』.

한정택, 2008, "예비후보자 등록제도의 적용과 평가", 한국정치학회 특별학술회의 발표논문.

Booth, John A., 1995, "Conclusions : Election and the Prospects for Democracy in Central America", ed., Mitchell A. Seligson and John A. Booth, *Elections and Democracy in Central America, Revisited*, Chapel Hill University of North Carolina Press.

16 매니페스토에 대한 학문적 접근 : 내용분석과 측정지표

조진만 · 최준영

1. 머리말

한국에서 매니페스토는 정치개혁 운동의 일환으로 등장하였다(김영래, 2006, 2007; 김욱, 2007; 김재용, 2006; 이현출, 2006a, 2006b, 2007; 최준영, 2008). 이때 매니페스토가 한국 정치의 후진성을 개혁할 수 있는 단초를 제공할 것이라고 주장하는 사람들의 논리는 다음과 같은 선순환적 단계들을 토대로 구성되어 있다. 첫째, 정당이 선거에서 구체성 수준이 매우 높은 공약을 제시할 경우, 다시 말해 정당이 매니페스토를 제시하여 이를 중심으로 선거경쟁을 할 경우 선거의 결과는 유권자가 특정 정당이 매니페스토를 통하여 제시한 정책을 향후 국가정책으로 인정한 것으로 간주된다. 둘째, 집권에 성공한 정당은 선거에서 약속한 매니페스토를 구체적으로 실행하기 위하여 많은 노력

---

* 이 글은 2008년 한국정당학회와 한국지방정치학회가 공동으로 주최한 '제18대 총선 평가와 정당정치의 과제' 학술회의에서 발표하고, 『한국정치외교사논총』 제30집 제1호에 게재된 "매니페스토의 학문적 활용을 위한 소고" 논문의 일부를 발췌하여 재구성한 것이다.

을 기울이게 되며, 집권에 실패한 정당은 여당의 정책이 제대로 집행되는지를 감시하는 역할을 수행하게 된다. 셋째, 여당의 임기가 끝나고 새로운 선거가 시작되는 시점에 유권자들은 여당이 지난 선거에서 약속한 공약을 얼마나 성실히 수행하였는지를 평가하고, 이러한 평가에 기초하여 투표를 하게 된다. 넷째, 매니페스토의 내용과 실행 여부가 다음 선거의 결과를 결정하는 주된 변수가 되는 경우 정당들은 좀 더 좋은 매니페스토를 만들고 실천하기 위하여 노력한다.

이와 같은 과정을 거치면 정치권력을 둘러싼 심각한 갈등과 대립은 정당 간 정책대결이라는 건전한 방향으로 전환되게 된다. 그리고 이러한 노력은 정치 과정 속에서 유권자들의 의견이 더욱 적극적으로 반영되어 나타날 가능성을 높인다. 즉 이것은 매니페스토를 토대로 좀 더 높은 수준의 대의민주주의를 전개할 수 있다는 것으로, 결국 저발전의 늪에 빠져 정체되어 있는 한국 정치의 수준이 매니페스토를 통하여 비약적으로 발전될 수 있다는 점을 의미한다.

물론 이러한 낙관적인 시나리오가 얼마나 실현 가능한가에 대해서는 논란의 여지가 존재한다(김욱, 2006; 조진만, 2008; 최준영, 2008). 그럼에도 불구하고 2006년 지방선거 때부터 시작된 한국의 매니페스토 운동은 2007년 대통령 선거와 2008년 국회의원 선거에 이르기까지 매우 활발하게 전개되어 왔다. 이러한 운동의 구체적 형태는 크게 두 가지로 집약될 수 있다. 첫째, 정당에게 매니페스토를 제출하라고 요구하는 형태가 있다. 선거에 임하는 정당이 자신의 공약을 구체적으로 기술한 매니페스토를 유권자에게 제시하지 않으려고 하는 유인은 매우 다양할 수 있다. 예를 들어 그러한 매니페스토를 만드는 데 많은 비용이 들어간다는 점이나, 너무 구체적인 공약을 제시하는 것은 반대세력을 형성시킴으로써 선거에 불리하게 작용할 수 있다는 점 등이 정당으로 하여금 매니페스토를 제시하지 않으려고 하는 주된 유인으로 작용할 수 있다. 이처럼 비협조적인 정치권에 압력을 가할 목적으로 많은 시민단체들은 언론매체와 연계하여 매니페스토와 정책선거의 중요성을 강조해 왔다. 또한 중앙선거관리위원회도 매니페스토 운동에 동참하여 매니페스토실천협약식과 같은 행사를 실시해 왔다. 이러한 노력의 결과 2007년 대통령 선거와 2008년 국회의원 선거에 참여한 대부분의 주요 정당들은 자신들의 정책공약집인 매니페스토를 유권자에게 제시하였다.

매니페스토 운동의 두번째 형태는 매니페스토에 대한 평가와 연계되어 있다. 2006년 지방선거에서는 스마트(SMART)와 파인(FINE) 지표가 개발되어 후보자들이 제시한 매니페스토가 그 구체성이나 실현가능성 등과 같은 형식적 측면에서 과거의 선심성 공약과 얼마나 차이를 보이고 있는지가 평가의 주된 핵심으로 등장하였다. 그러나 그후 2007년 대통령 선거와 2008년 국회의원 선거에서 매니페스토에 대한 평가는 형식적 측면과 내용적 측면이 함께 고려되기 시작하였다. 이는 유권자들이 실재로 정책투표를 하기 위해서는 매니페스토의 형식보다는 내용이 더 중요할 수밖에 없다는 인식에 기인한 것으로 보인다. 결국 매니페스토에 대한 평가는 유권자들이 정책투표를 할 수 있도록 지원한다는 성격을 강하게 띠고 있다고 하겠다.

이처럼 한국에서 매니페스토는 철저히 정치개혁 운동의 관점에서 기원하였고, 또 이해되어 왔다고 할 수 있다. 그러나 각 정당이 선거때마다 유권자들에게 제시하는 매니페스토는 정치적 문건(political text)으로서 매우 중요한 학술적 의의 또한 지니고 있다. 하지만 지금까지 한국의 정치학계에서 매니페스토가 지니고 있는 학술적 의의에 대한 진지한 고민과 논의는 상대적으로 부족하였다. 이에 이 글은 최근 본격적으로 제시되기 시작한 한국의 매니페스토가 어떠한 학술적 의의를 지니고 있는지를 논하는 데 주된 목적을 두고 있다. 구체적으로 이 글은 서구에서 논의되고 있는 매니페스토 연구들을 소개함으로써 정치적 문건으로서 매니페스토가 어떠한 학문적 의의를 지니고 있는지를 논의하고 있다. 그리고 이를 통하여 향후 한국의 매니페스토 연구의 방향성을 제시하고 있다.

이 글은 다음과 같이 구성되어 있다. 먼저 2절에서는 서구의 정치학계에서 매니페스토가 어떤 방식으로 측정되고 있는지를 소개하고 있다. 다음 3절에서는 매니페스토를 통하여 정당, 투표자, 정부, 의회의 이데올로기 측정지표를 어떻게 산출할 수 있는지에 대하여 소개하고 있다. 결론 부분으로 4절에서는 한국에서 매니페스토 데이터의 구축과 활용방안 등에 대하여 제안하고 있다.

2. 매니페스토 측정방법 : 내용분석

서구 민주국가들의 매니페스토에 대한 측정은 1979년 버지(Ian Budge)와 그의 동료들이 주축이 되어 만든 '매니페스토연구그룹(MRG, Manifesto Research Group)'에 의하여 진행되었다. 이 그룹은 1989년 연구대상을 대폭 확장하면서 이름을 '비교매니페스토프로젝트(CMP, Comparative Manifestos Project)'로 개칭하여 현재에 이르고 있다. OECD 24개국과 동유럽 24개국, 그리고 멕시코, 이스라엘,

북아일랜드, 스리랑카 등 총 52개 국가들을 대상으로 선거에 참여하였던 정당들이 유권자에게 제시한 매니페스토 문건이 이들의 연구대상을 구성하고 있다. 현재 OECD 국가들은 제2차 세계대전 이후부터 1998년까지, 그리고 동유럽 국가들은 1990년부터 1998년까지 분석이 완료되어 데이터가 공개되어 있는 상황이다.

이들은 각 정당들이 제시한 매니페스토에 대한 내용분석을 수행하여 데이터셋을 구축하였는데, 그 구체적인 절차를 살펴보면 다음과 같다(Budge et al., 1987, 2001; Klingemann et al., 2006; Volkens, 2001). 우선 이들은 매니페스토를 구성하고 있는 각각의 문장(*sentence*)을 분석의 단위로 삼았다. 만약 하나의 문장 안에 복수의 내용이 포함된 경우는 그 문장을 쪼개어 복수의 유사문장(*quasi-sentence*)으로 나누었다. 그리고 각각의 문장을 〈표 1〉에 정리되어 있는 총 7개의 정책 영역, 54개의 범주 중 단 하나의 범주를 선택하여 코딩하였다. 예를 들어 매니페스토를 구성하고 있는 어떤 하나의 문장이 시장규제에 대하여 우호적인 내용을 담고 있다면 Economy 영역에서 Market Regulation : Positive(403)로 측정하였고, 유럽공동체에 대하여 부정적인 내용을 담고 있는 경우에는 External Relations 영역에서 European Community : Negative(110)로 측정하였다. 최종적인 데이터셋에서는 각각의 범주에 몇 개의 문장이 포함되었는지를 세는 것으로 측정된다.

이와 같은 내용분석에 기반을 두고 우리는 각 정당의 매니페스토에 포함된 모든 진술이 세부 범주별로 얼마만큼의 비율을 차지하고 있는가를 파악할 수 있다. 또한 이 같은 내용분석은 매니페스토를 그 길이에 상관없이 표준화시킨 상황 속에서 정당의 이데올로기를 측정할 수

표 1. 매니페스토 코딩 범주

영역	범주(범주번호)
External Relations	Foreign Special Relationships : Positive(101), Foreign Special Relationships : Negative(102), Anti-Imperialism : Positive(103), Military : Positive(104), Military : Negative(105), Peace : Positive(106), Internationalism : Positive(107), European Community : Positive(108), Internationalism : Negative(109), European Community : Negative(110)
Freedom and Democracy	Freedom and Human Rights : Positive(201), Democracy : Positive(202), Constitutionalism : Positive(203), Constitutionalism : Negative(204)
Political System	Decentralization : Positive(301), Centralization : Positive(302), Governmental and Administrative Efficiency : Positive(304), Political Corruption : Negative(304), Political Authority : Positive(305)
Economy	Free Enterprise : Positive(401), Incentives : Positive(402), Market Regulation : Positive(403), Economic Planning : Positive(404), Corporatism : Positive(405), Protectionism : Positive(406), Protectionism : Negative(407), Economic Goals(408), Keynesian Demand Management : Positive(409), Productivity : Positive(410), Technology and Infrastructure : Positive(411), Controlled Economy : Positive(412), Nationalization : Positive(413), Economic Orthodoxy : Positive(414)
Welfare and Quality of Life	Environmental Protection : Positive(501), Culture : Positive(502), Social Justice : Positive(503), Welfare State Expansion(504), Welfare State Limitation(505), Education Expansion(506), Education Limitation(507)
Fabric of Society	National Way of Life : Positive(601), National Way of Life : Negative(602), Traditional Morality : Positive(603), Traditional Morality : Negative(604), Law and Order : Positive(605), Social Harmony : Positive(606),

	Multiculturalism : Positive(607), Multiculturalism : Negative(608)
Social Groups	Labour Groups : Positive(701), Labour Groups : Negative(702), Agriculture and Farmers : Positive(703), Middle Class and Professional Groups : Positive(704), Underprivileged Minority Groups : Positive(705), Non-economic Demographic Groups : Positive(706)

참고 : 1989년에 다음과 같은 두 개의 범주가 추가되었다. Marxist Analysis : Positive(415), Sustainable Development : Positive(416). 동유럽 국가들의 매니페스토를 측정하기 위한 범주는 이 표에 제시되어 있는 54개 이외에도 개별 동유럽 국가들의 특성을 감안한 81개의 추가범주가 존재한다.

있는 지표를 만들 수 있게 해준다. 게다가 이러한 수적 조작화를 통하여 다수의 국가들과 다양한 시기를 대상으로 정당의 이데올로기를 적실성 있게 비교연구(통계분석)할 수 있는 길이 열리게 되었다.

다만 이러한 매니페스토 측정범주에서 한 가지 유의해야 할 점은 모든 범주가 양방향적(*bipolar*) 성격을 지니고 있는 것은 아니라는 것이다. 우리는 매니페스토 측정범주 중 양방향적 성격을 지니고 있는 범주의 예로 Welfare State Expansion(504) 대 Welfare State Limitation(505), 그리고 Military : Positive(104) 대 Military : Negative(105) 등을 목격할 수 있다. 그리고 이런 범주들을 사용할 경우 특정 정책영역에서 각 정당들이 서로 어떻게 분열 또는 수렴하고 있는지를 분명하게 규명해 낼 수 있다. 그러나 매니페스토 측정범주들은 Environmental Protection : Positive(501)나 Freedom and Human Rights : Positive(201) 등과 같이 일방향적(*unipolar*) 성격을 띠고 있는 범주도 포함하고 있다. 이것은 '환경보호' 나 '자유와 인권' 등과 같은 범주에서는 정당이 부정적인 입장을 취할 가능성이 전혀 없다는 판단 아래 측정단계에서부터 이를 원천적으로 배제하고 있다는 것을 의미한다. 그리고 이러한 측정방식으로 인하여 매니페스토연구그룹(MRG)/비교매니페스토프로젝트(CMP)의 데이터의 경우 정당들의 입장을 제대로 측정하지 못하는 측면이 있다고 비판을 받기도 한다(Franzmann and Kaiser, 2006, pp.165~166; Volkens, 2007).

그러나 버지(Budge, 2001)는 이러한 일각의 비판은 이론적으로 근거가 없는 것이라고 반박한다. 그에 따르면 어떤 이슈는 그 이슈 자체의 성격상 공개적으로 반대하기가 불가능한 측면이 존재한다. 환경보호, 자유와 인권, 그리고 민주주의 등과 같은 이슈들이 바로 이러한 이슈에 속한다. 예를 들어 환경보호를 위한 노력이 경제개발을 저해한다고 믿고 있는 보수적 성향의 정당이 존재한다고 가정해 보자. 이 정당의 경우 이러한 믿음에도 불구하고 매니페스토에 환경보호에 대한 반대를 공개적으로 천명하지 않을 것이다. 왜냐하면 만약 그렇게 한다면 환경보호가 일반적으로 옳은 것으로 받아들여지고 있는 상황에서 그 정당은 선거에서 매우 불리해질 가능성이 높기 때문이다. 그러므로 이와 같은 상황에서 이 정당이 선택할 수 있는 최선의 방법은 매니페스토에서 환경보호에 대한 내용은 최소화하고 경제개발에 관련된 내용은 최대화하는 것이라고 할 수 있다. 결국 버지는 정당의 입장은 특정 이슈에 대하여 찬성하였느냐 반대하였느냐를 기준으로 살펴보아야 할 개념이 아니라고 주장한다. 이것은 정당의 입장은 자신의 매니페스토에 특정 이슈에 대한 내용을 얼마나 할애하였고, 또 이를 통하여 얼마나 그 이슈를 부각시키고 있는가로 측정되어야 한다는 것을 의미한다. 즉 매니페스토에서 어떤 정책영역이 얼마만큼 많이 언급되는가를 살펴보면 그 정당이 어떠한 입장을 지니고 있는지를 분명하게 파악할 수 있다는 논리이다. 매니페스토연구그룹(MRG)/비교매니페스토프로젝트(CMP) 데이터의 경우 각 범주에 매니페스토의 문장이 얼마나 자주 할애되고 있는지 그 수를 계산하고 있다는 점에서 정당의 입장에 대한 좀 더 타당한 측정을 수행하고 있는 것으로 평가할 수 있다(Benoit and Laver, 2007).

지금까지 어떠한 절차를 거쳐 매니페스토 데이터가 만들어지는지에 관하여 서술하였다. 그렇다면 이러한 매니페스토 데이터가 정당, 투표자, 정부, 그리고 의회의 이데올로기를 측정하는 데 구체적으로 어떻게 활용됨으로써 정치학의 지평을 넓혀가고 있는지에 대하여 알아보도록 하자.

3. 매니페스토 측정지표의 개발

매니페스토에 기술된 진술내용의 전체를 측정할 수 있는 범주들이 설정되고, 이를 토대로 매니페스토 데이터셋이 마련된 상태에서 제기된 중요한 문제는 어떻게 정당의 이데올로기를 측정할 것인가 하는 점이었다. 그리고 이 문제와 관련하여 정당의 이데올로기를 측정할 수 있는 범주들을 어떻게 설정할 것인가 하는 점과 정당의 이데올로기를 어떻게 수치화할 것인가 하는 문제가 중요하게 대두되었다. 먼저 정당의 이데올로기를 측정할 수 있는 범주들을 어떻게 설정할 것인가의 문제와 관련하여 이 분야의 학자들은 주로 좌 · 우 이데올로기의 속성을 규명하기 위한 노력을 경주하였다. 그 이유는 좌 · 우 이데올로기의 경우 제2차 세계대전 이후 서구 민주국가들에서 나타난 가장 중요한 균

표 2. 매니페스토상 좌파와 우파의 이데올로기 범주

우파 범주(범주번호)	좌파 범주(범주번호)
Free Enterprise : Positive(401) Incentives : Positive(402) Protectionism : Negative(407) Economic Orthodoxy : Positive(414) Welfare State Limitation(505) Constitutionalism : Positive(203) Governmental and Administrative Efficiency : Positive(304) National Way of Life : Positive(601) Traditional Morality : Positive(603) Law and Order : Positive(605) Social Harmony : Positive(606) Freedom and Human Rights : Positive(201) Military : Positive(104)	Market Regulation : Positive(403) Economic Planning : Positive(404) Protectionism : Positive(406) Controlled Economy : Positive(412) Nationalization : Positive(413) Anti-Imperialism : Positive(103) Military : Negative(105) Peace : Positive(106) Internationalism : Positive(107) Democracy : Positive(202) Welfare State Expansion(504) Education Expansion(506) Labour Groups : Positive(701)

열로 평가되는 상황 속에서(Knutsen, 1988; Lijphart, 1984) 정당은 그 사회의 지배적인 균열을 반영하게 된다(Laver and Budge, 1993; Budge, 1994)는 점을 고려하였기 때문이다.

이 문제와 관련하여 많은 학자들은 매니페스토 데이터를 사용하여 일반적인 차원에서 좌·우 이데올로기 범주를 설정하기 위한 요인분석(*factor analysis*)과 주인자분석(*principal components analysis*) 등을 수행하였다(Bowler, 1990; Budge and Robertson, 1987; Laver and Budge, 1993). 〈표 2〉는 이 중에서 레이버와 버지(Laver and Budge, 1993, pp.20~24)가 매니페스토 데이터셋을 사용하여 밝혀낸 좌파와 우파의 이데올로기적 특성을 규정할 수 있는 각각 13개의 범주를 제시한 것이다. 레이버와 버지의 경우 매니페스토 데이터셋에 제시된 모든 국가와 시기에 대한 분석을 수행하여 좌 · 우 이데올로기적 특성을 규명할 수 있는 범주를 밝혀냈다. 이러한 이유로 이들의 연구는 지금까지 진행된 연구들 중 가장 포괄적인 차원에서 좌 · 우 이데올로기 측정범주를 밝혀낸 것으로 평가되고 있다. 그리고 오늘날 많은 학자들이 이들이 제시한 좌 · 우 이데올로기 범주를 채택하여 정당 이데올로기 측정지표를 산출하고 경험적인 분석을 수행하고 있다.

이와 같이 정당의 이데올로기를 파악할 수 있는 좌우 범주들이 설정된 상태에서 지금까지 개발된 대표적인 정당 이데올로기 측정지표로는 레이버와 버지(Laver and Budge, 1993)의 가감 측정지표(*subtractive measure*), 그리고 김희민과 포딩(Kim and Fording, 1998)의 비율 측정지표(*ratio measure*)가 존재한다. 두 측정지표는 모두 앞서 제시한 26개의 친좌파적 범주와 친우파적인 범주에 대한 매니페스토 진술들이 어떻게 반영되어 있는가를 기준으로 특정 정당의 이데올로기를 측정하고 있다.

구체적으로 ID Left는 특정 정당의 매니페스토에서 좌파적 입장을 옹호한 모든 진술의 비율을, 그리고 ID Right는 특정 정당의 매니페스토에서 우파적 입장을 옹호한 모든 진술의 비율을 의미한다고 할 때 특정 정당의 이데올로기는 다음과 같은 두 가지 방식으로 산출할 수 있다. 첫번째 방식은 가감 측정지표로서 매니페스토상에 나타난 친좌파적 진술비율과 친우파적 진술비율의 차이를 고려하여 정당의 이데올로기를 측정하는 것이다. 이러한 가감방식을 사용한 정당 이데올로기 측정지표는 특정 정당이 좌파적 가치와 우파적 가치 중 어느 쪽에 더욱 강조점을 두고 있는가를 파악하고자 할 경우 유용한 측면이 있다. 두번째 방식은 비율 측정지표로서 가감 측정지표를 분자로 설정한 상태에서 친좌파적 진술비율과 친우파적 진술비율의 합을 분모로 추가하여 정당의 이데올로기를 측정하는 것이다. 이러한 비율방식을 토대로 정당의 이데올로기 측정지표를 산출할 경우 좌파에서 우파로 이어지는 연속된 공간에서 특정 정당의 이데올로기가 어느 위치에 놓일 수 있는가를 파악하고자 할 때 유용하다.

- 정당 이데올로기(가감 측정지표) = (ID Left − ID Right)
- 정당 이데올로기(비율 측정지표) = $\frac{\text{(ID Left − ID Right)}}{\text{(ID Left + ID Right)}}$

연구자는 정당의 이데올로기를 가감방식을 사용하여 측정할 것인지 아니면 비율방식을 사용하여 측정할 것인지의 문제를 놓고 고민할 수 있다. 하지만 앞서 지적한 바 있듯이 두 측정지표의 타당성은 연구자의 관심이 무엇이며, 무엇을 측정하려고 하는가의 문제와 관련이 있다(McDonald and Mendés, 2001, p.5). 실제로 두 측정지표의 경우 일정한 차이점이 존재함에도 불구하고 그 상관관계가 0.95로 나올 정도로 거의 동일한 특징을 보이기 때문에 연구자가 자신의 연구 주제와 목적을 고려하여 선별적으로 정당의 이데올로기를 산출하면 된다고 볼 수 있다(김희민 · 리처드 포딩, 2007, p.47).

오히려 정당의 이데올로기와 관련하여 제기되는 중요한 문제 가운데 하나는 선거가 실시되지 않은 시점, 다시 말해 정당의 매니페스토가 발표되지 않은 시점의 정당 이데올로기를 어떻게 측정할 것인가 하는 점이다. 왜냐하면 국가별 선거주기가 일치하지 않다는 점을 고려할 때 정당 이데올로기에 대한 교차국가적, 그리고 교차시기적 차원에서

의미 있는 비교분석을 수행하기 위해서는 연별로 측정된 정당 이데올로기 데이터가 필요하기 때문이다. 그리고 이 문제와 관련하여 기본적으로 매니페스토가 발표되지 않은 시기의 정당 이데올로기는 측정하기 어렵다는 점에서 다음 선거가 실시되기 이전까지의 정당 이데올로기는 이전 선거에서 파악한 정당 이데올로기로 대치할 수도 있다.

하지만 이 경우 선거 사이의 정당 이데올로기는 변화되지 않는 것으로 간주하고 있다는 점에서 문제가 제기될 수 있다. 왜냐하면 실질적으로 선거와 선거 사이의 정당 이데올로기는 단기간에 급격히 변화되는 모습을 보이기는 힘들지만 비교적 안정적으로 변화되는 상황 속에서 양 선거 사이에 일정한 차이를 보인다고 이해하는 것이 적실성을 가질 수 있기 때문이다. 그리고 이러한 인식을 토대로 선거와 선거 사이의 정당 이데올로기를 선형보간법(*linear interpolation*)[1]을 사용하여 산출한 후 경험적인 분석을 수행하는 연구들이 진행되었다(김희민 · 리처드 포딩, 2007).[2]

서구 민주국가들에서 매니페스토의 작성 주체는 기본적으로 정당이기 때문에 매니페스토 데이터셋을 통하여 파악할 수 있는 이데올로기 측정지표 역시 정당에 한정될 가능성이 높았다. 하지만 대의민주국가의 정치현상을 좀 더 명확하게, 다각적으로 이해하기 위해서는 정당뿐만 아니라 투표자, 정부, 의회의 이데올로기에 대한 측정지표도 마련

---

1) 보간법은 알려지지 않은 함수 f의 값을 구하는 데 사용된다. 이 중 선형보간법은 주어진 함수들의 x값과 y값을 토대로 그래프를 작성한 후 선형으로 이어주는 방식을 토대로 함수들 사이에 존재하는 결측값을 산출하게 된다. 구체적으로 두 개의 데이터 (x_a, y_a)와 (x_b, y_b)가 주어졌을 때 그 사이의 (x, y)점은 선형보간법을 사용하여 다음과 같이 산출할 수 있다.

$y=y_a+\{(x-x_a)*(y_b-y_a)/(x_b-x_a)\}$.

2) 이후에 제시되는 투표자, 정부, 의회의 이데올로기 측정지표의 경우에도 결측값은 모두 이와 같은 선형보간법을 통하여 산출할 수 있다.

할 필요가 있었다. 이러한 측정지표들이 마련될 때 투표자의 이데올로기(선호)가 정당, 정부, 의회의 영역에서 측정된 그것과 비교하여 어떠한 특성을 보이는가를 파악할 수 있고, 이를 통하여 민주주의 수행력(*democratic performance*)과 관련한 다양한 논의와 경험적 분석이 가능하기 때문이다.

이 문제와 관련하여 김희민과 포딩(Kim and Fording, 2003, 2002a, 2002b, 1998)은 매니페스토 데이터를 활용하여 투표자, 정부, 의회의 이데올로기를 측정할 수 있는 지표를 개발함으로써 그 연구의 외연을 넓힌 바 있다. 먼저 투표자 이데올로기 측정지표를 어떻게 산출하였는지에 대하여 살펴보면, 이들은 중위투표자(*median voter*)의 이데올로기를 파악하여 투표자의 이데올로기를 측정하였다.[3] 이들은 모든 서구 민주국가를 대상으로 투표자의 정확한 이데올로기 분포를 파악하여 설명하는 것은 현실적으로 어렵다는 점을 인정하면서 대리변수로서의 중위투표자 이데올로기를 설정, 투표자 이데올로기 측정지표를 개발하였다. 중위투표자 이데올로기의 경우 선거에서 다른 이데올로기적 위치에 의하여 패배되지 않는 유일한 정책적 입장이라는 특징을 가지고 있다(McDonald and Budge, 2005; McDonald et al., 2004). 즉 중위투표자 이데올로기의 경우 투표자들의 중심화 경향(*central tendency*)을 고려하여 이론적인 접근(*formal theory*)에서 많이 주목

---

3) 실질적으로 투표자의 이데올로기를 측정하기 위하여 가장 자주 사용되는 방식은 여론조사 자료를 활용하는 것이다. 하지만 여론조사 자료를 사용하여 투표자 이데올로기를 측정할 경우 그 자료가 존재하는 한정된 시기만을 대상으로 투표자 이데올로기를 파악할 수밖에 없다는 점, 동일한 설문에 기초하여 다수의 국가들을 대상으로 한 여론조사 자료를 구하기 힘들다는 점, 그리고 일반 대중의 특정 이데올로기—예를 들어 중도—에 대한 인식이 국가별로 차이를 보일 수 있다는 점 등을 고려할 때 의미 있는 비교연구를 진행하기에 부적절한 측면이 존재한다(김희민 · 리처드 포딩, 2007).

하였다는 점을 고려할 때 규범적으로 우월한 특징을 가지고 있다(김희민 · 리처드 포딩, 2007, p.174). 그러므로 중위투표자 이데올로기를 토대로 투표자 이데올로기를 산출하는 것은 충분한 타당성을 확보할 수 있다.

이와 같은 관점에서 김희민과 포딩(Kim and Fording, 1998)은 매니페스토 데이터를 토대로 구체적으로 다음과 같은 세 단계의 작업을 수행하여 투표자 이데올로기를 산출하였다. 첫째, 선거별로 그 선거에 출마한 각 정당의 이데올로기 수치를 획득하고, 그 수치에 따라서 정당들을 좌 · 우 이데올로기적 차원에서 배치하였다. 둘째, 각 정당에 대해서 그 정당의 지지자들이 좌 · 우 이데올로기적 차원에서 어디에 위치하는가를 파악하여 양자 사이의 간격을 확인하였다.[4] 셋째, 선거별로 각 정당이 획득한 득표율을 확인하여 사전에 산출한 각각의 간격에 위치하는 투표자의 비율을 구하였다.[5] 이와 같은 과정을 거쳐 김희민과 포딩은 다음과 같은 투표자 이데올로기 산출방식을 제시하였다.

- 투표자 이데올로기 = $L + \{ (50 - C) \div F \} \times W$

이 공식에서 L은 이데올로기 점수에서 중위값을 포함하는 간격의 최

4) 이 과정은 각 정당을 대상으로 그 정당의 바로 왼쪽에 위치하는 정당과의 중간점을 계산하고, 똑같은 방식으로 바로 오른쪽에 위치하는 정당과의 중간점을 계산하는 방식으로 진행되었다. 이 과정을 마치고 나면 투표자는 자신과 이데올로기적으로 가장 근접한 정당을 선택하게 된다는 유클리드 선호관계(*Euclidean preference relations*)를 적용하여 특정 정당에 투표한 투표자들은 좌 · 우 이데올로기 차원에서 이 두 개의 중간점 사이에 위치한다고 가정할 수 있다(Kim and Fording, 1988, pp.92~93).

5) 이를 위하여 김희민과 포딩은 매키와 로즈(Mackie and Rose, 1990)의 저서와 *European Journal of Political Research*가 발간하는 선거데이터 연감을 참고하였다.

저값을 의미한다. C는 중위값이 들어가 있는 간격을 포함하지 않는 범위까지의 득표율 누적빈도를 의미하며, F는 중위값이 포함된 간격의 득표율 빈도를 의미한다. 그리고 W는 중위값을 포함하는 간격의 넓이를 의미한다.

다음으로 정부 이데올로기를 어떻게 측정할 수 있는가의 문제를 살펴보도록 하자. 비교정치 분야에서 정부의 이데올로기적 구성이 어떻게 되어 있는가의 문제는 정책결정의 과정과 결과를 이해하는 데 매우 중요하게 대두된다. 즉 정부의 이데올로기는 정당의 이데올로기적 입장과 권력배분의 관계를 반영하고 있다는 점에서 중요한 의미를 가지며, 이러한 이유로 정부의 이데올로기는 정당의 이데올로기를 기반으로 측정하는 것이 적실성을 가질 수 있다.

이때 지금까지 정부를 구성한 정당의 이데올로기적 성향을 좌파와 우파의 양 차원으로 분류한 후 내각의 장관직을 얼마나 차지하고 있는가의 비율을 산출하여 정부의 이데올로기를 측정하는 방식이 가장 보편적으로 사용되어 왔다(Alvarez et al., 1991; Cameron, 1984; Hicks, 1988; Jackman, 1987; Lange and Garrett, 1987). 즉 정부의 이데올로기를 파악하는 데 우파 정당이 장악하고 있는 내각의 의석비율에서 좌파 정당이 장악하고 있는 내각의 의석비율을 빼는 방법으로 정부의 이데올로기를 측정하는 방식이 일반적으로 사용되었다. 하지만 이 방식의 경우 정당의 이데올로기를 좌파 또는 우파라는 이분법적 기준으로 구분하고 있다는 점, 그리고 시간적 변화에도 불구하고 정당의 이데올로기는 항상 고정적인 특징을 보이는 것으로 파악하고 있다는 점에서 문제가 제기된다.

이에 김희민과 포딩(Kim and Fording, 2002a, 2002b)은 매니페스

토를 통하여 산출한 정당의 이데올로기 측정지표와 내각의 장관직 데이터 자료(Woldendorp et al., 1998, 1993)를 조합하여 정부의 이데올로기 측정지표를 개발한 바 있다. 이들은 정부의 이데올로기를 적실성 있게 측정하기 위해서는 권력을 장악하고 있는 정당의 다음 두 가지 주요한 특성을 고려할 필요가 있다고 주장하였다. 첫째, 정부를 구성하고 있는 정당이 상대적으로 어느 정도의 권력을 보유하고 있는가, 다시 말해 정부를 구성하고 있는 정당이 내각에서 얼마만큼의 장관직을 차지하고 있는가에 관한 정보를 조합해야 한다는 것이다. 둘째, 좌 · 우 차원으로 설정된 공간에서 정부를 구성하고 있는 정당의 이데올로기적 입장으로 고려해야 한다는 것이다. 이와 같은 점들을 고려하여 이들이 제시한 정부 이데올로기 산출방식은 다음과 같다.

- 정부 이데올로기 = Σ { ideology yi × (#post si ÷ total posts) }

여기서 Ideology yi는 매니페스토를 토대로 산출한 정당 i의 이데올로기를 의미하며, #post si는 정당 i가 장악하고 있는 내각의 장관직 수를 의미한다. 그리고 total posts는 내각의 총 장관직 수를 의미한다. 결국 이 공식은 내각의 전체 장관직 수를 고려한 가중평균 방식으로 산출한 정당의 이데올로기를 토대로 정부의 이데올로기를 측정하고 있다고 볼 수 있다. 그리고 이 공식을 사용하여 정부의 이데올로기를 파악할 경우 이분법적인 접근에서 벗어날 수 있을 뿐만 아니라 시간의 흐름에 따라 변화되는 정당 이데올로기의 측면을 고려할 수 있다는 점에서 유용한 측면이 있다.

마지막으로 의회 이데올로기 측정지표를 산출하는 방식을 살펴보도록 하자. 의회의 경우 다양한 이데올로기적 성향을 보이는 정당들이 모여 정치활동을 수행하는 장소라는 점에서 그 이데올로기적 구성이 어떻게 되어 있는가의 문제는 중요한 의미를 갖는다. 이때 의회 이데올로기의 경우에도 정부의 이데올로기와 유사한 차원에서 측정될 수 있다. 즉 의회 내 각 정당들이 가진 상대적 힘(의석)을 고려하고, 좌 · 우 차원으로 설정된 공간에서 의회를 구성하고 있는 정당들의 이데올로기를 고려할 때 의회의 이데올로기는 다음과 같은 방식으로 측정할 수 있다(김희민 · 리처드 포딩, 2007, pp.97~100).

• 의회 이데올로기 = Σ { ideology yi × (#seat si ÷ total seats) }

이 공식에서 Ideology yi는 매니페스토를 토대로 산출한 정당 i의 이데올로기를 의미하며, #seat si는 정당 i가 장악하고 있는 의회 내 의석수를 의미한다. 그리고 total seats는 의회의 총 의석수를 의미한다. 결국 이 공식 역시 앞서 살펴본 정부 이데올로기 측정방식과 동일하게 의회의 전체 의석을 고려한 가중평균 방식으로 산출한 정당의 이데올로기를 토대로 의회의 이데올로기를 측정하고 있다고 볼 수 있다. 그리고 이 공식을 사용하여 의회의 이데올로기를 파악할 경우 정당 이데올로기의 동태적인 측면을 고려할 수 있다는 점에서 장점을 가질 수 있다.[6]

---

6) 의회의 이데올로기를 산출하는 데 중위투표자 이데올로기를 통하여 투표자 이데올로기를 산출한 것과 같은 논리를 동일하게 적용할 수도 있다. 즉 한 정당에 속한 모든 의원들은 같은 이데올로기적 성향을 지닌다고 가정할 경우 중위의원(*median legislator*)을 포함하고 있는 정당의 이데올로기를 통해서도 산출할 수 있다. 그리고 이렇게 산출된 의회 이데올로기 측정지표는 앞서 제시한 방식으로 산출한 의회 이데올로기 측정지표와 차이를 보일 수 있는 것이 사실이다. 하지만 그 개념적 차이에도 불구하고 경험적 분석 결과 양자 간에는 매우 높은 상관관계(r=0.96)가 존재하는 것으로 나타났다(김희민 · 리처드 포딩, 2007, pp.99~100).

4. 맺음말

지금까지 서구의 정치학계에서 매니페스토는 어떠한 방식으로 연구되어 왔는가를 살펴보았다. 민주화 이후 한국의 선거가 정책보다는 인물과 지역을 중심으로 진행되어 왔다는 점, 그리고 선거 과정 역시 네거티브 선거운동이 지배적인 특징을 보여왔다는 점을 고려할 때 정치개혁의 기치 아래 2006년 지방선거를 기점으로 활발하게 전개된 매니페스토 운동은 중요한 정치적 의미를 가질 수 있다. 하지만 한국의 경우 서구 민주국가들에서 보편적으로 매니페스토가 사용되는 방식과는 상당한 차이를 보이는 상황 속에서(김희민 · 리처드 포딩, 2007), 그리고 매니페스토 정책선거를 구현하는 데 다양한 장애요인들이 존재하는 상황 속에서 매니페스토 운동의 효과가 제대로 발휘되지 못하고 있는 실정이다(조진만, 2008; 최준영, 2008). 또한 매니페스토의 경우 정치적 문서로서 중요한 학술적 의의를 가지고 있음에도 불구하고 한국의 정치학계에서 이에 대한 진지한 고민과 논의는 상대적으로 부족하였던 것도 사실이다.

매니페스토에 대한 내용분석과 이를 통한 각종 지표들의 산출은 정치학 분야에서 그동안 논의되어 온 다양한 쟁점과 여전히 해답을 찾지 못하고 있는 연구주제에 대한 풍성한 논의와 분석을 가능하게 해준다는 점에서 중요한 학술적 의의를 갖는다. 특히 동일한 범주와 방식을 사용하여 각 국가들의 매니페스토를 분석하고 측정할 경우 이러한 쟁점과 연구주제들에 대한 교차비교분석이나 시계열분석이 가능해진다는 점에서 정치학의 일반화에 큰 기여를 할 수 있다는 데에도 학술적 의의가 크다(Mair, 2001; Volkens, 2001).

하지만 매니페스토에 대한 연구는 무엇보다도 대의민주주의가 실제로 어떻게 진행되고 있는가를 명확하게 파악할 수 있게 해준다는 점에서 중요한 정치적 의미를 갖는다고 평가할 수 있다. 정당의 공식적인, 그리고 가장 권위 있는 문서로서의 매니페스토에 대한 내용분석이 제대로 이루어져 그 결과를 유권자들에게 알려줄 때 비로소 유권자들은 정당이 어떠한 정책에 우선순위(강조점)를 두고 있는지, 정당 간의 특정 정책에 대한 입장은 어떻게 차이를 보이는지 분명하게 인식할 수 있게 될 것이다. 즉 이러한 연구들이 진행될 때 유권자는 수사적인 차원에서 인기영합적으로 표명되는 정치권의 주장들에 혼돈하지 않고, 문서화된 정당의 정책들에 기반을 두어 투표결정을 내리는 모습을 보여줄 것이다. 그리고 정권을 장악한 정당이 매니페스토에 기반한 정책을 어떻게 실현하였는가를 분명하게 인식하여 포상(*reward*)과 처벌(*punishment*)을 내리는 모습을 보이게 될 것이다. 매니페스토에 대한 연구가 단지 학술적인 논의에 머물지 않고 매니페스토에 기반을 둔 정책선거와 책임정치를 구현하는 데 실질적으로 기여할 수 있는 이유가 바로 여기에 있다.

한국의 경우 일반적으로 이데올로기적 균열보다는 지역과 같은 비이데올로기적 균열들이 사회를 지배하는 상황에서 주요 정당들의 경우 이념정당의 성격보다는 포괄정당의 성격을 보인다고 평가된다. 이러한 이유로 매니페스토를 통하여 다양한 정책영역에 대한 정당들의 강조점과 입장 차이를 파악하기가 용이하지 않을 수 있다. 또한 서구 민주국가에서 발전된 매니페스토 관련 논의들을 한국에 그대로 적용할 경우 정치적 환경과 문화의 차이로 인한 오류가 발생할 가능성도 존재한다. 그럼에도 불구하고 민주화 이후 한국의 선거에서 이념은 지역주의의 영향력 속에서도 유권자의 투표결정에 중요한 영향을 미친 요인으로 간주되고 있다는 점(강원택, 2003; 최준영 · 조진만, 2005)을 고려할 때 향후 이에 대한 다각적인 고찰이 요구된다. 특히 매니페스토에 대한 연구를 통하여 대의민주주의 공고화를 위한 정책선거와 책임정치의 기반을 강화할 수 있다는 점을 고려할 때 서구 민주국가에서 발전된 매니페스토 관련 접근법과 논의들을 활용해 다양한 분석을 수행하여 제시하는 노력이 필요하다고 판단된다.

실제로 오늘날 한국에서 정책선거의 중요성을 강조하면서 제시되고 있는 정당정책에 대한 비교평가 결과들을 살펴보면 그 평가가 매니페스토가 아닌 정당의 답변을 기준으로 이루어지고 있다는 점, 정책 질의의 범주와 내용이 어떻게 설정되어 있는가에 대한 기준 제시가 없다는 점, 모든 정책 범주와 질의가 우선순위에 대한 고려 없이 동일한 정치적 비중을 갖는 것으로 간주되고 있다는 점 등 다양한 문제점들을 목격할 수 있다(조진만, 2008). 그리고 이러한 이유로 유권자들의 정당의 정책에 대한 이해와 매니페스토 운동에 대한 인식이 부족한 것으로 나타나고 있다(이현우, 2007; 최준영, 2008). 그러므로 향후 한국에서도 앞서 논의한 방식으로 매니페스토에 대한 내용분석과 측정을 수행할 수 있는 투자와 노력을 적극적으로 전개할 필요가 있다고 판단된다. 매니페스토에 대한 이러한 학술적 접근이 수행될 때 한국 정치에 대한 이해의 폭이 넓어질 수 있고, 그 문제점에 대한 명확한 진단과 처방이 가능할 것이다. 또한 신생 민주국가로서의 한국이 서구 민주국가들과 비교하여 어떠한 유사점과 차이점을 보이는가에 대한 다양한 논의와 분석도 가능할 것이다.

참고 문헌

강원택, 2003, 『한국의 선거정치 : 이념, 지역, 세대와 미디어』, 서울 : 푸른길.

김영래, 2006, "매니페스토와 정치문화의 변화", 『NGO 연구』 제4권 제1호.

김영래, 2007, "한국의 매니페스토 운동과 지방선거에 대한 영향 평가 연구", 『한국동북아논총』 제45집.

김욱, 2006, "매니페스토 정책선거와 과제", 『지방행정』 7월호.

김욱, 2007, "2006년 지방선거와 매니페스토 운동", 『매니페스토와 정책선거 발전방안』, 국제학술회의.

김재용, 2006, "한국에서 매니페스토가 갖는 의미와 도입 전략", 김영래 · 이현출 편, 『매니페스토와 지방선거 : 일본의 경험과 한국의 실험』, 서울 : 논형.

김희민 · 리처드 포딩, 조진만 · 김홍철 옮김, 2007, 『매니페스토의 올바른 이해와 사용 : 서구 25개국의 매니페스토 연구』, 서울 : 오름.

이현우, 2007, "매니페스토 정책선거에 대한 국민의식 조사", 중앙선거관리위원회 · 서강대학교 현대정치연구소 매니페스토 토론회 발표논문.

이현출, 2006a, 『매니페스토와 한국정치 개혁』, 서울 : 건국대학교출판부.

이현출, 2006b, "한국의 지방선거와 정책정당화 과제", 김영래 · 이현출 편, 『매니페스토와 지방선거 : 일본의 경험과 한국의 실험』, 서울 : 논형.

이현출, 2007, "대통령선거와 매니페스토", 『매니페스토와 정책선거 발전방안』, 국제학술회의.

조진만, 2008, "한국 매니페스토 정책선거의 과제와 제도적 개선방안", 『한국정당학회보』 제7권 제2호.

최준영, 2008, "매니페스토를 통한 정치개혁은 가능한가?", 『국가전략』 제13권 제3호.

최준영 · 조진만, 2005, "지역균열의 변화 가능성에 대한 경험적 고찰 : 제17대 국회의원선거에서 나타난 이념과 세대 균열의 효과를 중심으로", 『한국정치학회보』 제39집 제3호.

Alvarez, Michael, Geoffrey Garrett, and Peter Lange, 1991, "Government Partisanship, Labor Organization and Macroeconomic Performance", *American Political Science Review* 85, pp.539~556.

Benoit, Kenneth and Michael Laver, 2007, "Estimating Party Policy Positions : Comparing Expert Surveys and Hand-coded Content Analysis", *Electoral Studies* 26, pp.90~107.

Bowler, Shaun, 1990, "Voter Perceptions and Party Strategies : An Empirical Approach", *Comparative Politics* 23, pp.61~83.

Budge, Ian, 1994, "A New Spatial Theory of Party Competition : Uncertainty, Ideology, and Policy Equilibria Viewed Comparatively and Temporally", *British Journal of Political Science* 24, pp.443~467.

Budge, Ian, 2001, "Validating the Manifesto Research Group Approach : Theoretical Assumptions and Empirical Confirmations", Michael Laver. ed., *Estimating the Policy Positions of Political Actors*, London : Routledge.

Budge, Ian and David Robertson, 1987, "Do Parties Differ, and How? Comparative Discriminant and Factor Analyses", Ian Budge, David Robertson, and Derek Hearl. eds., *Ideology, Strategy and Party Change : Spatial Analyses of Post-War Election Programmes in 19 Democracies*, Cambridge : Cambridge University Press.

Budge, Ian, David Robertson, and Derek Hearl. eds., 1987, *Ideology, Strategy and Party Change : Spatial Analyses of Post-War Election Programmes in 19 Democracies*, Cambridge :

Cambridge University Press.

Budge, Ian, Hans-Dieter Klingemann, Andrea Volkens, Judith Bara, and Eric Tanunbaum, 2001, *Mapping Policy Preferences : Estimates for Parties, Electors, and Governments 1945–1998*, New York : Oxford University Press.

Cameron, David, 1984, "Social Democracy, Corporatism, and Labor Quiescence in Advances Capitalist Society", John Goldthorpe. ed., *Order and Conflict in Western Capitalism*, London : Oxford University Press.

Franzmann, Simon and Andre Kaiser, 2006, "Locating Political Parties in Policy Space : A Reanalysis of Party Manifesto Data", *Party Politics* 12, pp.163~188.

Hicks, Alexander, 1988, "Social Democratic Corporatism and Economic Growth", *Journal of Politics* 50, pp.677~704.

Jackman, Robert, 1987, "The Politics of Economic Growth in the Industrial Democracies, 1974–80 : Leftist Strength or North Sea Oil?", *Journal of Politics* 49, pp.242~256.

Kim, HeeMin and Richard. Fording, 1998, "Voter Ideology in Western Democracies, 1946–1989", *European Journal of Political Research* 33, pp.73~97.

Kim, HeeMin and Richard. Fording, 2002a, "Government Partisanship in Western Democracies, 1945–1998", *European Journal of Political Research* 41, pp.165~184.

Kim, HeeMin and Richard. Fording, 2002b, "Extending Party Estimates to Government and Electors", Michael Laver. ed., *Estimating the Policy Position of Political Actor*, London : Routledge.

Kim, HeeMin and Richard. Fording, 2003, "Voter Ideology in Western Democracies : An Update", *European Journal of Political Research* 42, pp.95~105.

Klingemann, Hans-Dieter, Andrea Volkens, Judith Bara, Ian Budge, and Michael McDonald, 2006, *Mapping Policy Preferences II : Estimates for Parties, Electors, and Governments in Eastern Europe, European Union and OECD 1990–2003*, New York : Oxford University Press.

Knutsen, Oddbjørn, 1988, "The Impact of Structural and Ideological Party Cleavages in Western European Democracies : A Comparative Empirical Analysis", *British Journal of Political Science* 18, pp.323~352.

Lange, Peter and Geoffrey Garrett, 1987, "The Politics of Growth : Strategic Interaction and Economic Performance in the Advanced Industrial Democracies, 1974–1980", *Journal of Politics* 47, pp.792~827.

Laver, Michael and Ian Budge. eds., 1993, *Party Policy and Coalition Government in Western Europe*, London : Macmillan.

Lijphart, Arent, 1984, *Democracies : Patterns of Majoritarian and Consensus Government in Twenty-One Countries*, New Haven : Yale University Press.

Mackie, Thomas and Richard Rose, 1990, *The International Almanac of Electoral History*, Washington, D.C. : Congressional Quarterly, Inc.

Mair, Peter, 2001, "Searching for the Positions of Political Actors : A Review of Approach and a Critical Evaluation of Expert Surveys", Michael Laver. ed., *Estimating the Policy Position of Political Actor*, London : Routledge.

McDonald, Michael D. and Ian Budge, 2005, *Elections, Parties, and Democracy : Conferring the Median Mandate*, New York : Oxford University Press.

McDonald, Michael and Silvia Mendés, 2001, "The Policy Space of

Party Manifestoes", Michael Laver. ed., *Estimating the Policy Position of Political Actor*, London : Routledge. *Elections, Parties, Democracy : Conferring the Median Mandate*, New York : Oxford University Press.

McDonald, Michael, Silvia Mendés, and Ian Budge, 2004, "What Are Elections For? Conferring the Median Mandade", *British Journal of Political Science* 34, pp.1~26.

Volkens, Andrea, 2007, "Strengths and Weaknesses of Approaches to Measuring Policy Positions of Parties", *Electoral Studies* 26, pp.108~120.

Volkens, Andrea, 2001, "Manifesto Research Since 1979 : from Reliability to Validity", Michael Laver. ed., *Estimating the Policy Positions of Political Actors*, London : Routledge.

Woldendorp, Jaap, Hans Keman, and Ian Budge, 1993, "Party Government in 20 Democracies", *European Journal of Political Research* 24, pp.1~107(Special edition : *Political Data 1945–1990*).

Woldendorp, Jaap, Hans Keman, and Ian Budge, 1998, "Party Government in 48 Democracies : An Update, 1993–1995", *European Journal of Political Research* 33, pp.125~164.

이 책을 기획하고 쓴 사람들

▶ 유재일
고려대학교 정치외교학과 졸업
고려대학교 정치학 박사
대전대학교 정치언론홍보학과 교수

▶ 손병권
서울대학교 외교학과 졸업
미국 미시간대학교 정치학 박사
중앙대학교 국제관계학과 교수

▶ 임성학
연세대학교 정치외교학과 졸업
미국 펜실베이니아주립대학교 정치학 박사
서울시립대 국제관계학과 교수

▶ 가상준
미국 미시간주립대학교 정치학과 졸업
미국 뉴욕주립대학교(스토니브루크) 정치학 박사
단국대학교 정치외교학과 교수

▶ 윤종빈
한양대학교 정치외교학과 졸업
미국 미주리대학교 정치학 박사
명지대학교 정치외교학과 교수

▶ 서현진
성신여자대학교 정치외교학과 졸업
미국 퍼듀대학교 정치학 박사
성신여자대학교 사회교육과 교수

▶ 김욱
연세대학교 정치외교학과 졸업
미국 아이오와대학교 정치학 박사
배재대학교 정치외교학과 교수

▶ 정연정
숙명여자대학교 정치외교학과 졸업
미국 일리노이주립대학교(시카고) 정치학 박사
배재대학교 공공행정학과 교수

▶ 안용흔
고려대학교 심리학과 졸업
미국 캘리포니아주립대학교(로스앤젤레스) 정치학 박사
대구가톨릭대학교 국제행정학과 교수

▶ 김용복
서울대학교 정치학과 졸업
서울대학교 정치학 박사
경남대학교 정치외교학과 교수

▶ 김영태
고려대학교 정치외교학과 졸업
독일 베를린자유대학교 정치학 박사
목포대학교 정치미디어학과 교수

▶ 정준표
서울대학교 외교학과 졸업
미국 로체스터대학교 정치학 박사
영남대학교 정치외교학과 교수

▶ 황아란

한국외국어대학교 이태리어과 졸업
미국 뉴욕주립대학교(스토니브루크) 정치학 박사
부산대학교 행정학과 교수

▶ 강경태

부산대학교 정치외교학과 졸업
미국 노스텍사스대학교 정치학 박사
신라대학교 국제관계학과 교수

▶ 박경미

이화여자대학교 정치외교학과 졸업
이화여자대학교 정치학 박사
경남대학교 극동문제연구소 객원연구위원

▶ 고선규

단국대학교 정치외교학과 졸업
일본 동북대학 정보과학 박사
선거연수원 교수

▶ 조진만

인하대학교 정치외교학과 졸업
연세대학교 정치학 박사
인하대학교 국제관계연구소 연구교수

▶ 최준영

연세대학교 정치외교학과 졸업
미국 플로리다주립대학교 정치학 박사
인하대학교 정치외교학과 교수

18대 총선 현장 리포트 :

18인 정치학자의 참여관찰

1판 1쇄 발행 : 2009년 3월 20일
1판 2쇄 발행 : 2009년 9월 1일
지은이 : 한국정당학회
유재일 · 손병권 · 임성학 · 가상준 · 윤종빈 · 서현진 · 김욱 · 정연정 · 안용흔
김용복 · 김영태 · 정준표 · 황아란 · 강경태 · 박경미 · 고선규 · 조진만 · 최준영
펴낸이 : 김선기
펴낸곳 : 주식회사 푸른길
출판등록 : 1996년 4월 12일 제16-1292호
주소 : (137-060) 서울시 서초구 방배동 1001-9 우진빌딩 3층
전화 : 02)523-2009
팩스 : 02)523-2951
이메일 : pur456@kornet.net
홈페이지 : www.purungil.com, 푸른길.kr

값 : 18,000원
ISBN : 978-89-6291-107-7 93340